Volker Kronenberg

Jürgen Rüttgers
EINE POLITISCHE BIOGRAFIE

OLZOG

Bibliografische Information der Deutschen Nationalbibliothek

Die Deutsche Nationalbibliothek verzeichnet diese Publikation in der Deutschen Nationalbibliografie; detaillierte bibliografische Daten sind im Internet über http://dnb.d-nb.de abrufbar.

ISBN 978-3-7892-8203-4

© 2009 Olzog Verlag GmbH, München
Internet: http://www.olzog.de

Alle Rechte, insbesondere das Recht der Vervielfältigung und Verbreitung sowie der Übersetzung, vorbehalten. Kein Teil des Werkes darf in irgendeiner Form (durch Fotokopie, Mikrofilm oder ein anderes Verfahren) ohne schriftliche Genehmigung des Verlages reproduziert oder unter Verwendung elektronischer Systeme gespeichert, verarbeitet, vervielfältigt oder verbreitet werden.

Umschlagentwurf: Atelier Versen, Bad Aibling,
unter Verwendung eines Fotos von Land Nordrhein-Westfalen (Konrad R. Müller)
Satz: Fotosatz Reinhard Amann, Aichstetten
Druck- und Bindung: CPI – Ebner & Spiegel GmbH, Ulm
Printed in Germany

Inhaltsverzeichnis

Vorwort 7

I. Brauweiler 15
   Erste Annäherungen 15
   Biografische Prägungen. 26

II. Pulheim 57
    Ein „Neunundsechziger" auf dem Weg in die Politik 57
    Kommunale Lehrjahre 85

III. Bonn 99
     Parlamentarische Bewährungsproben 99
     Mann für die Zukunft 118

IV. Düsseldorf 143
    Zurück nach vorn: Der Triumph 2005
    und seine Vorgeschichte 143
    „Johannes-Rau-Wähler" im Blick – Regieren in NRW 185

V. Wohin weiter? 237
   Berlin 237
   Brüssel 255
   Brauweiler 278

Personenregister 295
Bildnachweis 301

Vorwort

Eine Biografie über einen aktiven Politiker schreiben? „Schwierig". Eine Biografie über Jürgen Rüttgers schreiben? „Unmöglich". So oder ähnlich lauteten oftmals Kommentare, die der Autor des vorliegenden Buches während der zurückliegenden Monate zu hören bekam. Waren die Begründungen für den ersten Kommentar unter Verweis auf einen zu geringen zeitlichen Abstand zwischen politischem Handeln und einer distanzierten Bewertung desselben durch den Biografen meist ähnlich, so differierten die Begründungen für den zweiten Kommentar nicht unerheblich. Hielten die einen Jürgen Rüttgers für viel zu blass, erklärten ihn andere zu einem politischen Chamäleon, gar zu einem „Politik gewordenen Widerspruch in sich" *(Wirtschaftswoche)*. Charakterisierten ihn die einen als glatten Karrieristen, so etikettierten ihn andere als rheinisch-katholischen Überzeugungstäter, als „neuen Blüm", der jedoch, persönlich überaus misstrauisch und zögerlich, eine Annäherung an seine Person kaum zulassen und für aufschlussreiche Gespräche nicht zur Verfügung stehen würde.

Diese unterschiedlichen, teils gegensätzlichen Begründungen für die Unmöglichkeit einer politischen Biografie über Jürgen Rüttgers waren frappierend – und Anreiz zugleich, es doch zu versuchen. Warum? Die Antwort ist einfach: Jürgen Rüttgers gehört als amtierender Ministerpräsident des bevölkerungsreichsten deutschen Bundeslandes sowie als stellvertretender CDU-Bundesvorsitzender zu den Spitzenpolitikern unseres Landes. Zumal zu jenen, die seit Jahrzehnten die politischen Geschicke der Bundesrepublik Deutschland im Großen wie im Kleinen mitbestimmen. Rüttgers war Bundesminister unter Helmut Kohl, Kommunalpolitiker im rheinischen Brauweiler und Pulheim, einer der jüngsten Parlamentarischen Geschäftsführer des Deutschen Bundestages, Landesvorsitzender der Jungen Union im Rheinland und Oppositionsführer im Düsseldorfer Landtag, bevor er 2005 Ministerpräsident von Nordrhein-Westfalen wurde.

Geboren 1951, steht Rüttgers altersmäßig noch nicht am Ende seiner politischen Laufbahn. Er ist ein erfahrener, geschickter und oftmals unterschätzter „Strippenzieher" – in seiner Partei und zwischen den Parteien. Als „Neunundsechziger", wie Rüttgers sich selbst gern nennt, hat er das politische Handwerk früh gelernt, sich auf der klassischen „Ochsentour" innerparteilich hochgearbeitet und mit dem Einzug in den Bundestag 1987 in Helmut Kohl einen wichtigen Förderer seiner Karriere gefunden. In vergleichsweise jungen Jahren stieg Rüttgers zum Parlamentarischen Geschäftsführer der CDU/CSU-Bundestagsfraktion und schließlich 1994 zum „Zukunftsminister" auf. Er gehörte damals, neben Wolfgang Schäuble, Rudolf Seiters und Friedrich Bohl zur legendären „Viererbande" im nächsten Umfeld um Kanzler Kohl. Rüttgers kennt das politische Geschäft, weiß mit den Schalthebeln der Macht umzugehen, kennt die Fallstricke des parlamentarischen Prozesses und das Risiko des eigenen politischen Scheiterns. 1998, mit Ende der Ära Kohl, schien zeitweilig auch das Ende seines politischen Weges gekommen, quasi als Mann für die Zukunft „a. D."

Gleichwohl: Rüttgers hielt sich und kämpfte sich aus der zweiten Reihe zurück. Als stellvertretender Vorsitzender der Unionsfraktion auf Bundesebene wechselte er in die Landespolitik, wo ihm im zweiten Anlauf, nach der bitteren Niederlage 2000, der Schritt nach vorn gelang: der triumphale Wahlsieg als CDU-Spitzenkandidat 2005 und die damit verbundene Ablösung der SPD-Regierung in ihrem vermeintlichen Stammland an Rhein und Ruhr nach 39 Jahren.

Der Einfluss, den er als NRW-Ministerpräsident und als Vorsitzender des mitgliederstärksten Landesverbandes auf die Ausrichtung der CDU hat, kann kaum überschätzt werden. Die programmatische Entwicklung, die signifikante Neujustierung der CDU von „Leipzig" über „Dresden" bis hin zum Grundsatzprogramm von „Hannover" wäre ohne Jürgen Rüttgers nicht erfolgt. Hat Rüttgers sich damit zum Gegenspieler von Angela Merkel aufgeschwungen? Ist Rüttgers politisch, programmatisch, strategisch ein „Anti-Merkel"? Ist er, alternativ zu Christian Wulff, der

Kronprinz für den Fall, dass Angela Merkel als CDU-Bundesvorsitzende oder als Bundeskanzlerin abzulösen wäre?

Auch wenn Antworten auf letztere Fragen zum gegenwärtigen Zeitpunkt ein Stück weit spekulativ sind und Rüttgers bislang eher selten mit der Kronprinzenrolle in Verbindung gebracht wurde, so mag ein genauerer Blick auf den persönlichen und politischen Werdegang des Jürgen Rüttgers Aufschluss geben darüber, was er will, was er kann und wohin er will. Aufschluss nicht zuletzt darüber, was seine prägenden weltanschaulichen Koordinaten und wer seine Bezugspersonen waren und sind.

Jürgen Rüttgers, kein Flügelmann der Union, und immer weiter strebend, klug, mit langer Erfahrung und zweifellos machtbewusst, ist kommunal stark verwurzelt und von klein auf mit seiner Heimat verbunden: dem Rheinland, Köln, Pulheim und vor allem Brauweiler. Ist Rüttgers damit ein typischer Repräsentant der rheinischen CDU? Ja und Nein.

Das Gemütliche, Kumpelhafte, Klüngelnde, das kölsche „Et kütt, wie et kütt", geht Rüttgers gänzlich ab. Habituell wie auch strategisch und programmatisch: Heimatverbundenheit ja, aber immer auch Europa, der „Westen", Benelux, Frankreich, USA. Adenauer und Hightech, das „C" und Biotech, der Kölner Dom und die Moscheen, und vor allem: Bildung, Bildung, Bildung!

Das Scharfe, Unerbittliche, Laute, darin wiederum ganz rheinischer Gefühlsmensch, liegt Rüttgers nicht. Statt zu polarisieren will Rüttgers integrieren bzw. Brücken bauen, um Gegensätze zu überwinden und Kompromisse zu finden – sei es innerhalb der eigenen Partei, sei es zwischen den Parteien oder unterschiedlichen gesellschaftlichen Interessenlagen. Ein Beispiel: Schon die lange Amtszeit als rheinischer JU-Vorsitzender von 1980 bis 1986 dokumentiert, dass Rüttgers, von manchem Weggefährten seinerzeit als blasser Übergangskandidat von kurzer Dauer an der Spitze eines notorisch zerstrittenen Nachwuchsverbandes unterschätzt, darin stark ist, Gegensätze aufzulösen, Widerstände abzubauen und pragmatische, vor allem praktikable Kompromisse zu schmieden.

„Versöhnen statt Spalten", das Motto Johannes Raus, seines Vor-Vor-Vorgängers als Ministerpräsident in Nordrhein-Westfalen, entspricht Rüttgers politischer Maxime weit mehr als ein rambohaftes Vorgehen nach dem Motto „Augen zu und durch". Rüttgers ist ein Freund der leisen Töne. Er meidet das Dröhnende, Schrille, das Happening, das Nachtleben der Berliner „Community" ganz bewusst und läuft nicht jeder Kamera hinterher. Mag er in der Hauptstadt nicht zu den angesagtesten Polit-Promis, zu den „In-People" zählen, so sind an Rhein und Ruhr, der mit 18 Millionen Einwohnern bevölkerungsreichsten Region Europas, alle Augen der Öffentlichkeit auf ihn gerichtet.

Dass Rüttgers als Regierungschef von Nordrhein-Westfalen verstärkt in die Rolle des „Landesvaters" in der Tradition von Johannes Rau hineinwächst, die unter seinen beiden Vorgängern Peer Steinbrück und Wolfgang Clement über Jahre verwaist war, hat ganz wesentlich mit dieser Disposition von Rüttgers zu tun. Wer dessen Handeln in unterschiedlichen Positionen, sei es als kommunaler Wahlbeamter in Pulheim, als Vorsitzender einer Enquetekommission im Bundestag, als „Strippenzieher" im Parlament, als Minister oder nunmehr als Ministerpräsident studiert, stellt fest, dass Rüttgers, stets jenseits eines bestimmten Flügels in der Mitte positioniert, seine Stärke immer darin bewiesen hat, effizient, pragmatisch und integrierend zu wirken. Ein Scharfmacher war Rüttgers, anders als Roland Koch, nie und wo ihm das Etikett einmal anhing, man denke an „Kinder statt Inder", machte er keine glückliche Figur. Doch bei mancher landesväterlichen Analogie zu Johannes Rau wäre es falsch, in Jürgen Rüttgers heute nur einen ambitionierten Wiedergänger von „Bruder Johannes" erkennen zu wollen.
Der Vorsitzende der Arbeiterpartei in Nordrhein-Westfalen, der die „Johannes Rau-Wähler" für sich gewinnt, ja, das will er sein. Nicht zuletzt, weil ihm nur so die Wiederwahl gelingen kann. Gewissermaßen als „CSU-Mann" im Westen, den Prinzipien der *sozialen* Marktwirtschaft verpflichtet. Nicht als billige SPD-Kopie, nicht als linker Etatist. Eher als „besserer Sozialdemokrat von der CDU" *(Die Zeit)*, der das Soziale in seiner „Partei für alle Schichten" neu zu bestimmen sucht. Wehrt Rüttgers sich einerseits – und dies schon lange vor der tiefgehenden Finanz- und Bankenkrise des Jahres 2008 – gegen neoliberale Tendenzen innerhalb der eigenen Partei und setzt diesen das Motto: „Die Marktwirt-

schaft muss sozial bleiben" entgegen, schlägt er gleichzeitig in Nordrhein-Westfalen einen konsequenten Reformkurs des Bürokratie- und Schuldenabbaus sowie der Innovationen in den Bereichen Bildung, Erziehung, Wissenschaft, Forschung und Technologie ein.

Eine Strategie, die in NRW Innovation und Tradition vereinen will und durchaus den Anspruch erhebt, Modell für den Bund in der Zeit nach der Großen Koalition zu sein. Eine Politik der schwarz-gelben Regierung in Düsseldorf, die Jürgen Rüttgers gleichwohl als Markenzeichen für seine Person reklamiert.

Gelingt ihm damit 2010 die Bestätigung im Amt des Ministerpräsidenten, wird sich die Frage nach dem „Wohin weiter?" für ihn noch drängender stellen als heute. Denn Jürgen Rüttgers zog es in den vier Jahrzehnten seines politischen Weges bislang immer weiter: inhaltlich, programmatisch, strategisch. Ja, aber eben nicht nur.

Vor diesem Hintergrund will das vorliegende Buch Einblick geben in den Lebensweg des Politikers Jürgen Rüttgers. Es will ein realistisches Porträt zeichnen und keine Hagiographie eines sozialen und politischen Aufsteigers formulieren, der den Weg nach oben geschafft hat, ohne sich von seinen Wurzeln, seiner Herkunft abgewandt zu haben. Ja, Jürgen Rüttgers ist seinen Wurzeln, seiner Herkunft treu geblieben und hat zugleich, Pfadfinder seit jungen Jahren, den Weg nach oben geschafft. Doch leicht fiel ihm dieser Aufstieg nicht.

Denn bei allem Engagement, aller Kompetenz, Umsicht und strategischen Begabung – charismatische Ausstrahlung wurde Rüttgers nie nachgesagt. Wo andere strahlten und ihren Charme ausspielten, musste Rüttgers immer hart arbeiten und inhaltlich überzeugen. Seine Person mochte Vertrauen erwecken, für Seriosität, bürgerlichen Anstand und lange belächelte Tugenden stehen – spürbare Emotionen weckte sie nicht. Zumal nicht im Vergleich. Jürgen Rüttgers wurde weder, wie es im Untertitel einer Biografie auf Roland Koch gemünzt heißt, „verehrt", noch „verachtet"[1].

---

[1] Vgl. Hajo Schumacher: Roland Koch. Verehrt und verachtet, Frankfurt a. M. 2004.

Daran hat sich bis zu seinem Triumph 2005 wenig geändert: Er mochte für seine Arbeit Anerkennung und Respekt erfahren, er mochte andererseits hart kritisiert werden – doch verehrt oder, wie dies bei Edmund Stoiber[2] durchaus der Fall sein konnte, gehasst wurde Rüttgers nicht. Als „Schwarm der Schwiegermutter"[3], wie dies bis heute bei Christian Wulff vorkommen kann, wurde er aber auch nicht gehandelt.

Angela Merkel, Helmut Kohl, Gerhard Schröder, Joschka Fischer oder, mit Blick zurück, Johannes Rau, Willy Brandt, Franz Josef Strauß oder gar Konrad Adenauer: Sie alle sind und waren – parteiübergreifend und exemplarisch herausgegriffen – Persönlichkeiten, die bei vielen Menschen starke Emotionen auslösen, deren Charisma polarisiert, bis heute. Jürgen Rüttgers – vielen Bürgern bislang noch etwas fremd und unbekannt geblieben – eher nicht. Noch nicht, denn je mehr Rüttgers sich zum „unumstrittenen Landesvater" *(FAZ)* Nordrhein-Westfalens entwickelt, desto größer wird das Interesse an seiner Person.

Wer also ist Jürgen Rüttgers? Von dieser Frage ausgehend beleuchtet die vorliegende, politikwissenschaftlich grundierte Biografie prägende Aspekte und Stationen seines Lebens und untersucht, woher Jürgen Rüttgers kommt, wer und was ihn geprägt hat, wofür er steht, nicht zuletzt: wohin er will.

Die Antworten, die nachfolgend formuliert werden, basieren unter anderem auf einer Vielzahl von Gesprächen mit politischen Weggefährten, heutigen und früheren Mitarbeitern, mit Freunden, Kritikern, wissenschaftlichen und journalistischen Beobachtern sowie mit seiner Frau Angelika.

Allen, die zu Gesprächen bereit waren, darunter Bundeskanzler a. D. Dr. Helmut Kohl, Bundestagspräsident Dr. Norbert Lammert, Bundesminister Dr. Wolfgang Schäuble, Ministerpräsident a. D. Dr. Edmund Stoiber, Bundesminister a. D. Dr. Norbert Blüm, Bundesminister a. D. Dr. Rudolf Seiters, Minister Andreas Krautscheid, Minister Prof. Dr. An-

---

[2] Vgl. Peter Köpf: Stoiber. Die Biographie, München 2002.
[3] Vgl. Armin Fuhrer: Christian Wulff. Der Marathonmann, München 2006, S. 11.

dreas Pinkwart, Ministerin Barbara Sommer, Staatssekretär Karsten Beneke, Staatssekretär Michael Mertes, Staatssekretär a. D. Rüdiger Frohn, Staatssekretär a. D. Michael Thielen, Staatssekretär a. D. Dr. Willi Hausmann, Staatsminister a. D. Dr. Werner Hoyer (MdB), Staatssekretär a. D. Dr. Fritz Schaumann, Staatssekretär a. D. Manfred Speck, Staatssekretär a. D. Helmut Stahl (MdL), Staatssekretär a. D. Dr. Bernhard Worms, Herbert Reul (MdEP), Dr. Norbert Röttgen (MdB), Willi Zylajew (MdB), Prof. Dr. Ulrich von Alemann, Michael Arntz, Dr. Boris Berger, Dr. Axel Emenet, Dr. Karlheinz Gierden, Dr. Edmund Heller, Ulrich Hollmann, Christa Maria Klaes, Prof. Dr. Dr. Karl-Rudolf Korte, Matthias Kopp, Karl Lamers, Prof. Dr. Gerd Langguth, Christian Lindner (MdL), Dr. Karl August Morisse, Norbert Ness, Karl-Heinz Nöbel, Prof. Dr. Paul Nolte, Hans Oster, Dr. Gerhard Papke (MdL), Hans-Joachim Reck, Marita Reuter, Wolfgang Schänzler, Hendrik Wüst (MdL), gilt mein großer Dank.

Meinen studentischen Mitarbeitern Jago Steinmann, Alexander Vogel, Christoph Weckenbrock und in besonderem Maße Herrn Philipp Lerch M.A. danke ich für ihre tatkräftige Unterstützung des Projekts „JR".

Über Jürgen Rüttgers und seinen Lebensweg hinausgehend habe ich in den zurückliegenden Monaten viel lernen können: über die CDU in Geschichte und Gegenwart, ihre Binnen- und Außenwahrnehmung, über die politische Kultur im zeithistorischen Wandel, nicht zuletzt über die unterschiedlichen Perspektiven von Landes- und Bundespolitik.

Dass es schwierig ist, eine Biografie über einen aktiven Politiker zu schreiben, dieser eingangs erwähnte Hinweis hat, rückblickend betrachtet, seine Berechtigung. Der zweite Einwand hat sich als unbegründet erwiesen. Jürgen Rüttgers war, wenn auch anfänglich zögerlich und vorsichtig, bereit, in einzelnen Gesprächen Rede und Antwort zu stehen. Kein Zweifel: Die Gefahr der Befangenheit, zumal in Folge von persönlichen Begegnungen mit dem zu Porträtierenden, besteht. Umso wichtiger ist die dauernde Rückkoppelung des situativen, persönlichen Eindrucks mit Perspektiven von außen, seien es wohlmeinende, neutrale oder wenig schmeichelhafte.

Unabdingbar bei einem Projekt wie diesem ist es, das Politische in den Blick zu nehmen, ohne sich als Teil desselben zu verstehen. Kritisch zu sein, statt unergiebig misstrauisch. Vor allem Distanz zu wahren nach allen Seiten, um damit schlussendlich ein ungeschminktes Porträt, aber auch kein Zerrbild von Jürgen Rüttger zeichnen zu können. Auf den nachfolgenden Seiten wurde versucht, diesem Anspruch gerecht zu werden. Ob es gelungen ist, bleibt dem Urteil des politisch interessierten Lesers überlassen.

Volker Kronenberg

I. Brauweiler

Erste Annäherungen

Heimat – „Ab, nach Brauweiler!" – Provinz – Röhrende Hirsche und blaue Schafe – „Zwei Igel in der Tasche" – Mathildenhof – Frankreich – Abitur oder Lehre – Apostelgymnasium – Klassenprimus – „Jeden Tag eine gute Tat" – Sozialer Aufstieg – Klare Kante – Parallelen zu Rau – Wochenendrituale – Angelika Rüttgers – Hyères – Wider die „wirklichkeitsleere Welt" – Tag- und Nachtseiten der Politik – Bürgerliches Ethos

Am Anfang steht Brauweiler. Die Abtei, der Ort, die Region – für Jürgen Rüttgers bedeutet Brauweiler Heimat. Hier kommt er her, hier verbrachte er von Kindheit an sein Leben – die Entfernung von Rüttgers' Geburtshaus zu seinem heutigen Wohnhaus beträgt weniger als zehn Kilometer. Von der Terrasse seines Hauses aus, das Rüttgers mit seiner Frau 1982 im benachbarten Sinthern bezog und in dem die heute fünfköpfige Familie lebt, gleitet der Blick über Felder hinweg auf Brauweiler und die Türme jener Abtei, die das kulturelle Zentrum der Region sowie Bezugs- und Ausgangspunkt von Rüttgers' politischem Engagement darstellt. Im Garten, selbst auf der Terrasse des Hauses Rüttgers, das am Ende einer ruhigen, keineswegs mondänen Wohnstraße gelegen ist, tummeln sich, je nach Tages- und Jahreszeit, Hasen, Fasane und Igel. Pferde und Kühe stehen auf den angrenzenden Weiden des nachbarlichen Bauernhofs. Idylle, Heimat, „Provinz" pur. Hier fühlt Jürgen Rüttgers sich wohl. Hier tankt er Kraft. Jürgen Rüttgers ist ohne Brauweiler nicht zu verstehen. Als Rüttgers Anfang der siebziger Jahre auf kommunaler Ebene die Politik für sich entdeckte, war die Abtei, die seit ihrer Gründung im Jahre 1024 über Jahrhunderte hinweg ein kultureller und geistiger Mittelpunkt in der Kölner Region gewesen war, in einem jämmerlichen Zustand. Die Bausubstanz war marode, die Gebäude von einer hässlichen hohen Mauer umgeben. Abgesehen von der romanischen Abteikirche, die bis heute als Pfarrkirche genutzt wird, diente die Abtei als Heilanstalt für Psychiatrie und Suchtkrankheiten. Brauweiler genoss in den sechziger und siebziger Jahren einen schlechten Ruf: mehr ein Ort der Hoffnungslosigkeit als der kulturellen und spirituellen Kraft. Letztere war in den Wirren der zurückliegenden Jahrzehnte fast gänzlich verloren gegangen. Nach der Säkularisation im Jahre 1802 von Napoleon zunächst zur Bettleranstalt umfunktioniert, hatte die preußische Regierung die ehemalige Benediktinerabtei ab 1815 über Jahrzehnte hinweg als Arbeitsanstalt genutzt. 1920 mietete sich die Kölner Justizverwaltung im „Bewahrungshaus" und im „Zellengebäude" der Abtei ein, welche 1933 der Gestapo für 12 Monate als Konzentrationslager, danach als Gefängnis dienten, wo Konrad Adenauer 1944 für zwei Monate inhaftiert wurde. 1945 bis 1949 als Lager der britischen Armee und zur Unterbringung sogenannter Displaced Persons, verschleppter Ausländer, genutzt, dienten die Abteigebäude danach zunächst als „Rheinische Landesarbeitsanstalt", bevor 1969 daraus für neun Jahre ein „Landeskrankenhaus", eine Fachklinik für Psychiatrie und Suchtkrankheiten entstand. Als das Krankenhaus, immerhin größter Arbeitgeber vor Ort,[4] 1978 geschlossen und die Abtei-Gebäude an die Kulturabteilung des Landschaftsverbandes Rheinland übertragen wurden, stand Jürgen Rüttgers neben Bernhard Worms und anderen Kommunalpolitikern in der ersten Reihe derer, die alles daran setzten, dass das Wahrzeichen von Brauweiler wieder den ihm kulturell und historisch zugeschriebenen guten Ruf zurückerhielt. Es galt, die in der Öffentlichkeit eingebürgerte, negativ besetzte Redewendung „Ab, nach Brauweiler!" in ihr positives Gegenteil zu verkehren. Was schließlich auch gelang.

Brauweiler gilt heute als eine der schönsten erhaltenen Klosteranlagen des Rheinlandes. Infolge der 1985 nach zähen Verhandlungen durchgeführten umfangreichen Restaurierungsarbeiten strahlen heute sowohl die Abteikirche, deren Messe Rüttgers mit seiner Familie regelmäßig sonntags besucht, als auch die weiteren, vom Rheinischen Amt für Denkmalpflege, vom Rheinischen Archiv- und Museumsamt sowie von der Rheinland Verlags- und Betriebsgesellschaft genutzten Gebäude ebenso

---

[4] Aus diesem Grund war ein Großteil der Brauweiler Bürger gegen die Schließung des Krankenhauses, wie sich Dr. Karlheinz Gierden, amtierender Vorsitzender des Freundeskreises *Abtei Brauweiler*, erinnert. Gespräch mit Dr. Karlheinz Gierden am 20. Juni 2007.

Zu Hause: Jürgen Rüttgers mit seiner Frau Angelika vor der Abtei Brauweiler

in gepflegtem Glanz wie der Abteipark mit seinem Naturdenkmal, einem der Legende nach rund 1000 Jahre alten Maulbeerbaum. Ein Glanz, den die Abtei und damit auch der Ortskern von Brauweiler ausstrahlt, der so gar nichts mehr spüren lässt von jenen dunklen Zeiten, als sich Abtei und Ort tatsächlich in einem „erbärmlichen" Zustand befanden, woran sich der Bürgermeister der Stadt Pulheim noch ebenso gut erinnert wie Jürgen Rüttgers.

Fragt man Rüttgers nach Heimat, verweist er auf Brauweiler – nicht auf Köln, nicht auf Lindenthal, wo Rüttgers geboren und ins Gymnasium gegangen ist, nicht auf Pulheim, wo er als städtischer Beigeordneter wesentlich dazu beitrug, den Ortskern zu sanieren, nicht auf Sinthern, wo er heute, am Ortsrand, vis-à-vis von Brauweiler, mit seiner Familie lebt. In Brauweiler, nicht in Sinthern, ist Rüttgers Mitglied im Ortsverband der CDU. Feinheiten, die Rüttgers wichtig sind und auf die er Wert legt.

Als der Regierungspräsident von Köln im Rahmen einer Festveranstaltung anlässlich des 40. Todestages von Konrad Adenauer im April 2007 den anwesenden „hoch verehrten Herrn Ministerpräsidenten" in dessen „Kölner Heimat" begrüßte, wies Rüttgers seinen Parteifreund freundlich aber bestimmt auf die Unabhängigkeit und Identität seiner Heimat hin, die heute zur Stadt Pulheim gehört. Als der verdutzte Kölner RP daraufhin witzelnd anmerkte, eine „Eingemeindung" von Brauweiler und Pulheim nach Köln sei doch schnell auf den Weg zu bringen, konnte man merken, dass Rüttgers nicht gerade amüsiert war. Zu präsent war ihm der langjährige, kommunalpolitisch Kräfte raubende Kampf „seiner" Heimatgemeinde Pulheim gegen die drohende Eingemeindung nach Köln, um nun darüber lachen zu können. So nebensächlich dieses Geplänkel zwischen Kölner Regierungspräsident und Ministerpräsident auch war, das ein Großteil der anwesenden Gäste humorig mit Beifall quittierte, zumal Rüttgers sich dann doch um ein Lächeln bemühte, so kann man doch davon ausgehen, dass ihm diese Situation keineswegs behagte. Schließlich erwartet er von seinen engsten Mitarbeitern oder auch von mittelbaren Weggefährten wie langjährigen Fraktionskollegen ein Höchstmaß an Sensibilität, wenn es darum geht, regionale, kommunale oder lokale Besonderheiten und Empfindlichkeiten zu erkennen und, wo möglich, zu berücksichtigen – was der Regierungspräsident von Köln, wenn auch wohl unbeabsichtigt, in diesem Moment nicht getan hatte.

Keine Frage: Jürgen Rüttgers ist dort fest verwurzelt, hat dort seine Heimat, wo mancher Intellektuelle verächtlich die „Provinz" verortet. Und tatsächlich entstammt der nordrhein-westfälische Ministerpräsident eben jener Gegend am Niederrhein, in der das dem lateinischen *provincia* entlehnte Wort „Provinz" als „provincie" im Sinne des „Bezirks eines Erzbistums" vor Jahrhunderten erstmals im deutschen Sprachgebrauch aufgetaucht ist.[5] Wer Provinz mit „Provinzialismus", sprich: mit Engstirnigkeit und Einfalt, Hinterwäldlertum und Unfähigkeit zur Abstraktion vom Lokalen auf übergeordnete politische Ebenen, gleichsetzt, statt sie geografisch als „Hinterland" einer Metropole zu begreifen, von dem man

---

[5] Vgl. Duden, Bd. 7: Das Herkunftswörterbuch. Etymologie der deutschen Sprache, 4. Aufl., Mannheim 2007; vgl. darüber hinaus Dieter Geuenich (Hrsg.): Der Kulturraum Niederrhein. Band 1: Von der Antike bis zum 18. Jahrhundert, Essen 1996.

ausgeht, in das man zurückkehrt, das Vertrautheit und Ruhe vermittelt, mag von Rüttgers eines Besseren belehrt werden. Gerade von ihm, dem manch ein Pressevertreter eine „sympathische Provinzialität" nachsagt, weil er sich beispielsweise nicht scheue, beim Italiener den Kellner zu fragen, was denn „Nudeln mit Pesto" seien.[6] Denn eines ist der promovierte Jurist, einstige kommunale Wahlbeamte, Bundestagsabgeordnete, Bundesminister und Oppositionsführer sowie amtierende Ministerpräsident von NRW nicht, obwohl er in der Provinz des Niederrheins bzw. der Kölner Bucht zuhause ist und diese Heimat als wesentliche Koordinate in seinem Leben begreift: provinziell. Zumal nicht in dem Sinne, in dem mancher Intellektuelle die Bonner Republik in den Jahren der Kohl-Ära, in denen Rüttgers politischer Aufstieg erfolgte, karikiert hat: als „Rückfall ins Vormodern-Feudale, Verdruckst-Familiäre, Abgeduckt-Heimliche", in dem es „gemütlich" und „informell selbstverständlich" zugegangen und das „Dumm-Sture über Jahre nicht bemerkt" worden sei.[7]

Wer Jürgen Rüttgers von früher, von seinen politischen Anfängen in Brauweiler bzw. der rheinischen Jungen Union her kennt, wer ihn einmal als Beigeordneter in Pulheim, als „MdB" in Bonn, als Minister, Oppositionsführer oder als Ministerpräsident erlebt hat, weiß zu berichten, dass Gemütlichkeit und informelle Selbstverständlichkeit rein gar nichts mit seinem Selbstverständnis und seiner Arbeitsweise als Politiker zu tun haben. Jürgen Rüttgers hat, wie jeder ambitionierte, erfolgreiche Politiker, ausgeprägte Eigenarten, hat Stärken und Schwächen, doch „verdruckst-familiär" oder gar „abgeduckt-heimlich" geht es bei ihm nicht zu. Kurzum: Karl Heinz Bohrers „Provinzialismus"-These findet in Jürgen Rüttgers, dem Handwerkersohn aus der Provinz, dem ehrgeizigen Schüler des Kölner Apostelgymnasiums und politischen Ziehsohn Helmut Kohls, keine Bestätigung – im Gegenteil: Sachlichkeit, Nüchternheit und Effizienz, strategisches Geschick, Sachkompetenz, intellektuelle

---

[6] Jochen Buchsteiner: Große Fragen, kleine Antworten. Der Zukunftsminister ist ein typischer Vertreter der Generation nach Kohl: pragmatisch, effektiv, glanzlos, in: *Die Zeit* vom 10. Oktober 1997.
[7] Karl Heinz Bohrer: Provinzialismus. Ein physiognomisches Panorama, München 2000, S. 139.

Neugierde und eine Aversion gegenüber jedwedem „Klüngel", zumal gegenüber dem „kölschen Klüngel", bestimmen sein Verhalten, kennzeichnen seine Umgebung. Rüttgers, das bescheinigen ihm seine heutigen Mitarbeiter ebenso wie einstige Weggefährten, agiert niemals „dumm stur" – viel eher klug abwägend, elastisch, mehr zögerlich als offensiv-entschieden; Vertraulichkeit vorsichtig einsetzend und eher auf Distanz, denn auf allzu große persönliche Nähe bedacht. In seiner persönlichen Erscheinung, in seinen Umgangsweisen stellt er das genaue Gegenteil von Helmut Kohl dar, auch wenn das Verhältnis des Alt-Kanzlers zum „jungen Pulheimer", wie Kohl Rüttgers viele Jahre nannte, bis heute ein enges und vertrautes ist.

Nur derjenige nennt Jürgen Rüttgers provinziell, der ihn nicht wirklich kennt und ihn damit unterschätzt. Denn Rüttgers ist weder engstirnig und einfältig, noch unfähig, vom Lokalen, Heimatlichen aus den Blick auf Übergeordnetes zu lenken. Nicht nur weil Rüttgers überaus belesen, juristisch wie historisch gebildet, ein Liebhaber moderner Malerei – Max Ernst, Neo Rauch[8] – ebenso wie klassischer Musik und eifriger Reisender in die verschiedensten Regionen der Welt ist. Nicht zuletzt auch deshalb, weil Rüttgers seit über zwei Jahrzehnten ein zweites Zuhause an der französischen Mittelmeerküste sein Eigen nennt. Dorthin zieht er sich mit Frau und Kindern immer dann zurück, wenn die Familie Zeit für Urlaub findet, wenn Rüttgers' Terminlage es zulässt und die drei Söhne Schulferien haben. Kurzum: Brauweiler und Niederrhein, Hyères und die Provence – Heimatverbundenheit ja, Provinzialismus à la „Nippes und Aquarium"[9] nein.

„Röhrende Hirsche" sind Rüttgers ein Graus und kämen ihm als Motiv nie an die Wand.[10] Dort, im heimischen Wohnzimmer, haben sich Rüttgers und seine Frau für ein abstraktes Motiv des zeitgenössischen französischen Malers Alain Cléments entschieden, dem exakten Gegenteil

---

[8] Gespräch mit Angelika Rüttgers am 28. April 2008.
[9] Karl Heinz Bohrer: Provinzialismus, S. 26 f.
[10] Vgl. Jürgen Rüttgers: Die Kunstmeile endet, die Bannmeile beginnt. Röhrende Hirsche in der Stille des Kellers, in: *Das Parlament* vom 12./19. August 1994; Gespräch mit Ministerpräsident Dr. Jürgen Rüttgers am 21. Mai 2007.

eines stilisierten Hirsch-Motivs. Letzteres sucht man bei Rüttgers, sei es zuhause, sei es in seinen Diensträumen, ob beim Städte- und Gemeindebund, dem Rathaus in Pulheim, dem Abgeordneten- und Ministerbüro in Bonn, dem Büro des CDU-Fraktionsvorsitzenden im Düsseldorfer Landtag oder heute in der Staatskanzlei *Am Stadttor*, vergebens. Eine Münzsammlung hat Rüttgers auf einer Anrichte in seinem Büro, ebenso eine Porträtskizze von Adenauer an der Wand – beides erinnert stark an Helmut Kohls Büro und stellt ohne Zweifel eine Reminiszenz an das Zentrum der Macht dar, in dem sich Rüttgers jahrelang bewegt hat. Doch das weitere Interieur von Rüttgers' Büro, das schwarze Holz, das leuchtende Chrom, das abstrakte großflächige Gemälde hinter seinem Schreibtisch, die kühle Atmosphäre, ja nicht zuletzt der Computer samt Flachbildschirm neben der Telefonanlage – all das unterscheidet Rüttgers' Arbeitsplatz von jenem, von dem aus Helmut Kohl 16 Jahre lang die Geschicke der Republik lenkte. Wie im Büro, so zuhause: Statt Hirschen auf Bildern oder Motivtapeten an den Wänden findet man ein Schaf im heimischen Garten, nur ist dieses weder lebendig noch aus Holz oder gar mit Alpenmotiven bemalt, sondern blau und aus Kunststoff – ein Exemplar der „Blauschäferei" des Rheinberger Künstlers Reiner Bonk, das enge Familienfreunde Jürgen Rüttgers zum 50. Geburtstag geschenkt haben.

Modern muss das Ambiente sein, damit sich Rüttgers wohlfühlt. Und sei es ein hellgrauer Teppichboden im heimischen Wohnzimmer, den Rüttgers in längeren Diskussionen mit seiner Frau – „Er ist schon ein Sturkopf"[11] – vor Jahren durchsetzte. Zu einer Zeit, als die Kinder noch klein und die Wege vom Sandkasten zwischen Terrasse, Rabatten und Wohnzimmer bedrohlich kurz waren. Zwischenzeitlich ersetzt ein ebenfalls hellgrauer, doch pflegeleichter Holz- den unansehnlich gewordenen Teppichboden. Hell muss es sein, modern, transparent und im Zweifelsfall immer preiswert – darauf legt Jürgen Rüttgers Wert, auch wenn ihm enge politische Weggefährten und Mitarbeiter nachsagen, er sei sparsam und habe „zwei Igel in der Tasche".[12]

---

[11] Gespräch mit Angelika Rüttgers am 22. Mai 2007.
[12] Gespräch mit Willi Zylajew (MdB) am 7. November 2007.

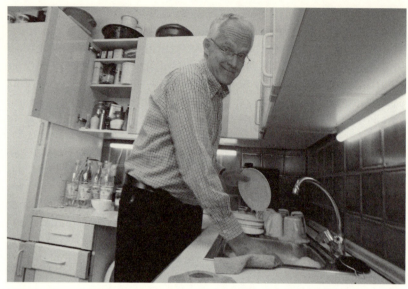

„Die Spülmaschine bin ich" – Jürgen Rüttgers in der heimischen Küche

Dass ihr Mann sehr sparsam ist, bestätigt auch Angelika Rüttgers und führt diese Einstellung auf die Prägung durch seine Eltern zurück, die nach Ende des Krieges quasi „bei Null anfangen" und sich ihren Elektrowarenladen mühsam aufbauen mussten. „Haben", so ein Rüttgers zugeschriebenes Motto, „kommt von behalten, nicht von ausgeben."[13] Wie im Privaten – kultiviert in Rüttgers' Leidenschaft für billige Plastik- oder kostenlose Werbe-Uhren – so auch im Politischen: Verschwendungssucht und Protzerei sind ihm zuwider. Statt Mercedes oder BMW fährt Rüttgers als Ministerpräsident demonstrativ einen Audi. Als Rüttgers' Eltern es nach harten Jahren der Selbstständigkeit zu einem gewissen Wohlstand gebracht hatten, besaßen sie einen Ford. Niemals, schon der Kunden wegen, wäre man auf die Idee gekommen, Mercedes zu fahren. Jürgen Rüttgers hat diese Einstellung von klein auf übernommen. Stehen privat größere Anschaffungen wie Auto, Möbelstück oder Elektrogerät an, überlegt Rüttgers noch heute eingehend, bevor er sich zu einer Entscheidung durchringt. Spontankäufe würde man bei ihm nie erleben.

---

[13] Gespräch mit Angelika Rüttgers am 21. November 2007.

Die Notwendigkeit einer Spülmaschine sah Rüttgers lange Zeit nicht ein, zumal er immer (nur) dann, wenn er zuhause war, ohne Murren abtrocknete – die „Spülmaschine bin ich".[14]

Wer Butzenscheiben, Eichenmöbel, Motivtapeten oder Herrgottswinkel im Hause Rüttgers erwartet, wird schon am Eingang, angesichts einer leuchtend blauen Haustüre mit silbernen Chrom-Beschlägen, enttäuscht. Heimatverbundenheit ja, Provinzialismus nein. Brauweiler, Rheinland, Kirche und Kommune, Pfadfinder und Caritas, Adenauer und der Westen, Frankreich und Europa – von Geburt an sind dies die nachhaltig prägenden Koordinaten bei Jürgen Rüttgers. Ein Kreis wird sich hier, in Brauweiler, in der Nähe zur Abtei, in ferner Zukunft schließen. Das Haus, das sich die Eltern Rüttgers' in der Friedhofstraße in Brauweiler bauten, um dort, nachdem das Elektrogeschäft aufgegeben war, ihren Lebensabend zu verbringen,[15] grenzt unmittelbar an den Friedhof und liegt in Sichtweite ihrer heutigen Grabstätte. Sein Geburtshaus neben dem Mathildenhof, das längst abgerissen ist, das Haus mit dem väterlichen Geschäft in der Bernhardstraße, das Anfang der siebziger Jahre aufgegeben und schließlich das Haus in der Friedhofstraße, das vermietet wurde, nachdem Willi Rüttgers aufgrund seiner Gebrechlichkeit dort nicht länger alleine wohnen bleiben konnte – das sind die prägenden Orte im Leben von Jürgen Rüttgers, die sämtlich in einem fußläufigen Radius zu seinem heutigen Haus liegen und zusammen mit Abtei, Kindergarten, Grundschule und Friedhof die lokal dominierenden Fixpunkte seiner Heimatverbundenheit markieren.

Aber dazu gehören für ihn eben auch Hyères und die Provence – Fixpunkte, die durch seine Frau Angelika Einzug in das Leben von Jürgen Rüttgers hielten und die eine immer größere Bedeutung auch für ihn entwickelten. Dabei war die Liebe zu Frankreich bei Rüttgers selbst schon früh geweckt worden. Mit 14 Jahren hatte er an einem dreiwöchigen Schüleraustausch mit Clermont-Ferrand, der Hauptstadt der französischen Region Auvergne, teilgenommen und dort bei einer 9-köpfigen

---

[14] Vgl. Anne-Kattrin Palmer: Ich bin hier die Spülmaschine. Express besuchte den CDU-Landeschef zu Hause, in: *Express* vom 12. Januar 2003.
[15] Gespräch mit Angelika Rüttgers am 22. Mai 2007.

Großfamilie gelebt. Eine Erfahrung, die ihm nachhaltig in Erinnerung geblieben ist, vor allem aufgrund der überwältigenden Gastfreundschaft, mit der die Franzosen den jungen Rheinländer in ihre Familie integrierten. Doch ebenso gut erinnert sich Rüttgers noch heute an die Kriegsschilderungen des Großvaters seines französischen Austauschfreundes – Schilderungen, die der hochbetagte Franzose mit Fragen an den jungen Deutschen nach eigenen elterlichen Kriegserlebnissen verband und die Rüttgers mit seinen rudimentären Kenntnissen über die Soldatenzeit seines Vaters zu beantworten versuchte.

Vier Jahre nach seinem Aufenthalt in Clermont-Ferrand leitete Rüttgers im Juli 1969 ein Pfadfinderlager in der Brauweiler Partnergemeinde Guidel (Bretagne); ein prägendes Ereignis für den damals 18-Jährigen alleine schon deshalb, weil er damals zur „Vorhut" der Jugendgruppe gehörte, die in einem voll bepackten VW-Käfer mit fünf Insassen die Strecke von 1200 Kilometern zurücklegte, ohne zu wissen, wo sie während der Fahrt Arme und Beine zwischen Proviant und Zeltmaterial verstauen sollte. Prägend war das französische Pfadfinderlager für Rüttgers auch deshalb, weil er dort, in einer Schule in Guidel, die erste bemannte Mondlandung der „Apollo 11" im Fernsehen live mit seinen Freunden mitverfolgen konnte.[16]

Sei es aus Pfadfindertagen, sei es aus der Zeit des gemeinsamen Besuchs jener Brauweiler Grundschule, in der einst schon August Bebel die Schulbank drückte,[17] sei es aus Zeiten der Jungen Union: Jürgen Rüttgers sind die Menschen seiner Heimat vertraut; eine Vielzahl kennt er persönlich, einen Großteil kennt man vom „Hörensagen". Manche kennt er aus anderen kulturellen Vereinen wie dem „Freundeskreis der Abtei Brauweiler" oder den „Brauweiler Karnevalsfreunden", die Rüttgers gemeinsam mit dem damaligen CDU-Ratsmitglied Wolfgang Schänzler gegründet hat. Letzteres sehr zur Freude seiner Frau Angelika, die, ein echt „kölsch Mädche", noch „jecker" ist, als der rheinische Karnevalist Rüttgers.

---

[16] Gespräch mit Ministerpräsident Dr. Jürgen Rüttgers am 13. Februar 2008.
[17] Gespräch mit Ministerpräsident Dr. Jürgen Rüttgers am 6. Februar 2007.

Auch Brauweiler oder Pulheimer Bürger, die ihn nicht persönlich kennen, beispielsweise weil man erst vor wenigen Jahren ins Kölner Umland zog, verbinden mit ihm zumindest denjenigen, der als Beigeordneter der Stadtverwaltung wesentlich zur zeitweilig heftig umkämpften, letztlich erfolgreichen Ortskernsanierung von Pulheim beigetragen hat. „Wir hatten", so erinnert sich Parteifreund Schänzler, „nie einen besseren Beigeordneten in Pulheim als Jürgen Rüttgers"[18] – auch wenn früh klar gewesen sei, dass Rüttgers' Streben über die kommunale Ebene hinausging.

---

[18] Gespräch mit Wolfgang Schänzler am 3. Dezember 2007.

Biografische Prägungen

Und doch war es ein weiter Weg, wenn auch nicht geografisch, sondern vielmehr im sozialen Sinne, den Jürgen Rüttgers zunächst vor Ort zurückgelegt hat: vom einfachen Elternhaus neben dem Mathildenhof, vom Sohn des Elektromeisters Willi Rüttgers zum Gründungsmitglied des „Lions Club", des örtlichen Tennisclubs, zur Mitgliedschaft in der Kölner „Ehrengarde" oder zum heutigen Kuratoriumsvorsitzenden des „Freundeskreises Abtei Brauweiler".

Am 26. Juni 1951 im St. Elisabeth-Krankenhaus in Köln-Lindenthal geboren, verbrachte Rüttgers, getauft auf die Namen Jürgen Anton, Kindheit und Jugend in Brauweiler. Seine Eltern Willi, geboren am 09. Mai 1904 und verstorben am 11. Dezember 1995, und Katharina, genannt „Käthe" Rüttgers, geboren am 22. November 1913 und verstorben am 22. Oktober 1976, die 1942 während eines Heimaturlaubs von Willi heirateten, bewohnten zunächst ein sehr einfaches, fast ärmliches Haus neben dem Mathildenhof in Brauweiler. An dieses Haus erinnert sich Jürgen Rüttgers, obwohl er damals sehr jung war, genau – nicht zuletzt an den Umstand, dass man vom Wohnzimmer aus die zahlreichen Ratten beobachten konnte, die sich im nahen Abwasserkanal tummelten und auf Händeklatschen hin blitzartig verschwanden, um bald erneut aufzutauchen. Ein immer wiederkehrendes Ritual, das solange praktiziert wurde, bis Rüttgers mit seinen Eltern in jenes Haus in der Bernhardstraße umzog, wo Vater Willi, zweitgeborener Spross einer achtköpfigen Landwirtsfamilie, im Erdgeschoss als Elektromeister ein eigenes kleines Elektrofachgeschäft betrieb. Die Anfangsjahre der Selbstständigkeit waren hart, der Fleiß von Vater Willi und Mutter Käthe dafür umso größer.

Jeder, der sich heute in Brauweiler an Willi Rüttgers erinnert, hebt dessen Arbeitseinsatz rund um die Uhr, nicht zuletzt auch dessen große Spar-

Familiäre Wurzeln: Rüttgers' Eltern Willi und Käthe (rechts und Mitte) vor dem Elektrogeschäft, das beide nach dem Krieg aufbauten

samkeit hervor. Auch wenn das Elektrogeschäft mit der Zeit immer besser lief und nach und nach guten Umsatz machte, wäre es Willi Rüttgers nie in den Sinn gekommen, in Urlaub zu fahren oder sich dem Müßiggang hinzugeben. Betriebsferien waren, wie sich Jürgen Rüttgers an seine Kindheit erinnert, undenkbar.[19] Die Arbeit, die Familie, der Brauweiler Schützenverein, der heimische Garten waren bestimmende Größen im Leben von Willi Rüttgers. Nicht zuletzt waren das eigene Geschäft bzw. die Selbstständigkeit als Kleinunternehmer der entscheidende Grund, der Jürgen Rüttgers' Eltern davon abhielt, sich nachhaltig politisch zu engagieren. Im Unterschied zu Willis Vater Anton, von dem Enkel Jürgen seinen zweiten Vornamen „geerbt" hat, der als Bürgermeister von Müddersheim, einem kleinen Dorf in der Nähe von Zülpich, kommunalpolitische Erfahrung gesammelt hatte.

---

[19] Gespräch mit Ministerpräsident Dr. Jürgen Rüttgers am 13. Februar 2008.

Rüttgers' Großeltern: Anton und Maria Katharina Rüttgers, geb. Hecker

Während Mutter Käthe grundsätzlich die Auffassung vertrat, als Selbstständiger sei man „für alle da"[20] und könne schlecht Partei ergreifen, sah Rüttgers' Vater dies nicht ganz so eng und kandidierte in den sechziger Jahren einmal für die FDP um den Einzug in den Brauweiler Gemeinderat – und wurde prompt nicht gewählt. Damit war die politische Karriere von Vater Rüttgers schon beendet, bevor sie überhaupt begonnen hatte. Das Thema Politik aber war fortan eines, mit dem sich der Sohn immer intensiver zu beschäftigen begann, wenn auch seine parteiliche Präferenz von der des Vaters abwich, was diesen aber weder überraschte noch störte. Nur über ein Thema wurde im Elternhaus so gut wie nie gesprochen – über den Zweiten Weltkrieg. Für Vater Willi, der 1948 aus sowjetischer Kriegsgefangenschaft heimkehrte, war dies, wie Jürgen Rüttgers sich sehr genau erinnert,[21] ein Tabuthema, über das er nicht sprechen wollte. Auch wenn es ihm schwerfiel, der politisch

---

[20] Gespräch mit Angelika Rüttgers am 16. März 2007.
[21] Gespräch mit Ministerpräsident Dr. Jürgen Rüttgers am 6. Februar 2007.

elektrisierte, aufstrebende und historisch interessierte Sohn respektierte diesen Unwillen über viele Jahrzehnte – bis zum Tod seines Vaters vor 13 Jahren.

Katholisch, Pfadfinder – bereits früh zeichnete sich ab, wo Jürgen Rüttgers seine politische Heimat finden würde. Doch zunächst war gar nicht klar, ob Rüttgers nicht vielleicht doch, wie vom Vater gewünscht, einen anderen Weg gehen und, statt das Gymnasium zu besuchen und anschließend zu studieren, in die Lehre und dann in jenen väterlichen Betrieb gehen würde, in dem er während der Volksschulzeit oftmals nachmittags ausgeholfen hatte. Käthe Rüttgers, zu der Jürgen bis zu ihrem frühen, plötzlichen Herztod 1976 eine sehr innige Bindung hatte,[22] hingegen erklärte: „Das Kind macht Abitur".[23] Und nachdem sie sich mit ihrer Meinung gegenüber dem „Sturkopf" ihres Mannes – „den hat Jürgen von seinem Vater geerbt"[24] – durchgesetzt hatte, fuhr der Sohn jeden Morgen in aller Herrgottsfrühe von Brauweiler mit dem Bus nach Köln-Lindenthal zur Schule, in der der Unterricht oft in der 0. Stunde um kurz nach 7.00 Uhr begann. Jürgen Rüttgers kam nie zu spät.

Noch heute erinnert sich Rüttgers' langjähriger Lehrer am Apostelgymnasium, Hans Oster, nicht nur an die Pünktlichkeit, Ordnungsliebe und Gewissenhaftigkeit seines Schülers, sondern vor allem an zahlreiche Diskussionen im Rahmen des Deutschunterrichts, die nicht nur schnell erkennen ließen, dass Rüttgers bereits in jungen Jahren politisch überaus interessiert und talentiert war, sondern auch, wohin sein Weg führen würde: in die CDU. „Religiös sehr interessiert und doch kein Frömmler" (Oster), den Fächern Geschichte und Philosophie stark zugetan, habe Rüttgers – im Unterricht stets in der ersten Reihe sitzend – mit Hingabe über Politik und Gesellschaft, über die „traumtänzerischen Forderungen" der 68er-Bewegung diskutiert und dabei seine eigene, zeitgeistkritische Meinung immer mit großem Nachdruck vertreten.[25]

---

[22] Gespräch mit Angelika Rüttgers am 22. Mai 2007.
[23] Gespräch mit Angelika Rüttgers am 22. Mai 2007.
[24] Gespräch mit Angelika Rüttgers am 22. Mai 2007.
[25] Gespräch mit Hans Oster am 30. April 2007.

Die 68er-Bewegung, ihre Ideen, Ziele und Lebensentwürfe mussten Rüttgers, der von klein auf die klassischen bürgerlichen Tugenden wie Fleiß, Sparsamkeit, Ordnungsliebe, Pünktlichkeit von seinen Eltern vorgelebt und, nicht zuletzt auch von den Pfadfindern mit auf den Weg bekommen hatte, fremd und tatsächlich „traumtänzerisch", unernst, ja abwegig erscheinen. „1968" stellte alles infrage, was Rüttgers' Leben – Familie, Kirche, Heimat – Halt gegeben und Richtung gewiesen hat. All das, was seine Eltern verkörperten, seine gläubige Mutter, bis Kriegsende als Lehrerin und danach im gemeinsamen Elektrobetrieb tätig, sowie sein fürsorglicher, aber auch fordernder und zuweilen strenger Vater, aber auch, was die nachhaltig prägende Pfadfinderzeit[26] vom „Wölfling" bis zum „Rover" ihn gelehrt hatte. All das, wofür ebenso das Curriculum und das humanistische Selbstverständnis des Apostelgymnasiums standen – und wofür Jürgen Rüttgers bis heute steht.

Von 1961 bis 1969 besuchte Rüttgers das Apostelgymnasium, jene traditionsreiche Kölner Schule, die 1860 als katholisches Gymnasium an der Apostelkirche gegründet worden war und nicht nur zahlreiche Sprösslinge der Familie Adenauer, darunter Bundeskanzler Konrad Adenauer von 1885 bis 1894, sondern ebenfalls, ab 1900, den ersten Ministerpräsidenten des Landes Nordrhein-Westfalen, Rudolf Amelunxen, zu ihren Schülern zählte.

Auch wenn der einst von Adenauer sehr stark wahrgenommene katholische Charakter[27] der von den Nationalsozialisten beargwöhnten Schule[28] sich zu Rüttgers' späterer Gymnasialzeit bereits abgeschwächt hatte und die Schülerschaft schon lange nicht mehr zu drei Vierteln der katholischen Kirche angehörte, so standen die wöchentlichen Gottesdienste gleichwohl ebenso selbstverständlich auf Rüttgers' Stundenplan wie der Unterricht in den alten Sprachen. An „Gewaltpädagogen", „Ohrfeigen" und „lädierte Trommelfelle", die Amelunxen als „Altapostolaner" noch viele Jahre nach seinem Ausscheiden aus dem Schulleben in leb-

---

[26] Gespräch mit Ministerpräsident Dr. Jürgen Rüttgers am 6. Februar 2007.
[27] Vgl. Hans-Peter Schwarz: Adenauer. Der Aufstieg: 1876–1952, S. 78 f.
[28] Vgl. Otto Geudtner / Hans Hengsbach / Sibille Westerkamp: Ich bin katholisch getauft und Arier. Aus der Geschichte eines Kölner Gymnasiums, Köln 1985, S. 195 f.

hafter Erinnerung behielt,[29] kann sich Rüttgers, der fünf Jahrzehnte nach seinem Amtsvorgänger dort die Schulbank drückte, zeitweilig gemeinsam mit Adenauer-Enkel Georg, nicht erinnern.

Im Gegenteil: Seine Erinnerungen an die Schulzeit sind rundum positiv – nicht zuletzt auch deshalb, weil er bei einer der zahlreichen Schulfeierlichkeiten Gelegenheit hatte, als Jungendlicher den „Alten" aus Rhöndorf, den hoch betagten Konrad Adenauer, persönlich zu erleben.[30] Doch besonders nachhaltig ist Rüttgers sein damaliger Deutsch- und Religionslehrer Hans Oster in Erinnerung geblieben, den Rüttgers 2005 umgehend anrief, als klar war, dass er die Wahl gewonnen und Ministerpräsident von NRW werden würde.[31] Dass der Pennäler aus Brauweiler – hoch gewachsen, große Brille, Pfeife rauchend schon damals – seinen Weg gehen würde, hat Oster schon früh geahnt: ob als Politiker oder, was Oster Ende der sechziger Jahre für noch wahrscheinlicher hielt, als „guter Theologe oder Historiker"[32]. In jedem Fall war Rüttgers ein Schüler, der unter den 52 Jungen, die damals zum Klassenverband gehörten, auffiel, nicht nur wegen der körperlichen Größe: „Ein Streber, doch, das war er", der, immer ordentlich gekleidet, den Schulstoff in sich „aufsog". Ein Schüler, der beste Leistungen erbrachte, freiwillig im Schulchor sang, um in Musik eine Eins zu bekommen,[33] und der nie im Schulgottesdienst fehlte. Einer, der seinen Lehrer selbst auf der Abschlussfahrt in Rom mit immer neuen Fragen löcherte und immer noch weitere Ausgrabungen besichtigen wollte, der aber trotzdem bei seinen Mitschülern Respekt und Anerkennung genoss. Wie das?

---

[29] Vgl. Rudolf Amelunxen: Ehrenmänner und Hexenmeister. Erlebnisse und Betrachtungen, München 1960, S. 19.
[30] Gespräch mit Ministerpräsident Dr. Jürgen Rüttgers am 6. Februar 2007.
[31] Gespräch mit Hans Oster am 30. April 2007.
[32] Vgl. Margret Klose: Die Dinge nie einfach so hingenommen. Lehrer Hans Oster aus Bornheim erinnert sich an seinen früheren Schüler Jürgen Rüttgers, in: *Kölnische Rundschau* vom 1. Juni 2006.
[33] Vgl. Clemens Schminke: Buh-Rufe und kritische Fragen. Auch Demonstranten empfingen den Ministerpräsidenten in spe vor dem Apostelgymnasium, in: *Kölner Stadt-Anzeiger* vom 11. Juni 2005.

*Der junge Pfadfinder:
Jürgen Rüttgers im Alter von
ca. vier Jahren*

Nicht zuletzt deshalb, weil der gute Schüler seine Position gegenüber den Lehrern auch dann vertrat, wenn es unbequem war – zumal in Situationen, wenn Mitschüler seiner Meinung nach ungerecht behandelt worden waren. Dann scheute Rüttgers sich nicht, so lange mit seinen Lehrern zu diskutieren, bis diese ihr Unrecht eingesehen oder man zumindest einen Kompromiss gefunden hatte, mit dem Lehrer wie Schüler leben konnten. Kein Zweifel: „Da kam der Pfadfinder durch", erinnert sich sein damaliger Klassenlehrer Oster, der als 30-jähriger Studienassessor frisch an das Apostelgymnasium gekommen und mit Rüttgers und 51 weiteren Schülern seine erste Klassenleitung übernommen hatte.

Und tatsächlich: Egal, mit wem man aus Rüttgers' Jugendtagen spricht, fast jeder bestätigt die tiefe Prägung, die der hoch gewachsene, schlanke, zuweilen ernst blickende Junge mit der Brille bei den Brauweiler Sankt-Georg-Pfadfindern erfuhr: Engagement für den Nächsten, praktizierte Mitmenschlichkeit bzw. der Wille, sich für gemeinsame Anliegen, das Gemeinwohl, selbstbewusst einzusetzen (nach dem Leitspruch: „Jeden

Tag eine gute Tat") – all dies entspricht dem Selbstverständnis, ja der Selbstverpflichtung eines Pfadfinders. Nicht zuletzt: Verantwortung zu übernehmen für Mitglieder der eigenen Gruppe, zumal der jüngeren, Teamfähigkeit und Verlässlichkeit unter Beweis zu stellen im Rahmen wöchentlicher Treffen und Unternehmungen oder bei mehrtägigen Zeltlagern und internationalen Pfadfindertreffen.

Rüttgers ist in seinem Selbstverständnis von seiner frühen und intensiven Prägung her bis heute Pfadfinder geblieben – als Mensch und als Politiker. Die Prinzipien der Pfadfinderbewegung und die entsprechenden Verpflichtungen eines Pfadfinders gegenüber Gott, gegenüber Dritten und gegenüber sich selbst sind bei ihm mit seinem christlichen Glauben und seinen politischen Überzeugungen zu einer Einheit untrennbar verschmolzen. „Jeden Tag eine gute Tat" – Rüttgers würde diesen Leitspruch der Pfadfinder nie öffentlich als Maxime seines politischen Handelns benennen, dies erschiene ihm allzu „dick aufgetragen". Doch in Wahrheit spiegelt sich in diesem Leitspruch viel von Rüttgers' Selbstanspruch und seiner Erwartungshaltung an die Politik: jenseits des großen Ganzen, das nicht aus dem Blick geraten darf, ganz konkret, Tag für Tag, im Kleinen Probleme lösen, hilfreich und aufmerksam sein.

Und sei es, dass er zum Telefonhörer greift, bei einem bislang unbekannten Bürger, Verein oder Unternehmer anruft und sich nach dem erkundigt, was er morgens über diesen Bürger, diesen Verein oder diesen Unternehmer in der Zeitung gelesen hat. Handelt es sich um eine herausragende Leistung, um eine gute Tat, um einen unternehmerischen Erfolg, gratuliert Rüttgers und erkundigt sich zugleich, ob irgendetwas „auf der Seele brennt". Ist Letzteres der Fall, kümmert sich Rüttgers, wenn er helfen kann, darum. Ist dies nicht der Fall, hat Rüttgers dem Angerufenen so oder so meist eine große Freude bereitet. Wenn auch nicht täglich, so nutzt Rüttgers doch immer häufiger diesen direkten Weg der Kommunikation – egal, um wen es sich handelt.

„Jeden Tag eine gute Tat" – soziales Engagement, Mitmenschlichkeit, der Blick auf die Nöte der „kleinen Leute" ist für Rüttgers nichts, was er zunächst unter strategischen Aspekten betrachtet, sondern das, was für ihn von klein auf selbstverständlich ist. Was ihm auch bare Selbstverständlichkeit christlicher Politik ist bzw. zu sein hat. Pfadfinder zu sein hieß für Rüttgers in Kindheit und Jugend natürlich auch Abenteuer, Erlebnis, Entdeckung, Neugierde: mit Freunden, alle in der gleichen, soziale Unterschiede einebnenden Pfadfinderkluft, unterwegs zu sein, zu basteln, zu singen, zu musizieren, zu spielen, die Natur zu erkunden und darüber auch eine frühe Sensibilität für ökologische Zusammenhänge zu entwickeln. Nicht zuletzt hieß Pfadfinderzeit für ihn im jugendlichen Alter auch: das eine oder andere Bierchen trinken – ein Umstand, der wiederum den Bogen von den Brauweiler Pfadfindern zum Kölner Renommier-Gymnasium schließen lässt: Denn dass Rüttgers ein Schüler war, der trotz aller Strebsamkeit auch einen „schmeißen"[34] (Lehrer Oster), d. h. das eine oder andere Bier vertragen konnte, wie Fotos von fröhlichen Trinkgelagen in der Ewigen Stadt dokumentieren, war auch ein Grund dafür, dass Rüttgers bei seinen Mitschülern nicht zum Außenseiter wurde, sondern eher zu einer natürlichen Autorität, zu einem Sprecher des Klassenverbandes.

Jedenfalls trug das „starke, gesunde Selbstbewusstsein"[35], über das Rüttgers bereits als Schüler verfügte, gepaart mit seiner Wissbegierde und seinem Fleiß nach Ansicht seines Lehrers erheblich dazu bei, dass der in einfachen Verhältnissen aufgewachsene Rüttgers sich am „exquisiten"[36] Apostelgymnasium nie gegenüber Mitschülern aus weitaus besser gestellten Verhältnissen zurückgesetzt oder von diesen ausgegrenzt fühlte. Wenn auch das Bewusstsein bei Rüttgers, nicht in dem wohlhabenden Kölner Stadtteil Lindenthal, sondern in der Provinz, im weit entfernten Brauweiler beheimatet zu sein, immer vorhanden war. Doch Rüttgers hat sich seiner Herkunft nie geschämt. Im Gegenteil: Dank seiner Mutter hatte er seit Kindheitstagen auch jene im Bewusstsein, denen es schlechter ging als ihm. „Als ich eingeschult wurde, bestand meine Mutter darauf, dass ich eine kleine Schultüte bekomme, damit die anderen Kinder nicht neidisch werden. Nachher stand ich als Einziger mit einer kleinen

---

[34] Gespräch mit Hans Oster am 30. April 2007.
[35] Gespräch mit Hans Oster am 30. April 2007.
[36] Gespräch mit Hans Oster am 30. April 2007.

Schultüte da"[37], erinnert sich Rüttgers an ein für ihn „grässliches", aber eben doch prägendes Erlebnis aus Kindheitstagen, mit dem er bis heute das Bemühen seiner Mutter um Gerechtigkeit und Rücksichtnahme gegenüber jenen verbindet, die weniger besaßen als seine Familie, die nie Not leiden, aber immer hart arbeiten musste – gerade in den ersten Jahren der Selbstständigkeit des Vaters, in die Sohn Jürgen 1951 hineingeboren wurde – um ihr Auskommen zu sichern und die Ausbildung des Sohnes ermöglichen zu können.

Zugleich jedoch war sich Jürgen Rüttgers, spätestens seit seiner Gymnasialzeit, des „feinen Unterschieds", der Tatsache, dass sich seine Familie „hocharbeiten" musste, bewusst: vom Mathildenhof, über die Bernhardstraße bis hin zum Friedhofsweg, von der mittellosen Kriegsheimkehr des Vaters bis hin zu dessen Mitgliedschaft in der traditionsreichen Brauweiler Schützenbruderschaft St. Sebastianus. Eiserne Disziplin und größte Sparsamkeit der Eltern ermöglichten es, dass der Sohn, ein Einzelkind, die Chance erhielt, Abitur zu machen. Nicht irgendwo, sondern auf dem Apostelgymnasium, einer der besten Schulen der Region. Jürgen Rüttgers weiß, was er seinen Eltern zu verdanken hat, und verschmerzt es nur schwer, dass seine Mutter, im Unterschied zum stolzen Vater, den erfolgreichen Abschluss seiner juristischen Promotion am 7. Mai 1979 nicht mehr miterleben durfte. Ihr widmete er seine Dissertation über „Das Verbot parteipolitischer Betätigung im Betrieb" mit den schlichten Worten: „Meiner Mutter".

Kein Wunder also, dass Jürgen Rüttgers bis heute sehr genau darauf achtet, dass seine Mitarbeiter ausschließlich nach ihrem Engagement und ihrer Zuverlässigkeit, nicht jedoch nach ihrem Herkommen oder ihrer Position im Gehaltsgefüge beurteilt werden. Egal ob „A-Besoldung" oder gar „B", ob Beamter oder Angestellter, höherer, gehobener oder mittlerer Dienst – was zählt sind Einsatz, Leistung und Verlässlichkeit.[38] Zwei Beispiele, die diese Einstellung Rüttgers' illustrieren: In der ersten Kabi-

---

[37] Vgl. Anne-Kattrin Palmer: Ich bin hier die Spülmaschine. Express besuchte den CDU-Landeschef zu Hause, in: *Express* vom 12. Januar 2003.
[38] Gespräch mit Angelika Rüttgers am 21. November 2007; Gespräch mit Karl Lamers am 1. April 2008.

nettssitzung nach der gewonnenen Landtagswahl 2005 hielt der Ministerpräsident die Minister seines Kabinetts ausdrücklich dazu an, Pförtner und Boten des Landtags künftig ebenso selbstverständlich zu grüßen und höflich zu behandeln wie bisher. Es dürfe keinerlei Unterschied machen, ob man nun Minister oder Staatssekretär sei, schließlich sei man der Gleiche, der man vor der gewonnenen Wahl war und nach Ende der eigenen Amtszeit sein werde.[39] Die eigene Herkunft, sein sozialer Aufstieg, ja, nicht zuletzt auch die wechselvolle Erfahrung des „Abstiegs" vom Bundesminister und potenziellen Anwärter auf das Kohl-Erbe zum „einfachen" Abgeordneten mit ungewisser politischer Zukunft,[40] sind für Rüttgers prägende Erfahrungen.

Unnötige Symbole der Wichtigkeit seines Amtes meidet Rüttgers. Mit Blaulicht lässt Rüttgers sich, von Notsituationen abgesehen, grundsätzlich nicht eskortieren. Schon gar nicht an Staus vorbei. Eher wartet er so wie die anderen Autofahrer auch und kommt mit zeitlicher Verzögerung zum nächsten Termin. So kam es bislang nicht nur einmal vor, dass Rüttgers' Wagen im Stau stand und einer seiner Minister mit Blaulicht an ihm vorbei über den Standstreifen brauste. Was dem betreffenden Kabinettsmitglied nur wenig nutzte, denn warten musste es später trotzdem – ohne den verspäteten Regierungschef konnte die Kabinettssitzung, zu der beide unterwegs waren, nicht beginnen.

Überheblichkeit und Arroganz sind Rüttgers zuwider. Wer sich dazu verleiten lässt, hat bei ihm schlechte Karten. Wie jener Abteilungsleiter in Rüttgers' Amtszeit als Bundesminister, der ihm vorschlug, seinen Fahrer Karl-Heinz – genannt „Kalli" – Nöbel während einer Dienstreise nach Paris „aus Kostengründen" in einem preiswerteren Hotel einzuquartieren als den Rest der Ministerentourage. Rüttgers quittierte diesen Vorschlag umgehend mit der Anweisung, der betreffende Abteilungsleiter habe Recht, man solle Kosten sparen – deshalb möge doch dieser selbst, statt des Fahrers, in jenem preiswerteren Hotel nächtigen.[41]

---

[39] Gespräch mit Dr. Axel Emenet am 14. März 2007.
[40] Gespräch mit Angelika Rüttgers am 22. Mai 2007.
[41] Gespräch mit Karl-Heinz Nöbel am 18. April 2007.

Wer seinen Fahrer, seine langjährige Sekretärin Beate Stieldorf oder andere Mitarbeiter wenig respektvoll behandelt, wer sich gegenüber Mitarbeitern nicht unter Kontrolle hat und herumbrüllt, wird Rüttgers nicht zögerlich und zimperlich erleben. Hier ist der „Chef", wie er vom engsten Mitarbeiterkreis genannt wird,[42] überaus empfindlich und zeigt, im Unterschied zu anderen Situationen, eine klare Kante. Nur wird er dann nicht laut oder gar ausfallend, sondern sehr leise. Die Wirkung mag dieselbe sein – der Betroffene weiß, woran er ist, zumal dann, wenn Rüttgers sich zurücklehnt, über den Rand seiner Brille sein Gegenüber anschaut und irgendwann zu schweigen beginnt.

Wird sein Vertrauen, das Rüttgers sehr langsam und vorsichtig aufbaut, von Mitarbeitern oder Parteifreunden missbraucht, reagiert er rigoros, ja knallhart. Rüttgers kann in solchen Fällen eiskalt sein. Sucht der Betreffende ein Gespräch, um sich zu rechtfertigen, läuft er Gefahr, keinen Termin mehr zu bekommen. Die „Spielregeln" in seinem Umfeld, daran besteht für niemanden Zweifel, bestimmt Rüttgers selbst. Er verlangt von seinen Mitarbeitern absolute Loyalität, Diskretion und unbedingten Einsatz. Wer sich an die Regeln nicht hält, wer sich nicht einordnet, wer hintenherum agiert, wer offensiv fordert oder gar versucht, Rüttgers unter Druck zu setzen, hat ausgespielt. Über kurz oder lang wird Rüttgers ihm sein Vertrauen entziehen.

An diesem Verhaltensmuster, durch das sich Rüttgers von anderen Spitzenpolitikern in Deutschland im Grunde nicht unterscheidet, hat sich über die Jahre seiner politischen Laufbahn wenig geändert. Je höher Rüttgers stieg, je mehr politische Verantwortung er übernahm, desto strikter wurde dieses Verhaltensmuster zum Schutz des eigenen politischen Überlebens praktiziert. Über den Kreis der Mitarbeiter und politischen Weggefährten hinaus, gilt Ähnliches: Wer ihm oder einem seiner

---

[42] Zu Rüttgers' engstem Mitarbeiterkreis in der Düsseldorfer Staatskanzlei zählen der Leiter der Abteilung III (Regierungsplanung) der Staatskanzlei, Dr. Boris Berger, der Leiter des Büros des Ministerpräsidenten, Regierungsdirektor Dr. Axel Emenet, der Chef der Staatskanzlei, Staatssekretär Karsten Beneke, der Minister für Bundesangelegenheiten, Europa und Medien, Andreas Krautscheid, Rüttgers' langjährige Sekretärin Beate Stieldorf sowie sein Fahrer Kalli Nöbel.

engsten Vertrauten einmal arrogant oder überheblich herablassend gegenübergetreten ist, wer eine Vereinbarung nicht gehalten oder gegen ihn intrigiert hat, hat auf lange Zeit das Nachsehen. Mancher Firmenchef, der dem Oppositionsführer in Zeiten scheinbar ewiger SPD-Regierung an Rhein und Ruhr die kalte Schulter zeigte und ihm bedeutete, er gehöre nun einmal „nicht dazu", wird dies heute sehr bedauern.

Rüttgers ist nicht nur ein „Sturkopf", sondern hat ebenfalls ein langes Gedächtnis. Rüttgers kann – und hier stößt die eine oder andere christliche Überzeugung schon einmal an ihre Grenze – sehr nachtragend sein. Der frühere Bundeswirtschaftsminister und nachmalige Chef der Ruhrkohle-AG, Werner Müller, hat dies im Konflikt um die Besetzung des Chefpostens der RAG-Stiftung zu spüren bekommen. Dass Müller als einflussreicher Wirtschaftskapitän im NRW-Wahlkampf 2005 offensiv gegen einen Regierungswechsel und damit gegen Rüttgers agierte, mochte dieser ihm nicht vergessen. Zwar gingen Rüttgers und Müller nach der schwarz-gelben Regierungsübernahme professionell miteinander um, zumal im wichtigen „Initiativkreis Ruhrgebiet", doch auf der persönlichen Ebene war das Porzellan zerschlagen.

Neben Vorsicht, einer gewissen Sturheit und einem langen Gedächtnis werden Jürgen Rüttgers bis heute jene Eigenschaften zugeschrieben, die ihm bereits als Vorsitzendem der Jungen Union Rheinland, als Beigeordnetem in Pulheim, als Parlamentarischem Geschäftsführer der CDU/CSU-Bundestagsfraktion oder Bundesminister nachgesagt wurden: Er sei effizient, ausgleichend, vertrauenswürdig, neugierig, hoch intelligent, ehrgeizig, heimatverbunden und gläubig – nicht zuletzt: unprätentiös und bodenständig.

„Ein Mann des Volkes" – wohl wissend, dass Jürgen Rüttgers niemand ist, dem der vertraute Umgang, das spontane Umarmen fremder Menschen leicht fällt. Dafür ist er viel zu bedachtsam, viel zu nachdenklich, abwägend, ein Stück weit zu zaudernd. Nein, ein „Menschenfischer" war Rüttgers früher nicht und ist es auch heute noch nicht, auch wenn er in kleiner Runde, von Angesicht zu Angesicht, ohne Zweifel zu überzeugen vermag. Tatsächlich versteht Rüttgers es hier, schnell eine persönliche Nähe zu seinem Gegenüber aufzubauen: durch drei, vier persönliche

Rüttgers beim ARD-Star-Quiz mit Schauspielerin Maria Furtwängler

Fragen – oftmals zum Wohlergehen der Familie oder gemeinsamer Bekannter –, dadurch, dass er seinen Gesprächspartner um Rat fragt, oder allein durch den Umstand, dass der Ministerpräsident durch das Ablegen seines Sakkos eine ungezwungene, vertrauliche Gesprächsatmosphäre schafft. Kleine Gesten, die eine große psychologische Wirkung entfalten, zumal wenn dem Gegenüber das Gefühl vermittelt wird, gedanklich ganz bei der Sache, dem jeweiligen Anliegen zu sein und nicht bereits beim nächsten, womöglich wichtigeren Termin.

Anders auf der großen, „anonymen" Bühne: Hier wirkt Rüttgers oftmals distanziert und signalisiert mit seiner Körpersprache – durchgedrückter Rücken, Kinn nach vorne geschoben – schnell, wenn auch unbeabsichtigt, die Botschaft: „Sprich mich nicht an …". Dies noch immer – auch wenn Rüttgers seit dem Wahltriumph von 2005 heute deutlich gelassener, in der Gestik weicher und verbindlicher agiert, als noch vor wenigen Jahren. Ja, bei repräsentativen, öffentlichkeitswirksamen Veranstaltungen wie den regelmäßigen Ordensverleihungen oder der alljährlichen würdevollen Staatspreisverleihung vermag Rüttgers inzwischen souverän als Landesvater zu überzeugen, dem nichts Bemühtes, Distanziertes mehr anhaftet. Medienauftritte wie jener im ARD-Star-Quiz bei Jörg Pilawa oder im ZDF, wo er für drei Tage mit fünf Kindern den Alltag teilte, sozusagen der „Fernsehpapa" war, sind dazu da, ihn von seiner menschlichen, familiären Seite zu zeigen und das Profil des effizienten, aber blassen Politikprofis in wärmeren Tönen zu zeichnen.[43]

Tatsächlich vereint Rüttgers, wenig überraschend, beide Profile in seiner Person. Nur ist das warme Kolorit über viele Jahre dem Privaten, seiner Familie vorbehalten gewesen und wurde in der Öffentlichkeit von jenem offiziösen Auftreten verdeckt, das Rüttgers noch zu Zeiten als Minister und Oppositionsführer in Düsseldorf zeigte: freundlich statt schneidig, mehr solide als schrill, eher intellektuell denn hemdsärmlig. Einer, der sich intuitiv in die zweite Reihe stellte, während andere, die weniger einflussreich und qua Amt weniger wichtig waren als Rüttgers, sich ins Rampenlicht der Medien drängten.

„Mehr sein als scheinen" – nach diesem Motto verhielt sich Rüttgers über lange Zeit hinweg, was dazu führte, dass ein Großteil der Bevölkerung kaum Kenntnis von ihm nahm. Rüttgers' Kritiker weisen in diesem Kontext gerne darauf hin, dass dieser, abgesehen von der nordrheinwestfälischen Landtagswahl 2005, die ein Plebiszit gegen Rot-Grün und nicht für den Oppositionsführer Jürgen Rüttgers gewesen sei, noch nie als Person in einer Direktwahl vom Volk, sondern stets über sichere Listenplätze bzw. dank einflussreicher Protektoren in wichtige Ämter gewählt worden sei. Die Botschaft, die sich hinter diesen Hinweisen verbirgt, ist klar: Rüttgers „zieht" nicht. Er sei nie ein Volkstribun gewesen und werde auch keiner sein – eben anders als Johannes Rau. Während dieser, ganz charismatischer Landesvater, es verstanden habe, Wasser in Wein zu verwandeln, bleibe Rüttgers stets Landesmanager, ein kühler Technokrat der Macht.

---

[43] Vgl. Christiane Florin: Vom Fernsehpapa zum Landesvater?, in: *Rheinischer Merkur* vom 29. Juli 2004.

Doch was als derartige Gewissheit verkauft wird, entpuppt sich bei nüchternem Blick zum jetzigen Zeitpunkt als reine Mutmaßung, womöglich als Wunschdenken des politischen Gegners. Tatsächlich ist es zum jetzigen Zeitpunkt noch viel zu früh, ein fundiertes Urteil über Charakter und Erfolg von Rüttgers' Ministerpräsidentschaft zu fällen. Wenn schon immer wieder Parallelen zu Johannes Rau gezogen werden, dann muss man sehen, dass Rau, der schließlich 20 Jahre souverän amtierte, einen steinigen, parteiintern keineswegs unumstrittenen Start hatte. Auch Rau, christlich geprägt von klein auf und mit einem Faible für Bildungs-, Wissenschafts- und Kulturfragen[44] ebenso wie Rüttgers, war „Landesvater" keineswegs von Anfang an.

Auch er, der im kleineren, überschaubaren Kreis besser wirkte als im Fernsehen oder auf Massenveranstaltungen,[45] wuchs in diese große Rolle hinein. Dies gelang ihm durch größten persönlichen Einsatz, durch ein Gespür für Stimmungen, Bedürfnisse und Sorgen der Bürger. Rau war stets um Kontakt zum Bürger bemüht, zog durchs Land, trat auf Marktplätzen und in Festzelten auf, suchte eine fühlbare Nähe zu den Mitmenschen und ließ eine gewisse Warmherzigkeit spürbar werden.[46] Er kultivierte eine Aura der Volkstümlichkeit, an der es seinen beiden Nachfolgern Clement und Steinbrück augenscheinlich fehlte. Rüttgers hat diese offene Flanke der beiden Rau-Nachfolger genau erkannt und seine Schlüsse daraus gezogen. Und tatsächlich: Wenn eines schon jetzt, nach relativ kurzer Amtszeit von Rüttgers als Ministerpräsident erkennbar ist, dann ist es die Abgrenzung von Clement und Steinbrück in der Art, im Stil des Regierens. Effizienter Manager der Macht?

Ja, selbstverständlich, aber eben nicht nur. Es soll, so wie bei Rau, noch eine warmherzige und gleichwohl staatsmännische, eine symbolische Note dazu kommen, um eine Identifikation der 18 Millionen Einwohner

---

[44] Jürgen Mittag / Klaus Tenfelde: Johannes Rau und die Zeitgeschichte. Vom Politiker zur politischen Biographie, in: Dies. (Hrsg.): Versöhnen statt spalten. Johannes Rau: Sozialdemokratie, Landespolitik und Zeitgeschichte, Oberhausen 2007, S. 11–32.
[45] Vgl. Ulrich Heinemann: Der Politiker als Sinnproduzent. Johannes Rau in seinem „System", in: Jürgen Mittag / Klaus Tenfelde (Hrsg.): Versöhnen statt spalten, S. 313–336, S. 314.
[46] Vgl. ebd., S. 332.

zählenden Bürgerschaft mit ihrem Ministerpräsidenten zu ermöglichen.[47] Nackte Zahlen, Expertisen, Bilanzen, und seien sie noch so vielversprechend, reichen dafür nicht aus. Rüttgers sucht, wie Rau, die Nähe zu den Bürgern, reist durchs Land, lässt sich sehen und initiiert als Identifikationssymbol einen jährlich an einem anderen Ort stattfindenden „Nordrhein-Westfalen-Tag"[48], der auf überaus positive Resonanz in der Bevölkerung stößt. Wie und wo immer möglich, saugt er Stimmungen und Bedürfnisse der Menschen auf, die er dann für sein Regierungshandeln im Hinterkopf behält. Er vermittelt den Bürgern das Gefühl, sich zu „kümmern", ihre Sorgen, Bedürfnisse, Ängste ernst zu nehmen – in dieser Art des politischen Zugangs Johannes Rau ähnlich, wie Rüdiger Frohn, langjähriger politischer Intimus von Johannes Rau, feststellt.[49]

Rüttgers sucht diesen Sorgen und Nöten dadurch zu begegnen, dass er den Menschen ein Grundgefühl von Sicherheit, Verlässlichkeit und Vertrauen vermittelt. Erst ein solches Grundgefühl, davon zeigte sich schon Johannes Rau überzeugt, macht „offen für neue Wege und für den Mut zum Experiment, ohne den es keinen Fortschritt gibt. Ein Grundgefühl der Sicherheit und Gerechtigkeit, das nicht lähmt, sondern beflügelt, das ist der Stoff, aus dem Erneuerung entsteht"[50]. Diese Grundüberzeugung teilt Rüttgers, der selbst von der Notwendigkeit einer Politik der „neuen Sicherheit" spricht, mit Rau.

Offenbar gelingt es Rüttgers bislang sehr gut, diese Grundüberzeugung, die bei ihm in hohem Maße biografisch begründet ist, authentisch zu

---

[47] Vgl. Karl-Heinz Steinkühler: Rüttgers wie Rau. Die Staatskanzlei plant, wie der CDU-Ministerpräsident die Popularität seines Vorgängers nutzen kann, in: Focus (27) 2008.

[48] Vgl. Veranstalter von Erfolg überrascht: 600 000 Besucher bei NRW-Tag in Paderborn, in: www.wdr.de vom 26. August 2007; vgl. Stephanie Peine: Stadt im mediterranen Schwebezustand. Rund 700.000 Besucher kommen zum NRW-Tag nach Wuppertal, in: *Kölner Stadt-Anzeiger* vom 1. September 2008.

[49] Gespräch mit Staatssekretär a. D. Jürgen Frohn (Chef der Staatskanzlei NRW 1995–1999) am 24. April 2008.

[50] Johannes Rau: Vordenken und Nachdenken – Der verantwortliche Umgang mit der Zukunft. Rede beim Jahreskongress des Wissenschaftszentrums Nordrhein-Westfalen am 18.11.1997 in Dortmund, in: Ders.: Vier Reden. Dokumente 1997 (hrsg. vom Presse- und Informationsamt der Landesregierung Nordrhein-Westfalen), Düsseldorf 1997, S. 72.

vermitteln. Denn entgegen dem Klischee vom grauen „Strippenzieher" oder Polit-Technokraten ist Rüttgers bei den Bürgern in NRW beliebt. Seine persönlichen Umfragewerte sind seit Amtsantritt stabil und hoch. Rüttgers kommt als Ministerpräsident bei den Menschen gut an. Man nimmt ihm ab, dass er, der „Alt und Jung, Arm und Reich, die Starken und die Schwachen"[51] im Land zusammenhalten will, Nordrhein-Westfalen nicht nur als „Standort" unter primär ökonomischen Prämissen, sondern wesentlich auch als „Lebensort" seiner Bürger begreift.

Rüttgers' politischer Instinkt, seine Effizienz und sein großer Einsatz, die er schon in seinen früheren Ämtern unter Beweis gestellt hat und die nun um eine präsidiale Note ergänzt werden, zeigen Wirkung. Und es scheint, als wolle er diesen Einsatz nun als Erster Mann in NRW noch steigern. Zumindest soll an seinem Engagement für die Bürger des Landes kein Zweifel aufkommen, selbst dann nicht, wenn er eigentlich außer Dienst ist: am Wochenende, sonntags, am Rande des Kirchbesuchs oder auch samstags, beim Brötchenholen morgens in der Frühe.

Das samstägliche Brötchenholen ist eine Tradition im Hause Rüttgers, die seit vielen Jahren gepflegt wird. Egal, ob der Hausherr gerade Bundesminister, einfacher Abgeordneter im Bund, im Land, oder eben Ministerpräsident ist. Wie lange Rüttgers' Einkauf dauert, wissen seine Frau und seine Söhne nie so genau. Man kennt das: Häufig wird Rüttgers bei solchen Brötchen-Touren auf große und kleine politische Belange der Bürger angesprochen, immer mal wieder ruft ihm jemand ein „Nu, Jürgen, hör mal ..." entgegen.

Nicht selten verschiebt sich das Frühstück dann erheblich, denn Rüttgers nimmt sich die Zeit für die vorgetragenen Anliegen, für Kritik und Sorgen der Menschen und versucht, wo er kann, zu helfen. Oft, so berichtet seine Familie, macht er sich nach seiner Rückkehr vom Einkauf erst einmal Notizen und nimmt diese dann montags mit in die Staatskanzlei nach Düsseldorf. Seine Mitarbeiter, voran Büroleiter Axel Emenet, ken-

---

[51] Vgl. Carolin Jenker: Rüttgers bastelt sich seine Volkspartei. Die CDU ist die einzige verbliebene Volkspartei – das behauptet zumindest der nordrhein-westfälische Ministerpräsident Rüttgers, in: www.spiegel.de vom 14. Juni 2008.

nen das Ritual und wissen, dass Rüttgers von sich aus nachhakt, wenn der eine oder andere Vorgang zu lange „im Hause", d. h. in der Staatskanzlei, oder gar in einem der Ministerien unterwegs ist.[52] Nicht immer kann der Ministerpräsident im konkreten Fall helfen, oftmals muss er auf bestehende Vorschriften, auf Richtlinien oder Gesetze hinweisen, doch immer erhält derjenige, der ein Anliegen an ihn heranträgt, Antwort. Früher oder später, meist schriftlich, doch stets entweder vom „Chef" selbst oder von ihm unmittelbar veranlasst.

Rüttgers will den direkten Kontakt zur Bevölkerung halten, wohl wissend, wie groß die Gefahr sein kann, als „erster Bürger des Landes" dem Verdacht der Abgehobenheit vom „einfachen Wähler" zu erliegen. Das einschüchternd große, verglaste, kühl und distanziert anmutende Bürohochhaus *Am Stadttor*, in dem die nordrhein-westfälische Staatskanzlei auf mehreren Etagen untergebracht ist, trägt architektonisch schon das Seine dazu bei, den Ministerpräsidenten auf Abstand zum Volk zu halten. Kaum verwunderlich, dass Rüttgers sich in diesem von Vor-Vorgänger Wolfgang Clement gewählten Amtssitz der Staatskanzlei weitaus weniger wohlfühlt, als beispielsweise im nahe gelegenen Landtagsgebäude oder vor allem in der fußläufig von Landtag und Staatskanzlei erreichbaren *Villa Horion*, dem seinerzeitigen Regierungssitz von Johannes Rau, in dem Jürgen Rüttgers nach seinem triumphalen Wahlsieg im Mai 2005 die Koalitionsverhandlungen zwischen CDU und FDP führte.[53]

Die symbolische Wahl der *Villa Horion* als Ort der Koalitionsverhandlungen zeigte umgehend ihre Wirkung: „Mehr Rau als Clement, das ist das Motto des künftigen CDU-Ministerpräsidenten Rüttgers", titelte die *Süddeutsche Zeitung*[54] gleich am ersten Tag der CDU-FDP-Gespräche – durchaus zutreffend den künftigen Regierungsstil antizipierend. Rüttgers will „vor Ort", im Land, mindestens ebenso häufig anzutreffen sein wie in seinem Dienstzimmer in der 10. Etage des *Stadttors*. Einem Dienst-

---

[52] Gespräch mit Dr. Axel Emenet am 14. März 2007.
[53] Vgl. Karl-Heinz Steinkühler: Lust auf Ambiente. Ministerpräsident Jürgen Rüttgers fühlt sich in der gläsernen Staatskanzlei nicht wohl und erwägt den Umzug in die Villa Horion, in: *Focus* (35) 2008.
[54] Vgl. *Süddeutsche Zeitung* vom 27. Mai 2005.

zimmer mit atemberaubendem Ausblick über weite Teile der Landeshauptstadt, das Rüttgers oft per Treppensteigen und nicht per Aufzug erreicht. Eine der wenigen Marotten von Jürgen Rüttgers: neben der Vorliebe für bunte, billige Plastikuhren und Pfefferminz-Bonbons in allen Variationen das Treppensteigen anstelle des Fahrstuhls nach oben. Hinunter fährt Rüttgers Aufzug, nach oben wählt er lieber das Treppenhaus. Jeden Tag, seit vielen Jahren konsequent – eben typisch Rüttgers. Dabei sind die 114 Stufen, die Rüttgers im verglasten Treppenhaus des *Stadttors* hocheilt, ein Klacks gegenüber jenen 287 Stufen, die zu bewältigen waren, um in die 14. Etage des Bonner Kreuzbaus zu gelangen, wo Rüttgers' Büro als „Zukunftsminister" lag. 114 Stufen, mindestens einmal täglich, außer an den Wochenenden. Doch terminfreie Wochenenden kommen im Regierungsalltag von Jürgen Rüttgers äußerst selten vor. Samstags stehen nach dem morgendlichen Familienfrühstück, an dem auch werktags eisern festgehalten wird, fast ebenso viele Termine auf dem Programm wie während der Woche. „Heilig" ist Rüttgers der Sonntag zumindest bis zum späten Nachmittag, nicht nur, weil die Familie am Vormittag die Messe in der Pfarrei St. Nikolaus in Brauweiler besucht.

Der Sonntag ist der einzige Tag in der Woche, in der sich Rüttgers Aufmerksamkeit zumindest für ein paar Stunden ganz auf seine Frau und die drei Söhne richten kann und an dem Rüttgers nicht nur für Familienunternehmungen wie Schwimmen und Fahrradtouren Zeit findet, sondern auch zum Lesen – außer der Wochenpresse, auch seines Lieblingsautors Henning Mankell. Jürgen Rüttgers verschlingt neben Mankell und anderen Krimis doch immer wieder auch wissenschaftliche Bücher. Literatur verschiedenster Fachrichtungen, die ihm Aufschluss und Denkanstöße für die drängenden Fragen von Gegenwart und Zukunft verheißt. So gesehen ist Rüttgers zweifelsfrei ein Bücherwurm. Niemand, der sich mit Aktenvermerken und Presseschauen zufrieden gibt. Ihm dient das Lesen als intellektueller Ausgleich zum politischen Tagesgeschäft, das sich oft nur um Zahlen und Statistiken, um Geld und Haushaltsposten dreht. Jeden Abend, egal wie spät es ist, vertieft er sich in eines der zahlreichen Bücher, das er sich schon lange vorgenommen hat. Und, nicht zu vergessen, vor dem Einschlafen, in „Gottes Wort für jeden Tag".[55]

---

[55] Gespräch mit Angelika Rüttgers am 21. November 2007.

Untrügliches Zeichen für Rüttgers' Leselust: Ebenso wie das Bücherbord in seinem Dienstzimmer der Staatskanzlei sind die Regale seines Arbeitszimmers im heimischen Keller bis unter die Decke vollgestopft mit Büchern, in denen Notizzettel stecken oder deren Lesezeichen auf wiederholten Gebrauch schließen lassen. So ist der Sonntag für Rüttgers in dreifacher Hinsicht wertvoll: In familiärer, intellektueller und nicht zuletzt spiritueller Hinsicht tankt er Kraft für jenen Alltag der Woche, an dem er seine Kinder nur zum gemeinsamen Familienfrühstück um 6.30 Uhr und seine Frau am Ende eines 16-, manchmal auch 18-Stunden-Tages vielleicht noch mitten in der Nacht sieht.

Tage, an denen er außer auf der Fahrt von Termin zu Termin kaum Zeit zum Nachdenken findet. Natürlich ist dazu bei rund 100.000 Kilometern, die Rüttgers als Ministerpräsident im Jahr unterwegs ist, Gelegenheit, doch nutzt er das Autofahren ebenso häufig zur Zeitungslektüre, zum Gespräch mit engen Mitarbeitern und nicht zuletzt für zahllose Telefonate. Egal, wie spät ihn sein Fahrer Kalli Nöbel am Vorabend zuhause abgesetzt hat, das morgendliche gemeinsame Frühstück mit Frau und Kindern versäumt Rüttgers in keinem Fall. Einzige Ausnahme: Montags muss Rüttgers häufig das erste Flugzeug nach Berlin nehmen, um pünktlich um 9.00 Uhr zum Beginn der Präsidiumssitzung in der CDU-Zentrale zu sein. Tagte früher, bevor Angela Merkel diese Sitzungen für 9.00 Uhr ansetzte, das oberste Gremium der Partei um 10.00 Uhr – vor allem aus Rücksicht auf jene Sitzungsteilnehmer, die aus dem gesamten Bundesgebiet anreisen mussten –, zog die Nachfolgerin von Wolfgang Schäuble die Sitzung aus Gründen der Zeitökonomie um eine Stunde vor. Anschließend tagt um 11.00 Uhr der CDU-Bundesvorstand, dessen Mitglied Rüttgers als Stellvertretender Bundesvorsitzender ist. In den Wochen, in denen der Bundesvorstand nicht zusammenkommt, tagt das Präsidium erst um 10.00 Uhr, sodass sich Rüttgers nicht schon in aller Herrgottsfrühe von Pulheim aus zum Flughafen aufmachen muss. Natürlich könnte er von Sonntag auf Montag in der nordrhein-westfälischen Landesvertretung in Berlin übernachten, um dann am Morgen bequem in die CDU-Zentrale zu fahren. Doch Rüttgers will dies so häufig wie möglich vermeiden, um bei seiner Familie zu übernachten. Ein Pendeln zwischen Berlin und seiner Heimat, eine Teilung der Woche in Arbeitstage in der Hauptstadt und einem kurzen Wochenende zuhause, wäre für Rüttgers auf Dauer nur schwer vorstellbar. Er braucht seinen familiären Rückzugsraum, die vertraute Umgebung, die ihm Kraft geben und Sicherheit, ohne dass dies bedeuten würde, dass Rüttgers ein politisches Amt in Berlin grundsätzlich ausschließen würde. Das natürlich nicht, auch wenn er zum jetzigen Zeitpunkt beteuert, es gebe nichts Erstrebenswerteres für ihn, als Ministerpräsident von Nordrhein-Westfalen zu sein und als solcher bei der nächsten Landtagswahl im Jahr 2010 im Amt bestätigt zu werden. „Wir wollen es", erklärt seine aufgeschlossene und liebenswürdige Frau aus der Perspektive des eingespielten Familien-Teams, „2010 auf jeden Fall noch einmal wissen."[56]

Angelika Rüttgers weiß, welche bedeutende Rolle sie für ihren Mann und seine politische Arbeit einnimmt – weniger im grellen Rampenlicht, das sie, wenn möglich, meidet. Zumal bei Anlässen in Berlin, wo sie zuletzt vor 16 Jahren war. Statt sich in den Vordergrund zu drängen und die Aufmerksamkeit auf sich zu ziehen, hält sie sich lieber zurück: „Ich beobachte das Geschehen gerne aus der zweiten oder dritten Reihe."[57] Nein, Scheinwerferlicht sucht die völlig unprätentiöse First Lady nicht, und wenn, dann nur für die Projekte, die sie als Schirmherrin ehrenamtlich unterstützt. Dazu gehört die „Aktion Lichtblicke", die bedürftigen Familien in NRW das Geld für einen lang ersehnten Urlaub oder die überfällige Stromrechnung verschafft, oder auch die Yehudi Menuhin Stiftung, die mit Musikprojekten an Schulen Integration und Toleranz unter Kindern und Jugendlichen fördert. Neu ist dieses ehrenamtliche Engagement für sie allerdings nicht, wie der Deutschunterricht für Spätaussiedler, den sie schon viele Jahre erteilt oder ihr Einsatz für die Caritas belegt. Ein derartiges Engagement ist für sie keine Frage von Amt und Würden ihres Mannes, sondern schlichtweg von Mitmenschlichkeit und Hilfsbereitschaft. Und nicht zuletzt eine Frage der Zeit, die ihr neben drei Schulkindern und Haushalt im Alltag bleibt. Angelika Rüttgers möchte ihrem Mann bildlich gesprochen den „Rücken frei halten", indem sie sich um die drei Söhne, die Großfamilie, das Haus samt Garten in Sinthern, kurzum: das ganz alltägliche Leben kümmert.

---

[56] Gespräch mit Angelika Rüttgers am 22. Mai 2007.
[57] Zitiert nach Marion Kretz-Mangold: Ganz vorne in der zweiten Reihe. Angelika Rüttgers wird heute First Lady, in: www.wdr.de vom 22. Juni 2005.

*Die nordrhein-westfälische
First Lady: Angelika Rüttgers*

Tatsächlich ist der Familiensinn im Hause Rüttgers stark ausgeprägt. So betreute Angelika Rüttgers – die ihre Tätigkeit als Kindergartenleiterin 1989 beendete, als der erste der drei Söhne, Marcus, geboren wurde – Tag für Tag gemeinsam mit ihrem Mann dessen kranken Vater Willi über Jahre hinweg in seinem Brauweiler Haus, das dieser unter keinen Umständen verlassen wollte. So lange, bis sich dessen Gesundheitszustand Ende der Achtziger so sehr verschlechterte, dass er nicht länger in den eigenen vier Wänden wohnen bleiben konnte. Zusätzlich pflegten beide die Schwester von Rüttgers' Mutter Käthe, Maria Esser-Bühl. Aus solcher Hilfe machen Angelika und Jürgen Rüttgers kein Aufsehen. Für beide ist sie ganz selbstverständlich, Ausdruck tätiger Nächstenliebe, für die Jürgen Rüttgers, wie er auf Nachfrage einräumt, Mitte der achtziger Jahre gar die Chance einer neuen beruflichen Herausforderung verstreichen ließ. Der Städte- und Gemeindebund hatte Rüttgers, noch bevor er für den Bundestag kandidierte, 1986 in Stade zum Beigeordneten gewählt, was jedoch bedeutet hätte, zum Amtsantritt mit seiner Familie umziehen zu müssen. Rüttgers entschied sich angesichts der damaligen familiären Situation und nicht zuletzt auch aufgrund der Kautel, in einem derartigen Amt auf jede weitere politische Tätigkeit verzichten zu müssen, dafür, die Wahl nicht anzunehmen, in Pulheim zu bleiben und von hier aus als Landesvorsitzender der Jungen Union Rheinland seine Kandidatur zum Deutschen Bundestag vorzubereiten.[58] Was Rüttgers dann offensiv und sehr selbstbewusst tat, wie sich sein langjähriger politischer Intimus, der heutige Geschäftsführer der CDU Mittelrhein und Leiter des Wahlkreisbüros von Jürgen Rüttgers, Michael Arntz erinnert.[59]

Mit Erfolg. Bei der Wahl 1987 zog Rüttgers über einen sicheren Listenplatz der NRW-CDU in den Bundestag ein. „Nichts änderte sich gegenüber seiner Tätigkeit als Erster Beigeordneter in Pulheim", so erinnert sich Angelika Rüttgers, „abgesehen davon, dass er abends noch eine Stunde später nach Hause kam."[60] Sonst blieb für die Familie alles beim Alten – bis hin zu Rüttgers' morgendlicher Stippvisite beim Vater. Rüttgers' Familie und seine Heimat – kein Zweifel – sind seine Kraftquellen, sind Motor seines rastlosen Strebens. Immer weiter, ja, aber letztlich nicht um jeden Preis.

Rüttgers' zweite Heimat liegt mehr als tausend Kilometer südlich des Rhein-Erft-Kreises, an der südlichen Spitze der Provence, in der zwischen Toulon und Le Lavandou gelegenen französischen Mittelmeer-Stadt Hyères. Hier verbringt Ehefrau Angelika bereits seit mehr als vier Jahrzehnten ihren Urlaub.[61] Schon in den sechziger Jahren fuhren Angelika und ihre zwei Geschwister mit ihren Eltern im Wohnwagen immer wieder an die sonnenverwöhnte Mittelmeerküste, seitdem ein Sommerurlaub der Familie in Holland aufgrund des schlechten Wetters buchstäblich ins Wasser gefallen war. Seither ist Südfrankreich angesagt – eine Urlaubstradition, die Angelika mit ihrer eigenen Familie fortgesetzt hat. Ursprünglich gegen den Willen ihres Mannes. Denn bereits im Vorfeld ihres ersten gemeinsamen Urlaubs im Feriendomizil seiner zukünftigen Schwiegereltern 1976 erklärte ihr künftiger Mann, auf keinen Fall immer

---

[58] Gespräch mit Ministerpräsident Dr. Jürgen Rüttgers am 21. Mai 2007.
[59] Gespräch mit Michael Arntz am 23. Mai 2007.
[60] Gespräch mit Angelika Rüttgers am 22. Mai 2007.
[61] Gespräch mit Angelika Rüttgers am 16. März 2007.

am gleichen Ort seine Urlaube verbringen zu wollen. Einmal Südfrankreich gerne, Angelika zuliebe, aber danach wolle er mit ihr die Welt kennenlernen. Nach dem ersten Aufenthalt im Ferienhaus seiner künftigen Schwiegereltern in Hyères war davon nie wieder die Rede.

Wann immer es geht, in jedem Fall zu Ostern und im Sommer, verbringen Angelika und Jürgen Rüttgers mit ihren Kindern und manchmal weiteren Familienmitgliedern ihre Urlaube in dem Haus, das sie vor einigen Jahren von Angelikas Eltern erworben haben, nachdem diesen die weite Fahrt zu anstrengend wurde. Einen Medienbericht über ein „Zuviel" an Urlaub des Ministerpräsidenten, der seinen „Dienst in Frankreich"[62] statt in NRW versehe, quittieren Mitarbeiter der Staatskanzlei mit dem Hinweis, dass Rüttgers selbstverständlich auch von Frankreich aus tagtäglich präsent sei in Düsseldorf – per Telefon oder Fax. Doch der eigenen Kinder zuliebe nimmt Rüttgers sich die Freiheit, auch einmal länger als ein paar Stunden am Samstag und Sonntag ansprechbar und verfügbar, eben Papa zu sein.

Traditionell am ersten Tag der Schulferien geht es nachmittags im familieneigenen Auto und ohne Personenschützer gen Süden – Vater Rüttgers am Steuer und den Kofferraum voller Proviant und ein Fass Bier. Rüttgers' lieben die mediterrane Atmosphäre, die Landschaft, die Küche, das Baguette, das Meer und den traumhaften Ausblick. Nur eines mag Jürgen Rüttgers im Unterschied zum Rest der Familie gar nicht: Käse. Weder französischen noch deutschen, noch sonstigen. Seine Aversion gegen Käse begründet Rüttgers selbst mit einer Lebensmittelvergiftung, die er sich vor vielen Jahren während einer Pfadfinderfreizeit in der Auvergne nach dem Verzehr desselben zugezogen hat. Konsequenz damals: Rüttgers musste drei Tage krank im Zelt liegen. Wann immer möglich, vermeidet Rüttgers seither den Verzehr von Käse – auch in Form von Cordon Bleu, welches häufiger bei offiziellen Anlässen serviert und von ihm dann, wenn es nicht anders geht, mit großem Widerwillen der Höflichkeit halber verzehrt wird.

---

[62] Vgl. Karl-Heinz Steinkühler: Dienst in Frankreich. CDU-Ministerpräsident Jürgen Rüttgers genehmigt sich 2007 mehr als zwei Monate bezahlte Ferien, in: *Focus* (40) 2007.

Ferienfreuden: Jürgen Rüttgers mit Sohn Marcus 1996 in Südfrankreich

Im Urlaub liebt Rüttgers es, sich handwerklich im eigenen Ferienhaus zu betätigen, bis hin zu einer Komplettrenovierung des dortigen Badezimmers, die der leidenschaftliche Heimwerker, abgesehen von der Duschinstallation, in Eigenregie durchgezogen hat. Ob Fliesenlegen, Verfugen, Deckestreichen, alles macht Rüttgers selbst. Dieses Heimwerken, das Zusammensein mit Frau und Söhnen, oftmals auch mit Schwager und Schwägerin, mit französischen Freunden oder auch mit Klaus Harpprecht, der in Südfrankreich lebt und den Rüttgers gerne in dessen Domizil zu eingehenden Gesprächen besucht, sind für den Ministerpräsidenten ein wichtiger Ausgleich zur Politik. Jener „Droge", als deren latent drohende Nebenwirkung einst schon der berühmte Soziologe Max Weber die Gefahr der „persönlichen Selbstberauschung" erkannte und die, nach den Worten Johannes Raus, zu einer gefährlichen „Sehstörung" führen kann. Politiker, so Rau im Rückblick auf seine jahrzehntelange Erfahrung, neigten in diesen Fällen dazu, sich so sehr an ihrer eigenen Bedeutung zu ergötzen, gar in dem Gefühl zu schwelgen, die Welt verändern zu können, dass sie bald nicht mehr wahrnähmen, dass für andere Menschen Politik keineswegs das ganze Leben sei.

Normale Bürger lesen Bücher, gehen sportlichen Aktivitäten nach, kümmern sich um ihre Familie, haben Hobbys. Der Politiker hat von morgens bis abends nur die Politik, um die sich alles dreht – sein Denken, sein Tagesablauf, seine Phantasien, alles. „Wenn der Politiker das zu übersehen beginnt", so der einstige NRW-Ministerpräsident und Bundespräsident Rau, „dann politisiert er die Welt. Und weil die Realität anders ist, verschätzt er sich in der Welt."[63] Jürgen Leinemann, langjähriger *Spiegel*-Redakteur und intimer Kenner der deutschen Politik, spricht in diesem Zusammenhang warnend von einer „wirklichkeitsleeren Welt", in der mächtige Politiker immer mehr zu leben drohten.[64]

Auch Jürgen Rüttgers, als Ministerpräsident und stellvertretender CDU-Bundesvorsitzender einer der Mächtigen des Landes, mit 14 bis 16 Stunden Arbeitstag und wenigen freien Wochenenden, stets telefonisch er-

---

[63] Zitiert nach: Jürgen Leinemann: Höhenrausch. Die wirklichkeitsleere Welt der Politiker, 4. Aufl., München 2004, S. 13.
[64] Vgl. ebd.

reichbar und von einem allzeit präsenten Mitarbeiterstab umgeben, ist davon bedroht. Doch scheint er sich dieser Gefahr des Wirklichkeitsverlustes sehr bewusst zu sein und steuert nach Kräften dagegen. Wobei ihm eines zugutekommt: Rüttgers ist persönlich völlig unprätentiös. Er weigert sich, telegene Maßanzüge zu tragen, zumal diese erheblich teurer sind als Konfektionsware, und mag nicht immer einsehen, warum er auf gemusterte Socken zugunsten dezenter Kniestrümpfe im Regierungsalltag verzichten sollte. Er wechselt gern hin und wieder das Gestell seiner Brille, doch teuer darf dieses dann wiederum auch nicht sein. Krawatten kauft Rüttgers von Zeit zu Zeit ebenfalls ganz gern, aber für nicht mehr als 25 Euro, wie sich ein Pressemitarbeiter schmunzelnd an einen Einkaufswunsch seines Chefs in der „Ewigen Stadt" Rom erinnert.[65] Andererseits, und auch das ist typisch für Rüttgers, sucht er die Weihnachtsgeschenke für seine Mitarbeiter selbst aus und bezahlt sie aus seiner privaten Kasse. Rüttgers käme nie auf die Idee, diese Geschenke dienstlich abzurechnen. Ebenso lehnt er es in anderem Kontext kategorisch ab, auf Steuergelder einen Hubschrauber nach Südfrankreich fliegen zu lassen, um ihn wegen eines dringenden Termins in die Landeshauptstadt zu transportieren. Der Ministerpräsident fliegt in solchen Ausnahmesituationen „Linie" – auf eigene Kosten, egal, ob dienstlich zwingend oder nicht.

Jürgen Rüttgers lebt privat ein durch und durch bürgerliches Leben. Hat einer der drei Söhne bei einem mehrtägigen Pfadfinderlager auf den Kölner Rheinwiesen seine warme Jacke vergessen und wird diese telefonisch am Wochenende von den Betreuern erbeten, ist klar, dass Rüttgers selbst, ob er nun wichtige Telefonate führen will oder nicht, am Sonntagnachmittag sich ans Steuer setzt und die erbetene Jacke ins Zeltlager nach Köln bringt. Abgesehen davon, dass Rüttgers selbst der Gefahr eines drohenden Wirklichkeitsverlustes entgegensteuert, setzen auch seine drei Söhne sowie seine Frau Angelika alles daran, dass dies nicht passiert. Auch Angelika Rüttgers kann, ebenso wie ihr Mann, wenn es sein muss, Klartext reden. Auch wenn die eigene Familie den NRW-Landesvater im Alltag zwar wenig zu Gesicht bekommt, so gilt doch das eiserne Familien-Gesetz, dass Rüttgers im Notfall sofort nach Hause eilt,

---

[65] Gespräch mit Matthias Kopp am 13. Februar 2008.

egal, welchen Termin er gerade wahrnimmt. Beispiel: Als Sohn Lucas vom Baum gefallen war und mit höllischen Schmerzen im Arm seinen Vater anrief, stand Rüttgers in einer laufenden Sitzung auf und erklärte: „Sorry, Leute! Ich muss zu meinem Sohn."[66] Rüttgers' noch junge Söhne sowie seine patente, lebenskluge Frau sorgen für jene „Erdung", die man Rüttgers selbst im persönlichen Gespräch schnell anmerkt und deren er sich bei seinen engsten Mitarbeitern hin und wieder durch die Frage versichert, ob er sich seit Amtsantritt als Ministerpräsident verändert habe bzw. Gefahr laufe „abzuheben" oder zu „verbonzen".

Nein, Rüttgers wirkt weder „verbonzt" noch „abgehoben", nicht berauscht von jener „Freiheit der Macht", die mancher von Rüttgers Altersgenossen mit ähnlicher politischer Sozialisation heute in der „Stadt der Stenze", in Berlin, zu verschiedensten Eskapaden verleitet.[67] Andererseits macht Rüttgers auch nicht den Eindruck, dass er diese „Freiheit der Macht" im 27. Ehejahr vermisst. Ganz im Gegenteil. Rüttgers wirkt authentisch, wenn er Ehe und Familie, Glaube und Kirche als wichtigste Stützen in seinem Leben bezeichnet.

Dabei ist er gewiss nicht ohne Fehler und Empfindlichkeiten, keineswegs ohne Kalkül, Härte und ausgeprägten Machtwillen – Rüttgers ist durch und durch Politiker. Er kann kaltschnäuzig, unsentimental, knochenhart und listig sein, d. h. jene Eigenschaften zeigen, die Politiker nach Ansicht des Politikwissenschaftlers Franz Walter in sich vereinen müssen, um erfolgreich zu sein.[68] So, wie beispielsweise Rüttgers' großes legendäres Vorbild Konrad Adenauer, dessen persönliche „Nachtseiten"[69] sein Biograf Hans-Peter Schwarz unsentimental und doch, angesichts der großen politischen Leistungen des Staatsmanns aus Rhöndorf, respektvoll anerkennend aufgezeigt hat. Adenauer selbst bekannte einmal, changierend

---

[66] Zitiert nach: Jürgen Rüttgers: Die Sorgen der kleinen Leute sind mir nicht fremd, in: *Neue Welt* (53) 2004

[67] Vgl. Hajo Schumacher: Stadt der Stenze. Braves Familienleben im Wahlkreis – Nachtsitzungen, Empfänge, Partys in der Hauptstadt: Längst nicht jede Politikerehe scheint für diesen Spagat geschaffen, in: *Cicero* (2) 2008.

[68] Vgl. Franz Walter: Lob der Lüge. Weil im Zentrum der Politik die Machtfrage steht, kann es Wichtigeres geben als die Wahrheit, in: *Der Spiegel* (9) 2008.

[69] Vgl. Hans-Peter Schwarz: Anmerkungen zu Adenauer, München 2004, S. 163–180.

zwischen Koketterie und Selbsterkenntnis, in einem Gespräch mit Golo Mann: „Politik ist ein schmutziges Geschäft."[70]

Jürgen Rüttgers würde diese Erkenntnis – pauschal und apodiktisch formuliert – so nicht gelten lassen – bei allem Respekt vor dem „Alten". Trotz aller Konkurrenz, aller Machtspiele, Härten, taktischer Kompromisse und wählerfixierter Manöver, von denen auch ein Jürgen Rüttgers nicht frei ist und gar nicht sein kann, würde er doch stets den gemeinwohlorientierten Mehrwert des politischen Handelns in den Vordergrund stellen und auf die „Tagseite" statt auf die „Nachtseite" der Politik verweisen. Rüttgers würde dies aus tiefer Überzeugung und im Reinen mit sich und seinem politischen Handeln tun. Auch wenn darüber mancher Parteifreund, Weggefährte oder frühere Mitarbeiter schmunzeln mag, so würde ihm zugleich doch niemand seine Authentizität, seine persönliche Integrität, sein Pflichtbewusstsein, ja ganz grundsätzlich sein bürgerliches Ethos absprechen wollen. Niemand würde Rüttgers unterstellen, politische „Macht" um der persönlichen Eitelkeit willen anzustreben, manche allerdings bezweifeln, dass Jürgen Rüttgers ohne die „Droge" Politik zufrieden sein könnte: zuhause, im Keller, am Manuskript der Doktorarbeit in Geschichte, die er als promovierter Jurist tatsächlich, wie er nachdrücklich versichert, noch schreiben wolle. Den Rest des Tages mit Heimwerker- und Gartenarbeit oder dem Ehrenamt in einem der Brauweiler Vereine beschäftigt?

In der Tat, kein realistisches Szenario. Stets mittendrin im Geschehen, stets auf dem Weg zum politischen Zentrum oder bereits angekommen, zieht es ihn immer weiter. Inhaltlich, sachbezogen vor allem. Er richtet den Blick nach vorne, denkt weiter, bereits dann, wenn andere noch mit Tagesaktuellem befasst sind. Egal, ob innerparteiliche Reformdebatten, ob Biotechnologie-Offensive, Hochschul- und Gymnasialreform, ob Europäisches Sozialstaatsmodell, „Lebenslügen"- oder Altersarmuts-Diskussionen um die soziale Dimension seiner Partei: Rüttgers drängt, immer weiter zu denken. *Respice finem!*, jene auf Jesus Sirach (7,36) gründende Weisheit der Antike („Was du tust, bedenke das Ende") formuliert Rüttgers' Selbstanspruch und Erwartungshaltung.

---

[70] Zitiert nach ebd., S. 166.

Wenn auch durch und durch Rheinländer, sozialisiert in der rheinischen CDU und geprägt von der rheinischen Toleranz nach dem Motto: „Jeder Jeck ist anders" – einer Grundregel der rheinischen Gelassenheit widerstreben Rüttgers' Anspruch und Erwartungshaltung: Nicht „Et kütt, wie et kütt", sondern eben: *Respice finem!* Kein kleiner, sondern ein prinzipieller Unterschied, der Rüttgers als preußischen Rheinländer charakterisiert. Rüttgers fordert viel – von sich selbst vor allem, aber auch von seinem Umfeld.

II. Pulheim

Ein „Neunundsechziger" auf dem Weg in die Politik

Kampfansage von links – „Farbe bekennen" – Bernhard Worms – Angelika Weber – JU und Mutterpartei – Gemeinderat in Brauweiler – Ein dritter Weg? – „Glasnost" in der CDU – Bürger- statt Gremienpartei – Markenzeichen Pfeife – Lethargie und Selbstblockade – Biedenkopf/Kohl – Kein Kumpeltyp des „kölschen Klüngel" – Jeden Morgen, Punkt acht Uhr

Ein Achtundsechziger ist Jürgen Rüttgers nicht – ein „Neunundsechziger" ist er! Auf diesen Unterschied legt er Wert: kein Revolutionär, sondern ein Reformer; kein Gesellschaftsplaner, sondern eher ein Skeptiker gegenüber „Allmachtsofferten"[71] der Politik. 1969 steht bei Rüttgers biografisch für den Studienbeginn, politisch für den „Machtwechsel"[72] im Bund. Die CDU musste nach 20 Jahren Regierung in die Opposition. Willy Brandt, Außenminister der großen Koalition unter Kurt-Georg Kiesinger, übernahm als Kanzler die Macht an der Spitze jener sozialliberalen Koalition, die, wie Brandt gleich in seiner ersten Regierungserklärung vor dem Deutschen Bundestag formulierte, „mehr Demokratie wagen" und sich damit auf der Seite des gesellschaftlichen Fortschritts positionieren wollte. Fortschritt gegen Reaktion? Jung gegen Alt? Tatsächlich wurde die CDU am Ende der sechziger Jahre vielfach, zumal in der jüngeren Generation, als verstaubt, veraltet, als machtfixierter „Kanzler-Wahlverein" angesehen, der weniger für den Aufbruch ins Neue als vielmehr für die Wahrung des Erreichten stand. „Keine Experimente!", Adenauers erfolgreicher Wahlkampfslogan von einst nun als symbolischer Ausdruck des politischen Stillstands?

---

[71] Vgl. Jürgen Rüttgers: Neue Grenzen der Politik. Von der notwendigen Selbstbeschränkung der Parteien, in: Gunter Hofmann / Werner A. Perger (Hrsg.): Die Kontroverse. Weizsäckers Parteienkritik in der Diskussion, Frankfurt a. M. 1992, S. 92–102, S. 95.
[72] Vgl. Arnulf Baring: Machtwechsel. Die Ära Brandt-Scheel, Stuttgart 1982.

„69" steht für Rüttgers in einem komplexen Verhältnis zu „68". Klar ist, dass der 17-jährige Abiturient des Apostelgymnasiums, oft mit Mantel und Anzug an der Haltestelle in Brauweiler auf den Bus zur Schule nach Köln wartend, mit den sozialrevolutionären Umtrieben der sogenannten 68er-Bewegung nichts anfangen konnte. Weder mit deren Protesten gegen die vermeintliche Restaurationszeit in der Bundesrepublik noch mit ihrer vehementen Ablehnung Konrad Adenauers und Ludwig Erhards, geschweige denn mit den linksalternativen Schwärmereien von einem ganz anderen Gesellschaftssystem. Im Gegenteil: Rüttgers sah sich selbst 1968, wie auch später in der Hochphase der innenpolitischen Auseinandersetzung um die Brandtsche „Neue Ostpolitik", als er „ständig vor dem Fernseher saß"[73], um die Parlamentsdebatten über die Ostverträge zu verfolgen, „auf der anderen Seite der Barrikade"[74]. Dabei verharrte er aber nicht im Dogmatismus, denn bei aller Ablehnung des Kampfes von links waren ihm die drängenden innenpolitischen Herausforderungen, z. B. auf dem Gebiet der Gesellschaftspolitik, durchaus nicht verborgen geblieben. Verborgen geblieben war Rüttgers aber ebenso wenig das linke Beschweigen der sowjetischen Niederschlagung des „Prager Frühlings". „68" – ein ambivalentes Datum. Tatsache ist, dass Rüttgers der „euphorischen" Reformrhetorik einer „etatistischen Linken, die von Demokratisierung sprach, aber letztlich Verstaatlichung meinte"[75], ablehnend gegenüberstand. Noch Jahrzehnte später, als Günter Grass im Sommer 2006 anlässlich der öffentlichen Debatte um seine Mitgliedschaft in der Waffen-SS zu einem Rundumschlag gegen „Adenauer", „all die Lügen", den „ganzen katholischen Mief" und gar die „Spießigkeit" ausholte, „die es nicht einmal bei den Nazis gegeben habe"[76], wurde die Heftigkeit spürbar, mit der Ende der sechziger Jahre um die gesellschaftlichen, politischen und kulturellen Fundamente der zweiten deutschen Republik

---

[73] Zitiert nach: Die CDU ist sich treu geblieben. Jürgen Rüttgers über das neue Grundsatz-Programm, in: *Die Welt* vom 3. Dezember 2007.
[74] Gespräch mit Ministerpräsident Dr. Jürgen Rüttgers am 6. Februar 2007.
[75] Jürgen Rüttgers: Neue Grenzen der Politik. Von der notwendigen Selbstbeschränkung der Parteien, in: Gunter Hofmann / Werner A. Perger (Hrsg.): Die Kontroverse, S. 92 f.
[76] Vgl. Günter Grass im Gespräch mit Frank Schirrmacher und Hubert Spiegel: Warum ich mein Schweigen nach sechzig Jahren breche, in: *Frankfurter Allgemeine Zeitung* vom 12. August 2006.

gerungen wurde. Die geistige Kampfansage von links, sie hatte den jungen Jürgen Rüttgers, katholisch, bürgerlich und, nach Grass' Maßstäben, unzweifelhaft spießig, elektrisiert. Über die ideologische Absicht mancher Achtundsechziger, „die als Repressionszusammenhang entlarvte Familie durch andere Kollektivformen zu ersetzen und auf diese Weise mit der Kernzelle der alten Gesellschaft Tabula rasa zu machen"[77], konnte Rüttgers nur ungläubig den Kopf schütteln. Denn dort, wo linke Eiferer Repression ausmachten, hatte Rüttgers Geborgenheit, Wärme und Förderung erfahren. Und dies, obwohl es auch für Rüttgers' Eltern, wie für so viele ihrer Generation, harte Jahre der Arbeit und Entbehrung waren, die schließlich zu einem gewissen Wohlstand führten. Adenauer und Erhard, die politisch-ökonomischen Gründerväter der Bundesrepublik, hatten breiten Bevölkerungsschichten jenen Neuanfang nach dem Ende des Zweiten Weltkriegs ermöglicht, der mit dem Schlagwort „Wirtschaftswunder" in das kollektive Gedächtnis der Bonner Republik und seiner Bürger eingehen sollte. Willi und Käthe Rüttgers konnten dieses „Wunder", dank Arbeit und großem Fleiß, selbst am eigenen Leib erfahren. Nach und nach erarbeiteten sie sich ein Auskommen, das es ermöglichte, ihren Sohn Jürgen nach bestandenem Abitur studieren zu lassen.

Für Rüttgers' heutige politische Vorstellungen, für sein Verständnis von Freiheit, Sicherheit, Wohlstand und Chancengleichheit sind diese frühen Erfahrungen des heranwachsenden Jugendlichen noch immer prägend. Die Ära Adenauer/Erhard – für ihn kein Inbegriff von Muff, Spießigkeit und Restauration. Politisch schon gar nicht. Und tatsächlich hatten die christdemokratischen Gründungspolitiker mit ihrer konsequenten Politik der Öffnung zum Westen hin, der Vertrauensbildung gegenüber den europäischen Nachbarländern sowie den Vereinigten Staaten, eine geradezu „revolutionäre" Neuausrichtung deutscher Politik nach der Katastrophe der NS-Diktatur forciert,[78] an der nachfolgende Regierungen anzuknüpfen vermochten. Erst auf der Grundlage Adenauerscher Westbindung wurde jene Politik der Öffnung nach Osten, samt Neujustierung der Deutschlandpolitik, möglich, für die Willy Brandt von vielen so hymnisch gefeiert wurde.

---

[77] Zitiert nach Wolfgang Kraushaar: Achtundsechzig. Eine Bilanz, Berlin 2008.
[78] Vgl. Hans-Peter Schwarz: Anmerkungen zu Adenauer, S. 73 ff.

Kein Zweifel: Das Grass'sche Bild der Bundesrepublik Deutschland in den fünfziger und sechziger Jahren war und bleibt für Jürgen Rüttgers ein Zerrbild. Eine Karikatur der Realitäten im Rückblick auf die Gründungsjahrzehnte der zweiten deutschen Republik. Auch wenn nicht alles so bleiben sollte wie es war, so galt es, aus dem Blickwinkel des jungen Rüttgers, die Grundfeste in Politik, Gesellschaft und Kultur zu wahren. Damit trafen sich seine Vorstellungen mit jenen der Jungen Union. Diese forderte gegenüber der Mutterpartei CDU Mut zu politischer Reformpolitik dort ein, wo man Brandts Planungs- und Steuerungsoptimismus misstraute und die außerparlamentarische Revolutionsromantik und Gewaltbereitschaft der extremen Linken auf das Schärfste verurteilte.[79] Nachwuchspolitiker wie Gerhard Stoltenberg, Bernhard Vogel und Helmut Kohl[80] personifizierten den Anspruch der jungen Generation innerhalb der CDU auf eine zeitgemäße Profilierung ihrer Partei in der „liberalen Ära"[81] einer „Republik im Wandel"[82].

Für Rüttgers, der einerseits von Konrad Adenauer und dessen politischem Aufbauwerk tief beeindruckt, andererseits als „Neunundsechziger" generationsbedingt den Forderungen jener „jungen Wilden" innerhalb der CDU zugetan war, die, wie Kohl, es im Bundesvorstand sogar wagten, den alten Adenauer trotz der „größten Verdienste um unsere Partei" scharf zu kritisieren,[83] rückten innerparteiliche Erwägungen in dem Moment in den Hintergrund, als Teile der Achtundsechziger daran gingen, die Fundamente der Bundesrepublik infrage und das Gewaltmonopol des Staates zur Disposition zu stellen. Nun galt es für ihn „Farbe zu bekennen" und Konsequenzen zu ziehen: Er engagierte sich für die Partei Adenauers und der jungen Wilden. Dabei – wie viele seiner damaligen Wegbegleiter – in Habitus und Aussehen mit feiner Tuchhose statt mit Jeans staatstragend und von der Wichtigkeit des eigenen

---

[79] Vgl. Frank Bösch: Die Adenauer-CDU. Gründung, Aufstieg und Krise einer Erfolgspartei 1945–1969, München 2001, S. 408–418.
[80] Vgl. ebd., S. 410 f.
[81] Klaus Hildebrand: Rückblick auf die sechziger Jahre, in: Ders.: Von Erhard zur Großen Koalition 1963–1969, Stuttgart 1984, S. 445–460, S. 445.
[82] Vgl. Karl Dietrich Bracher / Wolfgang Jäger / Werner Link: Republik im Wandel 1969–1974, Stuttgart 1986.
[83] Vgl. Frank Bösch: Die Adenauer-CDU, S. 410.

Engagements fest überzeugt. Sit-ins, Happenings oder Spontan-Demos waren Rüttgers, der es vorzog, mit Studienfreunden in der Mensa der Uni Köln „um eine Cola" Skat zu kloppen und samstags nachmittags Canasta zu spielen,[84] fremd. Traten die einen dem Sozialistischen Deutschen Studentenbund (SDS) bei, wurde Rüttgers Mitglied der Katholischen Deutschen Studentenverbindung (KDStV) Rappoltstein (Straßburg) zu Köln, einer nicht schlagenden Studentenverbindung, deren Wahlspruch lautet: „Treu und wahr!" Die Studienwahl fiel auf Jura. Nicht ganz freiwillig und seinem ursprünglichen Wunsch widersprechend. Denn eigentlich hatte Rüttgers ein Lehramtsstudium der Germanistik, der Geschichtswissenschaft und der Philosophie absolvieren wollen. Doch nachdem ihm die Studienberatung der Uni Köln sehr nachdrücklich davon abgeraten und empfohlen hatte: „Machen Sie etwas Anständiges, studieren Sie Jura!"[85], entschied sich Rüttgers – trotz erfolgreich abgelegter Zwischenprüfung – tatsächlich für die Rechtswissenschaften.

Nebenher studierte er weiterhin Geschichte mit Schwerpunkt „Mittelalter", sozusagen neben der juristischen „Pflicht" die geisteswissenschaftliche „Kür". Irgendwann, davon ist Rüttgers bis heute fest überzeugt, werde er noch eine Doktorarbeit über „Das Papsttum als supranationale Ordnungsmacht im Lichte der päpstlichen Ehepolitik im 13. und 14. Jahrhundert" schreiben. Eine Kiste mit Materialien zu diesem speziellen Thema mittelalterlicher Geschichte steht seit vielen Jahren in Rüttgers' heimischem Arbeitszimmer und wartet nur darauf, ausgewertet zu werden. Wann? Spätestens dann, wenn Rüttgers frei von jedem politischen Amt zuhause in seinem Keller sitzen und sich mit Muße der Auswertung alter Quellen widmen kann, was wohl, nach jetzigem Stand, noch einige Zeit dauern dürfte.

Parallel zu seinem Studienbeginn an der Universität Köln, für die er sich entschied, weil er dann zuhause wohnen bleiben konnte, knüpfte Rüttgers erste politische Kontakte zum Pulheimer CDU-Vorsitzenden und Kreisverbandsvorsitzenden Köln-Land, Bernhard Worms. 1970 trat Rütt-

---

[84] Gespräch mit Ministerpräsident Dr. Jürgen Rüttgers am 6. Februar 2007.
[85] Gespräch mit Ministerpräsident Dr. Jürgen Rüttgers am 6. Feburar 2007.

gers in die CDU ein und machte sich schnell einen Namen als unermüdlicher, bald auch unverzichtbarer CDU-Nachwuchspolitiker vor Ort. Anders als mancher Kommilitone, der sich im Ring Christlich-Demokratischer Studenten (RCDS) engagierte, konzentrierte sich Rüttgers ganz auf die lokale Politik. Während seines Studiums wurde die Universität nicht zu seinem Lebensmittelpunkt, der alles andere dominierte. Nein, Rüttgers zog nicht von einer Studentenparty zur nächsten, strebte keine Tätigkeit als „Hiwi" bei einem Professor an, sondern zog sich nach seinen Besuchen der Vorlesungen und Seminare immer schnell nach Hause zurück. Dort packte ihn das politische Fieber, lernte er das politische Geschäft von der „Pike" auf. Statt im Studentenparlament theoretischer Wolkenschieberei zu frönen und sich rhetorische Scheingefechte mit allerlei Weltverbesserern zu liefern, zog er das Praktische, Konkrete vor. Er klebte Plakate, verteilte Broschüren und sammelte wertvolle Erfahrung in der Kunst des politischen Kompromisses und der taktischen Winkelzüge.

In dieser Zeit, daran besteht kein Zweifel, erfuhr Jürgen Rüttgers wichtige Prägungen auf lokaler kommunaler Ebene, die bis heute spürbar sind und ihm Rückhalt geben. Er verinnerlichte die Abläufe der Gremienarbeit vor Ort, lernte alle wichtigen Funktionsträger im Kreis und im weiteren Umland kennen und studierte die Techniken der Macht. Viele, die ihn damals kennenlernten, behielten „den jungen Brauweiler" fortan im Gedächtnis. Denn Rüttgers' Fleiß, so erinnert sich der heutige CDU-Bundestagabgeordnete aus dem Rhein-Erft-Kreis, Willi Zylajew, seine Akribie und sein politisches Gespür waren damals schon auffallend, auch wenn natürlich nicht klar war, welchen Weg der aufstrebende Junge aus Brauweiler gehen würde.[86] Dass die Politik einen ganz besonderen Reiz auf ihn ausübte, war spätestens zu dem Zeitpunkt klar, als Rüttgers nach vollendetem Studium und erfolgter Promotion das lukrative Angebot eines Parteifreundes ausschlug, in eine gut gehende Anwaltskanzlei mit großem Mandantenstamm einzutreten. Doch Rüttgers zögerte bei der Ablehnung des wohlgemeinten Angebotes nicht lange – für ihn war klar, wohin er wollte.

---

[86] Gespräch mit Willi Zylajew, MdB am 7. November 2007.

Dabei hatte die große Politik, so wichtig sie auch bei Rüttgers' Entscheidung für die Parteiarbeit gewesen war, bei seinem kommunalen Engagement zunächst naturgemäß in den Hintergrund zu rücken, auch wenn sie stets präsent bleiben sollte. 1972 kämpfte Rüttgers, parallel zu Studium und kommunalpolitischem Einsatz, rastlos für den CDU-Bundestagskandidaten von Köln-Land, Karlheinz Gierden. Jeden Abend begleitete der 21-jährige Student den damaligen Oberkreisdirektor Gierden von Wahlkampfveranstaltung zu Wahlkampfveranstaltung, unermüdlich und immer, ob gefragt oder nicht, mit strategischen Ratschlägen an den Kandidaten. An Selbstbewusstsein, aber vor allem auch Zuverlässigkeit, so erinnert sich Gierden an die politischen Anfänge von Rüttgers, habe es dem jungen Brauweiler nie gefehlt.[87] Trotz aller Rastlosigkeit für „seine Partei" und trotz aller gut gemeinten Ratschläge an den eigenen Kandidaten – der Triumph Willy Brandts ließ sich nicht verhindern. Zum Glück für Jürgen Rüttgers.

Denn der Wahlsieg Brandts und die Niederlage der Union brachten Angelika Weber, Tochter Theo Webers, eines engen Schulfreundes von Karlheinz Gierden,[88] derart auf, dass die 17-Jährige beschloss, sich parteipolitisch zu betätigen – gegen Willy Brandt und für die CDU. 1973 trat sie in die CDU ein und engagierte sich in der Jungen Union von Köln-Land. „Plakate kleben, Flugblätter verteilen – das Übliche eben."[89] Ein Jahr später machte die Abiturientin bei einer JU-Kreisversammlung mit jenem amtierenden Kreisvorsitzenden der JU Bekanntschaft, dessen Erkennungszeichen schon damals eine große Uhr und eine schwarze Pfeifentasche waren: Jürgen Rüttgers.

Es funkte zwischen beiden, nachdem ein gemeinsamer Freund die beiden „ganz zufällig" auf einer Party in ein Gespräch verwickelte, das fortan eine Eigendynamik in Gang setzte, die schließlich, am 17. April 1982, in der Hochzeit der beiden gipfelte.[90] Im Jahr der Hochzeit mit Angelika stand Rüttgers bereits an der Spitze jenes CDU-Nachwuchsverbandes im

---

[87] Gespräch mit Dr. Karlheinz Gierden am 20. Juni 2007.
[88] Gespräch mit Dr. Karlheinz Gierden am 20. Juni 2007.
[89] Gespräch mit Angelika Rüttgers am 16. März 2007.
[90] Gespräch mit Angelika Rüttgers am 16. März 2007.

Rheinland, der nach 1969 offensiv für eine selbstkritische Bestandsaufnahme der „verhinderten Regierungspartei"[91] CDU eintrat und notwendige programmatische wie innerparteiliche Korrekturen anmahnte. Wohl wissend, dass derlei Forderungen eine zumindest zeitweilige Distanzierung zwischen Junger Union und CDU-Mutterpartei nach sich zögen.[92] Doch davor scheuten Rüttgers und seine Mitstreiter nicht zurück. Sie hatten klare Vorstellungen davon, wie der strategische Kurs der CDU fortan ausgerichtet werden sollte. Konkret forderten sie eine Abkehr vom bloß tagespolitisch orientierten Pragmatismus und ein Ende der starren Opposition gegenüber der sozial-liberalen Koalition. Stattdessen sollte die Union ihr politisches Selbstverständnis im Lichte der neuen realpolitischen Gegebenheiten reflektieren und sich, wo notwendig, auf die von der sozial-liberalen Regierung geschaffenen Realitäten einlassen.[93]

Als „reformbereite Volkspartei" müsse die CDU verfestigte personelle und organisatorische Strukturen überwinden sowie „überholte Selbstverständlichkeit und Gewohnheiten der CDU/CSU" hinter sich lassen.[94] Vor allem Letzteres forderte jene rheinische Junge Union bereits seit Längerem, in der Jürgen Rüttgers zunehmend Respekt und Gehör fand – mit Positionen im Übrigen, die er später, als Vorsitzender der CDU im Erftkreis, umzusetzen begann. Doch der Weg, der hin zu einer „Perestroika im Erftkreis"[95] führen sollte, wie Medien Rüttgers' inner-

---

[91] Vgl. Karl Dietrich Bracher / Wolfgang Jäger / Werner Link: Republik im Wandel, S. 7.
[92] Vgl. Jürgen Echternach: Auf eigenständigem Reformkurs. Die Junge Union von 1968 bis 1973, in: Christoph Böhr (Hrsg.): Jugend bewegt Politik. Die Junge Union Deutschlands 1947 bis 1987, Krefeld 1988, S. 145.
[93] Vgl. Ute Schmidt: Die Christlich Demokratische Union Deutschlands, in: Richard Stöss (Hrsg.): Parteien-Handbuch. Die Parteien der Bundesrepublik Deutschland 1945–1980 (Band I), Opladen 1983, S. 608 f.
[94] Vgl. dazu die Ausführungen im Grundsatzprogramm „Für eine humane Gesellschaft", beschlossen auf dem außerordentlichen Deutschlandtag vom 1.–3. Juni 1973 in Herford, abgedruckt bei Peter Pulte (Hrsg.): Politische Jugendorganisationen. Programmatik, Beschlüsse, Forderungen und Thesen von Jungsozialisten, Junger Union, Jungdemokraten, Leverkusen 1975, S. 160 ff.
[95] Vgl. Torsten Krauel: Perstroika im Erftkreis. Ernstmachen mit der Reform der CDU: Jürgen Rüttgers, rechte Hand von Fraktionschef Wolfgang Schäuble, testet neue Ideen, in: Christ und Welt. *Rheinischer Merkur* vom 12. Februar 1993.

parteiliche Reformmaßnahmen anerkennend kommentierten, war noch lang.

1975 erhielt der junge Rüttgers sein erstes kommunalpolitisches Mandat: Er wurde in den Gemeinderat von Pulheim gewählt und stieg, quasi „dekretiert" vom CDU-Fraktionsvorsitzenden Worms, direkt zum Geschäftsführer der CDU-Fraktion auf. Was für Rüttgers, wie er sich rückblickend erinnert[96], vor allem hieß: Protokolle führen, Briefe schreiben, Sitzungen planen – also die ständige Organisationsarbeit. Bernhard Worms präsidierte und Jürgen Rüttgers wuchs über die administrative Erledigung des Tagesgeschäftes hinaus und allmählich auch in die inhaltlich-strategische Führungsrolle der Partei hinein. Parallel dazu erfolgte Rüttgers' Aufstieg in der JU. Höhepunkt einer Tagung der Jungen Union Rheinland am 25./26. Juni 1977, in deren Verlauf Jürgen Rüttgers erstmals in den Landesvorstand der JU Rheinland gewählt wurde, war eine Rede des damaligen Vorsitzenden der CDU-Grundsatzkommission, Richard von Weizsäcker, der die Nachwuchspolitiker nachdrücklich dazu aufforderte, Mut zu beweisen. Mut zu innerparteilicher Auseinandersetzung, ohne den keine der drängenden politischen Herausforderungen bewältigt und demzufolge der eigene politische Führungsanspruch kaum glaubhaft erhoben werden könne. In diesem Sinne richtete Ruth Hieronymi, frisch gewählte rheinische JU-Kurzzeit-Vorsitzende, eine selbstbewusste Mahnung an die Adresse der Bundes-CDU.

Hieronymi, ebenso wie Rüttgers eine jener jungen, kraftvoll aufstrebenden Nachwuchskräfte der CDU – von manchen als „*Milupa*-Fraktion" bezeichnet –, erklärte, die Mutterpartei habe in einem neu zu erarbeitenden Grundsatzprogramm die Herausforderung zu bewältigen, „eine politisch verbindliche Antwort auf den bisher noch nicht vollständig gelösten Konflikt zwischen den gesellschaftspolitischen Vorstellungen der christlichen Soziallehre und dem einem sozialen Auftrag verpflichteten Pseudo-Liberalismus" zu finden. Im Übrigen, so die Vertreterin der rheinischen JU weiter, solle das Modell der Sozialen Marktwirtschaft „nicht nur unter dem Gesichtspunkt seiner historischen materiellen Erfolge dargestellt werden, sondern in erster Linie als Leitbild zur Realisierung

---

[96] Gespräch mit Ministerpräsident Dr. Jürgen Rüttgers am 6. Februar 2007.

der Grundwerte Freiheit, Solidarität und Gerechtigkeit im wirtschaftlichen und sozialen Bereich"[97]. Starker Tobak für Bonn.

Bereits vier Jahre zuvor, auf dem Deutschlandtag der Jungen Union in Hamburg, hatte der rheinische JU-Verband für große Aufmerksamkeit gesorgt. In einem Strategiepapier stellte man das „Modell eines dritten Weges zu einer humanen Gesellschaft" vor und geriet damit innerparteilich in den Verdacht einer allzu großen Nähe zu Positionen der SPD. Dritte-Weg-Rhetorik vernahm die CDU-Spitze in Zeiten klarer weltanschaulicher „Fronten" nun gar nicht gern. Tatsächlich war mit einem „dritten Weg" aus rheinischer Perspektive jedoch nichts anderes als die Soziale Marktwirtschaft gemeint, verstanden als Alternative zu Kapitalismus und Sozialismus, wie Jürgen Rüttgers als scheidender Landesvorsitzender der Jungen Union Rheinland 1986 rückblickend feststellte – nicht ohne hinzuzufügen, dass es sich bei diesem Papier um „den mutigsten Versuch der Jungen Union insgesamt" gehandelt habe, ihre Positionen zu definieren.[98] Die rheinische JU, sechs Jahre lang angeführt von Jürgen Rüttgers, war ein streitbarer, zwar auch immer wieder zerstrittener, doch gegenüber Mutterpartei wie politischer Konkurrenz vor allem unbequemer, manchem Altveteranen der Adenauer-Partei allzu progressiver Nachwuchsverband. Kein Hort angepasster Jasager und profilloser Nachwuchs-Karrieristen, sondern selbstbewusst, kritisch und inhaltlich ihrer Zeit voraus. Auch heute noch lassen die Positionen, für die damals gefochten wurde, aufhorchen, auch wenn der Anspruch, den die JU damit erhob, oftmals nicht realisiert wurde. Plädierten die jungen Christdemokraten auf dem Gebiet der Wirtschaftspolitik für paritätische Mitbestimmung, individuelle Vermögensbildung unter Einbeziehung des Produktivvermögens, für eine Beschränkung des unkontrollierten wirtschaftlichen Wachstums und gegen eine schärfere Anwendung des Kartellrechts, so waren sie bestrebt, sich gesellschaftspolitisch von

---

[97] Zitiert aus dem Entwurf einer Stellungnahme des rheinischen Landesvorstands der Jungen Union vom 22. August 1977.
[98] Vgl. dazu auch den entsprechenden Abschnitt „Strategie eines Dritten Weges zu einer humanen Gesellschaft" der Beschlüsse des Deutschlandtags der JU in Lahnstein vom 4.–6. Oktober 1974, abgedruckt bei Peter Pulte (Hrsg.): Politische Jugendorganisationen, S. 232–234.

dem Verdacht zu befreien, „Hüter kirchlicher Vorstellungen von gestern zu sein". Stattdessen erklärte man sich zum Anwalt der Interessen des Kirchenvolkes. Innerparteilich lehnte man – dem Appell eines Richard von Weizsäcker insofern bereits lange Zeit voraus – „Geschlossenheit um jeden Preis" ab. Einen „ständigen Konflikt" mit jenen Parteifreunden vor Augen, die ausschließlich Status quo orientiert, „keine Fortentwicklung" der Partei mittrügen, erklärte man die Konfliktbereitschaft gegenüber der Partei zu einem zentralen Auswahlkriterium für ein Amt in der Jungen Union: „Die Mandatsträger der Jungen Union werden häufig dadurch in Konflikt geraten, dass sie einerseits als JU-Vertreter die weitreichenden progressiven Zielvorstellungen der Jungen Union vertreten müssen, andererseits aber durch ihre Mitgliedschaft in Gremien der CDU/CSU an – den eigenen Zielsetzungen häufig entgegenstehende – Beschlüsse gebunden sind. Dieser Konflikt mit der doppelten Rollenfunktion muss angenommen werden, wobei die Orientierung an der politischen Zielvorstellung immer das wichtigste Kriterium sein muss."[99]

So populär derartige Forderungen der CDU-Jugendorganisation im Lichte einer erwünschten Profilierung der Union als „sozialer Reformpartei der Mitte"[100] anstelle einer konservativen Rechtspartei[101] auch in den Ohren einer zwar loyalen, gleichwohl auf Reformen bedachten, kritischen Nachwuchsgeneration unter dem Eindruck der 68er-Unruhen klingen mochten, so prekär war doch in Wirklichkeit die innere Verfasstheit der JU Rheinland in den siebziger Jahren: Personalquerelen und heftige Richtungsstreitigkeiten prägten das Bild einer Organisation, deren

---

[99] Zitiert nach Jürgen Rüttgers / Jürgen Quensell (Hrsg.): 40 Jahre Junge Union Rheinland. Geschichte eines politischen Jugendverbandes, Bergisch Gladbach 1986, S. 43.
[100] Ute Schmidt: Die Christlich Demokratische Union Deutschlands, S. 609.
[101] Vgl. in diesem Sinne Helmuth Pütz / Peter Radunski / Wulf Schönbohm: 34 Thesen zur Reform der CDU, in: *Die Sonde* (4) 1969, S. 4–22. Jürgen Rüttgers betonte diese klare Profilierungsabsicht jenseits von „rechts" und „links" als JU-Landesvorsitzender 1981 auch in einem Leserbrief an den *Spiegel*, vgl. Jürgen Rüttgers: Leserbrief an den *Spiegel* (30/1981) zu einem dort erschienenen Artikel „Klüngel-System verfestigt" in der Ausgabe der Vorwoche (29/1981). „Die rheinische Junge Union", so Rüttgers, „wird es sich nicht nehmen lassen, auch zukünftig Probleme vorurteilsfrei anzugehen und das politische Koordinatensystem des *Spiegel* hoffentlich noch oft durcheinanderbringen."

Durchsetzungskraft auf den jährlich von allen JU-Verbänden veranstalteten Deutschlandtagen so weit abgesunken war, dass andere Landesverbände die Mitglieder der rheinischen JU für den Bundesvorstand selbst aussuchen konnten. Der Einfluss der JU Rheinland gegen Ende der siebziger Jahre „hatte", wie Rüttgers sich rückblickend erinnert, „die Qualität einer Nulloption". Als „bigott" hat Helmut Kohl die damalige Verfasstheit der rheinischen JU noch heute in Erinnerung.[102] Im Klartext: die rheinische JU war, gesamtparteilich betrachtet, hoffnungslos bedeutungslos.

Ihre Landestagungen, erinnert sich Herbert Reul mit einem Schmunzeln im Gesicht, seien „immer ein Erlebnis"[103] gewesen. Frei nach dem Motto: Wer intrigiert wann gegen wen? Nebenher verfasste man zwar progressive Papiere, verstand es aber nicht, wenn es darauf ankam, geschlossen und mit einer Stimme sprechend aufzutreten. Lieber sägte man am Stuhl des eigenen Vorsitzenden, als die Energien vereint nach außen zu richten.

Rüttgers wusste, worauf er sich einließ, als er am 2. November 1980 zum Nachfolger von Hans Jürgen Prangenberg an die Spitze der Jungen Union Rheinland gewählt wurde. Gleich nach seiner Wahl zeichnete der 29-jährige Vorsitzende aus Brauweiler ein kritisches, schonungsloses Bild des Zustands der eigenen Organisation. Er brandmarkte den „Rückzug der Jungen Union in eigene Zirkel ohne Kontakt zu anderen Gruppierungen" ebenso scharf wie den „Aberglauben, man habe durch die Erarbeitung und Verabschiedung möglichst vieler Papiere die Welt verändert". Ein Neuanfang unter dem vielsagenden Motto „Profil für die Junge Union statt Profit von der Jungen Union" sollte nach Ansicht Rüttgers' die rheinische JU in der Zusammenarbeit mit den anderen Landesverbänden stärken. Dieser Neuanfang sollte ihr innerhalb der Mutterpartei das angemessene Gehör verschaffen und – sozusagen als Voraussetzungen für beides – sie zur gewählten Vertreterin der jungen Generation machen. Keine leichte Aufgabe in einer Zeit, da Bürgerinitiativen, Antiatomkraft-, Friedens- und Umweltgruppen immer stärkeren

---

[102] Gespräch mit Bundeskanzler a. D. Dr. Helmut Kohl am 18. Juni 2007.
[103] Gespräch mit Herbert Reul am 23. Februar 2007.

Zulauf verzeichneten und sich die Grünen daran machten, gerade für junge Wähler eine reizvolle Alternative zu den etablierten Parteien und Verbänden zu werden.[104] Wie also vorgehen?

Rüttgers setzte auf eine neue Doppelstrategie: Das tradierte Themenspektrum der JU wurde um innovative, nicht selten als „links" angesehene Schwerpunkte wie z. B. „Umweltschutz", „Dritte Welt", „Entwicklungshilfe", „Friedenspolitik", „Jugendarbeitslosigkeit" oder „Junge Frauen in der Gesellschaft" erweitert. Zugleich sollte die Dialogfähigkeit[105] durch eine veränderte Außendarstellung und Veranstaltungsform der eigenen Organisation erheblich verbessert werden.

„Es war schlimm", erklärt Rüttgers rückblickend, „wenn es in unserem Land Offene Türen und Jugendzentren gab, in denen sich noch nie ein Mitglied der Jungen Union hatte sehen lassen. Es war schlimm, wenn es Jugendgruppen und Jugendvereine gab, die noch nie zu einem Gespräch mit der Jungen Union eingeladen worden waren, wenn die Mitglieder der Jungen Union sich nur in den eigenen Mitgliederzirkeln trafen, wenn die Tagungen nur in den Hinterstuben von Kneipen abgehalten wurden." Kurzum: Fortan sollte ein anderer Wind wehen, daran ließ der reformambitionierte Vorsitzende Rüttgers, wie frühere Weggefährten bescheinigen, ebenso wenig Zweifel wie an seiner Bereitschaft, auch mit unkonventionellen Mitteln die Aufmerksamkeit auf seinen Verband zu lenken.

So nahm es Rüttgers bewusst in Kauf, dass sein Vorstoß, im Rahmen der JU-Landestagung am 6. März 1983 in Neuss einen Vertreter der linken „Alternativen Liste Berlin" zur Diskussion über „Deutschlandpolitik" einzuladen, in Teilen seines eigenen Verbandes, aber vor allem in der CDU-Mutterpartei auf Unverständnis und Ablehnung stieß. Ebenso die von ihm ausgesprochene Einladung an den späteren saarländischen Umweltminister und seinerzeitigen Vorsitzenden des Bundesverbandes

---

[104] Vgl. Christoph Böhr: Orientierung im Wandel. Zum Wechsel politischer Erwartungen in den 80er Jahren, in: Ders. (Hrsg.): Jugend bewegt Politik, S. 165 ff.
[105] Vgl. Rüttgers Ausführungen „Dialogbereitschaft und Dialogfähigkeit" im Rahmen seines unter das Motto „Mut zur Zukunft" gestellten Berichts als Landesvorsitzender auf der Landestagung der Jungen Union Rheinland am 6. März 1982; Typoskript S. 21 ff.

Umweltschutz, Jo Leinen, über Umweltschutzfragen zu diskutieren. Kaum weniger umstritten war Rüttgers' zwei Jahre zuvor forcierte Einladung des Friedensforschers Alfred Mechtersheimer zu einer Kreis- und Ortsvorsitzendenkonferenz zum Thema „Friedenspolitik" im Juli 1981 gewesen. Eine Einladung zu einem Zeitpunkt, als innerhalb der CSU bereits über einen Parteiausschluss des friedenspolitischen Querdenkers und späteren Grünen-Politikers Mechtersheimer diskutiert wurde.

Rüttgers, der als Vorsitzender viel Energie darauf verwandte, nach innen integrierend und ausgleichend zu wirken, Machtrivalitäten zu befrieden und personelle wie inhaltliche Kompromisse zu finden, nahm Kritik von außen wohl kalkuliert in Kauf. Konflikte mit der Mutterpartei waren, so sie eine bestimmte Grenze nicht überschritten, nach Ansicht Rüttgers' notwendig und sinnvoll. Die Junge Union dürfe, so Rüttgers im Bewusstsein ihrer Entstehungsgeschichte, auf keinen Fall ein getreues Abziehbild der Bundes-CDU sein.[106]

Dabei mag sich Rüttgers des Selbstbewusstseins erinnert haben, welches der erste Vorsitzende der Jungen Union in Deutschland, der 1947 im Alter von 40 Jahren gewählte Bruno Six, gegenüber der Mutterpartei demonstriert hatte. Six, erst im Jahr davor zum Vorsitzenden der JU innerhalb der britischen Zone aufgerückt, hatte auf einem Parteitag in Recklinghausen im August 1947 die älteren Parteimitglieder wissen lassen: „Eine Generation, die zweimal Krieg und Frieden verloren hat, hat keinen Anspruch darauf, zum dritten Mal ein Reich alleine gestalten zu dürfen. Dies mag hart für Sie sein, es mag bitter hart sein, aber es hat keinen Wert, sich der Wirklichkeit zu verschließen. Die junge Generation erkennt Sie nicht an, und wenn Sie sich dagegen stemmen, dann wird aufgrund der biologischen Tatsachen die junge Generation über Sie zur Tagesordnung hinweggehen. [...] Aus dem, was ich gesagt habe, wollen Sie erkennen, dass die Verhältnisse heute ganz und gar anders sind, dass die Junge Union etwas total anderes ist und dass es der schlimmste Fehler eines Politikers sein kann, diese Junge Union nicht ernst zu nehmen."[107] Natürlich waren

---

[106] Vgl. Frank Bösch: Die Adenauer-CDU, S. 312 ff.
[107] Zitiert nach Jürgen Quensell: Chronik 1946–1969, in: Jürgen Rüttgers / Jürgen Quensell: 40 Jahre Junge Union Rheinland, S. 13.

die Verhältnisse mehr als drei Jahrzehnte später andere als zur Zeit der Gründung und des Aufbaus. Auch der Ton war ein anderer. Und doch hatten sich die Forderungen nach einer organisatorischen Straffung, nach einer stärkeren innerparteilichen Demokratie sowie einer programmatischen Profilierung der CDU mit unverkennbar christlich-sozialem Akzent über die Jahrzehnte hinweg erhalten.

Nicht zuletzt die erstgenannte Forderung nach einer organisatorischen Straffung hatte man in Nordrhein-Westfalen zu realisieren versucht, indem sich die Jugendverbände Rheinland und Westfalen bereits 1949 zu einem Landesverband zusammenschlossen. Auch wenn man diese Vereinigung zwei Jahre später aufgrund der weiterhin getrennten Strukturen der CDU-Mutterpartei wieder rückgängig machte, war man damals der Zeit weit voraus und konnte, als die Fusion sowohl der JU- als auch der CDU-Verbände Rheinland und Westfalen-Lippe 1986 in Angriff genommen wurde, auf die Erfüllung „einer immer wieder erhobenen Forderung der rheinischen Jungen Union" (Jürgen Rüttgers) verweisen.

Wie wichtig Rüttgers andererseits die Forderung nach einer Stärkung der innerparteilichen Demokratie bzw. nach einem Wandel der CDU von einer „Gremienpartei" hin zu einer „Mitglieder"- bzw. „Bürgerpartei" war, illustrieren jene von Rüttgers Ende der achtziger Jahre im eigenen Kreisverband forcierten Reformmaßnahmen, in deren Zuge das traditionelle Delegiertensystem abgeschafft und durch eine Mitgliederversammlung ersetzt werden sollte. Ebenfalls beschlossen wurde eine Ämterbegrenzung, die sogenannte „3-Mandate-Regelung" für Parteimitglieder, eine fast revolutionäre Neuerung, die auf vernehmbaren Widerspruch bei einigen Parteifunktionären stieß. Doch Rüttgers blieb stur und setzte diese Reform durch.

Nicht genug damit: Auch der Anteil von Frauen in Parteigremien sollte durch eine Satzungsregelung erhöht und eine Offenlegung der persönlichen Verhältnisse eines Mandatsträgers angestrebt werden[108] – Letzteres Ambitionen, mit denen sich Rüttgers nicht durchzusetzen vermochte.

---

[108] Vgl. Cordia Grossmann: CDU-Erftkreis – Parteireformen in den 90er Jahren. Schriften (hrsg. von der CDU-Erftkreis), Frechen 2000.

Seine Reformvorschläge, 1993 öffentlichkeitswirksam in seinem viel beachteten Buch „Dinosaurier der Demokratie"[109] formuliert, zielten darauf ab, Wege aus der vieldiskutierten Parteienkrise und Politikverdrossenheit aufzuzeigen und diese für sämtliche Ebenen seiner Partei mehrheitsfähig zu machen. Dafür stritt Rüttgers vehement – bereits Jahre, bevor sich Richard von Weizsäcker als Bundespräsident Rüttgers' „Gedanken und Vorschläge" zur Bekämpfung der „Machtversessenheit" der Parteien „zu eigen gemacht" hatte:[110] sei es bei sich im heimischen Erftkreis, sei es im Bezirksverband Mittelrhein oder schließlich auf dem Karlsruher Bundesparteitag 1995, den Rüttgers im Auftrag von Helmut Kohl inhaltlich wesentlich mit vorbereitet hatte.[111]

Doch nicht überall stieß Rüttgers mit seinen Reformplänen innerhalb der CDU auf offene Ohren. Das Misstrauen gegen seine von der Presse als „mutig"[112] gelobten Initiativen war teilweise groß. Die Nähe von Parteienkritikern wie Hans-Herbert von Arnim oder Erwin Scheuch, in die Jürgen Rüttgers gestellt wurde,[113] machte ihn selbst bei Parteifreunden verdächtig. Seine schonungslose Bilanz der Zustände, seine Warnung vor einem „Monopol"[114] der Parteien bei der politischen Willensbildung, mit der Rüttgers sein Werben für eine umfassende Reform auf Parteiveranstaltungen begann, führte zu vereinzelt erregten Reaktionen: „Nun reden Sie doch nicht alles kaputt!", rief ihm ein erregtes, seit Anfang der sechziger

---

[109] Vgl. Jürgen Rüttgers: Dinosaurier der Demokratie. Wege aus der Parteienkrise und Politikverdrossenheit, Hamburg 1993.

[110] Vgl. den entsprechenden Hinweis auf Richard von Weizsäcker in Rüttgers Dinosaurier-Buch (ebd., S. 9); vgl. Richard von Weizsäcker im Gespräch mit Gunter Hofmann und Werner A. Perger, Frankfurt a. M. 1992; vgl. auch Andreas Wirsching, Abschied vom Provisorium. Geschichte der Bundesrepublik Deutschland 1982–1990, S. 200.

[111] Vgl. Protokoll des 7. Parteitags der CDU Deutschlands (16. bis 18. Oktober 1995) in Karlsruhe, Bonn 1995, vgl. ebd.: Die Tagesordnung der Zukunft – Arbeitsprogramm auf dem Weg in das 21. Jahrhundert, S. 135 ff.

[112] Vgl. Wolfgang Jäger: Abschied vom Basiskult. Wie Jürgen Rüttgers die Parteiendemokratie kurieren will, in: *Frankfurter Allgemeine Zeitung* vom 2. April 1993.

[113] Vgl. Torsten Krauel: Perestroika im Erftkreis, in Christ und Welt vom 12. Februar 1993.

[114] Vgl. Jürgen Rüttgers: Neue Grenzen der Politik. Von der notwendigen Selbstbeschränkung der Parteien, in: Gunter Hofmann / Werner A. Perger (Hrsg.): Die Kontroverse, S. 96.

Rüttgers als rheinischer Landesvorsitzender der Jungen Union mit seinen damaligen Erkennungszeichen: große Brille und Pfeife

Jahre treues CDU-Mitglied entgegen.[115] Andere schüttelten mit dem Kopf, Einzelne gingen, während die meisten Zuhörer schwiegen und interessiert-neugierig den Ausführungen Rüttgers folgten. „Seit 1970 bin ich Mitglied, seit zehn Jahren propagieren wir Bürgernähe, machen Bürgertelefone, öffentliche Arbeitskreise, und die Ergebnisse sinken trotzdem ständig nach unten. [...] Seien wir ehrlich: Von den Kreistagsdelegierten treten fünfzig Prozent gar nicht an. Und der Kreisvorstand schreibt sich seine Anträge selber. [...] Eigentlich ist die CDU eine Partei der Kommunikation von unten nach oben. Real aber sind wir abgeschottet: Manche wollen sich von oben, manche von unten nicht reinreden lassen."[116]

Starker Tobak aus dem Mund des besonnenen, nie aufbrausenden Mannes mit der großen Brille und der Pfeife, die über viele Jahre hinweg sein

---

[115] Zit. nach Torsten Krauel: Perestroika im Erftkreis, in *Christ und Welt* vom 12. Februar 1993.
[116] Zitiert nach ebd.

Markenzeichen sein sollte. Dass es sich bei der Pfeife um das gleiche Markenzeichen wie bei Helmut Kohl handelte, veranlasste manchen Weggefährten von Rüttgers zu ironischen Kommentaren über den aufstrebenden Rheinländer. Rüttgers, ein rheinischer Epigone, eine blasse Kopie des Pfälzers Kohl? Wohl kaum. Weder physiognomisch, noch habituell. Rüttgers' Pfeifenkult symbolisiert weniger ein habituelles Epigonentum gegenüber dem Parteivorsitzenden Kohl, das man dem ebenfalls Pfeife rauchenden Kurt Biedenkopf nie unterstellte, als eher einen nachdenklichen Intellektualismus, der durchaus charakteristisch für Rüttgers ist. Rüttgers ist der ruhige, besonnene, gebildete und nachdenkliche Jurist. Ein Stratege, der – *respice finem!* – die Konsequenzen politischen Handelns stets zu antizipieren sucht und nicht als Kumpeltyp „von nebenan" hin und wieder situativ den populistischen Haudrauf gibt. Ein Wesenszug, den Helmut Kohl am „Pulheimer", der ihm erstmals von einem anderen „Pulheimer", nämlich Bernhard Worms, vorgestellt wurde, überaus schätzt.

Verbindlich im Ton und Auftreten, gründlichst vorbereitet und faktensicher, verstand es Rüttgers, Parteimitglieder oder Funktionäre entweder für seine Positionen zu gewinnen, sie zu neutralisieren oder zumindest zum Nachdenken anzuregen. Schärfe, Verletzungen, persönliche Angriffe oder Ausgrenzungen vermied er, woran sich bis heute nichts geändert hat. Wo es einmal dazu kam, suchte er später ein neuerliches zwischenmenschliches Auskommen. Unfrieden ist Rüttgers, nicht nur privat, sondern auch im politischen Bereich, unangenehm. Schmerzhafte Trennungen, auch von Weggefährten, mündeten oftmals in spätere Wiederannäherungen, nie aber kehrte das frühere Vertrauensverhältnis zurück.

Wo es nicht um Personen oder persönliche Beziehungen, sondern um die Sache geht, kann Rüttgers gleichwohl rigoros sein. Seine innerparteilichen Reformvorschläge zeigen dies beispielhaft. Auch wenn seine Kritik am Zustand der eigenen Partei durchaus auf jener Linie lag, die Helmut Kohl mit seiner Warnung vor einer weiteren „Verbonzung" der CDU selbst vorgegeben hatte,[117] so traf das, was Rüttgers als Rosskur empfahl, ins Mark.

---

[117] Vgl. die entsprechenden Ausführungen von Herbert Reul bei Cordia Grossmann: CDU-Erftkreis – Parteireformen in den 90er Jahren, S. 39.

Wäre dasjenige, was Rüttgers als „Moderne Parteiarbeit in den neunziger Jahren" skizziert hat, bundesweit realisiert und konsequent auf alle Parlamentarier in Bund, Ländern, Kreisen und Städten angewandt worden, dann, so kommentierte *Die Zeit* 1992, hätte das weitreichende Folgen gehabt: „Zigtausende von Abgeordneten aller Gebietskörperschaften verlören mit einem Schlag ihre zum Teil recht lukrativen Nebenposten."[118] Was jedoch, wenig überraschend, nicht geschah.

Auch wenn Rüttgers sich im eigenen Kreisverband mit seinem Vorschlag gegen „massive Kritik innerhalb der CDU"[119] durchzusetzen vermochte und ein Kreisparteitag im April 1991 eine Satzungsänderung gegen Ämterhäufung beschloss – in § 34 Abs. 1 der Kreissatzung lautete es fortan: „In allen Parteigremien des Kreisverbandes ist ein Mitglied nur dann in ein Parteiamt wählbar, wenn es nicht mehr als zwei weitere Parteiämter innehat" –, ja, Rüttgers selbst, sozusagen als „Vorreiter" der neuen Praxis, sein Amt als Vorsitzender der Kreistagsfraktion zur Verfügung stellte, so scheiterte er mit diesem Vorstoß zwei Jahre später auf dem Landesparteitag in Münster. Dort mochte sich die NRW-CDU nur zu der vagen Empfehlung durchringen, auf eine „angemessene Ämterhäufung" zu achten. Gleichwohl: Wiederum zwei Jahre später, auf dem Bundesparteitag in Karlsruhe, erzielte Rüttgers auf höchster Parteiebene insofern einen Teilerfolg, als die Delegierten mit eindeutiger Mehrheit festlegten, dass Parteimitglieder nicht mehr als drei Vorständen in der Partei, egal auf welcher Organisationsstufe, angehören sollten – Vorstandsämter in den Vereinigungen allerdings nicht mit einbezogen!

Auch wenn sich Rüttgers, wie eine parteiinterne Studie bilanziert, mit seinem Willen zu „Glasnost in der CDU"[120] nur „teilweise"[121] durchsetzen und manche der von ihm beklagten „Betonstrukturen"[122] nicht

---

[118] Wolfgang Hoffmann: Die Pfründe der Politiker. In der CDU hat sich eine Initiative gegen Postenwirtschaft und Selbstbedienungsdenken von Mandatsträgern gebildet, in: *Die Zeit* vom 24. April 1992.
[119] Vgl. Cordia Grossmann: CDU-Erftkreis – Parteireformen in den 90er Jahren, S. 27.
[120] Vgl. *Kölner Stadt-Anzeiger* vom 22. März 1993.
[121] Vgl. Cordia Grossmann: CDU-Erftkreis – Parteireformen in den 90er Jahren, S. 32.
[122] Vgl. Jürgen Rüttgers: Viel zu viele Betonstrukturen, in: *die tageszeitung* vom 7. Juli 1993.

beseitigt werden konnten, so sollten andere Ziele, wie die Einführung eines „Quorums für Frauen" bzw. die Begrenzung des parteipolitischen Einflusses bei der Auswahl von Schulleitern[123], für die Rüttgers über Jahre hinweg innerparteilich stritt, erst später ihre Wirkung entfalten. Rüttgers wusste seit JU-Tagen, dass die Mühlen der Partei langsam arbeiten und zwischen der „brillanten Idee und dem Machbaren"[124] manchmal eine scheinbar unüberbrückbare Diskrepanz zu liegen scheint. Doch immerhin: Dass der Bundesparteitag in Karlsruhe eine Öffnung der Partei für interessierte Bürger über eine „einjährige Gastmitgliedschaft" beschloss, eine Mitgliederbefragung als neues Instrumentarium der innerparteilichen Willensbildung ermöglichte und die CDU zur „Mitglieder-" und „Bürgerpartei" erklärte,[125] war nicht ohne Rüttgers' Zutun, sondern im Zusammenspiel des „Zukunftsministers" mit den beiden Generalsekretären in Bund und Land, Peter Hintze und Herbert Reul, erfolgt.[126] Rüttgers, Hintze, Reul – schon zu gemeinsamen rheinischen JU-Zeiten wusste man, welche Themen innerparteilich wie angegangen und entsprechende Mehrheiten organisiert werden mussten. Bereits damals, zumal als Rüttgers für sechs Jahre den Landesvorsitz innehatte, wusste man, dass Erfolg und Misserfolg nahe beieinanderlagen – wie nun in Karlsruhe, wo einerseits das Projekt „Mitgliederpartei" Wirklichkeit wurde und andererseits das gemeinsam forcierte „Quorum für Frauen" bei den Delegierten keine Mehrheit fand.

Eine Zeit „mit Höhen und Tiefen" – so hatte Jürgen Rüttgers neun Jahre zuvor als Vorsitzender der JU Rheinland die 40-jährige Geschichte des eigenen Verbandes charakterisiert, die nun, da westfälische und rheinische JU – im zweiten Anlauf – definitiv fusionierten, ihr Ende fand. Höhen und Tiefen hatte die JU auch in den letzten sechs Jahren ihres Bestehens unter der Ägide ihres Vorsitzenden Rüttgers durchge-

---

[123] Vgl. Jürgen Rüttgers: Dinosaurier der Demokratie, S. 197 ff.
[124] Ebd., S. 9.
[125] Vgl. das Beschlussprotokoll „Reform der Parteiarbeit" (Protokoll des 7. Parteitags der CDU Deutschlands), Bonn 1995, S. 277–286.
[126] So Jürgen Rüttgers im Gespräch mit Cordia Grossmann: CDU-Erftkreis – Parteireform in den 90er Jahren, S. 42.

macht. Es war eine Zeit der Erfolge, die auch Rüttgers' Erfolge waren, aber auch der Niederlagen, die sich ebenfalls mit Rüttgers' Namen verbanden.

Zweifelsohne erfolgreich gewesen war jene vom Landesvorsitzenden in enger Zusammenarbeit mit Leo Dautzenberg, Herbert Reul, Peter Hintze, Holger Müller, Ronald Pofalla sowie seinem Landesgeschäftsführer Jörn Hochrebe verfolgte Strategie der thematischen Erweiterung – unter Beibehaltung klassischer Themen wie der Deutschland- und Europapolitik.[127] Man hatte Mut zu neuen Themen bewiesen und Jugendliche neugierig gemacht auf eine JU, die streitbar war nicht nur gegenüber der politischen Konkurrenz, sondern eben auch gegenüber der eigenen Mutterpartei, die seit 1982 unter Helmut Kohl und in Koalition mit der FDP erneut auf Bundesebene regierte und eine „geistig-moralische Wende" in Aussicht gestellt hatte. Erfolgreich war auch die organisatorisch-personelle Konsolidierung des Verbandes, die ihren sichtbaren Ausdruck nicht zuletzt 1985 in der erfolgreichen Wahl von drei Mitgliedern des JU-Landesvorstands (Jürgen Rüttgers, Leo Dautzenberg, Peter Hintze) in den CDU Landesvorstand fand. Die Mitgliederzahl der JU Rheinland lag im Jahr 1984 mit 45.640 um 14.000 höher als noch im Jahr 1973, als der Verband 31.617 Mitglieder zählte.

Dass Jürgen Rüttgers nach seiner erstmaligen Wahl zum JU-Vorsitzenden 1980 – von manchem anfangs als blasser Kompromiss-, ja als Übergangskandidat mit Organisationstalent unterschätzt und hernach als Integrator nach innen hoch gelobt – zweimal, 1982 und 1984, in seinem Amt bestätigt wurde, kann als Ausdruck einer neuen inneren Geschlossenheit und Konsolidierung gesehen werden, an der Rüttgers einen beachtlichen Anteil hatte. Seine fast einstimmig erfolgte Nominierung als Bundestagskandidat für die Wahl 1987 auf der Landestagung am 1. Februar 1986 in Köln war ebenfalls Ausdruck dessen. Tatsächlich waren die Zeiten vorbei, da eine Landesvorsitzende Hieronymi nach nur 15 Monaten in einer Kampfabstimmung ihr Amt unfreiwillig räumen musste, da

---

[127] Vgl. Peter Haungs: Die CDU: Prototyp einer Volkspartei, in: Alf Mintzel / Heinrich Oberreuter (Hrsg): Parteien in der Bundesrepublik Deutschland, 2. Aufl., Bonn 1992, S. 196.

eine Kandidatenempfehlung für die bevorstehende Wahl zum Europaparlament auf der Landestagung in Mönchengladbach 1978 zu einem „Aufstand"[128] der Delegierten mit einem Misstrauensantrag gegen den gesamten Landesvorstand führte.

Und doch brachten innere Geschlossenheit, thematische und gesellschaftliche Öffnung mit christlich-sozialem Profil nicht den entscheidenden Erfolg, für den alle Parteigliederungen mit Rüttgers an der Spitze kämpften. Nicht zuletzt geschwächt durch altbekannte Konflikte innerhalb der Mutterpartei um Präsidiumsvorsitz und Spitzenkandidatur, die 1983 zwischen Bernhard Worms und Kurt Biedenkopf ausgetragen worden waren,[129] verfehlte die CDU den Sieg bei den Landtagswahlen in NRW.

So war die Fusion, welche die Junge Union Rheinland im 40. Jahr ihres Bestehens unter Führung von Jürgen Rüttgers mit der JU Westfalen-Lippe unter Führung von Reinhard Göhner zum gemeinsamen JU-Landesverband Nordrhein-Westfalen einging (die beiden CDU-Landesverbände folgten ein Jahr später), auch Ausdruck der schweren politischen Niederlage, die die CDU 1985 gegen eine überstarke SPD unter Führung von Johannes Rau einstecken musste. Dem populären „Landesvater" Rau und seiner identitätsstiftenden, dem bayerischen Erfolgsmodell angelehnten Imagekampagne „Wir in NRW" war es gelungen, breite Wählerschichten, vor allem auch aus dem Mittelstand für sich zu gewinnen, sodass die Sozialdemokratie mit 52,1 Prozent das beste Ergebnis einer Partei bei Wahlen in Nordrhein-Westfalen einfahren konnte, wohingegen die CDU mit 36,5 Prozent das schlechteste Ergebnis in ihrer Landesgeschichte zu verkraften hatte.

Und dies, obwohl die CDU bei der Bundestagswahl 1983 in NRW mit 45,2 Prozent deutlich vor der SPD mit 42,8 Prozent und bei der ein Jahr

---

[128] So die Formulierung in der Rheinischen Post vom 19. Juni 1978.
[129] So wurde der Landesverbandsvorsitzende von Westfalen-Lippe, Kurt Biedenkopf, im Wahlkampf 1985 in Westfalen als der „Kopf" propagiert, obwohl NRW-Spitzenkandidat der Rheinländer Bernhard Worms war, vgl. Ulrich von Alemann: Parteien und Wahlen in Nordrhein-Westfalen 1985: Aufforderung zu einer Neuorientierung?, in: Ders. (Hrsg.): Parteien und Wahlen in Nordrhein-Westfalen, Köln 1985, S. 220 f.

darauf stattfindenden Kommunalwahl mit 42,2 Prozent nahezu gleichauf mit der SPD (42,5 Prozent) gelegen hatte. Ebenso wie die Sozialdemokratie vermochten die Freien Demokraten bei der Landtagswahl 1985 in beachtlichem Umfang CDU-Wähler für sich zu gewinnen, sodass die FDP mit 6 Prozent in den Düsseldorfer Landtag zurückkehrte.

Wenn der Parteienforscher Karl-Rudolf Korte die schwere Wahlniederlage der CDU 1985 weniger dem Profil des damaligen Spitzenkandidaten Worms als vielmehr ihrer „Lethargie und Selbstblockade" anlastet, dann zielt Korte eben auf jenen gravierenden Missstand, dass es bis 1987 im engeren Sinne gar keine „NRW-CDU" gab: „Die zwei unabhängigen Landesverbände Rheinland und Westfalen-Lippe lieferten sich über Jahre hinweg einen auch öffentlich ausgetragenen Machtkampf um die Führungsrolle im Land. [...] Erst 40 Jahre nach der Gründung des Landes besaß die Union die Vorbedingungen für ein organisatorisch geschlossenes Auftreten in der Landespolitik."[130]

Dass es von nun an noch einmal 18 Jahre und weitere vier Landtagswahlen dauern sollte, bis mit Jürgen Rüttgers erstmals nach Franz Meyers wieder ein CDU-Ministerpräsident das bevölkerungsreichste Bundesland regieren würde, damit hatten selbst die größten innerparteilichen Skeptiker wohl nicht gerechnet.

Tatsächlich jedoch markierte der „strahlende Neuanfang von Düsseldorf", d. h. die Fusion der bislang getrennten Landesverbände Rheinland und Westfalen-Lippe, „den Beginn eines spektakulären Niedergangs", wie Guido Hitze, intimer Kenner der nordrhein-westfälischen CDU und Verfasser eines parteigeschichtlichen Standardwerks über die CDU-Oppositionsjahre in NRW, betont: „Wohl nie in der Geschichte der Bundesrepublik hat ein Landesverband einer großen demokratischen Partei in so kurzer Zeit dermaßen viel Reputation und politische Schlagkraft eingebüßt wie die frisch fusionierte CDU NRW bei der Inszenierung eines Machtkampfes, der bis an den Rand der Selbstzerstörung vorange-

---

[130] Karl-Rudolf Korte / Martin Florack / Timo Grunden: Regieren in Nordrhein-Westfalen – Strukturen, Stile und Entscheidungen 1990 bis 2006, S. 54 f.

trieben werden sollte."[131] Anlass dieses Machtkampfes war einerseits das spannungsvolle Verhältnis zwischen dem ersten Vorsitzenden des vereinten NRW-Landesverbands, Kurt Biedenkopf, und Helmut Kohl,[132] zum anderen die Furcht führender rheinischer Parteimitglieder vor einer westfälischen Dominanz im gemeinsamen Landesverband.

Biedenkopf, der als westfälisch-lippischer CDU-Chef seit 1985 eben jener „Reformkommission" des Landespräsidiums der Partei vorgestanden hatte, deren Mitglied auch Rüttgers war, wurde von führenden Vertretern der rheinischen CDU, darunter der CDA-Vorsitzende Wolfgang Vogt, vorgeworfen, als Vorsitzender eines starken nordrhein-westfälischen Landesverbandes nur eine Ausgangsbasis für einen Sturz Helmut Kohls schaffen zu wollen. Daran hatten wiederum weder Bernhard Worms noch Jürgen Rüttgers ein Interesse, auch wenn sie die Schaffung eines vereinten, schlagkräftigen Landesverbandes mit knapp 265.000 Parteimitgliedern als alternativlos ansahen und in dieser Frage an der Seite Biedenkopfs standen. Ein Umstand im Übrigen, der Bernhard Worms den Vorsitz der rheinischen CDU kostete, zu deren Übergangsvorsitzenden im Oktober 1985 der Krefelder Oberbürgermeister Dieter Pützhofen – von Teilen der unionsnahen Presse bereits zum „Kennedy vom Niederrhein" stilisiert – gewählt wurde.

Als Biedenkopf am 8. März 1986 in der Düsseldorfer Stadthalle von den Parteitagsdelegierten mit über 91 Prozent der Stimmen zum Gründungsvorsitzenden der CDU-Nordrhein-Westfalen gewählt wurde, trat Pützhofen als „Erster Stellvertretender Landesvorsitzender" an die Seite Biedenkopfs und bildete gemeinsam mit ihm eine „Landesleitung" der Partei. Diese war von Anfang an von wechselseitigem Misstrauen und gegenseitiger Blockade geprägt und gipfelte in völliger Handlungsunfähigkeit, als es darum ging, einen gemeinsamen Landesgeschäftsführer

---

[131] Guido Hitze: Von der Fusion zum Regierungswechsel. Vor 20 Jahren schlossen sich die Landesverbände Rheinland und Westfalen-Lippe zur CDU Nordrhein-Westfalen zusammen, in: *Bei uns in NRW*. Magazin der CDU für Nordrhein-Westfalen (1) 2006, S. 42–44, S. 43.

[132] Vgl. jeweils in Andeutungen Kurt Biedenkopf: Zeitsignale. Parteienlandschaft im Umbruch, München 1989, S. 10 f; Helmut Kohl: Erinnerungen 1982–1990, München 2005, S. 924 ff.

zu bestellen. Ein Vertrauensverhältnis war, wie der Historiker Guido Hitze in seiner Festrede im Rahmen der Jubiläumsveranstaltung „20 Jahre CDU Nordrhein-Westfalen" in Erinnerung rief, „nicht nur zwischen Biedenkopf und Pützhofen, sondern mehr noch zwischen den von beiden Politikern symbolisierten verschiedenen landsmannschaftlichen Traditionen und Ansprüchen von Anfang an nicht vorhanden"[133]. Erst mit der Wahl Norbert Blüms zum Landesvorsitzenden im Mai 1987 war eine „Erlösung" (Hitze) aus der andauernden Selbstdemontage der NRW-CDU in Sicht, auch wenn die Landtagswahl 1990 für die CDU erneut deutlich verloren ging.

Als Landesvorsitzender initiierte Blüm, unterstützt durch Helmut Linssen, den neuen Oppositionsführer im Düsseldorfer Landtag, Herbert Reul als Generalsekretär sowie Jürgen Rüttgers als Kreisvorsitzenden und aufsteigenden CDU-Parlamentarier in Bonn, jene grundlegende Parteireform, welche den Landesverband den Anforderungen einer modernen Volkspartei anpasste. Diese Parteireform schuf die Voraussetzung beispielsweise für das Instrumentarium der Mitgliederbefragung, mit dessen Einsatz der Wettstreit um die CDU-Spitzenkandidatur bei der Landtagswahl 1995 zwischen Linssen und Norbert Lammert, Landesgruppenchef der nordrhein-westfälischen CDU-Bundestagsabgeordneten, fair und transparent entschieden wurde.

Dies gelang, ohne dass der Landesverband in alte regionalistische Querelen zurückgeworfen wurde. Derartige Streitereien blieben ebenfalls weitere vier Jahre später, im Vorfeld der Landtagswahl 2000 aus, als die Entscheidung über „RTL" anstand. Rüttgers – Thoben – Linssen: Wer würde Spitzenkandidat gegen Wolfgang Clement?

Die der freien Wirtschaft nahestehende Westfälin Christa Thoben, der Oppositionsführer und gescheiterte Kandidat von 1995, Helmut Linssen, oder jener „Zukunftsminister" a. D., für den mit Ausscheiden aus dem Amt des Bundesministers im Alter von gerade einmal 47 Jahren

---

[133] Guido Hitze: Festrede auf der Jubiläumsveranstaltung „20 Jahre CDU Nordrhein-Westfalen" am 8. März 2006 im Großen Saal der Victoria-Versicherung in Düsseldorf, Typoskript, S. 9.

die große politische Zukunft hätte vorbei sein können? Rüttgers eilte jedoch seit jungen Jahren innerparteilich der Ruf voraus, unzweifelhaft zu den größten politischen Talenten zu gehören, die sich letztlich durchsetzen würden. Ein Ruf, den er nicht aufgrund einer besonderen charismatischen Ausstrahlung als „Kumpeltyp"[134], nicht aufgrund einer langjährig geknüpften Seilschaft nach Art eines „Andenpakts", sondern aufgrund seines Sachverstands, seiner Ausdauer und seiner strategischen Klugheit genoss. Seine Befähigung zur Integration, an der Spitze der JU immerhin sechs Jahre unter Beweis gestellt, nicht zu vergessen.

Eine „Fama"[135], von der Norbert Lammert noch heute spricht und die Jürgen Rüttgers bereits in seinen politischen Anfängen in der rheinischen CDU umgab, als dieser, Jahre vor seinem Einzug in den Bundestag, von manchem bereits als ein späterer Staatssekretär, Minister oder gar Ministerpräsident gehandelt wurde. Als „dreimal effizienter"[136] galt der aufstrebende, ehrgeizige promovierte Handwerkersohn aus Brauweiler im Vergleich zu jenen, die noch Jahre später glaubten, Jürgen Rüttgers den Weg ebnen zu müssen. Auch wenn Rüttgers selbst daran schon lange nicht mehr geglaubt haben mochte, er ließ sich nichts anmerken. Er wollte es schaffen mit Fleiß, Ausdauer und eiserner Disziplin, und zwar ohne schlagkräftige „Tankstellen-Connection"[137] wie ein Roland Koch in Hessen, aber doch mit treuen Verbündeten aus dem Rhein-Erftkreis: mit Bernhard Worms, Willi Zylajew sowie seinen beiden Mitstreitern Michael Breuer und Michael Arntz.

Rüttgers wollte weiter, keine Frage, doch ohne falsche Kumpanei und „kölschen Klüngel". Auf Letzteren reagiert Rüttgers geradezu allergisch. Dies signalisieren Reformvorschläge wie jener, politische Mandate und Aufsichtsratsposten, beispielsweise bei der Kölner Kreissparkasse, zu trennen. Vorschläge, die ihm manchen CDU-Funktionär der Region

---

[134] Gespräch mit Willi Zylajew, MdB, am 7. November 2007.
[135] Gespräch mit Bundestagspräsident Dr. Norbert Lammert am 7. November 2007.
[136] Gespräch mit Willi Zylajew, MdB, am 7. November 2007.
[137] Vgl. Hajo Schumacher: Roland Koch. Verehrt und verachtet. Frankfurt a. M. 2004, S. 84 ff.

weniger zum Parteifreund denn zum heimlichen Parteifeind werden ließ. Was Rüttgers spätestens in dem Moment zu spüren bekam, als die Überlegung aus seinem Umfeld in Teile der Kölner CDU hineingetragen wurde, ob Rüttgers nicht vielleicht als Nachfolger des plötzlich verstorbenen Kölner Oberbürgermeisters Harry Blum nominiert und damit in eine vorteilhafte Ausgangsposition für die CDU-Spitzenkandidatur bei den NRW-Landtagswahlen 2000 gebracht werden sollte. Schnell zeigte sich, dass Rüttgers für einflussreiche Kölner „Parteifreunde" ein rotes Tuch darstellte. Die Debatte war, noch ehe sie über engste Parteizirkel hinausgehen konnte, bereits binnen weniger Tage vorbei. Rüttgers, der nach dieser Kandidatur zu dem Zeitpunkt selbst gar nicht strebte, hatte keine Chance und Fritz Schramma wurde als OB-Kandidat auserkoren.

Doch jeder, der dachte, Jürgen Rüttgers habe als Minister „a. D." keine politische Zukunft mehr, sollte sich irren. Rüttgers trat zwar von der bundespolitischen Bühne ab und kam zurück ins Land – aber nicht nach Köln, auch nicht nach Pulheim, sondern nach Düsseldorf. Hier wiederholte sich das gleiche Ritual, über das manche Fraktionskollegen von Rüttgers schon vor Jahren, wenige Monate nach dessen Einzug in den Bundestag gewitzelt hatten: Nur ein Wagen stand wirklich jeden Morgen, Punkt acht Uhr, im Parkhaus der Abgeordneten. Egal wie spät es am Abend zuvor geworden war, egal, welches Wetter, egal welche Ausflüchte möglich gewesen wären – Rüttgers' Wagen.

Nur war es Ende der neunziger Jahre nicht mehr das Modell, mit dem Rüttgers 1987 in Bonn angefangen hatte: ein VW Golf GTD – das sparsamste Modell, was auf dem Markt war. Farbe: Schwarz, was sonst? *„Black is beautiful"* – JU-Vergangenheit verpflichtet. Zumal einen „Neunundsechziger", der, schaut man genau hin, für manche JU-Position innerparteilich durchaus als „Achtundsechziger" hätte gelten können. „Mehr Demokratie wagen"? Innerparteilich war Rüttgers zeitweilig näher bei Brandt als man vermuten mochte. Doch wirklich links, selbst innerhalb der CDU, war Rüttgers nie. Eher mittendrin, die Flügel balancierend. Immerhin sechs Jahre an der Spitze der Jungen Union im Rheinland. Eine Leistung, die andere auf ihn aufmerksam machte. Helmut Kohl z. B. entdeckte schnell eine Befähigung des jungen Pulheimers, die ihn bis heute neben Rüttgers' politischem Gespür nachhaltig beeindruckt: bürokratische Strukturen nicht nur durchschauen, sondern diese auch effizient nutzen zu können. Letzteres war das Ergebnis kommunaler Lehrjahre, die Rüttgers in heimischen Gefilden absolvierte – ohne Schonzeit allerdings.

Kommunale Lehrjahre

Revolution am Niederrhein? – Ortskernsanierung – "Diesen Picasso wollen wir nicht!" – Beigeordneter in jungen Jahren – Heiligsprechung in Aussicht – Rüttgers/Morisse – Zwischenschritt oder Umweg? – Eher "preußisch" denn "rheinisch" – Informationsoffensive mit Erfolg – Heimspiel auf der B 59

Nein, Schonzeit wurde ihm nicht gewährt. Denn just in dem Jahr, in dem Jürgen Rüttgers nach zweijähriger Referententätigkeit beim nordrheinwestfälischen Städte- und Gemeindebund in die heimische Gemeindeverwaltung wechselte, schien die Situation im südlichsten Ort des Niederrheins zeitweilig außer Kontrolle zu geraten. Der beschauliche, im Jahr 967 erstmals als *Polhem* urkundlich erwähnte Ort, ein Hort des Aufruhrs, gar der Revolution?

Ganz so schlimm sollte es nicht kommen, doch konnte man 1980, als Rüttgers das Amt des Beigeordneten für Stadtentwicklung, Liegenschaften, Finanzen, Wirtschaft und Umwelt antrat, nicht wissen, wohin jene Kooperation zwischen der Interessengemeinschaft Pulheimer Sanierungsopfer und einer linken Splittergruppe namens Sozialistisches Selbsthilfekollektiv Köln, kurz: SSK führen würde. Tatsache ist, dass die Nerven zu diesem Zeitpunkt aufseiten aller Beteiligten blank lagen: Demonstrationen fanden statt, Särge wurden durch den Ort getragen, aufgebrachte Bürger verglichen sich, propagandistisch vom SSK unterstützt, mit „Schmierfett für die Wirtschaft" bzw. mit „Kanonenfutter"[138] in

---

[138] Vgl. das Flugblatt der Interessengemeinschaft „Pulheimer Sanierungsopfer", abgedruckt in: Karl August Morisse: Eine Vision wurde Realität: Die Erneuerung des Pulheimer Ortskerns, in: Pulheimer Beiträge zur Geschichte und Heimatkunde (22). Jahrgabe 1998 des Vereins für Geschichte und Heimatkunde e.V., Pulheim 1998, S. 238–265, S. 256 f.

Kriegszeiten. Doch damit nicht genug: Überregionale Medien heizten die Stimmung ihrerseits an, indem sie auf eine angeblich beabsichtigte „Vertreibung" von Anwohnern hinwiesen, während gegen den Stadtdirektor von Pulheim, Karl August Morisse, Strafanzeige wegen Körperverletzung im Amt gestellt wurde. Letzteres erfolgte, nachdem ein Kölner Arzt bei insgesamt zwölf Pulheimer Bürgern Erkrankungen und Lebensgefahr für den Fall attestiert hatte, dass, wie der Mediziner sich ausdrückte, „die weitere Verfolgung der Enteignung und Vertreibung" der Menschen nicht unverzüglich unterbunden würde.

Der Kampf um Pulheim, soviel war klar, wurde mit harten Bandagen ausgetragen. Dabei war es ein Kampf, an dessen Anfang ein unumstrittenes Ziel stand: Pulheim sollte schöner werden, ein attraktiver Ort mit einem sanierten Ortskern. Bereits in den sechziger Jahren gab es erste, zunächst folgenlose politische Gespräche über ein solches Projekt. Planungen wurden erstellt und gleich wieder verworfen – immer aus den gleichen Gründen: zu teuer, zu aufwendig, mit Bürgerprotesten verbunden, kurzum: politisch kaum durchsetzbar. Dringlich wurde das Projekt jedoch zu dem Zeitpunkt, als die Gemeinden Brauweiler, Pulheim, Stommeln und Teile von Sinnersdorf, die seit der Gründung des Landkreises Köln unter preußischer Verwaltung im Jahre 1816 durch wechselnde Verwaltungseinheiten immer wieder miteinander verknüpft waren, im Zuge der Kommunalgebietsreform mit Wirkung vom 1. Januar 1975 zur Großgemeinde Pulheim zusammengefasst werden sollten. Denn um die kommunale Selbstverwaltung erhalten und einer drohenden Eingemeindung in die Stadt Köln entgehen zu können, galt es, ein vom nordrhein-westfälischen Landtag gefordertes „leistungsfähiges Mittelzentrum" und damit eben auch einen attraktiven, verkehrsberuhigten Ortskern mit verschiedenen Einkaufsmöglichkeiten zu schaffen. Nur derartige Mittelzentren, so der Wille der Landesplaner in Düsseldorf, sollten im Umfeld von Großstädten langfristig überleben können. Und Pulheim samt eingemeindeten Dörfern wollte unzweifelhaft selbstständig bleiben. Doch damit stand die Kommune vor einer mehrfachen Herausforderung: Zum einen galt es, aus einer bislang auf drei Rathäuser und diverse Nebenstellen verteilten Verwaltung eine einheitlich agierende und „effektiv handelnde" Einheit zu schaffen, wie sich der damalige Gemeindedirektor und heutige Bürgermeister von Pulheim, Karl August

Morisse, 30 Jahre später noch immer diplomatisch verklausuliert ausdrückt. Ein neues Verwaltungsgebäude musste gebaut, überkommene Personalstrukturen verschlankt und vor allem ein Weg gefunden werden, den Ortskern zu sanieren – nicht nur mit Zustimmung der Bevölkerung, vor allem der konkret betroffenen Anwohner, sondern ebenfalls mit finanzieller Unterstützung des Landes und ohne weitere finanzielle Belastungen des stark defizitären Haushalts von Pulheim. Das Vorhaben glich damit, politisch gesehen, dem Versuch einer Quadratur des Kreises.

Ein sensibler Aspekt war die Verkehrsführung. Zwar stimmten alle Beteiligten, d. h. Bürgerschaft, Rat, Verwaltung sowie die Landesregierung darin überein, dass der existierende Straßenverlauf dringend geändert werden müsse. Dass die Venloer Straße, welche als Bundesstraße 59 mit einem täglichen Verkehrsaufkommen von 17.000 PKW, Lastwagen, Schwertransportern und Panzern der amerikanischen Armee in ostwestlicher Richtung den alten Ortskern durchtrennte, zu beruhigen und die Atmosphäre „totaler Unwirtlichkeit" (Morisse) aufgrund des Verkehrsaufkommens sowie der ungeordneten und lückenhaften Bebauung der Straße schnellstmöglich zu beseitigen sei. Auch herrschte weitgehend Einvernehmen darüber, leer stehende und teils extrem sanierungsbedürftige Häuser abzureißen, den Marktplatz, lieblos zuasphaltiert und eingerahmt von der B 59 sowie der ebenfalls stark befahrenen Landstraße 183, zu beleben und die eklatante Unterversorgung an Geschäften zu beheben. Doch wie zu erwarten, kaschierte die Fassade grundsätzlicher Einmütigkeit nur kurzzeitig die unterschiedlichen Interessen: Das nordrhein-westfälische Verkehrsministerium sah nach Prüfung des Pulheimer Antrags für eine finanzielle Beteiligung seitens des Landes unter Verweis auf „rein städtebauliche Probleme" bei der anzustrebenden Ortsumgehung der B 59 keine Möglichkeit und spielte damit den Schwarzen Peter der Finanzierungsfrage an die verschuldete Kommune zurück, während der von Architekten und Verwaltung vorgestellte Planungsentwurf des künftigen Ortskerns auf einer hitzigen, von immerhin 300 Pulheimern besuchten Bürgerversammlung mit dem Kommentar „Diesen Picasso wollen wir nicht"[139], abgetan wurde. Wenig zimperlich

---

[139] Zitiert nach Karl August Morisse: Eine Vision wurde Realität, S. 252.

stieg einer der protestierenden Bürger auf die Saalbühne des alten Pulheimer Hubertushofes und hing, unter Applaus eines Großteils der Anwesenden, den „Picasso" kurzerhand ab. Stadtplaner und Verwaltungsspitze wussten nun, woran sie waren. Sie standen, wie so oft schon, wieder ganz am Anfang ihrer Überzeugungsarbeit.

Als wenig später auch noch die Pulheimer SPD von den Sanierungsplänen abrückte und sich die Skepsis der Sanierungsgegner zu eigen machte – „da nach dem jetzigen Planungsstand mehr Lebensqualität nicht erreicht"[140] werde –, war das Verhältnis von CDU/FDP und SPD im Pulheimer Rat „völlig zerrüttet"[141] und damit die Pulheimer Ortskernsanierung akut gefährdet. Einstige Befürworter des Projekts gingen in der Folgezeit – kaum verwunderlich – vorsichtig auf Distanz, zumal das Risiko des politischen Scheiterns, das sich mit diesem heiklen Projekt verband, von Monat zu Monat stieg. Und welcher jüngere Kommunalpolitiker wollte schon seine Karriere zugunsten eines derart umstrittenen Vorhabens opfern? Dass Veteranen wie Bernhard Worms, der langjährige Pulheimer FDP-Vorsitzende Umpfenbach oder Gemeindedirektor Morisse weiterkämpften, überraschte nicht.

Dass Jürgen Rüttgers, der junge, aufstrebende CDU-Mann vor Ort ebenfalls unbeirrt Flagge zeigte und nach Wegen zur Realisierung der Ortskernsanierung suchte, beeindruckt seine damaligen Weggefährten noch heute. Als Mitglied des Gemeinderates, als Geschäftsführer der CDU-Fraktion unter Vorsitz von Bernhard Worms, sodann als Nachfolger von Worms im Amt des Pulheimer CDU-Fraktionsvorsitzenden hatte Rüttgers seit Beginn seines kommunalpolitischen Engagements für dieses Projekt und damit für die Selbstständigkeit seiner Heimatgemeinde angesichts der drohenden Eingemeindung nach Köln gekämpft. Daran änderte sich auch nichts, als er 1980 im ungewöhnlich jungen Alter von 29 Jahren zum Beigeordneten von Pulheim gewählt wurde. Bereits zwei Jahre zuvor, als Rüttgers sein zweites juristisches Staatsexamen abgelegt

---

[140] Zitiert nach ebd., S. 254.
[141] So die Erinnerung des langjährigen CDU-Fraktionsvorsitzenden des Pulheimer Rates (1980–1999) und heutigen Ehrenbürgers von Pulheim, Ulrich Hollmann, im Gespräch am 12. April 2007.

hatte, war eine Debatte unter Ratsmitgliedern geführt worden, ob Rüttgers aufgrund seiner allseits anerkannten politischen Befähigung nicht bereits zu diesem früheren Zeitpunkt zum Beigeordneten gewählt werden solle. Schließlich kam man doch überein, der junge Mandatsträger müsse als Beigeordneter einer Gemeinde und künftigen Stadt notwendig über Verwaltungserfahrung verfügen – nicht „nur" über ein abgeschlossenes Jurastudium und, natürlich, besonderes politisches Talent.

So trat der 27-jährige Rüttgers, parallel zu seinen politischen Aufgaben in der JU sowie im Pulheimer Rat, 1978 eine Referententätigkeit beim Städte- und Gemeindebund Nordrhein-Westfalen an – jenem Verband, der Anfang der siebziger Jahre durch die Fusion der regionalen Kommunalverbände Rheinischer Gemeindetag, Städte- und Gemeindeverband Westfalen-Lippe sowie des Städtebundes Nordrhein-Westfalen entstanden war. Als Zusammenschluss von heute 360 kreisangehörigen Städten und Gemeinden in Nordrhein-Westfalen vertritt der Verband die Interessen seiner Mitglieder gegenüber der Landesregierung, dem Landtag, den Landesbehörden sowie den verschiedenen Interessengruppen aus Politik, Wirtschaft und Gesellschaft. Hier machte sich Rüttgers, zuständig für wasser- und abgabenrechtliche Fragen, in kürzester Zeit mit verschiedensten Verwaltungsabläufen ebenso wie mit Behördenstrukturen vertraut und sammelte damit wichtige Erfahrungen, die ihm später bei jedem neuen Amt – als Beigeordneter, als Vorsitzender einer Enquetekommission des Bundestags, als Parlamentarischer Geschäftsführer, als Minister oder selbst als Ministerpräsident – wertvoll sein sollten.

Rüttgers weiß, wie Verwaltungen „ticken", wie ihr Innenleben aussieht, wie politische Vorgaben konstruktiv umgesetzt – „Es geht!" – oder eben auch sublim ausgebremst werden können – „Es geht nicht". Kein Zufall also, dass Rüttgers 30 Jahre später in seinen Büroräumen als Ministerpräsident ein großes Plakat hängen hat, auf dem zwei schlichte Worte geschrieben stehen: „Es geht!"

Nur zwei Jahre nachdem Rüttgers seine Tätigkeit beim Städte- und Gemeindebund in Düsseldorf aufgenommen und nebenher, zusätzlich zu seinem politischen Engagement in JU und Pulheim, seine juristische

Doktorarbeit über „Das Verbot parteipolitischer Betätigung im Betrieb" verfasst und der Juristischen Fakultät der Universität Köln vorgelegt hatte, gelang ihm der Sprung zurück nach Pulheim.

Am 26. Juni 1980, seinem 29. Geburtstag, wurde Rüttgers mit 22 zu 17 Stimmen im Gemeindrat gegen die Stimmen der sanierungskritischen Ratsmitglieder zum Beigeordneten für acht Jahre gewählt. Seine Zeit der Bewährung begann. Die Aufgaben, die vor ihm lagen, waren gewaltig, zumal die administrative Verantwortlichkeit für das Projekt Ortskernsanierung und -entwicklung in Rüttgers Dezernat lag. Für den Fall, dass Rüttgers' Vorgehen – meist in Kooperation mit dem Technischen Beigeordneten von Pulheim, Rolf Cosar – erfolgreich sein und das strittige Projekt realisiert werden sollte, stellte ihm sein damaliger Chef gar die „Heiligsprechung" in Aussicht. Diese erfolgte zwar nicht, „weil dem Rat die Kompetenz für Heiligsprechungen fehlte", wie Karl August Morisse anlässlich Rüttgers' Eintrag in das Goldene Buch der 1981 zur Stadt gewordenen Gemeinde Pulheim später ironisch bemerkte,[142] doch zeigt sich Morisse noch heute beeindruckt von Rüttgers' Entschlossenheit und seinem geschickten Handeln als Beigeordneter von Pulheim.

Aus Rüttgers' Fähigkeit zur Durchdringung von komplexen Sachverhalten, seiner Beharrlichkeit bei der Suche nach parteiübergreifenden Kompromissen sowie seinem „visionären, politischen Blick, ohne dabei die konkreten Herausforderungen des Tagesgeschäfts aus den Augen zu verlieren", macht „Rüttgers' Bürgermeister", wie Morisse unlängst von der alternativen *taz* tituliert wurde,[143] bis heute kein Geheimnis.

FDP-Mann Morisse, seit nunmehr 30 Jahren an der Spitze der Pulheimer Verwaltung und seit acht Jahren direkt gewählter Bürgermeister von Pulheim – zuletzt 2004 mit 65,8 Prozent der Stimmen im Amt als unabhängiger Kandidat bestätigt – vermeidet allerdings jede billige Kumpanei mit Rüttgers. Eher ist er um das Gegenteil bemüht: Morisse wahrt bei

---

[142] Ansprache von Bürgermeister Karl August Morisse anlässlich des Eintrags von Ministerpräsident Dr. Jürgen Rüttgers in das Goldene Buch der Stadt Pulheim am 11. Februar 2006, Typoskript, S. 10.
[143] Vgl. Klaus Jansen: Rüttgers' Bürgermeister, in: *die tageszeitung* vom 30. Januar 2007.

aller fachlichen und persönlichen Hochschätzung seines früheren Stellvertreters eine gewisse unausgesprochene, doch spürbare Distanz zu „Dr. Rüttgers", die mit dem unterschiedlichen Temperament, der unterschiedlichen politischen Sozialisation der beiden, ja nicht zuletzt mit der weiteren politischen Karriere von Rüttgers erklärbar ist. Gerade letzterer Aspekt mag, wenn auch nie ausgesprochen, so doch unterschwellig die Zusammenarbeit der beiden Pulheimer Verwaltungsspitzen über Jahre hinweg geprägt haben.

Tatsache ist, dass Rüttgers bis Mitte der achtziger Jahre ein potenzieller Kandidat für den Spitzenposten der Pulheimer Stadtverwaltung und damit ein möglicher Konkurrent für den selbstbewussten Amtsinhaber war. Vorstellbar wäre es durchaus gewesen, dass Rüttgers mit einem starken CDU-Verband im Rücken das Amt des Stadtdirektors als „Krönung" seiner erfolgreichen Beigeordneten-Tätigkeit anstreben würde und damit zwangsläufig mit Morisse in Konkurrenz geraten wäre, welche früher oder später höchst wahrscheinlich zugunsten des jüngeren Rüttgers entschieden worden wäre – angesichts der politischen Mehrheitsverhältnisse in Pulheim und nach Einigung mit dem Koalitionspartner FDP. Zumal sich Rüttgers stets auf die Unterstützung von Bernhard Worms verlassen konnte, der 1986 aufgrund seiner außerordentlichen kommunalpolitischen Verdienste zum Pulheimer Ehrenbürger ernannt worden war. Worms, von 1952 bis 1975 CDU-Vorsitzender von Pulheim, seit 1964 Mitglied des Gemeinderates und seit 1975 Landrat des Erftkreises war jener „Mann der ersten Stunde"[144], der sich am nachdrücklichsten und letztlich erfolgreich für „das Überleben der bürgerschaftlichen Selbstverwaltung in unserer Heimat"[145], mithin für die Schaffung einer Großgemeinde bzw. die Stadtwerdung Pulheims und damit dessen Unabhängigkeit von Köln eingesetzt hat. Rüttgers hätte auf Worms' Unterstützung zählen können, wie sich umgekehrt Worms immer auf Rüttgers verlassen konnte.

Warum hätte Rüttgers nicht, wenn auch eine Nummer kleiner, den gleichen Weg einschlagen sollen wie Konrad Adenauer, der binnen kurzer

---

[144] So die Charakterisierung von Worms durch den *Kölner Stadt-Anzeiger* vom 8. Januar 1981 (Verlagsbeilage Pulheim).
[145] Jürgen Rüttgers: Dörfer prägen eine Stadt, Typoskript, S. 1.

Zeit vom Beigeordneten der Stadt Köln (1906) zum Ersten Beigeordneten (1909) und damit zum Ersten Stellvertreter des Kölner Oberbürgermeisters Max Wallraf gewählt worden war, um schließlich acht Jahre später selbst das kommunale Spitzenamt der Rheinmetropole als damals jüngster Oberbürgermeister einer deutschen Großstadt zu besetzen? Dass ein solches Amt keineswegs den Schlusspunkt einer politischen Karriere markieren musste, hatte Adenauers weiterer Weg gezeigt. Dass Rüttgers ein solches Amt bereits als Schlusspunkt der eigenen Karriere angesehen hätte, davon ging damals niemand, der ihn kannte, aus. Es wäre eher ein Zwischenschritt gewesen – oder doch nur ein Umweg nach oben?

Tatsächlich hatte Rüttgers als JU-Vorsitzender des Rheinlands neben den kommunalen stets auch die landes- und bundespolitischen Konstellationen vor Augen, was schließlich nach Abwägung der verschiedenen innerparteilichen und nicht zuletzt seiner eigenen persönlichen Interessen an den großen politischen Fragen dazu führte, dass Rüttgers 1987 für den Bundestag kandidierte. Das aber war bis 1985 keineswegs entschieden und prägte damit, wenn auch womöglich ungewollt, das persönliche Verhältnis von Rüttgers und Morisse, ohne jedoch die tägliche Zusammenarbeit zu tangieren. Denn diese funktionierte, wie sich Rüttgers' damalige Sekretärin Christa Maria Klaes erinnert, reibungslos.[146] Weit eher preußisch denn rheinisch, wie Rüttgers' Chef zu berichten weiß, „stets kontrolliert, sehr selbstbeherrscht, niemals kumpelhaft und immer höchst pflichtbewusst"[147] habe Rüttgers sein Beigeordneten-Amt versehen. Mit Fleiß und Akribie und mit einer derart außergewöhnlich engen Zeitplanung, dass Parteifreunde und Mitarbeiter hin und wieder grübelten, ob Rüttgers angesichts seiner vielfältigen Aktivitäten überhaupt ein Privatleben haben könne.

Tatsächlich war Rüttgers' Umtriebigkeit so groß – nicht zuletzt bei der Lösung von Problemen wie demjenigen einer akuten Verwechslungsgefahr der Sinnersdorfer Johannesstraße mit der in Pulheim gelegenen

---

[146] Gespräch mit Christa Maria Klaes, Rüttgers' Sekretärin als Beigeordneter, am 24. Oktober 2007.
[147] Gespräch mit Dr. Karl August Morisse, Bürgermeister der Stadt Pulheim, am 19. März 2007.

Johannisstraße, was zu häufigen Fehlleitungen der Post und einem entsprechenden Unmut der betroffenen Straßenbewohner führte[148] –, dass dieser nur ein Jahr nachdem er zum Beigeordneten gewählt worden war, vom Stadtrat mit 33 Ja-Stimmen, 6 Enthaltungen und ohne Gegenstimme zum Ersten Beigeordneten von Pulheim befördert wurde. Und dies, obwohl die SPD-Opposition anlässlich der Stadtwerdung Pulheims zum 1. Januar 1981 mit CDU, FDP und Stadtverwaltung hart ins Gericht ging.[149] Doch Rüttgers schaffte es mit Beharrlichkeit, mit diplomatischem Geschick und eindrucksvoller Sachkenntnis, Ratsmitglieder und Bürger für sich und seine Problemlösungsvorschläge zu gewinnen. Auch wenn ihm, dem zurückhaltenden, oftmals im direkten Bürgerkontakt etwas hölzern wirkenden „Dr. Rüttgers", die Herzen der Menschen nicht automatisch zuflogen. Rüttgers überzeugte vor Ort letztlich durch seine allseits anerkannte und respektierte Sachkompetenz und ein eisernes Pflichtbewusstsein. Sein persönliches Erscheinungsbild: hoch gewachsen, schlank, mit großer Brille, Pfeife und nachdenklichem Blick, vermittelte mehr den distanzierten Intellektuellen-Typus, der – psychologisch in Pulheim nicht unwichtig – zudem auch noch das angesehene, für seine hohen Anforderungen berühmt-berüchtigte Apostelgymnasium in Köln besucht hatte – im Gegensatz zur kontaktfreudigen, auf enge Tuchfühlung gehenden rheinischen Natur von Bernhard Worms.

Schon hier in Pulheim, am Anfang seines Weges zeigte sich ein Grundmuster, das sich mit Rüttgers politischer Biografie über lange Zeit verbinden sollte: Was anderen im Zweifelsfall mit Gesten, mimischem Spiel, Wortwitz oder mit einer spontanen Umarmung rasch gelang, nämlich die Bürger für die eigene Person einzunehmen, musste Rüttgers sich

---

[148] Vgl. Rüttgers' Aktenvermerk vom 11. Juni 1980, in dem Rüttgers, Bezug nehmend auf einen Brief des SPD-Ratsmitglieds Herbert Schmitz, verwaltungsintern eine zügige Lösung der Verwechslungsproblematik dahingehend anregte, dass eine der beiden Straßen umbenannt wird. Vgl. Schriftwechsel des Ersten Beigeordneten Dr. Rüttgers mit Ratsmitgliedern 1982. Archiv der Stadt Pulheim, I-1693, AZ 103010.

[149] In einem Beitrag der *Kölnischen Rundschau* vom 10. Januar 1981 formulierte der Pulheimer SPD-Ortsverbandsvorsitzende Joachim Becker anlässlich der Stadtwerdung Pulheims: „Pulheim ist Stadt. Der Bürger fragt sich, was sich denn nun eigentlich geändert hat. Unsere ehrliche Antwort als Sozialdemokraten lautet schlicht und einfach: ‚Nichts' […] Die Probleme, die wir vor dem 1. Januar 1981 hatten, sind geblieben."

durch Argumente, Ausdauer und Zähigkeit vergleichsweise hart erarbeiten. Der Erfolg sprach, je weiter Rüttgers aufstieg, durchaus für ihn. Doch war sein Aufstieg kein Selbstläufer. Rüttgers bedurfte einer konstanten Selbstdisziplin, einer ungewöhnlichen Arbeitsethik und eines starken Selbstbewusstseins, mit dem er manchen Tiefschlag, der seiner Person galt, wegzustecken vermochte. „Dass er hin und wieder nervös war, konnte man gelegentlich spüren"[150], erinnert sich Rüttgers' damalige Sekretärin Christa Maria Klaes, die von der Dynamik und Professionalität des aufstrebenden Juristen noch heute nachhaltig beeindruckt ist, zumal, wenn es um das damals leidige Streitthema der Pulheimer Ortskernsanierung geht. Rüttgers versuchte diesem Streitthema dadurch seine Brisanz zu nehmen, dass er weitaus häufiger als bisher geschehen Gespräche mit den betroffenen Anwohnern und allen sonstigen Sanierungskritikern führte und damit das „erhebliche Informationsdefizit"[151] der Bürger, auf das nicht zuletzt der Regierungspräsident von Köln hingewiesen hatte, zu beseitigen bemüht war.[152] „Hunderte von Einzelgesprächen", so erinnert sich Rüttgers noch heute, habe er Anfang der achtziger Jahre in Pulheim geführt, um diffuse Vorbehalte, ernstzunehmende Ängste oder politisch motivierte Widerstände abzubauen. Verkompliziert wurden diese vertrauensbildenden Maßnahmen nicht nur durch eine juristische Niederlage der Verwaltung vor dem Oberverwaltungsge-

---

[150] Gespräch mit Christa Maria Klaes am 24. Oktober 2007.
[151] In einem Brief vom 22. Januar 1981 an den Beigeordneten Rüttgers verwies der Pulheimer FDP-Vorsitzende Hans Umpfenbach darauf, dass ein solches Informationsdefizit noch immer bestehe und „dass offenbar weiterhin Missverständnisse maßgebend für die Haltung dieser Bürger in dieser Stadt" seien. Der FDP-Vorsitzende forderte in diesem Brief „die Erstellung einer Broschüre, in der die Sanierungsziele der Stadt Pulheim ausführlich und verständlich erläutert werden", vgl. Handakten des ersten Beigeordneten Dr. Rüttgers 1980–1982. Archiv der Stadt Pulheim, I-1678, AZ 103010/103061.
[152] Vgl. den internen Vermerk von Rüttgers vom 13. Januar 1981, betr. Broschüre Sanierung Pulheim: „Herr RP Dr. Antwerpes hat anlässlich der Stadtwerdungsfeier der Stadt Pulheim die Frage aufgeworfen, wann endlich mit der Öffentlichkeitsoffensive begonnen werde. Da inzwischen wieder längere Zeit in dieser Frage vergangen ist, ohne dass konkrete Ergebnisse festgestellt werden konnten, bitte ich um Überprüfung der Angelegenheit und ggf. Anmahnung …" Vgl. Handakten des Ersten Beigeordneten Dr. Rüttgers 1980–1982. Archiv der Stadt Pulheim, I-1678, AZ 103010/103061.

richt in Münster 1982, indem die bestehende Sanierungssatzung für Pulheim seitens des Gerichts für unwirksam erklärt und damit das gesamte Projekt erneut an den Abgrund des Scheiterns gebracht wurde, sondern ganz profane Hindernisse kamen hinzu.

So hatte Rüttgers unmittelbar nach seiner Wahl zum Beigeordneten seine Mitarbeiter beauftragt, eine Karte mit stadteigenen Grundstücken im Ortskern zu erstellen, um auf dieser Grundlage ausloten zu können, welcher Spielraum sich für Tauschangebote in Gesprächen mit betroffenen Immobilien- und Grundstückseigentümern für die Stadt ergeben könne. Das Ergebnis war ernüchternd und symptomatisch für die damalige Verfassung der Pulheimer Verwaltung: Weder existierte eine derartige Aufstellung stadteigener Grundstücke, noch ließ sich eine solche mit den vorhandenen, „rudimentären Akten" (Rüttgers) erstellen. Die Einzige, die einen Überblick über die Eigentumsverhältnisse im Ortskern von Pulheim besaß, war eine Kölner Notarin – ein Armutszeugnis für die Verwaltung und eine Herausforderung für den neuen Beigeordneten, der in kürzester Zeit diesen Missstand beheben ließ. In der Folgezeit ging Rüttgers daran, den Bestand an städtischen Liegenschaften zum Zwecke möglicher Tauschgeschäfte kräftig zu erhöhen und vor allem jene Grundstücke anzukaufen, welche für die Ortskernentlastung ohnehin notwendig waren. Hinzu kamen ab Dezember 1982 immer neue Verhandlungen über Finanzierungsfragen zwischen Stadt und Land, an denen neben Rüttgers federführend Stadtdirektor Morisse, Landrat Worms und seitens der Landesregierung der Minister für Landes- und Stadtentwicklung Zöpel sowie dessen Staatssekretär Ganser teilnahmen. Der in diesen Gesprächen vonseiten des Landes dringend „empfohlene Konsens"[153] aller Beteiligten in Pulheim als notwendige Voraussetzung für eine erfolgreiche Sanierungs- und Entwicklungsmaßnahme konnte schließlich dadurch erreicht werden, dass einerseits das projektierte Sanierungsgebiet seitens der Pulheimer Verwaltung verkleinert und Anflüge von „städteplanerischer Gigantomanie"[154] vermieden wurden, andererseits den weiterhin von Sanierungsmaßnahmen betroffenen Anwohnern annehmbare Liegenschaften zum

---
[153] Vgl. Karl August Morisse: Eine Vision wurde Realität, S. 262.
[154] Jürgen Rüttgers: Dörfer prägen eine Stadt, Typoskript, S. 2.

Tausch angeboten und damit förmliche Enteignungsverfahren verhindert wurden. Nicht zuletzt Rüttgers' Informationsoffensive hatte sich als zielführend erwiesen.[155]

Schlussendlich war von drohender „Todesgefahr", von „Schmierfett" oder „Kanonenfutter" nicht mehr die Rede. Die Gemüter beruhigten sich, und die Ratsfraktionen fanden in dieser zentralen Frage erneut zu einer gemeinsamen Position. Die Ortskernsanierung konnte durchgeführt werden – auch gegen den Widerstand des Sozialistischen Selbsthilfekollektivs Köln, das nach und nach an Resonanz in Pulheim verlor.

Noch als Beigeordneter war es Rüttgers gelungen, den heute größten Arbeitgeber vor Ort, das zum Euro-Logistik-Center expandierte Regionalversorgungslager der Mercedes-Benz AG in Pulheim, anzusiedeln. 1997, zu einer Zeit, da Rüttgers die Stadtverwaltung bereits seit zehn Jahren verlassen und in Bonn politisch Karriere gemacht hatte, konnte das Kapitel „Ortskernsanierung" in Pulheim endlich abgeschlossen und damit als kommunalpolitisches Lehrstück zu den Akten genommen werden. Gleichwohl: Der letzte Teilabschnitt der neu gebauten Ortsumgehung B 59 wurde erst 2006, d. h. noch einmal neun Jahre später, fertiggestellt.

Zur Einweihung kam nicht, wie sonst üblich, der zuständige Landesverkehrsminister Oliver Wittke, sondern der nordrhein-westfälische Ministerpräsident persönlich. Ein Heimspiel, das sich Jürgen Rüttgers ebenso wenig nehmen ließ, wie seine Teilnahme an der Eröffnung des neu errichteten Kultur- und Medienzentrums von Pulheim im gleichen Jahr. Auch dieses Projekt hatte eine lange Vorgeschichte, bis es im Februar 2006 nach nur 19 Monaten Bauzeit realisiert werden konnte. 20 Jahre zuvor, in der Schlussphase von Rüttgers' Beigeordnetentätigkeit, hatte es

---

[155] Vgl. Rüttgers Brief an RP Dr. Antwerpes vom 19. August 1981, in welchem Rüttgers auf die erfolgte Herausgabe einer Informationsbroschüre an alle Pulheimer Bürger verwies. „Die Stadt Pulheim hat damit ihre Bemühungen verstärkt, die Bürger detailliert und umfassend über die Planungen im Rahmen der Ortskernsanierung zu informieren. […] Ich kann sagen, dass die Broschüre sehr gut angekommen ist, wie mir aus vielen Gesprächen mit der Bürgerschaft bekannt ist." Vgl. Handakten des ersten Beigeordneten Dr. Rüttgers 1980–1982. Archiv der Stadt Pulheim, I-1678, AZ 103010/103061.

zum ersten Mal auf der Tagesordnung des Pulheimer Rates gestanden. Dass Politik oftmals das geduldige Bohren dicker Bretter bedeutet, wusste Rüttgers schon damals. Dass dies auf allen Ebenen, egal ob auf kommunaler, Landes- oder Bundesebene, der Fall ist, sollte Rüttgers in diesem Zeitraum kennenlernen. Nach Pulheim zunächst in Bonn.

III. Bonn

Parlamentarische Bewährungsproben

Blick auf Beton – Platzsuche im Sitzungssaal – Selbstzweifel – Technologiefolgenabschätzung – "Strippenzieher" der Fraktion – Mehr sein als scheinen – Aufstieg in die "Viererbande" – Rüttgers/Schäuble – Bonn/Berlin – Beinahpanne mit beachtlicher Symbolwirkung

Die Ernüchterung kam schnell. Sehr schnell. Genau genommen gleich am ersten Tag, noch bevor die erste Treppenstufe zum Parlamentseingang erreicht war. Kaum war Jürgen Rüttgers mit seinem voll beladenen Spar-Golf im Parkhaus des Bonner Abgeordneten-Hochhauses *Langer Eugen* angekommen, raunzte ihn ein Parkwächter an, er müsse mit seinem Auto umgehend das Parkhaus verlassen. Der Grund: Besucher oder Mitarbeiter hätten hier nichts zu suchen, alle Parkplätze seien für Abgeordnete des Bundestages reserviert.

Nachdem Rüttgers den verdutzten Parkwächter aufgeklärt hatte, er selbst gehöre fortan als frisch gewählter Abgeordneter dazu, man werde sich künftig also öfters sehen, und nachdem der VW eingeparkt, die zahlreichen Aktenordner und Unterlagen für das künftige Büro ausgeladen und auf einem ersten Erkundungsgang die 326 Stufen in die 17. Etage bewältigt waren, folgte nach der wenig freundlichen Begrüßung die nächste ernüchternde Überraschung. Rüttgers hatte seitens der Landesgruppe ein Büro zugeteilt bekommen, in dem heute, zwanzig Jahre später, allenfalls die häufig wechselnden Praktikanten der WHO-Abteilung des Bonner UNO-Centers untergebracht werden. Keinem Vollzeitmitarbeiter mag man dieses Büro zumuten. Bei Rüttgers' Einzug 1987 zeichnete es sich vor allem durch dreierlei aus: Es war sehr klein, sehr verstaubt und eingerichtet mit Mobiliar, das Rüttgers noch heute stark an Sperrmüll erinnert. Zudem hatte es, sozusagen als Alleinstellungsmerkmal gegenüber allen anderen Büros der Etage, einen ungewöhnlichen Ausblick – auf den Treppenhaus-Turm des *Langen Eugen*.[156]

Blickte Rüttgers aus dem Fenster, sah er fast nichts als Beton. Damit unterschied sich sein Arbeitsplatz ohne Zweifel von den anderen Abgeordneten-Büros der „rheinischen" Etage. Dort waren sämtliche Unions-Abgeordneten aus dem Rheinland untergebracht. Manche von ihnen in Büros mit atemberaubendem Blick auf den Rhein und das Siebengebirge, manche in Büros mit Blick auf die Bonner Innenstadt. Nur einer blickte auf Beton: Rüttgers.

Es sei denn, der frisch gebackene „MdB" stellte sich in die rechte Ecke seines Büros direkt vor das Fenster und reckte den Kopf ganz nach links – dann, und nur dann war ein Blick auf den Rhein möglich. Wenn man vor lauter Qualm überhaupt etwas sehen konnte – denn auf wenigen Quadratmetern teilten sich Rüttgers, zur damaligen Zeit noch starker Pfeifenraucher, sowie seine Mitarbeiter Michael Thielen und Achim Hanoth, beides wiederum starke Zigarettenraucher, zu dritt ein Büro. Kein Wunder, dass man oft, wenn man hineinkam und alle drei vor sich hinqualmten, kaum etwas sehen konnte. „Im Grunde", so Michael Thielen rückblickend, „war das Büro nicht betretbar – eine Zumutung für jeden, der nicht selbst rauchte."[157] Erst 1999, mit der Geburt von Sohn Thomas, sollte Rüttgers das Rauchen aufgeben. Konkreter Anlass: Im Vorfeld eines kleinen operativen Eingriffs hatte der behandelnde HNO-Arzt Rüttgers „Rauchverbot" erteilt, an das sich dieser fortan konsequent hielt – bis heute.

Doch 1987 herrschte dicke Luft. Michael Thielen, der sich auf Empfehlung des damaligen Bundesvorsitzenden der Jungen Union, Christoph Böhr – „bewirb dich bei dem, aus dem wird mal was"[158] –, bei Rüttgers um eine Anstellung beworben hatte, amüsiert sich noch heute über die Bedingungen, unter denen das überschaubare Rüttgers-Team seine Arbeit aufnehmen musste. Das geringste Übel waren dabei die Schubladen der Schreibtische, die sich entweder gar nicht oder nur zur Hälfte öffnen

---

[156] Gespräch mit Ministerpräsident Dr. Jürgen Rüttgers am 21. Mai 2007.
[157] Gespräch mit Staatssekretär a.D. Michael Thielen am 10. Oktober 2007.
[158] Gespräch mit Staatssekretär a.D. Michael Thielen am 10. Oktober 2007.

ließen. Der Schreck des ersten Eindrucks angesichts des mobiliaren Schrotts, der Lage sowie des Gesamtzustands der besseren Besenkammer, der Rüttgers noch heute in lebhafter Erinnerung ist, verflüchtigte sich erst allmählich, als der 36-Jährige sein künftiges Domizil mithilfe seiner beiden neuen Mitarbeiter grundgereinigt,[159] die schlimmsten Möbelteile ausrangiert, durch bessere, gebrauchte ersetzt und sich zu guter Letzt eine seiner zahlreichen Pfeifen, die fortan in den Regalen und auf Fensterbrettern verstreut liegen würden,[160] angesteckt hatte.

Bereits am ersten Tag seines Abgeordnetendaseins war Rüttgers schlagartig klar geworden, dass er – wie alle Parlamentsneulinge – einen steinigen Weg in der Hierarchie von Fraktion und Parlament vor sich haben würde. Und sei es eben nur, um in einem anständigen Büro arbeiten zu können. Oder auch nur, um einen angemessenen Platz im Sitzungssaal der eigenen Fraktion zu finden. Lebhaft erinnert sich Rüttgers noch heute an die erste Sitzung der eigenen Fraktion nach der Wahl. Nervös und gespannt betrat der Parlamentsneuling den Fraktionssaal und setzte sich – reichlich naiv, wie sich schnell herausstellte – auf den erstbesten freien Platz, von dem er jedoch kurz darauf durch einen Fraktionskollegen, den Traunsteiner CSU-Abgeordneten Matthias Engelsberger, mit dem Hinweis vertrieben wurde, Rüttgers habe sich auf seinen „Stammplatz" verirrt. Auf Rüttgers' Frage, warum der Kollege nicht einen anderen Platz einnähme, antwortete ihm Engelsberger, auf diesem sitze er bereits seit 1969. Weitere Diskussionen um den Platz hatten sich angesichts dieses 17-jährigen Gewohnheitsrechts erledigt. Die Irritation des Fraktionsneulings über diese Begebenheit wirkt auch 20 Jahre später noch nach. Jedenfalls stand Rüttgers vom angestammten Platz auf und suchte weiter. Nachdem er schlussendlich einen freien Stuhl ergattert und von diesem auch nicht von anderen Fraktionskollegen unter Verweis auf irgendwelche Rechte oder Traditionsbestände vertrieben worden war, stellte er fest, als einziger CDU-Mann in die Reihen der bayerischen CSU-Landesgruppe geraten zu sein. Aller Anfang, so wusste Rüttgers, war schwer. Aber dieser in Bonn ganz besonders.

---

[159] Gespräch mit Ministerpräsident Dr. Jürgen Rüttgers am 21. Mai 2007.
[160] Vgl. Jan Bielicki: Der Einpeitscher, in: *Deutsches Allgemeines Sonntagsblatt* vom 19. Februar 1993.

Kaum verwunderlich also, dass er nach nur wenigen Wochen kurzzeitig und ernsthaft darüber nachdachte, sein Abgeordneten-Mandat niederzulegen und der Bundespolitik den Rücken zu kehren.[161] „Tief deprimiert"[162], wie die Presse lancierte, war Rüttgers zwar nicht. Doch die Handlungsspielräume eines „einfachen" Abgeordneten, dazu noch eines neugewählten, erschienen ihm gleichwohl allzu eng und die eingefahrenen Rituale und parlamentarischen Verfahrensabläufe allzu starr.[163] Rüttgers war es aus Pulheimer Zeiten, als Chef der CDU im Erftkreis oder auch aus seiner Tätigkeit beim Städte- und Gemeindebund gewohnt, zu gestalten, zu managen und konkrete Probleme zu lösen. In Bonn, so sein erster Eindruck, schien zu viel Energie im innerparlamentarischen Geflecht verbraucht und zu viel Zeit auf Kraft aufzehrende Positionskämpfe verwandt zu werden, um als einzelner Abgeordneter konkret Politik gestalten zu können. Nicht, dass der ehrgeizige Pulheimer die energieraubenden und zähen Konflikte, die es über Jahre innerhalb der Jungen Union zu bestehen galt, vergessen hätte, doch auf bundespolitischer Ebene wehte noch einmal ein ganz anderer, ein eisiger Wind, welcher selbst den aufstrebenden, selbstbewussten Rüttgers überraschte.

Dass Rüttgers den anfänglichen Selbstzweifeln nicht nachgab und berufliche Alternativen, die es im Lichte eines zeitweiligen Lehrauftrags für Umweltrecht an der Fachhochschule für Öffentliche Verwaltung in Köln, dem Rüttgers von 1987 bis 1989 nachkam,[164] durchaus gegeben hätte, nicht weiter auslotete, ja Rückzugsgedanken schnell verwarf, hatte im Wesentlichen einen Grund. Ihm gelang, was bei frisch gewählten Abgeordneten selten ist und im Falle von Rüttgers bei manchem Fraktionskollegen auch Kopfschütteln hervorgerufen haben soll.[165] Als verwaltungserfahrener Jurist aus Nordrhein-Westfalen, zumal mit einem Faible für so spezielle Themen wie das „Landeswassergesetz Nordrhein-West-

---

[161] Gespräch mit Ministerpräsident Dr. Jürgen Rüttgers am 21. Mai 2007.
[162] Vgl. Stephan-Anderas Casdorff: Im Profil: Jürgen Rüttgers, in: *Süddeutsche Zeitung* vom 2. Dezember 1991.
[163] Gespräch mit Staatssekretär a.D. Michael Thielen am 10. Oktober 2007.
[164] Gespräch mit Ministerpräsident Dr. Jürgen Rüttgers am 11. September 2007.
[165] Vgl. Klaus Broichhausen: Junger Senkrechtstarter – Jürgen Rüttgers, in: *Frankfurter Allgemeine Zeitung* vom 10. Mai 1989.

falen"[166] sowie das „ABC der Abwasserabgabe"[167], wurde Rüttgers von der eigenen Fraktion zum Vorsitzenden einer parlamentarischen Enquetekommission nominiert.

Dass es sich dabei um die ungeliebte Kommission zur „Gestaltung der technischen Entwicklung, Technikfolgen-Abschätzung und -Bewertung" handelte, nahm Rüttgers gerne in Kauf. Denn damit bot sich für ihn die erhoffte Chance eines eigenen Gestaltungsspielraums, wenn auch auf einem vermeintlich abseitigen Politikfeld, die er schließlich jedoch erfolgreich zu nutzen verstand. Nicht nur, weil ihm als Enquetevorsitzender gelang, was seinen Vorgängern nicht gelungen war, nämlich zu einem Ergebnis zu kommen. Rüttgers setzte bei Technik, Risikofolgenabschätzung ebenso wie bei seinem Engagement im Bereich der Raumfahrtpolitik auf Zukunftsthemen, die zum damaligen Zeitpunkt nicht viele seiner Kollegen als solche erkennen wollten. Ergo war der Vorsitz der Enquetekommission „Technologiefolgenabschätzung" keiner, um den sich eine Vielzahl an Parlamentariern gerissen hätte. Im Gegenteil.[168] Die Materie, um die es ging, war kompliziert[169] – ein „Exotenthema, das nervt"[170]. Der benötigte Sachverstand war groß und das Medieninteresse an dieser Kommission entsprechend verhalten. Nicht zuletzt galt es bei vielen Abgeordneten als böses Omen, dass es keiner der bisherigen Vorsitzenden dieser Enquetekommission geschafft hatte, in den Bundestag wiedergewählt zu werden.[171]

Rüttgers, selbstbewusst genug, ließ sich von derlei Aberglauben ebenso wenig beirren wie von der Komplexität der Materie und begann sofort mit der Einarbeitung in die Zusammenhänge von technischem und gesellschaftlichem Wandel, der, wie es offiziell hieß, als „System von sich

---

[166] Vgl. Jürgen Rüttgers / Siegfried Honert: Landeswassergesetz Nordrhein-Westfalen. Kommentar, Köln 1990.
[167] Vgl. Jürgen Rüttgers / Siegfried Honert: ABC der Abwasserabgabe, Köln 1983.
[168] Gespräch mit Ministerpräsident Dr. Jürgen Rüttgers am 21. Mai. 2007.
[169] Vgl. Carl Böhret: Technikfolgen und Verantwortung der Politik, in: *Aus Politik und Zeitgeschichte* (19–20) 1987, S. 3–14.
[170] Thomas Linke: Wasserrecht im Wasserwerk. Jürgen Rüttgers im Gespräch, in: Die Welt vom 7. Juni 1989.
[171] Gespräch mit Ministerpräsident Dr. Jürgen Rüttgers am 21. Mai 2007.

gegenseitig bedingenden Ursachen und Wirkungen" seitens der Kommission „systematisch erfasst und vorausschauend analysiert und bewertet werden"[172] sollte. Ein wichtiges Ziel hatte Rüttgers bereits zu diesem Zeitpunkt erreicht: Er hatte ein politisches Betätigungsfeld gefunden, auf dem er vergleichsweise souverän agieren, mithin selber Politik machen, gestalten konnte. Worum ging es ganz konkret?

Mit Einrichtung der seit 1973 immer wieder diskutierten und stets von der jeweiligen Opposition geforderten Enquetekommission[173] ging es um die Schaffung eines möglichst engen, permanenten Beratungs- und Kommunikationszusammenhangs, in dem Wissenschaftler, Sachverständige und Politiker auf der Basis umfassender Informationen versuchen, zukunftsorientiert Voraussetzungen und Folgen von technischen Entwicklungen zu analysieren und zu bewerten.

„Hiervon ausgehend", so Josef Bugl, Vorgänger von Rüttgers als Kommissionsvorsitzender, „sind diejenigen Politikfelder zu identifizieren, welche von technisch angestoßenen Entwicklungen tangiert sind", um dann „Handlungsoptionen zu formulieren, welche in politische Praxis umgesetzt werden sollen".[174] Konkret standen Rüttgers, seine Stellvertreterin im Kommissionsvorsitz, Edelgard Bulmahn, sowie alle weiteren parlamentarischen Mitglieder also vor der heiklen Aufgabe, entlang der gesellschaftlichen Wertmaßstäbe einen politischen Rahmen zu formulieren, in dem ein möglichst „weiter Raum für technische und soziale Innovationen gegeben"[175] ist. Keine leichte Aufgabe zu einer Zeit, in der angesichts der Reaktorkatastrophe von Tschernobyl die Technikfaszina-

---

[172] Drucksache des Deutschen Bundestages 10 / 5844, S. 10 f.; vgl. dazu Wolfgang Ismayr: Der Deutsche Bundestag, S. 516 ff.
[173] Vgl. Carl Böhret / Peter Franz: Die parlamentarische Technologiefolgenabschätzung. Funktion, Probleme, Organisationsmodelle, in: Hans-Hermann Hartwich (Hrsg.): Politik und die Macht der Technik, Opladen 1986, S. 169–182.
[174] Josef Bugl: Das Parlament und die Herausforderung der Technik. Zur Arbeit der Enquetekommission „Einschätzung und Bewertung von Technikfolgen; Gestaltung von Rahmenbedingungen der technischen Entwicklung, in: Meinolf Dierkes u.a. (Hrsg.): Technik und Parlament. Technikfolgen-Abschätzung: Konzepte, Erfahrungen, Chancen, Berlin 1986, S. 277–295, S. 280.
[175] Ebd., S. 295.

tion des 19. und 20. Jahrhunderts rasant abgenommen und der Super-GAU die Mängel der Bewältigungskapazität von Technikfolgen in Politik und Verwaltung schonungslos offengelegt hatte.[176] Rüttgers mühte sich nach Kräften, initiierte Expertengespräche und suchte – wie auch später als Minister, Oppositionsführer und Ministerpräsident – intensive Beratung.

In seiner Eigenschaft als Enquetevorsitzender waren seine Gesprächspartner, deren Sachverstand er sehr schätzte, beispielsweise Hubert Markl und Wolfgang Frühwald. Doch viel Zeit blieb ihm nicht, als Kommissionsvorsitzender technologiepolitisch tiefe Spuren, z. B. bei Fragen der „nachwachsenden Rohstoffe"[177] oder zu „landwirtschaftlichen Entwicklungspfaden"[178] zu hinterlassen. Denn neben diesem Amt, das er am 20. September 1989 an seinen Fraktionskollegen Friedrich Kronenberg übergab, fungierte er zugleich als Berichterstatter der CDU/CSU-Fraktion für Fragen der Raumfahrt.

Gleichwohl gelang Rüttgers in der kurzen Zeit als Vorsitzendem, was viele als „unlösbare Aufgabe"[179] angesehen hatten: ein „bemerkenswerter Brückenschlag" zwischen den Kommissionsmitgliedern der verschiedenen Fraktionen einerseits sowie zwischen Politik, wissenschaftlichen Sachverständigen und Industrie andererseits hinsichtlich der Organisationsform der parlamentarischen Technikfolgenabschätzung,[180] der letztlich 1990 zur konsensuellen Einrichtung eines „Büros für Technik-

---

[176] Vgl. Carl Böhret: Technikfolgen und Verantwortung der Politik, S. 3.
[177] Vgl. Bericht der Enquetekommission „Gestaltung der technischen Entwicklung, Technologiefolgen-Abschätzung und -Bewertung": Nachwachsende Rohstoffe (Drucksache 11/7992), Bonn 1990.
[178] Parallel zum Enquetebericht zu den nachwachsenden Rohstoffen legte die Kommission einen Bericht „Landwirtschaftliche Entwicklungspfade" vor, in dem die Kommission dem Deutschen Bundestag den Vorschlag unterbreitete, eine eigene Enquetekommission „Zur Zukunft der Landwirtschaft und des ländlichen Raumes" einzusetzen.
[179] So Karsten Beneke, von 1987 bis 1989 Referent im Sekretariat der Enquetekommission „Technologiefolgen-Abschätzung und -Bewertung" beim Deutschen Bundestag und heute Chef der Staatskanzlei Nordrhein-Westfalen im Gespräch am 5. Juli 2007.
[180] Vgl. Roland Tichy: Technologiepolitik. Darf die Kuh wachsen?, in: Wirtschaftswoche vom 14. April 1989.

folgen-Abschätzung" (TAB) beim Deutschen Bundestag als „Transmissionsriemen zwischen Wissenschaft und Politik" führte. Damit war aus der Enquetekommission, die sich am 10. Dezember 1987 konstituiert hatte, schlussendlich doch nicht das geworden, was mancher prophezeit, Rüttgers jedoch gleich in seiner ersten Stellungnahme als neu gewählter Kommissionsvorsitzender entschieden zurückgewiesen hatte: ein politisches „Beerdigungsunternehmen"[181] erster Klasse.

Im Gegenteil: Die SPD würdigte anlässlich des zehnjährigen Bestehens des Büros für Technikfolgen-Abschätzung im Jahr 2000 dessen Einrichtung als „wegweisend". Die PDS lobte dessen Berichte zum Klonen von Tieren, zum Einsatz von Gentechnik oder zu Folgen des Tourismus als „wichtige Grundlage für die parlamentarische Arbeit". Die Grünen erklärten es zu einer „unverzichtbaren Institution", während die FDP von einer „Erfolgsstory" und die Union von einem „wesentlichen Stützpfeiler" sprachen.[182] Unzweifelhaft war aus dem 1987 noch vielfach skeptisch beäugten Thema Technikfolgen- Abschätzung ein so wichtiges geworden, dass dafür eigens eine „Zukunftswerkstatt für das Parlament"[183] eingerichtet wurde, an deren Spitze Prof. Dr. Herbert Paschen, Direktor des Instituts für Technikfolgenabschätzung und Systemanalyse des Forschungszentrums Karlsruhe, berufen worden war. Für Jürgen Rüttgers kein Unbekannter, mit dem er als Kommissionsvorsitzender bereits 1987 vertrauensvoll zusammengearbeitet hatte und dessen Sachverstand der Bundesminister für Bildung, Wissenschaft, Forschung und Technologie in den neunziger Jahren immer wieder zurate zog.

Doch zwischen dem Gesellenstück der erfolgreich geleiteten Enquetekommission und den Würden des Ministeramtes wartete auf Rüttgers eine weitere Bewährungsprobe: die Zeit als Parlamentarischer Geschäfts-

---

[181] Vgl. Pressedienst der CDU/CSU Fraktion im Deutschen Bundestag vom 10. Dezember 1987.
[182] Titelthema: Büro für Technologiefolgenabschätzung. Transmissionsriemen zwischen Wissenschaft und Politik, in: www.bundestag.de/bp/2000.
[183] Manfred Ronzheimer: Zukunftswerkstatt für das Parlament. 10 Jahre Büro für Technikfolgen-Abschätzung beim Deutschen Bundestag, in: www.berlinews.de/archiv/1428.shtml.

führer, kurz PGF genannt. Das Amt, in das Jürgen Rüttgers nur zwei Jahre nach seinem Einzug in den Bundestag gewählt wurde und das er dem Posten des CDU-Generalsekretärs vorzog, den Helmut Kohl ihm 1992 mit dem Wechsel von Volker Rühe ins Bundesverteidigungsministerium, angeboten hatte,[184] findet in der breiten Öffentlichkeit sonst kaum Beachtung, obwohl es von großer politischer Bedeutung ist.

Doch es passte zu Rüttgers wie maßgeschneidert – anders als das Amt des CDU-Generalsekretärs, das nicht nur kaum eigenen Entfaltungsspielraum bietet – weniger „General", mehr „Sekretär", zumal unter dem späten Helmut Kohl –, sondern vor allem ein Talent zum rhetorischen „Haudrauf", zur dauernden Kraftmeierei gegenüber dem politischen Gegner erfordert. Peter Hintze, Rüttgers' Weggefährte aus rheinischen JU-Tagen, der statt seiner das Amt des Generalsekretärs übernahm und bis 1998 innehaben sollte, wollte diesem Anspruch bekanntlich mit der legendären „Rote-Socken-Kampagne" gerecht werden, mit der die Union 1994 in den Bundestagswahlkampf zog. Dass Hintze, die CDU und Helmut Kohl viel Medienschelte ernteten, war angesichts der grobmaschig gestrickten Kampagne gegen links wenig verwunderlich. Doch dank oder trotz der Warnung vor „Roten Socken": Tatsache ist, dass die CDU es noch einmal, zum vierten Mal in Folge, schaffte, die Wahl zu gewinnen. Und Rüttgers schaffte den Aufstieg in den Kreis der Bundesminister. Doch zunächst stand seine Bewährung im Amt des Parlamentarischen Geschäftsführers an: Hier sind Kompromissfähigkeit, Integrationsvermögen, strategisches Geschick und bürokratische Erfahrung gefragt, ebenso die Fähigkeit, im Hintergrund zu agieren und nicht vor jeder Kamera zu parlieren. Mehr graue Eminenz als Medienstar. Der Parlamentarische Geschäftsführer einer Fraktion des Deutschen Bundestages fährt weder einen schweren Dienstwagen mit Stander noch folgen ihm Akten tragende Referenten. Weder symbolisieren Leibwächter seine Bedeutung und seinen Einfluss noch irgendein Dienstsiegel.[185] Auf Statussymbole der Macht muss ein PGF nach der Devise „Mehr sein als schei-

---

[184] Vgl. Jan Bielicki: Der Einpeitscher, in: *Deutsches Allgemeines Sonntagsblatt* vom 19. Februar 1993.
[185] Sönke Petersen: Manager des Parlaments. Parlamentarische Geschäftsführer im Deutschen Bundestag – Status, Funktion, Arbeitsweise, Opladen 2000, S. 13.

nen"[186] verzichten, und doch hat er einen „der interessantesten Jobs, den die deutsche Politik zu vergeben hat"[187], wie sich Hans-Dietrich Genscher, selbst Parlamentarischer Geschäftsführer der FDP-Fraktion von 1965 bis 1969, an seine damalige Tätigkeit zurückerinnert.

Parlamentarischen Geschäftführern, von denen es bei den beiden großen Fraktionen CDU/CSU und SPD jeweils fünf, darunter jeweils einen herausgehobenen „Ersten" und bei den kleineren Fraktionen jeweils drei hierarchisch gleichgestellte gibt, kommen wesentlich Vorbereitungs- und Abstimmungsaufgaben[188] zum reibungslosen Ablauf des Parlamentsbetriebs zu. Sie werden in der Öffentlichkeit daher gerne als „Strippenzieher"[189] oder „Einpeitscher" charakterisiert, die ihre „Herrschaft"[190] zwar nicht im Dunkeln, aber doch im Stillen ausüben.[191] Auf Vorschlag des jeweiligen Vorsitzenden von den Mitgliedern der entsprechenden Bundestagsfraktion gewählt, sind die Zuständigkeiten der einzelnen Geschäftsführer in den Geschäftsverteilungsplänen der Fraktionen niedergelegt: die Vorbreitung der Plenarsitzungen im Bundestag, die Sitzungen des Fraktionsvorstands bzw. der Fraktion, die Vertretung der Fraktion im Ältestenrat des Bundestags oder im Gemeinsamen Ausschuss, die Sicherstellung der Anwesenheit der eigenen Fraktionskollegen bei wichtigen Abstimmungen im Bundestag, die Aufgabenplanung der Fraktion, die Ausschussbesetzung oder die Zuständigkeit für Finanzen und Perso-

---

[186] Vgl. Karl Feldmeyer: Erst einmal dienen, in: *Frankfurter Allgemeine Zeitung* vom 20. Dezember 1994.
[187] Vgl. das Zitat von Hans-Dietrich Genscher bei Sönke Petersen: Manager des Parlaments, S. 17.
[188] Vgl. Wolfgang Zeh: Gliederung und Organe des Bundestages, in: Josef Isensee / Paul Kirchhof (Hrsg.): Handbuch des Staatsrechts der Bundesrepublik Deutschland (Band III), 3. Aufl., Heidelberg 2005, S. 769–806, S. 791.
[189] Vgl. Georg Paul Hefty: Weder Strippenzieher noch Einpeitscher. Parlamentarische Geschäftsführer – ins rechte Licht gerückt, in: *Frankfurter Allgemeine Zeitung* vom 19. März 2001.
[190] Vgl. Wolfgang Ismayr: Der Deutsche Bundestag. Funktionen – Willensbildung – Reformansätze, Opladen 1992, S. 173.
[191] Vgl. Will Rasner: Herrschaft im Dunkel? Aufgabe und Bedeutung des Ältestenrates, in: Emil Hübner / Heinrich Oberreuter / Hans Rausch (Hrsg.): Der Bundestag von innen gesehen, München 1969, S. 99–113; vgl. Sönke Petersen: Manager des Parlaments, S. 14.

nal der Fraktion, für Organisation, Raumverteilung, Dienstreisen und sonstige Verwaltungsdinge – das Tätigkeitsprofil der „Manager des Parlamentsbetriebs"[192] ist ebenso vielfältig wie verantwortungsvoll und reicht bis hin zur Funktion des „Beichtvaters"[193], die ein PGF oftmals gegenüber Fraktionskollegen zu erfüllen hat.

Kein Wunder, dass die meisten PGF bei ihrem Amtsantritt auf eine längere Mitgliedschaft im Bundestag zurückblicken und stets auf ein stabiles Vertrauensverhältnis zum Vorsitzenden der eigenen Fraktion verweisen können.[194] Letzteres galt auch für den Parlamentarischen Geschäftsführer Jürgen Rüttgers, Ersteres nicht. Denn Jürgen Rüttgers war, als er am 25. April 1989 vom damaligen Fraktionsvorsitzenden Alfred Dregger für den Posten eines PGF vorgeschlagen und von der Unions-Fraktion gewählt wurde, erst seit zwei Jahren Bundestagsabgeordneter, auch wenn er in dieser vergleichsweise kurzen Zeit bereits als Vorsitzender der Enquetekommission sowie als Berichterstatter der CDU/CSU-Fraktion für Fragen der Raumfahrt seine ersten Bewährungsproben auf der großen politischen Bühne absolviert hatte. Zur vollen Zufriedenheit von Kanzler und Fraktionsvorsitzendem, denen das strategische Geschick, der juristische Sachverstand, ja nicht zuletzt die Fähigkeit, „um die Ecke denken zu können"[195], des „Pulheimers" imponiert hatte.

Mit 96 Ja- und 32-Neinstimmen bei 20 Enthaltungen und zwei ungültigen Stimmen wurde Rüttgers am 25. April 1989 neben Rudolf Kraus, Ingrid Roitzsch und Clemens Schwalbe zu einem der vier Geschäftsführer unter dem neuen „Ersten", Friedrich Bohl, gewählt, der seinerseits die Stelle des ins Innenministerium gewechselten Rudolf Seiters eingenommen hatte. Zwei Jahre später, nach erfolgreicher Bewährung in der neuen Funktion als PGF rückte Rüttgers ein weiteres Mal auf

---

[192] Suzanne S. Schüttemeyer: Manager des Parlaments zwischen Effizienz und Offenheit. Parlamentarische Geschäftsführer im Deutschen Bundestag, in: *Aus Politik und Zeitgeschichte* (36–37) 1997, S. 8–17, S. 16 f.
[193] Gespräch mit Staatssekretär a. D. Manfred Speck am 18. Januar 2008.
[194] Vgl. Sönke Petersen: Manager des Parlaments, S. 74.
[195] So der damalige Abteilungsleiter im Bundeskanzleramt und heutige Vorsitzende der CDU-Fraktion im nordrhein-westfälischen Landtag, Helmut Stahl, im Gespräch am 31. Mai 2007.

und beerbte mit einem Abstimmungsergebnis von 206 bei insgesamt 232 Stimmen „Fritze" Bohl, der Kanzleramtsminister wurde, im Amt des Ersten PGF.

Damit gehörte Rüttgers, gewissermaßen als *„alter ego"*[196] des Fraktionsvorsitzenden Wolfgang Schäuble, endgültig zum inneren Zirkel der Macht – zur sogenannten „Viererbande" um Kanzler Kohl, die aus Wolfgang Schäuble, Rudolf Seiters, Friedrich Bohl und eben Jürgen Rüttgers bestand. Schäuble, für den „schnelle, wache Intelligenz und Menschenkenntnis" sowie die Fähigkeit zum „politisch-strategischen Denken"[197] notwendige Kompetenzmerkmale eines Ersten PGF darstellen, entschied sich bei Freiwerden des Postens ohne Zögern für Rüttgers – nicht aus Proporzgesichtspunkten, sondern deshalb, weil Rüttgers in der Fraktion „anerkannt" und „einfach überdurchschnittlich"[198] gut gewesen sei: sachkundig, taktisch versiert, erfahren im Führen eines bürokratischen Apparates und persönlich integer.

Darüber hinaus galt Rüttgers innerhalb der eigenen Fraktion wie auch in den Reihen der Minister als überaus verlässlich, wie sich Willi Hausmann, seinerzeit Staatssekretär im Frauen- und Jugendministerium unter Angela Merkel, rückblickend erinnert: „Wenn er eine Zusage macht, kann man sich darauf verlassen"[199] – selbst, als es darum ging, das innerhalb der Unionsfraktion hoch umstrittene Gleichberechtigungsgesetz des Merkel-Ministeriums im Parlament durchzubringen, was letztlich dank der Unterstützung von Rüttgers gelang. In zahlreichen Gesprächen, mal im kleinen, mal im größeren Kreis, manchmal auch ohne Wissen Angela Merkels,[200] bearbeitete er die schärfsten Kritiker des Gesetzentwurfs, lotete Kompromisslinien aus und vermochte letztlich die Zustimmung der eigenen Fraktion zu diesem für die Mi-

---

[196] So charakterisiert Theo Waigel das Verhältnis von Erstem Parlamentarischen Geschäftsführer zum Fraktionsvorsitzenden; vgl. das Zitat bei Sönke Petersen: Manager des Parlaments, S. 75.
[197] So Wolfgang Schäubles im Gespräch mit Sönke Petersen; vgl. ders.: Manager des Parlaments, S. 77.
[198] Gespräch mit Bundesminister Dr. Wolfgang Schäuble am 18. Juni 2007.
[199] Gespräch mit Staatssekretär a. D. Dr. Willi Hausmann am 20. August 2007.
[200] Gespräch mit Ministerpräsident Dr. Jürgen Rüttgers am 11. September 2007.

nisterin so wichtigen Gesetzentwurf sicherzustellen. Auch wenn der Fraktionsvorsitzende von manchem dieser Gespräche seines PGF nichts wusste, so wusste er doch immer, dass zwischen Fraktionschef und Ersten Parlamentarischen Geschäftsführer „kein Blatt Papier"[201] passen würde.

Schäuble und Rüttgers vertrauten und schätzten einander, ungeachtet der Tatsache beispielsweise, dass beide in der symbolisch bedeutsamen Hauptstadtfrage unterschiedlicher Auffassung waren. Dass Rüttgers als Mitglied der nordrhein-westfälischen Landesgruppe im Bundestag und aus tiefem Missbehagen gegenüber einem stärkeren Zentralismus gegen einen Umzug von Parlament und Regierung von Bonn nach Berlin war, war wenig überraschend.[202] Da die Front zwischen Bonn- und Berlin-Befürwortern quer durch alle Parteien und Fraktionen ging und bei der entscheidenden Abstimmung am 20. Juni 1991 kein Fraktionszwang herrschte, war der Widerspruch, den Rüttgers gegenüber Wolfgang Schäubles Werben für Berlin erhob, kein Beinbruch. Ihr persönliches wie funktionales Verhältnis blieb trotz Hauptstadt-Differenz vollkommen intakt. Dasjenige zwischen Rüttgers und Kohl, der ebenfalls mit großem Nachdruck für Berlin warb,[203] auch. Rüttgers und Kohl, beide Föderalisten, beide westorientierte Europa-Anhänger, beide mit feinem historischem Sensorium und Aversion gegen reaktionäre Deutschtümelei ausgestattet, waren an diesem Punkt schlichtweg unterschiedlicher Auffassung. Rüttgers für Bonn, Kohl und Schäuble für Berlin.

Berlin setzte sich, wenn auch knapp, als künftiger Regierungssitz durch und Bonn wurde, nicht zuletzt dank Ausgleichsmaßnahmen des „Bonn-Berlin-Gesetzes" zur prosperierenden „Bundesstadt", mit schmückendem Titel und einer nach wie vor großen Zahl an Ministerien. Bereits elf

---

[201] So Jürgen Rüttgers im Gespräch mit Sönke Petersen; vgl. ders.: Manager des Parlaments, S. 89.
[202] Vgl. Jürgen Rüttgers: Es geht auch ohne Hauptstadt. Berlin oder Bonn: Die falsche Alternative, in: *Die Zeit* vom 30. März 1990; vgl. auch ders.: Widerspruch, Herr Präsident!, in: *Rheinischer Merkur* vom 15. März 1991.
[203] Vgl. Helmut Kohl: Ich wollte Deutschlands Einheit. Dargestellt von Kai Diekmann und Ralf Georg Reuth, Berlin 1996, S. 455 f.

Tage nach der Abstimmung über den künftigen Regierungssitz hatte Rüttgers, gemeinsam mit seinem aus Köln stammenden PGF-Kollegen der FDP, Werner Hoyer, erste Vorschläge für eine pulsierende „Europa-Region Köln/Bonn"[204] präsentiert, die deutlich machen sollte, dass das Rheinland nach Weggang von Parlament und Regierung aus Bonn keinesfalls zum strukturpolitischen Verlierer werden dürfe. Was auch nicht geschah. Letztlich sollten alle zu den Gewinnern zählen: Berlin und Bonn, Kohl, Schäuble und auch Rüttgers – in diesem Punkt eindeutig mehr rheinisch denn „preußisch" –, der in der politisch turbulenten Phase der Wiedervereinigung als PGF an einer Schlüsselstelle des politischen Machtgefüges saß.

Wolfgang Schäuble respektierte als Fraktionsvorsitzender die gewichtige Rolle, die Jürgen Rüttgers als PGF zukam; Rüttgers wiederum wusste genau, dass Fraktionsvorsitzende – egal welcher politischen Couleur – einen eigenen politischen Willen der Geschäftsführer gegen den Vorsitzenden „nicht gerne dulden"[205] und konzentrierte sich dementsprechend vor allem auf das Management des parlamentarischen Betriebs, auf jenes notwendige „Strippenziehen" innerhalb der eigenen wie auch im Zusammenspiel mit den anderen Fraktionen. Eine wichtige Aufgabe Rüttgers' bestand beispielsweise darin, die neuen ostdeutschen CDU-Abgeordneten zunächst in den Parlamentsalltag in Bonn einzuführen und ihnen Büros, Personal und anderes mehr zu beschaffen. Doch damit nicht genug: Er musste die eigenen Fraktionskollegen zur obligatorischen Präsenz im Plenum bei wichtigen Abstimmungen oder Reden anhalten, den einen oder anderen aus den eigenen Reihen noch an die Fraktionsdisziplin erinnern oder kurzfristig die Agenda des Sitzungstages in Absprache mit seinen PGF-Kollegen der anderen Fraktionen ändern – Rüttgers stand an vorderster Front.

Vertrauensvolle Zusammenarbeit mit seinen Kollegen der anderen Fraktionen, etwa mit Werner Hoyer vom Koalitionspartner FDP oder

---

[204] Vgl. dpa-Meldung vom 1. Juli 1991: Koalitionspolitiker wollen Europa-Region Köln/Bonn.
[205] So Wolfgang Schäuble im Gespräch mit Sönke Petersen; vgl. ders.: Manager des Parlaments, S. 89.

mit Peter Struck von der SPD-Opposition[206] war selbstverständlich und rückte die parteipolitischen Zugehörigkeiten im Tagesgeschäft oftmals in den Hintergrund. Auf organisatorischer Ebene bewährte sich tatsächlich das, was bereits vor mehr als vier Jahrzehnten als „Gewerkschaft"[207] der Parlamentarischen Geschäftsführer umschrieben wurde. Man kennt sich, beispielsweise aus obligatorischen Geschäftsführer-Runden, die in Sitzungswochen jeweils dienstags um 11.30 Uhr und mittwochs um 17.15 Uhr traditionsgemäß in den Räumlichkeiten des PGF der stärksten Fraktion im Bundestag stattfinden, oder aufgrund der gemeinsamen Zugehörigkeit zum Ältestenrat des Parlaments, und vertraut einander.

Kollegialität erweist sich in diesen Zusammenhängen als wichtiger denn parteipolitische Profilierung. Bis heute ist Konsens zwischen den Geschäftsführern gefragt, nicht Konflikt. Was nicht ausschließt, dass man sich im Plenum, beispielsweise im Rahmen einer Debatte, wenn nötig heftig befehdet und den „Ausputzer", „Bullterrier"[208] (Struck) oder „scharfzüngigen Wadenbeißer"[209] der eigenen Fraktion abgibt – eine Rolle, in der Rüttgers sich jedoch nie wirklich wohlfühlte. Scharfzüngig ja, Bullterrier nein, als solcher vermochte Rüttgers weitaus weniger zu überzeugen als beispielsweise sein PGF-Kollege Peter Struck. Doch egal, ob das „gewerkschaftliche" Miteinander der Fraktionsgeschäftsführer dominiert oder rhetorisch einmal die Keule zu schwingen ist, die Beteiligten wissen sehr genau die verschiedenen Handlungsfelder auseinanderzuhalten und sich jenseits der politischen Differenzen auf der Arbeitsebene ein kollegiales Miteinander zu bewahren. Denn „das Wichtigste für den Parlamentarischen Geschäftsführer ist", so bilanziert Rüttgers' Nachfolger im Amt des Ersten PGF der Unions-Fraktion, Joachim Hörster, „dass sein Wort, das er den anderen gibt, gilt. Gegenseitiges Vertrauen

---

[206] Gespräch mit Ministerpräsident Dr. Jürgen Rüttgers am 21. Mai 2007.
[207] Vgl. Will Rasner: Herrschaft im Dunkel? Aufgabe und Bedeutung des Ältestenrates, in: Emil Hübner / Heinrich Oberreuter / Hans Rausch (Hrsg.): Der Bundestag von innen gesehen, S. 108.
[208] So Peter Struck im Gespräch mit Sönke Petersen; vgl. ders.: Manager des Parlaments, S. 208 f.
[209] Vgl. Rüttgers wird Zukunftsminister. Einpeitscher mit scharfem Verstand, in: *Handelsblatt* vom 17. November 1994.

ist unabdingbar. Man muss sich wirklich aufeinander verlassen können und nicht argwöhnen, dass das in der PGF-Runde gesprochene Wort nachträglich instrumentalisiert wird."[210]

Bei allem organisatorischen Geschick als Erster Parlamentarischer Geschäftsführer, das ihm keiner seiner damaligen Weggefährten absprechen mag und das für Helmut Kohl und Wolfgang Schäuble noch heute, 15 Jahre später, über jeden Zweifel erhaben ist,[211] wäre selbst Rüttgers einmal fast eine Panne mit beachtlicher Symbolwirkung unterlaufen. Es ging dabei um nicht weniger als die Wahl Helmut Kohls 1994 zum Bundeskanzler, die für den Morgen des 16. November 1994 im Bundestag angesetzt war. Als Erster PGF hatte Jürgen Rüttgers für Präsenz und Pünktlichkeit aller Unions-Abgeordneten im Bundestag zu sorgen. Zumal bei einem so wichtigen Ereignis wie der Kanzlerwahl. Rüttgers wusste, dass angesichts der knappen parlamentarischen Mehrheit von CDU/CSU und FDP viel auf dem Spiel stand. Um also wirklich sicher zu gehen, dass alle Unions-Abgeordneten zur Wahl anwesend sein würden, ordnete Rüttgers am Morgen der Wahl einen fraktionsinternen Zählappell an. Alle Abgeordneten mussten sich in eine eigens für diesen Anlass angefertigte Anwesenheitsliste eintragen. Was auch alle brav taten. Bis auf einen. Dessen freies Unterschriftsfeld blieb unbemerkt, da andere Fraktionsmitglieder so großflächig unterschrieben, dass die Leerstelle verschwunden war und die Abwesenheit des CDU-Abgeordneten Roland Richter unbemerkt blieb. Nur weil die Bundestagsverwaltung zur Kanzlerwahl eigene Wahlausweise ausgegeben hatte und der Ausweis Richters in dessen Stimmkartenfach liegen geblieben war, bemerkte Rüttgers das Fehlen des Parlamentariers. Nun begann für ihn als Fraktionsverantwortlichem ein Wettlauf gegen die Zeit, den er letztlich knapp gewann. Denn zur Sicherheit hatte sich Rüttgers die Adressen und Unterkünfte aller „seiner" Abgeordneten notiert.

---

[210] So Joachim Hörster im Gespräch mit Sönke Petersen; vgl. ders.: Manager des Parlaments, S. 168 f.
[211] Gespräch mit Bundeskanzler a. D. Dr. Helmut Kohl sowie mit Dr. Wolfgang Schäuble am 18. Juni 2007.

Man wusste also, in welchem Hotel man den Säumigen würde suchen müssen, der, wie, manche Medien spekulierten, am Vorabend wohl „einen über den Durst" getrunken und deshalb verschlafen hatte.[212] Während im Plenarsaal der namentliche Aufruf zur geheimen Stimmabgabe bereits lief, eilte ein Wagen zu Richters Hotel und brachte den fehlenden Unions-Mann zum Bundeshaus. In der Zwischenzeit hatte Rüttgers die Schriftführer seiner Fraktion alarmiert und veranlasst, den Namensaufruf betont langsam zu gestalten, sodass Richter, im Laufschritt durchs Plenum eilend, buchstäblich in letzter Minute seine Stimmkarte noch einwerfen und damit die notwendige Kanzlermehrheit für Helmut Kohl sichern konnte.[213] Um Haaresbreite war die Blamage, das Fehlen der 338. Stimme für Helmut Kohl – nur eine mehr als erforderlich! – verhindert worden.[214]

Rüttgers zog daraus seine Konsequenzen. Doch nicht nur er. Im Lichte dieser Erfahrung entschieden alle Fraktionen, bei Abstimmungen, für die die Kanzlermehrheit erforderlich ist, von der Bundestagsverwaltung fortan stets gelbe Wahlausweise sichtbar in die Stimmkartenfächer der Abgeordneten legen zu lassen, um so dem jeweils verantwortlichen PGF die Kontrolle zu erleichtern, ob alle Abgeordneten seiner Fraktion vor Ort oder noch abwesend sind.

Im Mai desselben Jahres hatte Rüttgers, als Erster PGF verantwortlich für die notwendige Präsenz und Geschlossenheit der „eigenen Abgeordneten" bei der Wahl des Bundespräsidenten in Berlin, zu einer drakonischen Maßnahme gegriffen: Er hatte sie am Vorabend der Wahl kurzer Hand eingeschlossen.[215] „Bis zum Schluss", so erinnert sich Rüttgers, „war nicht klar, wie die Mehrheitsverhältnisse lagen. Wir glaubten an unseren Kandidaten Roman Herzog, aber es gab bis zuletzt

---

[212] Vgl. CDU-Stoßtrupp holte Zecher aus dem Bett, in: *Münchner Abendzeitung* vom 17. November 1994.
[213] Vgl. Sönke Petersen: Manager des Parlaments, S. 198 f.
[214] Vgl. Knappe Wiederwahl zum Bundeskanzler. Helmut Kohl erhält nur eine Stimme mehr als nötig. Koalitionspartner einigen sich über die neue Regierung, in: *Süddeutsche Zeitung* vom 17. November 1994.
[215] Gespräch mit Ministerpräsident Dr. Jürgen Rüttgers am 21. Mai 2007.

wilde Spekulationen, dass auch Johannes Rau die Mehrheit bekommen könnte. Deshalb war ich besonders stringent auf Geschlossenheit bedacht. Statt unsere Leute am Vorabend individuell in die Stadt mit ihren vielen Ablenkungsmöglichkeiten zu lassen, organisierte ich im Kronprinzenpalais ein gemeinsames Fest. Und tatsächlich hatte ich sie alle bis zum späten Abend an der Angel".[216] Auch beim Zählappell am nächsten Morgen um 10 Uhr waren alle anwesend.[217] Die Mehrheit stand.

Was umso schwieriger zu bewerkstelligen war, als Hildegard Hamm-Brücher für die FDP in den ersten beiden Wahlgängen die liberalen Stimmen auf sich vereinen konnte und Roman Herzog bei vielen zunächst als „zweite Wahl" galt.[218] Tatsächlich war der Präsident des Bundesverfassungsgerichts erst zum Kandidaten der Union gekürt worden, als der ursprünglich nominierte sächsische Staatsminister der Justiz, Steffen Heitmann, aufgrund heftiger öffentlicher Kritik an einzelnen Äußerungen auf seine Kandidatur verzichten musste. Doch im dritten Wahlgang, nach dem Verzicht der FDP-Kandidatin, klappte es – Herzog wurde, nunmehr mit Unterstützung der FDP-Stimmen, mit 696 Stimmen zum Nachfolger von Richard von Weizsäcker gewählt. Jürgen Rüttgers hatte die „Strippen" richtig gezogen und Johannes Rau, der im entscheidenden Wahlgang 605 Stimmen auf sich vereinen konnte, musste noch einmal fünf Jahre warten, um doch noch – unter veränderten bundespolitischen Vorzeichen – ins Schloss Bellevue einziehen zu können.

Helmut Kohl war zufrieden, denn die Geschlossenheit der christlich-liberalen Koalition war mit dieser symbolisch wichtigen Wahl kurz vor der Bundestagswahl demonstriert worden. Rüttgers' kluges Agieren, nicht zuletzt als zeitweiliger Obmann der Unions-Fraktion im Schalk-

---

[216] So Jürgen Rüttgers im Gespräch mit Sönke Petersen; vgl. ders.: Manager des Parlaments, S. 199.
[217] Vgl. Zählappelle morgens um zehn Uhr. Es wird gewählt, bis eine Entscheidung gefallen ist, in: *Frankfurter Allgemeine Zeitung* vom 21. Mai 1994.
[218] Vgl. Karl-Ludwig Günsche: In der Mitte der Bürger, in: *Die Welt* vom 3. Juli 1995.

Helmut Kohl mit dem von ihm hoch geschätzten „Pulheimer"

„Untersuchungsausschuss,[219] das vom Kanzler so geschätzte Koordinieren im Stillen,[220] hatte Kohl registriert. Der „Pulheimer", daran bestand für Kohl kein Zweifel, hatte sich für „Höheres" qualifiziert. Seine Berufung ins Kabinett erfolgte sechs Monate später. Jedoch nicht als Chef des Kanzleramts wie im Falle seiner Amtsvorgänger Schäuble, Seiters oder Bohl – „Kohls Troika", die, wie die Presse schrieb, mit dem jungen Rüttgers zu „Kohls Seilschaft"[221], der „Viererbande" erweitert worden war. Rüttgers wurde der Mann für die „Zukunft".

---

[219] Vgl. Michael Jach / Thomas Linke: Drehungen, aber kein Karussell, in: *Die Welt* vom 14. September 1991, wo die Autoren von Rüttgers' Aufstieg in die politische „Meisterklasse" sprechen, der sich angekündigt habe, „als ihm im Frühsommer 1991 der CDU/CSU-Obmannposten im hochbrisanten Schalk-Untersuchungsausschuss zugewiesen wurde".

[220] Vgl. Eduard Ackermann im Gespräch mit Sönke Petersen; vgl. ders.: Manager des Parlaments, S. 236.

[221] Vgl. Werner A. Perger: Der Neue in Kohls Seilschaft: Der schnelle Aufstieg des Jürgen Rüttgers, in: *Die Zeit* vom 6. Dezember 1991.

Mann für die Zukunft

Krawatte statt Fliege – „Optimismus ist Pflicht!" – Wissensgesellschaft – Bildung, Bildung, Bildung! – Die neue soziale Frage des 21. Jahrhunderts – Meister-BAföG – „Bologna" – der doppelte Ehrendoktor – Bachelor und Master – „G 8" – „Biotech" – „Ganz gute Performance" – Im Bermudadreieck des Finanzministers – Kein Drohpotenzial à la Möllemann – „Zukunftsminister" a. D.

Nun also jeden Morgen nur noch 287 Stufen, zu Fuß hinauf ins 14. Stockwerk jenes Gebäudes, in dem seit 22 Jahren Bildungs- und Forschungsministerium unter einem Dach „trefflich nebeneinander her"[222] und in gegenseitiger Animosität vereint[223] gelebt hatten. Bis zur Fusion der beiden Ministerien hatten die 650 Forschungs- und 450 Bildungsbeamten den nüchtern-funktionalen Beton-Kreuzbau nahe der Bonner Rheinaue halbwegs gerecht unter sich aufgeteilt: das Forschungsressort mit seinem Minister im 14. Stockwerk, die Spitze des Bildungsressorts im 13. Die Bildungsbeamten saßen dafür als Kompensation in den prestigeträchtigeren oberen Stockwerken acht bis elf, während sich der bürokratische Forschungsapparat mit den Etagen eins bis sieben begnügen musste. Bis zu dem Tag, als der neue, frisch vereidigte Hausherr statt des Aufzugs das Treppenhaus und statt des Ministerbüros im 13. dasjenige im 14. Stockwerk wählte.

Fortan sollte sich nicht nur räumlich einiges ändern. Rüttgers' Amtsantritt als Bundesminister markierte eine tiefe Zäsur für all jene Mitarbeiter beider Ressorts, die nun erleben mussten, wie ihr neuer Chef aus zwei

---

[222] Stefan Kornelius: Wolle mer'n reinlasse? Wie lernt man Minister?, in: *Süddeutsche Zeitung* (Magazin) vom 24. Februar 1995.
[223] So Staatssekretär a. D. Dr. Fritz Schaumann im Gespräch am 11. September 2007.

Organigrammen der Behörden eines und aus neun Abteilungen sieben machte. Der mehr als die Hälfte aller Referate durcheinander wirbelte, lieb gewonnene Gewohnheiten des Arbeitsalltags infrage stellte und in Einzelfällen alte, langjährige Kollegen aufgrund der bürokratischen Reorganisation räumlich und zuständigkeitshalber trennte. Fast eine kleine Revolution im beschaulichen Bonn.

Als Jürgen Rüttgers am 17. November 1994 zum Bundesminister für Bildung, Wissenschaft, Forschung und Technologie (BMBF) ernannt wurde, rückte er an die Spitze eines Ressorts, über dessen gewachsene Bedeutung im fünften Kabinett Helmut Kohls kein Zweifel herrschte. In den Medien schienen gleichwohl noch unmittelbar nach der Wahl mindestens drei Fachressorts um das schmückende Etikett des „Zukunftsministeriums" zu konkurrieren: das Frauenressort unter Leitung von Claudia Nolte, das Umweltressort unter Leitung von Angela Merkel sowie das neu gebildete Ressort unter Leitung von Jürgen Rüttgers. Das bisher eigenständige Ministerium für Forschung und Technologie war lange Jahre von Heinz Riesenhuber, Rüttgers' Parteifreund mit den unverwechselbaren Fliegen an Stelle öder Krawatten, das für Bildung und Wissenschaft jedoch nach Rücktritt des schillernden, aber durchsetzungsstarken Jürgen Möllemann zuletzt von den farblosen FDP-Ministern Rainer Ortleb und Karl-Hans Laermann geführt worden.

Nun also Rüttgers: 43 Jahre jung, weniger schillernd und ohne Fliege, dafür mit Krawatte, Verwaltungserfahrung, Ambition und Gespür für die gewachsene Bedeutung des neuen Vierfachressorts. Denn Bildung, Wissenschaft, Forschung und Technologie waren die Themen der Zukunft einer führenden Industrienation, die nach dem Ende des Kalten Krieges vor neuartigen Herausforderungen stand, die sich mit dem Stichwort „Globalisierung" verbanden. Bundespräsident Roman Herzog hatte nicht zufällig von der „Bildung" als dem „Megathema unserer Gesellschaft"[224] gesprochen. Damit war klar: Die hin und wieder als „Endstationen im Verschiebebahnhof der Kabinettsposten"[225] belächelten

---

[224] Roman Herzog: Berliner Rede 1997. Aufbruch ins 21. Jahrhundert. Ansprache von Bundespräsident Roman Herzog im Hotel Adlon am 26. April 1997.
[225] Vgl. Martin Spiewalk: Ein Opfer ihrer selbst, in: *Die Zeit* (9) 2004.

Ministerien waren zu einem Ressort fusioniert worden, dessen Dekoration mit dem Aushängeschild „Zukunfts-" der „Fachmann fürs Futur"[226], wie der *Spiegel* den neuen Minister halb anerkennend, halb ironisch im Amt begrüßte, bewusst vermied. Warum?

Weil Rüttgers wusste, dass es mehr bringt, wenn andere darüber reden.[227] Was auch geschah. Überall war fortan vom „Zukunftsminister" Rüttgers die Rede. Ein krönender und zugleich anspruchsvoller Titel, dem der Amtsinhaber gerecht werden musste. Für den Mann, der nunmehr politisch für die „Zukunft" zuständig war, eine persönliche Herausforderung. Über den „Zukunfts"-Titel seines Ministeriums gelang es dem bisher eher im Verborgenen agierenden parlamentarischen „Strippenzieher" Rüttgers, die öffentliche Aufmerksamkeit auf jene politische Fragen zu lenken, die nun zwar in seinem Verantwortungsbereich ressortierten, jedoch in ihrer Tragweite die engen Ressortgrenzen und Haushaltspläne weit überstrahlten.

Einerseits hatte sich im Verlauf der achtziger Jahre ein atemberaubender technologischer Durchbruch zu neuen Produktions-, Arbeits- und Lebensformen vollzogen, andererseits setzte eine bis dahin kaum für möglich gehaltene Technisierung der Alltagskommunikation der Bürger ein, über deren längerfristige ökonomische, soziale und kulturelle Folgen auch in den neunziger Jahren noch weitgehend Unklarheit herrschte.[228] Kaum verwunderlich also, dass sehr schnell heftige gesellschaftliche Diskussionen über Chancen, Risiken, Gefahren und damit über die politischen Herausforderungen der neuen Technologien und der globalen „Media-Morphose"[229] entbrannten, die zwischen Zukunftseuphorie und Untergangsprophezeiungen hin und her wogten.

---

[226] Vgl. Fachmann fürs Futur. Der Bonner Aufsteiger Jürgen Rüttgers verblüfft seine Umgebung mit Vielseitigkeit, in: *Der Spiegel* (47) 1994.

[227] Vgl. 287 Stufen zu Fuß. Jürgen Rüttgers ist Helmut Kohls Muster-Minister, in: *Der Spiegel* (42) 1995.

[228] Vgl. Andreas Wirsching: Abschied vom Provisorium. Geschichte der Bundesrepublik Deutschland 1982–1990, Stuttgart 2006, S. 435 ff.

[229] Edgar Wolfrum: Die geglückte Demokratie. Geschichte der Bundesrepublik Deutschland von ihren Anfängen bis zur Gegenwart, Stuttgart 2006, S. 410.

„1984", das Schreckensszenario jener von George Orwell in seinem gleichnamigen Roman prognostizierten totalen Kontrolle des einzelnen Bürgers durch den Siegeszug von Mikroelektronik und Nachrichtentechnik, hatte im Bewusstsein breiter Bevölkerungskreise tiefe Spuren der Skepsis gegenüber den neuen Informationstechnologien hinterlassen. Während Pessimisten ein drohendes „Informationsfellachentum im elektronischen Gehäuse der Hörigkeit"[230] heraufziehen sahen und Orwells „Großen Bruder" hinter jedem Computermonitor vermuteten, schwärmten wiederum Optimisten von gigantischen Produktivitätsgewinnen infolge der neuen technologischen Möglichkeiten, die *so* gleichwohl nie eingefahren werden konnten.

Doch ungeachtet aller pessimistischen oder optimistischen Prognosen setzte sich allmählich gesamtgesellschaftlich ein Konsens dahingehend durch, sich als Zeitzeuge und damit Akteur einer „dritten industriellen Revolution" begreifen zu müssen. In dieser gesellschaftlichen und politischen Gemengelage trat Jürgen Rüttgers sein Ministeramt an. Aufgrund seiner Erfahrungen als Vorsitzender der Enquetekommission zur Abschätzung der Technologiefolgen sowie als Mitglied des Forschungs- und Technologieausschusses des Bundestages wurde der frischgebackene Minister bei Antritt seines Amtes sogar mit etwas sehr Seltenem bedacht: mit medialen Vorschusslorbeeren.[231]

Von manchen Journalisten gar zu einem „der besten jüngeren CDU-Politiker"[232] geadelt, bemühte sich Rüttgers von Beginn seiner vierjährigen Amtszeit an, der gesellschaftlichen und politischen Debatte die kulturkritischen, teils gar apokalyptischen Untertöne zu nehmen und statt der Gefahren die Chancen des Wandels von der Industriegesellschaft hin zur Informations- und Wissensgesellschaft im Zeitalter der Globalisierung in den Vordergrund zu stellen. Feuilletonistischen Klagen über die „neue

---

[230] Vgl. Claus Koch: Jenseits der Gesellschaft. Die Zukunft im elektronischen Gehäuse, in: *Rheinischer Merkur* (37) 1983, S. 741.
[231] Vgl. Im Profil: Jürgen Rüttgers Bildungs- und Forschungsminister, in: *Süddeutsche Zeitung* vom 22. November 1994.
[232] Vgl. Nach der Wahl Kohls zum Bundeskanzler nur wenige Änderungen im Kabinett. Rüttgers wird „Zukunftsminister", in: *Frankfurter Allgemeine Zeitung* vom 17. November 1994.

Unübersichtlichkeit" des politischen Handelns, die nach Ansicht Rüttgers' „doch nur zur Zementierung einer öffentlichen Lähmung angesichts ungewisser Herausforderungen"[233] führen, setzte der Minister offensiv Karl Poppers Diktum „Optimismus ist Pflicht!" entgegen.

Rüttgers zielte damit von Anbeginn darauf ab, was Roman Herzog drei Jahre später in seiner berühmt gewordenen „Berliner Rede" als Bundespräsident mit anderen Worten anmahnen sollte: „Durch Deutschland muss ein Ruck gehen. [...] Die Amerikaner haben nicht versucht, den Wandel aufzuhalten, sondern sie haben sich an die Spitze des Wandels gesetzt: durch Förderung von Forschung und Technologie, durch Deregulierung, durch den Aufbau einer Infrastruktur für das Informationszeitalter. Sie haben das Potenzial der Durchbrüche in Mikroelektronik und Biotechnologie zur Schaffung neuer Produkte genutzt, aus denen ganz neue Industrien entstanden sind. Ein neues, wissensgestütztes Wachstum wurde zur Quelle für Millionen neuer Arbeitsplätze. Auch wir müssen rein in die Zukunftstechnologien, rein in die Biotechnik, die Informationstechnologie."[234]

In zahllosen Reden, Grußworten und Ansprachen suchte Rüttgers die veränderten Handlungsmöglichkeiten und neuen Lebenschancen der sich aus der Agrar- und Industriegesellschaft herausentwickelnden „Wissensgesellschaft" – wie einer seiner politischen Schlüsselbegriffe lautete[235] – den Menschen nahe zu bringen, die Chancen einer reformierten Dienstleitungsgesellschaft aufzuzeigen[236] und ihnen damit die Sorge vor dem Verlust ihres Arbeitsplatzes angesichts eines globalen Rationalisierungsdrucks auf die deutschen Unternehmen zu nehmen. „Wir brauchen", so ein Kernelement der Rüttgerschen Argumentation, „keinen Kostenwettlauf nach unten, sondern einen Innovationsschub nach

---

[233] Zitiert nach Jürgen Rüttgers: Zeitenwende – Wendezeiten. Das Jahr-2000-Projekt: Die Wissensgesellschaft, Berlin 1999, S. 9.
[234] Roman Herzog: Berliner Rede 1997. Aufbruch ins 21. Jahrhundert. Ansprache von Bundespräsident Roman Herzog im Hotel Adlon am 26. April 1997.
[235] Vgl. Jürgen Rüttgers: Auf dem Weg zur Informationsgesellschaft – Erziehung für das 21. Jahrhundert. Rede vor dem Hessischen Kreis am 29. Mai 1996 in Frankfurt a. M., Typoskript S. 5.
[236] Vgl. Jürgen Rüttgers: Motor für ein Jobwunder, in: *Der Spiegel* (3) 1998.

oben". Zwar seien Kostensenkungen notwendig, doch könnten deutsche Unternehmen gar nicht so viel sparen, um im globalen Wettbewerb allein mit Kostensenkungen zu bestehen. Da Deutschland im weltweiten Vergleich immer ein Land mit hohen Kosten bleibe, könne es im internationalen Wettbewerb nur bestehen, wenn es die besten Produkte anbiete. Deshalb sei es richtig, konsequent auf Bildung und Ausbildung, Forschung und Technologie zu setzen. So entstünden die besten Produkte, die man dann auch zu teuren Preisen verkaufen könne.[237]

Rüttgers' Credo lautete auf den Punkt gebracht: Bildung, Bildung, Bildung! An diesem Credo hat sich bis heute, da Rüttgers' Parteifreunde in Berlin auf die Idee kommen, Deutschland zur „Bildungsrepublik"[238] auszurufen, nichts geändert. Der Handwerkersohn, dessen Vater die Notwendigkeit des Gymnasialbesuchs seines Sohnes zunächst nicht einleuchten wollte, und der seinerseits doch, unterstützt von seiner Mutter, alles daran setzte – hellwach, intelligent, ehrgeizig – den Weg nach oben zu schaffen, das humanistische Gymnasium als Klassenbester zu meistern, das Jura-Studium mit Promotion abzuschließen und damit „angekommen" zu sein, betrachtete „Bildung", sei es schulische, universitäre oder betriebliche-praktische, immer als zentrale Koordinate seines politischen Handelns.

Bildungspolitik war für Rüttgers stets auch Sozialpolitik. Inhaltlich setzte Rüttgers in seiner vierjährigen Amtszeit als Bundesminister dementsprechend zwei Schwerpunkte: Neben jenem im Bereich der Forschung, konkret der Biotechnologie, eben den im Bereich der Bildung – wohl wissend, dass der Bund in Fragen der Bildung, ähnlich wie in Angelegenheiten der Kultur, aufgrund der föderalen Architektur des deutschen Staatsaufbaus nur sehr eingeschränkten Handlungsspielraum hat. Rund 90 Prozent der Zuständigkeiten im Bildungsbereich liegen bei den Ländern. Rüttgers war sich seines eigenen eingeschränkten Spielraums in

---

[237] Vgl. Jürgen Rüttgers: Von der Industrie- zur Wissensgesellschaft. Rede auf dem Parteitag des CDU-Verbands Münsterland am 25. Mai 1998 in Münster, Typoskript S. 22.
[238] Vgl. Katherina Reiche: Bildungsrepublik Deutschland gestalten – Haushalt 2009 stellt Weichen, in: www.cducsu.de vom 18. September 2008.

diesem Politikbereich durchaus bewusst, und doch erklärte er, von der Wichtigkeit des Themas überzeugt, „Bildung" zur „neuen sozialen Frage des 21. Jahrhunderts"[239]. Umfassende Reformmaßnahmen im schulischen, universitären wie betrieblichen Bereich sollten die Antwort sein. Konkret forderte Rüttgers ein Mehr an Freiräumen für die Institutionen der Bildung, eine stärkere Differenzierung und Modularisierung von Bildungsabläufen und -inhalten sowie eine Ausweitung der vorhandenen qualifizierenden Abschlüsse.[240] Wenn Rüttgers rückblickend – nicht gerade bescheiden – reklamiert, binnen vier Jahren im Bereich der beruflichen Bildung das „größte Reformpaket"[241] der deutschen Nachkriegsgeschichte auf den Weg gebracht zu haben, dann ist der darin mitschwingende Stolz auf das Geleistete durchaus nicht unberechtigt.

Tatsächlich wurden im Bereich der beruflichen Bildung insgesamt 34 neue Berufsfelder vornehmlich in den Bereichen der Computerelektronik, der Umwelttechnik sowie der Kommunikations- und Medienbranche[242] entwickelt und über 60 bereits vorhandene Ausbildungsberufe modernisiert. 1997 erfolgte im Zuge der Flexibilisierung der Berufsschulzeiten die Streichung des zweiten Berufschultags im zweiten Lehrjahr, um die Präsenz der Lehrlinge in den Betrieben zu erhöhen. Parallel dazu wurde das Jugendarbeitsschutzgesetz novelliert, um volljährigen Lehrlingen zu ermöglichen, am Nachmittag ihres Berufschultages noch in den Betrieb zu gehen. Bereits im Jahr zuvor hatte Rüttgers die Ausbildereignungsverordnung ändern lassen, um berufserfahrenen Fachkräften eine Ausbildungstätigkeit ohne zeitraubende Eignungsprüfung zu ermöglichen. Ein „kleiner Gesellenbrief" als Zertifikat für Lehrlinge mit praktischer Begabung bei gleichzeitiger Schwäche im Bereich der Theorie wurde 1998 in Kooperation mit dem Zentralverband des deutschen Handwerks sowie des Deutschen Industrie- und Handelstages ebenso eingeführt, wie zwei Jahre zuvor das Meister-BAföG.

---

[239] Vgl. Jürgen Rüttgers: Standardrede zu Innovation und Beschäftigung (aktualisierte Fassung der Rede im Bundestag vom 24. Juni 1998), Typoskript, S. 7.
[240] Vgl. Jürgen Rüttgers: Grußwort zur Eröffnung der Jahresversammlung 1997 der Hochschulrektorenkonferenz am 24. April 1997 in Siegen, Typoskript S. 5.
[241] Jürgen Rüttgers: Zeitenwende – Wendezeiten, S. 45.
[242] Vgl. Kolja Rudzio: Die neuen Medien brauchen neue Bildungswege, in: *Die Zeit* (36) 1996.

„Meister-BAföG", ein kardinales Anliegen von Rüttgers, sollte analog zum Studenten-BAföG die Teilnahme an Meisterkursen finanziell fördern und den erfolgreichen Teilnehmern bei Existenzgründung ihre Darlehen erlassen, um Arbeitsplätze zu schaffen und die wachsende Nachfrage nach Ausbildungsplätzen, die bereits 1995 auf 600.000 angewachsen war, zu bedienen. Im Rückblick auf seine Ministerzeit zeigt sich Jürgen Rüttgers stolz darauf, die Einführung des Meister-BAföGs gegen manche politische Widerstände[243] realisiert zu haben[244] und damit, ergänzt durch ein Bündel deregulierender Maßnahmen und in Kooperation mit Verbänden und Unternehmen, 1997 – erstmals nach 13 Jahren – eine Trendwende am Lehrstellenmarkt herbeigeführt zu haben: Als die Zahl der abgeschlossenen Lehrverträge 1997 gegenüber 1996 bei 13.000 lag, konnte auf dem Gebiet der alten Bundesländer ein Zuwachs von 2,3 Prozent vermeldet werden. Im Öffentlichen Dienst von Bund und Ländern war die Zahl der Lehrstellen 1996 sogar um 12 Prozent gestiegen, im Jahr darauf um weitere 4 Prozent.[245]

Abgesehen von dem Effekt des Meister-BAföGs zur Belebung des Lehrstellen- und Arbeitsmarkts erkannte Rüttgers in dieser Innovation ganz grundsätzlich das Indiz einer kulturellen Veränderung in Deutschland: Mit dem Meister-BAföG sollte eine neue Brücke zwischen dem dualen System und der beruflichen Selbstständigkeit gebaut werden. Das Meister-BAföG, so Rüttgers, werde mit der Gleichwertigkeit von allgemeiner und beruflicher Ausbildung Ernst machen.[246] Doch damit nicht genug.

Unter wissenschaftspolitischen Vorzeichen forderte Rüttgers nichts weniger als einen grundlegenden Umbau der deutschen Hochschullandschaft, der sich bis heute mit dem Stichwort „Bologna-Prozess" verbindet. Seinen Ausgang hatte dieser Prozess in einer von Rüttgers in Kooperation mit den britischen, französischen und italienischen Bildungsminis-

---

[243] Vgl. Stenographischer Bericht des Deutschen Bundestages, 13. Wahlperiode, 69. Sitzung, 10. November 1995, S. 6056.
[244] Vgl. *Focus*-Fragebogen (20) 2005.
[245] Vgl. Minister für dieses Jahr optimistisch: Rüttgers: Lehrstelle für jeden Bewerber, in: *Süddeutsche Zeitung* vom 30. April 1998.
[246] Vgl. Jürgen Rüttgers: Zeitenwende – Wendezeiten, S. 45.

tern initiierten „Sorbonne-Erklärung"[247] zur Harmonisierung der europäischen Hochschulabschlüsse, die im Mai 1998 unterzeichnet wurde und für die Rüttgers sechs Jahre später ebenso wie seine damaligen drei Amtskollegen Luigi Berlinguer, Claude Allegre und Baroness Tessa Blackstone die Ehrendoktorwürde der Universität Roma Tre erhielt. Immerhin Rüttgers' zweiter Ehrendoktorhut! Den ersten hatte er aufgrund seines hochschulpolitischen Engagements bereits 1998 in Paris erhalten.

Anlässlich der Verleihungszeremonie machte „Dr. h. c." Jürgen Rüttgers in der französischen Hauptstadt deutlich, worauf die Sorbonne-Erklärung bzw. der anschließende Bologna-Prozess gerichtet sein sollten: eben darauf, die jahrhundertealte Tradition der europäischen Hochschullandschaft den Herausforderungen des 21. Jahrhunderts anzupassen, auch und vor allem in organisatorischer Hinsicht.[248] Dabei ließ Rüttgers zum Entsetzen manches Parteifreundes und Bildungsfunktionärs keinen Zweifel daran, dass das Universitätsideal eines Wilhelm von Humboldt, wie es dem 19. Jahrhundert entstammt, den Anforderungen und Realitäten der heutigen Universitäten nicht mehr gerecht werde. „Humboldts Universität", so erklärte Rüttgers den versammelten deutschen Hochschulrektoren auf ihrer Jahrestagung 1997 in Siegen unakademisch-direkt, „ist tot"[249].

Es war keineswegs Bescheidenheit im Anspruch und wenig Zimperlichkeit in der Rhetorik, wie Rüttgers sich als Mann für die „Zukunft" unter einem Bundeskanzler präsentierte, dem medial zu diesem Zeitpunkt immer häufiger vorgeworfen wurde, die Fragen der Zeit und die Herausforderungen der Zukunft nach ermüdenden Jahren im Amt nicht mehr wirklich wahrzunehmen. Wie berechtigt oder unberechtigt dieser Vorwurf auch immer war, an Kohls „jungen Pulheimer" konnte dieser wahr-

---

[247] Vgl. Sorbonne-Erklärung. Gemeinsame Erklärung zur Harmonisierung der Architektur der europäischen Hochschulbildung vom 25. Mai 1998, in: www.bologna-berlin.de.
[248] Vgl. Jürgen Rüttgers: Rede anlässlich der Verleihung der Ehrendoktorwürde der Universität Paris Pierre et Marie Curie am 24. Mai 1998 in Paris, Typoskript S. 4 f.
[249] Jürgen Rüttgers: Grußwort zur Eröffnung der Jahresversammlung 1997 der Hochschulrektorenkonferenz am 24. April 1997 in Siegen, Typoskript S. 4.

lich nicht gerichtet sein. Rüttgers mühte sich, trotz prekärer Haushaltslage und föderaler Vorbehalte im Bereich der Bildung Weichen zu stellen. Allen „Lebenslügen, heiligen Kühen und Ritualen"[250] der Hochschulpolitik begegnete Rüttgers mit dem schlichten Hinweis auf eine bisherige Durchschnittsstudienzeit deutscher Studenten von 16 Semestern, die im internationalen Vergleich erheblich zu lang und deshalb durch Einführung neuer Studiengänge auf sechs bzw. maximal 10 Semester zu verkürzen sei. Die Zauberworte deutscher Hochschulpolitik heißen seither *Bachelor* und *Master*.

Unter Verweis darauf, dass nicht jeder Student Nobelpreisträger werden wolle und nicht jeder Uni-Absolvent Professor werden müsse,[251] machte sich Rüttgers für die Einführung von dreijährigen Bachelor- und weiteren zweijährigen Master-Studiengängen anstelle der bisherigen Magister- und Diplomstudiengänge ebenso stark wie für die Etablierung eines Kreditpunkte-Systems zur Anpassung an die international üblichen Universitätsgrade. Durch diese Neuerungen sowie durch die Schaffung von 20 internationalen Studiengängen sollte nicht zuletzt der Anteil ausländischer Studierender an deutschen Universitäten signifikant erhöht werden.

Hintergrund war, dass Mitte der neunziger Jahre unter den weltweit knapp eineinhalb Millionen mobilen Studierenden mit einem stark wachsenden asiatischen Anteil das Studium an einer europäischen Universität zu einer eher seltenen „exzentrischen Liebhaberei"[252] zu werden drohte. Dies nicht, weil die europäischen Hochschulen im Vergleich zu den wesentlich stärker frequentierten nordamerikanischen Universitäten schlechter seien, aber das „Labyrinth der Abschlussdiplome" *(FAZ)* wirkte doch auf viele Studierende unübersichtlich und abschreckend. Rüttgers hoffte hier, mittels der von ihm verschriebenen Rosskur für Deutschlands Universitäten, eine Trendwende einleiten zu können. In diesem Kontext ist ebenfalls die Novellierung des Hochschulrahmengesetzes zu sehen, mit der Rüttgers darauf abzielte, den überlasteten, bürokratisch gegängelten und struktu-

---

[250] Jürgen Rüttgers: Zeitenwende – Wendezeiten, S. 42.
[251] Vgl. Jürgen Rüttgers im Spiegel-Gespräch, in: *Der Spiegel* (5) 1997.
[252] Vgl. Joseph Hanimann: Der europäische Student. Hochschulpolitik nach dem Minister-Treffen in Paris, in: *Frankfurter Allgemeine Zeitung* vom 27. Mai 1998.

rell verkrusteten „Einheitshochschulen" ein Mehr an Freiheit zur Steigerung eigener Exzellenz und Effizienz zu geben.

Nach zähem Ringen mit den Ländern, nach Widerstand im Bundesrat und gegen den Willen der Opposition wurde diese Novellierung am 20. August 1998 im Bundestag mit der Stimmenmehrheit von Union und FDP beschlossen. Mit der Konsequenz, dass leistungsorientierte Finanzierung, individuelle Profilbildung[253] und größere Internationalität[254] der Hochschulen, dass Evaluation von Forschung und Lehre, kürzere Regelstudienzeiten, eine Verstärkung der Studienberatung, die Einführung von Zwischenprüfungen sowie des „Freischusses" in allen geeigneten Studiengängen fortan ebenso zum neuen Hochschulalltag in Deutschland gehörten, wie die autonome Berufung von pädagogisch geeigneten Professoren durch die betroffene Alma Mater.

Dieser von Rüttgers initiierte fundamentale Umbau der Hochschullandschaft wurde begleitet von einer Aufstockung der Bundesbeteiligung am Hochschulbau von 1,68 auf 1,8 Milliarden DM. Ein Hochschulsonderprogramm wurde aufgelegt, das im Zeitraum von 1996 bis 2000 mit einem Gesamtvolumen von 3,6 Milliarden DM dem Ausbau bestehender Graduiertenkollegs, der Verbesserung der medialen Ausstattung der Hochschulen sowie der Stärkung der internationalen Zusammenarbeit zugutekommen sollte. Keine großen Summen, zumal im internationalen Vergleich. Doch immerhin, symbolisch ein Schritt nach vorn. Und um den ging es Rüttgers.

Ebenso wie im Bereich der beruflichen Bildung und im Bereich der Hochschulpolitik zielte Kohls „Zukunftsminister" auch bei der schulischen Bildung auf einen „sparsameren Umgang mit Bildungszeiten". So plädierte Rüttgers einerseits für eine frühere Einschulung der Kinder bereits im Alter von fünf Jahren sowie für eine Abschaffung des 13. Schuljahres an Gymnasien, mithin für das immer noch umstrittene „G 8". Andererseits empfahl er curricular eine Konzentration auf die Vermittlung von Kernkompetenzen im Bereich der Allgemeinbildung. Kein Schüler,

---

[253] Vgl. Jürgen Rüttgers: Zeitenwende – Wendezeiten, S. 63 f.
[254] Vgl. ebd., S. 71.

so Rüttgers' schulpolitische Maxime, dürfe künftig die Schule ohne das sichere Beherrschen der wichtigsten Fertigkeiten wie Lesen, Schreiben, Rechnen und ohne grundlegende Kenntnisse der englischen Sprache, der historischen sowie politisch-wirtschaftlich-technischen Grundlagen unseres Landes sowie des naturwissenschaftlichen und musischen Fächerkanons verlassen.[255]

Religionsunterricht gehöre ebenfalls als ordentliches Lehrfach an öffentliche Schulen wie die Vermittlung von „Medienkompetenz": „Zu den Grundfertigkeiten, die ein junger Mensch heute beherrschen muss, gehört ohne Frage auch die Fähigkeit, das wachsende Angebot elektronischer Informationen in seinen vielfältigen Erscheinungsformen zu nutzen", denn, so betont Rüttgers, schließlich seien die Digitaltechnik und die mit ihr entstandenen neuen Medien dabei, „unser Leben radikal zu verändern".[256] Demzufolge habe die Schule dafür Sorge zu tragen, dass alle jungen Leute den sinnvollen Umgang mit Medien, nicht zuletzt dem Internet, erlernen, während der Staat seinerseits für die rechtliche Gewährung und Sicherung der Zugangsfreiheit zu den internationalen Kommunikationsnetzen zu sorgen habe. Dementsprechend regte Rüttgers ein „Informations- und Kommunikationsdienstegesetz" (IuKGD) – kurz: „Multimedia-Gesetz" an, das federführend vom BMBF entwickelt worden war und zum 1. August 1997 in Kraft trat.[257]

Mit diesem Gesetz, das sich international zu einem Modell für landeseinheitliche Regelungen im Bereich der Information und Kommunikation entwickelte, wurde einerseits der Zugang zu den neuen Medien erleichtert und andererseits der notwendige Jugend-, Daten- und Verbraucherschutz sichergestellt. Damit war sozusagen die rechtliche Voraussetzung geschaffen für das, was Jürgen Rüttgers als verantwortlicher Ressortchef in enger Abstimmung mit dem 1995 ins Leben gerufenen und unmittelbar beim Bundeskanzler angesiedelten Experten-Rat für Forschung, Technologie und Innovation durch eine Neuorientierung der deutschen Forschungs-

---

[255] Vgl. Jürgen Rüttgers: Zeitenwende – Wendezeiten, S. 86 f.
[256] Vgl. ebd., S. 89.
[257] Vgl. Heute tritt neues Multimedia-Gesetz in Kraft. Rüttgers hofft auf neue Arbeitsplätze, in: *Rheinische Post* vom 1. August 1997.

landschaft[258] sowie durch den Aufbau einer wissenschaftlich-technischen Infrastruktur in den neuen Bundesländern und politisch erreichen wollte: eine Überwindung der Innovationsschwäche der deutschen Wirtschaft und vor allem die Schaffung neuer Arbeitsplätze durch moderne Dienstleitungs- und Technologieunternehmen.

Rüttgers' Hauptaugenmerk lag dabei ganz auf „Biotech": Deutschland, so der Minister, gelte es vom „gentechnischen Entwicklungsland" in ein „Biotech-Land" zu verwandeln, mit „besten Chancen, im Jahr 2000 der Biotechnologie-Standort Nummer 1 in Europa zu sein".[259] Rüttgers betrachtete die Bio- und Gentechnologien vor allem deshalb als Zukunftstechnologien, weil sie zur Bekämpfung von Krankheiten und zur Ernährung der steigenden Weltbevölkerung einen signifikanten Beitrag leisten.[260] Dabei ließ der Minister keinen Zweifel, dass es bei allem Fortschrittsoptimismus im Bereich der Gentechnologie klare Grenzen geben müsse, die in keinem Falle überschritten werden dürften. In Zeiten, da Klon-Schaf *Dolly* das Licht der Welt erblickte und weltweit über die Möglichkeit des Klonens von menschlichem Erbgut debattiert wurde, machte Rüttgers klar, dass dies aus ethischen Gründen niemals akzeptabel sei. Sein politisches Kalkül: Je eindeutiger die Grenze des Erlaubten im Bereich der Gen- wie auch Biotechnologie gezogen sei, desto offensiver könne die Forschung im Bereich des Legalen vorangetrieben werden.

Mit einer finanziellen Förderung der Humangenomforschung von 200 Millionen DM über den Zeitraum von 1995 bis 1999 suchte Rüttgers Forschung und Produktion in diesem Technologiebereich in Deutschland zu

---

[258] Vgl. Rüttgers: Neuordnung soll Wettbewerb in der deutschen Forschung fördern. Minister reagiert auf Streichungen in seinem Etat, in: *Süddeutsche Zeitung* vom 12. Juli 1996; ungeachtet aller finanziellen Engpässe wurden die Deutsche Forschungsgemeinschaft sowie die Max-Planck-Gesellschaft jährlich mit einem Zuwendungsplus von 5 % bedacht. Vgl. Stenographischer Bericht des Deutschen Bundestages, 13. Wahlperiode, 205. Sitzung, 25. November 1997, S. 18567.
[259] Vgl. Jürgen Rüttgers: Wissen als Ware – Der Forschungsstandort Deutschland. Rede anlässlich der Verleihung der Preise für Innovation und Technologie der Stadt Aachen sowie für Wissenschaftsjournalismus der RWTH Aachen am 24. Oktober 1997 in Aachen, Typoskript S.12.
[260] Vgl. Jürgen Rüttgers: Chancen der Biotechnologie, in: Die politische Meinung 1997, S. 61–66, S. 62 f.

halten bzw. jene Wissenschaftler und Unternehmer zurückzuholen, die aufgrund günstigerer Rahmenbedingungen für ihre Arbeit ins Ausland abgewandert waren. Komplementär dazu lobte das BMBF 1995 einen „BioRegio-Wettbewerb" aus, in dem drei Regionen insgesamt 150 Millionen DM Fördermittel für die jeweils überzeugendsten Entwicklungskonzepte erhalten sollten, in denen eine Verknüpfung von biotechnologischer Forschung und wirtschaftlicher Umsetzung gelinge und durch die Unternehmensgründungen und -ansiedlungen im Bereich der Biotechnologie begünstigt würden. Dass sich von den ursprünglich 17 Regionen, die an dem bundesweiten Wettbewerb teilnahmen, die Regionen München, Heidelberg, Rheinland – sowie mit einem Sondervotum ausgestattet: Jena als ostdeutsche Region – schlussendlich durchsetzten, lag vor allem an der jeweils überzeugenden konzeptuellen Zusammenarbeit von Industrie, Behörden, Banken sowie Universitäten der drei bzw. vier Regionen.

Als Konsequenz dieser offensiven biotechnologischen Standort-Politik konnte das Ministerium bereits 1996 eine Verdoppelung der entsprechenden Unternehmen gegenüber 1995 von 75 auf 150 vermelden, wiederum ein Jahr später eine nochmalige Verdoppelung von 150 auf 300 Unternehmen – eine Zahl, die sich bis Ende der Legislaturperiode auf 360 erhöhte, sodass die Bundesrepublik bei Biotechunternehmen hinter den Vereinigten Staaten weltweit auf Platz zwei lag, wobei die 331 britischen Unternehmen im Vergleich zu den kleinen und mittleren deutschen Betrieben 1998 einen vierfach höheren Umsatz erzielten. Wenn heute in zahlreichen BioRegionen im gesamten Bundesgebiet eine Vielzahl großer Biotechunternehmen angesiedelt sind und Deutschland damit im europäischen Vergleich an der Spitze liegt, so kann Jürgen Rüttgers zu Recht für sich beanspruchen, mit seiner Politik „eine atemberaubende Entwicklung"[261] in diesem Bereich ausgelöst und eine „Trendwende"[262] eingeleitet zu haben.[263]

---

[261] Vgl. Jürgen Rüttgers: Grußwort an das 1. BioRegio-Symposium am 11. November 1997 in Königswinter, Typoskript, S. 22.
[262] Jutta Hoffritz / Andreas Sentker: Gen wir Geld holen! Nach dem Computer die Biotechnik, in: *Die Zeit* (42) 2000.
[263] Vgl. Markus Hofelich: Der BioRegio-Wettbewerb hatte einen zuvor nicht für möglich gehaltenen Gründungsboom ausgelöst. Interview mit Jürgen Rüttgres, in: *Going-Public Magazin* (9) 2006.

Eine solche Trendwende hin zu einem technologischen Spitzenplatz der Bundesrepublik versuchte Rüttgers ebenfalls auf dem Gebiet der „ungeliebten"[264] Luft- und Raumfahrt herbeizuführen – ganz auf der Linie, auf der sich Rüttgers bereits Ende der achtziger Jahre für die Raumfahrt als „Schlüsselindustrie der Zukunft"[265] engagiert hatte. Wo Kritiker eines deutschen Raumfahrtengagements von „politischem Größenwahn", von nationaler „Prestigesucht" oder ökonomisch unsinniger „Ressourcenverschwendung" sprachen,[266] warb Rüttgers unter Verweis auf technologische „Spin-off-Effekte"[267] bzw. unter Heranziehung sicherheitspolitischer Gesichtspunkte unermüdlich und in ausdrücklichem Einvernehmen mit Helmut Kohl[268] für ein deutsches Engagement bei der Suche nach Europas Wegen in den Weltraum[269].

In diesem Sinne plädierte der „Zukunftsminister" für ein massives Engagement der Bundesrepublik beim Bau des Airbus 380, für eine deutschen Beteiligung an der Marsmission *Pathfinder* sowie für eine deutsche Beteiligung am Bau einer Internationalen Raumstation – Letztere von Rüttgers als „Meilenstein globaler Zusammenarbeit" von Europäern, Amerikanern, Kanadiern, Russen und Japanern gefeiert.[270] Im Lichte dieser politischen Entscheidung zur verstärkten Investition in die bemannte Raumfahrt – 1997 von den Grünen als „Relikte des Kalten Krieges"[271] gescholten – ließ Rüttgers die Management-Einheiten bei der Deutschen Agentur für Raumfahrtangelegenheiten (DARA) kon-

---

[264] Vgl. Bonner Raumfahrtpolitik. Ungeliebt, in: *Handelsblatt* vom 17. Juli 1997.
[265] Jürgen Rüttgers: Europas Wege in den Weltraum. Programme, Proteste, Prognosen, Frankfurt a. M. 1989, S. 139.
[266] Vgl. ebd., S. 138.
[267] Vgl. ebd., S. 98 ff.
[268] In einem Vorwort zu Rüttgers' Buch formulierte Bundeskanzler Kohl als Zielvorgabe für deutsche Raumfahrtpolitik die Stärkung der europäischen Kompetenz in dem Maße, „dass Europa sich zu einem gleichberechtigten Partner auf allen Gebieten der internationalen Weltraumkooperation entwickeln und eine dritte Kraft in der weltweiten Raumfahrt werden kann". Ebd., S. 7 f.
[269] So der gleichnamige Titel des von Jürgen Rüttgers verfassten Buches.
[270] Vgl. Grundstein im Weltall. Bange Frage nach dem Startschuss für die Raumstation: Gewinnt man die Industrie als Nutzer?, in: *Wirtschaftswoche* vom 5. Februar 1998.
[271] Vgl. Stenographischer Bericht des Deutschen Bundestages, 13. Wahlperiode, 205. Sitzung, 25. November 1997, S. 18570.

zentrieren, um Ressourcen zu sparen, Kompetenzen zu bündeln und die Nutzungsmöglichkeiten des Weltraums effektiv auszuloten. Bereits 1988 hatte Rüttgers – von Experten als „mit der Materie am besten vertrauter"[272] Minister gelobt – auf die ökonomischen[273], aber auch außen- und sicherheitspolitischen Aspekte einer europäisch integrierten Luft- und Raumfahrttechnik hingewiesen[274], die ihn nun, fast zehn Jahre später, trotz scharfer Kritik an den „wesentlichen" Defiziten bei der Europäischen Raumfahrtagentur (ESA)[275], zu einer politischen Akzentsetzung und einer entsprechenden finanziellen Förderung[276] in diesem Technologie-Bereich seines Ministeriums veranlassten. Dies mit Unterstützung der SPD-Opposition[277] und gegen die „definitive Absage an militärische Weltraumforschung"[278] seitens der PDS und gegen gravierende Vorbehalte der Grünen, die ihrerseits prognostizierten, in einigen Jahren werde sich „zu der jetzigen russischen Schrottraumstation (…) ein deutscher Milliardenschrott"[279] gesellen.

---

[272] Niklas Reinke: Geschichte der deutschen Raumfahrtpolitik. Konzepte, Einflussfaktoren und Interdependenzen 1923–2002, München 2004, S. 434.

[273] Vgl. Jürgen Rüttgers: Weltraum 2000. Eine Kosten-Nutzen-Analyse der Förderung als Bewertung rein monetärer Effekte ist wenig sinnvoll. Die Raumfahrt ist ein Wechsel auf die künftige Wettbewerbsfähigkeit in neuen Märkten, in: Handelsblatt vom 12. November 1987.

[274] Vgl. Jürgen Rüttgers: Europäische Einigung und europäisches Weltraummanagement, in: *Europa Archiv* (7) 1988, S. 191–198; vgl. auch Jürgen Rüttgers: Industrieller Provinzialismus ist nicht zukunftsfähig. Ein Plädoyer für eine Neuordnung, in: *Handelsblatt* vom 19.10.1988.

[275] Zu den wesentlichen Defiziten bei der ESA zählte Rüttgers die Kostensteigerung bei der Finanzierung von Projekten, das Anwachsen der Managementkosten, die wettbewerbs- und leistungshemmende Industriepolitik sowie nicht zuletzt die internen Abstimmungsverfahren, die zu wenig an den Beiträgen der Mitgliedsstaaten ausgerichtet seien. Vgl. Leitprojekte für den Osten. Rüttgers mit neuem Raumfahrt-Konzept, in: *Handelsblatt* vom 31. Januar 1997.

[276] Die Mittel des BMBF für Luftfahrtforschung und Hyperschalltechnologie wurden von 56,1 Mio DM 1993 auf 73,1 Mio DM 1997 bzw. 68,3 Mio DM 1998 erhöht.

[277] Vgl. Stenographischer Bericht des Deutschen Bundestages, 13. Wahlperiode, 142. Sitzung, 28. November 1996, S. 12846.

[278] Vgl. Stenographischer Bericht des Deutschen Bundestages, 13. Wahlperiode, 30. Sitzung, 29. März 1995, S. 2209.

[279] Vgl. Stenographischer Bericht des Deutschen Bundestages, 13. Wahlperiode, 205. Sitzung, 25. November 1997, S. 18570.

Doch bei allen Vorbehalten seitens der Grünen gegenüber der Forschungs- und Technologiepolitik des BMBF, vor allem auch gegenüber Rüttgers' Festhalten an der Entwicklungsforschung des Transrapid – einen „gar nicht so schlechten Eindruck" bescheinigte man dem Minister denn doch, ebenso eine „ganz gute Performance"[280]. Immerhin und eher selten: ein grünes Lob für den Mann der schwarzen Partei.

Deutlich positiv fiel das Urteil der Medien über Rüttgers' Arbeit als „Zukunftsminister" aus. Diese bescheinigten Rüttgers zum Ende seiner Amtszeit, er habe als Minister „einen prima Job" gemacht. Warum? Weil er die politischen Themen „Bildung" und „Forschung" aus einem „langen Erschöpfungsschlaf" geweckt[281] und „mit seiner effektiven, sachlichen Art" mehr geleistet habe „als mancher Star-Modernisierer"[282] *(Die Zeit)*. Letzterer Aspekt bezog sich darauf, dass Rüttgers in Kooperation mit der Deutschen Telekom das Projekt „Schulen ans Netz" bereits 1996 in Angriff genommen und binnen eines Jahres fast jede dritte Schule hatte vernetzen lassen, während der britische Premier Tony Blair sich ein Jahr später allein für seine Ankündigung, die englischen Schulen ans Internet anzuschließen, feiern ließ. Eine Bilanz, die noch heute für Rüttgers' Weitsicht und Gespür in puncto Innovation und Bildung spricht.

So konnte sich das böse Wort eines Unions-Fraktionskollegen über den Minister, er sei „ein guter Mann im falschen Job", nicht wirklich auf Rüttgers' politische Bilanz als Chef des thematisch schwergewichtigen, nach Ansicht der Opposition jedoch dramatisch unterfinanzierten Ministeriums bezogen haben. Tatsächlich war es auch mehr ein Kritteln an jener Bodenständigkeit, an jener von den Medien manchmal als „sympathische Provinzialität" charakterisierten Art, die Rüttgers durchaus zur Kenntnis nahm.

---

[280] Vgl. Stenographischer Bericht des Deutschen Bundestages, 13. Wahlperiode, 142. Sitzung, 28. November 1996, S. 12851.
[281] Jochen Buchsteiner: Große Fragen, kleine Antworten. Die CDU vor ihrem Parteitag in Leipzig: Auf Jürgen Rüttgers richteten sich viele Hoffnungen. Hat er sie erfüllt?, in: *Die Zeit* (42) 1997.
[282] Vgl. ebd.

Doch veranlasste sie ihn zu keinem Zeitpunkt, sich in seinem Amt als „Zukunftsminister" zu einem trendigen Zeitgeistritter oder Modernitätsfetischisten verwandeln zu wollen, der vorgab, dem Puls der Zeit einen Takt voraus zu sein. Erst recht veranlasste diese Krittelei ihn nicht, „eine schrille Begeisterung für den Fortschritt" zu demonstrieren – eine Verhaltensweise, die Rüttgers bei seinen Auftritten „instinktiv vermeidet", wie die *Wochenpost* richtig kommentierte.[283] Als Missionar der Globalisierung, der Individualisierung, der Flexibilisierung oder der Digitalisierung wollte Rüttgers nie wahrgenommen werden – zumal ihm das Missionarische trotz seiner Religiosität fremd ist. Bunte, effekthascherische PR-Aktionen waren ihm suspekt und er überließ diese im Zweifelsfalle anderen Kabinettskollegen.

Weit eher wollte Rüttgers als traditionsbewusster, gleichwohl zukunftsorientierter, moderner Politiker einer Volkspartei wahrgenommen zu werden, in der „Heimat" ebenso einen Platz haben muss, wie die Akzeptanz und selbstbewusste Annahme der grenzenlosen Kommunikation eines World Wide Web. In der sich das Konservative wie das Progressive nicht gegenseitig ausschließen, sondern im Gegenteil ergänzen. Ein zugegebenermaßen schwieriges Unterfangen eines Mannes, der Simplifizierungen scheut und Differenzierungen bevorzugt. Wenn einzelne Kommentatoren lästerten, „modern" am „Zukunftsminister" sei eigentlich nur seine bunte Plastikuhr am Arm, nahm Rüttgers derartige Anwürfe gelassen hin – im Gegensatz zu sachlicher Kritik an seiner Arbeit.

Die Kritik setzte bei Medien und Opposition zu Recht da an, wo Rüttgers selbst in einer Haushaltsdebatte über den Etat seines Ressorts gegenüber seiner Amtsnachfolgerin als Bildungs- und Forschungsministerin, Edelgard Bulmahn (SPD), einen Schwachpunkt konzedierte: „(…) dass es einige D-Mark weniger geben wird. Das ist wahr. Das ist zwar traurig, aber ich kann es nicht ändern."[284]

---

[283] Vgl. Bernd Ulrich: Der Zauberlehrling. Zukunftsminister Jürgen Rüttgers auf der Suche nach Sinn und Erfolg, in: *Wochenpost* vom 13. Juni 1996.
[284] Vgl. Stenographischer Bericht des Deutschen Bundestages, 13. Wahlperiode, 124. Sitzung, 28. November 1996, S. 12857.

Weniger zurückhaltend formuliert: Der Anspruch, der mit dem Glanz der Zukunftsträchtigkeit umgeben worden war, konnte ungeachtet aller Innovationen, Gesetzesinitiativen, Reformvorschläge und Pressemitteilungen nicht eingelöst werden. Der entscheidende finanzielle Spielraum war schlichtweg nicht vorhanden.

„Trotz mehrerer, sorgfältig vorbereiteter Spitzengespräche in Sachen Bildung und Forschung", so bilanziert Rüttgers' damaliger Staatssekretär Fritz Schaumann den eingeschränkten Handlungsspielraum des „Zukunftsministers", hatte sich die Bundesregierung „nicht bereit" gezeigt, „den Etat und die Finanzplanung deutlich aufzustocken".[285] Als Ressortverantwortlichen ließ Kohl seinen „jungen Pulheimer" damit, nüchtern betrachtet, finanziell im Regen stehen.

Hatte Rüttgers in der ersten Haushaltsberatung seines Ressorts im Frühjahr 1995 ungeachtet der Konsolidierungspolitik seines Ressortkollegen Theo Waigel immerhin noch einen Anstieg der Bereiche Forschung und Technologie im Vergleich zu den anderen Ressorts um stolze 2,7 Prozent verkünden können, so sprachen die Haushaltszahlen der nachfolgenden Jahre eine andere Sprache, was die Opposition dazu brachte, Rüttgers als „Ankündigungsminister" zu schelten, der, so ein Rat des SPD-Politikers Dieter Schanz, ins Kabinett gehen und sagen solle: „Helmut – oder: Theo –, ihr habt mich hängen lassen; ich schmeiße den Krempel hin".[286] Was weder Rüttgers' Art gewesen wäre, noch seinem persönlichen Verhältnis zu Helmut Kohl, seinem Förderer, entsprochen hätte.

Doch nicht nur in der Opposition, auch in den Reihen der Koalitionsfraktionen machte sich Unmut über die engen finanziellen Spielräume des Zukunftsressorts breit. Hatte Wolfgang Gerhardt im Frühjahr 1995 im Rahmen der ersten Haushaltsberatungen des neu fusionierten Minis-

---

[285] Fritz Schaumann: Bildungs- und Wissenschaftspolitik des Bundes. Unsystematische Erinnerungen, in: Peter Weingart / Niels C. Taubert (Hrsg.): Das Wissensministerium. Ein halbes Jahrhundert Forschungs- und Bildungspolitik in Deutschland, Göttingen 2006, S. 487–496, S. 490.
[286] Vgl. Stenographischer Bericht des Deutschen Bundestages, 13. Wahlperiode, 205. Sitzung, 25. November 1997, S. 18564.

teriums nicht nur eine „innere Philosophie" des neuen Ressorts entdeckt, sondern vor allem eine „sehr, sehr positive Entwicklung" im Haushalt des BMBF[287] prognostiziert, sah Gerhardts FDP-Fraktionskollege Jürgen Koppelin dagegen bereits im Herbst des darauffolgenden Jahres „die Schmerzgrenze" des „Einzelplans 30", d. h. der veranschlagten Haushaltsmittel des Rüttgers-Ressorts für 1997 mit 14,81 Mrd. DM[288] gegenüber 15,37 Mrd. DM im Jahr 1995[289] als „überschritten" an.[290]

Die SPD frohlockte und sah postwendend die „hochgelobte Innovationsrakete Zukunftsministerium in das Bermudadreieck des Finanzministers" stürzen.[291] Die Presse wiederum maulte über einen „mickrigen" Etat, während Rüttgers' Parteifreund Steffen Kampeter jedes „Schönreden"[292] der finanziellen Spielräume des „Zukunftsministeriums" von sich wies und sich – wie der Minister selbst – zur schmerzlichen Grundsatzentscheidung der Bundesregierung bekannte, in allen Etats und somit auch in demjenigen des BMBF Einsparungen vorzunehmen. Der Grund: die dringend notwendige Konsolidierung der öffentlichen Finanzen.

„Hinter dem glanzvollen Namen des ‚Zukunftsministeriums'", so erinnert sich ein früherer Kabinettskollege rückblickend, „verbarg sich eine finanzielle Tristesse, aus der Jürgen Rüttgers das Beste zu machen suchte" – weniger um Inszenierung bemüht als Jürgen Möllemann, aber „sachorientiert und manchmal ein wenig detailverliebt". Kaum verwunderlich also, dass der „Zukunftsminister" in den Zeitungen häufig dort zu Wort kam, „wo es speziell wird: hinten"[293].

---

[287] Vgl. Stenographischer Bericht des Deutschen Bundestages, 13. Wahlperiode, 30. Sitzung, 29. März 1995, S. 2207.
[288] Quelle: Bundesministerium der Finanzen, August 1999.
[289] Quelle: Bundesministerium der Finanzen, Juli 1996.
[290] Vgl. Stenographischer Bericht des Deutschen Bundestages, 13. Wahlperiode, 124. Sitzung, 28. November 1996, S. 12854.
[291] Ebd., S. 12859.
[292] Ebd., S. 12845.
[293] Bernd Ulrich: Der Zauberlehrling. Zukunftsminister Jürgen Rüttgers auf der Suche nach Sinn und Erfolg, in: *Wochenpost* vom 13. Juni 1996.

Was von der Sache her kaum berechtigt war. Denn obwohl der Bund in Fragen von Bildung und Wissenschaft nach dem Grundgesetz nur einen höchst eingeschränkten Handlungsspielraum hat und die finanziellen Möglichkeiten seines Ministeriums weit beschränkter waren als ursprünglich erhofft;[294] betrieb Rüttgers eine Politik der Strukturveränderungen im Bereich Bildung, Wissenschaft, Forschung und Technologie.

Dabei hatte er es, wie sich Rüttgers nicht zu Unrecht immer wieder beklagte, parlamentarisch oftmals weniger mit konstruktiven Gegenvorschlägen als eher mit Kakophonie, „Realitätsverweigerung und Modernitätsangst"[295] der Opposition zu tun – zumal in Fragen der Gentechnologie, der Weltraumpolitik oder des Transrapid. Dennoch gelang es ihm psychologisch höchst folgewirksam in einem vergleichsweise kurzen Zeitraum die angstgeprägte deutsche Diskussion über Risiken der Bio- und Gentechnologie mit wichtigen Impulsen in eine Debatte über Chancen und Perspektiven dieser Zukunftstechnologien zu verwandeln:[296] Und dies, ohne dabei die Zukunftstechnologien „fröhlich wie bei einer Tupperware-Party für Ingenieure"[297] anzupreisen, wie man es nicht zuletzt seinem Vorgänger Heinz Riesenhuber vorgeworfen hatte – lustige Fliegen (statt Krawatten) hin oder her.

Und doch litt Rüttgers als „Zukunftsminister" im schwarz-gelben Kabinett unter dem Umstand, als Vertreter der Kanzlerpartei einer Kabinettsdisziplin unterworfen zu sein, die für Minister des kleineren Koalitions-

---

[294] Vgl. Jürgen Rüttgers: Bildung und Ausbildung, Investitionen in die Zukunft Deutschlands. Rede auf dem Neujahrsempfang der Wirtschaftsjuroren Köln am 6. Januar 1998 in Köln, Typoskript S. 6. „Es wäre", so räumte Rüttgers in seiner Rede ein, „unseriös, in diesen Zeiten Milliardenbeträge zu versprechen". Rüttgers' damaliger Staatssekretär Dr. Fritz Schaumann spricht rückblickend ebenfalls von „wenig Geld", das Rüttgers an der Spitze eben jenes Ministeriums zur Verfügung hatte, dessen Etikett „Zukunft" für die „Intensität der Erwartungshaltung" wichtig gewesen sei (Gespräch am 11. September 2007 in Düsseldorf).
[295] Vgl. Stenographischer Bericht des Deutschen Bundestages, 13. Wahlperiode, 124. Sitzung, 28. November 1996, S. 12856.
[296] Auf diesen Umstand weist Rüttgers in seiner Rede anlässlich der Auszeichnung zum „European Life Sciences Entrepreneur of the Year" am 27. April 1998 in Amsterdam zu Recht hin. Vgl., Typoskript, S. 2.
[297] Bernd Ulrich: Der Zauberlehrling, in: *Wochenpost* vom 13. Juni 1996.

partners FDP in diesem strikten Maße nicht galt. So hatte Jürgen Möllemann als Bildungsminister die finanziellen Spielräume seines Ressorts über den Weg der Koalitionsrunden gegenüber Kanzleramt oder Finanzministerium geschickt vergrößern können, zur Not auch mit der Drohung, den Koalitionsfrieden zu stören. Wenn gar nichts half, ließ Möllemann seine Forderungen in einen Beschluss des FDP-Bundesparteitags münden;[298] um Kanzler und Finanzminister damit unter Druck zu setzen. Rüttgers stand ein derartiges „Drohpotenzial" als Mitglied der Kanzlerpartei, nicht zuletzt auch aufgrund der persönlichen Verbundenheit mit Helmut Kohl, der ihn in jungen Jahren zum Bundesminister gemacht und damit ein Signal gesetzt hatte, nicht zur Verfügung.

Hinzu kommt, dass die Einführung der Blümschen „Pflegeversicherung" als zentrales politisches Projekt der letzten Kohl-Regierung alle vorhandenen finanziellen Ressourcen forderte, die ihrerseits so kurze Zeit nach der Wiedervereinigung und der daraus entstandenen finanziellen Transfermaßnahmen gering genug waren.

Kurzum: Egal ob mit oder ohne glamourösem Ministeriumsnamen, egal, ob Rüttgers als Ressortchef zu Kohls engstem Kreis gehörte oder nicht – mehr Geld stand für die „Zukunft" nicht zur Verfügung. Rüttgers wusste dies, akzeptierte es und war bemüht, die engen finanziellen Spielräume thematisch umso offensiver zu besetzen. Rückblickend kann man feststellen, dass Rüttgers damit durchaus Erfolg hatte. Misserfolge wie beispielsweise der Versuch einer grundlegenden Strukturreform des studentischen BAföG-Systems;[299] der innergesellschaftlich heftig umstritten[300] und schlussendlich aufgrund des Widerstands der Opposition

---

[298] Fritz Schaumann: Bildungs- und Wissenschaftspolitik des Bundes, S. 490.
[299] Angesichts des Rückgangs der BAföG-Förderquote wurden 1995 die Freibeträge und Bedarfssätze um 4 %, im darauffolgenden Jahr die Freibeträge noch einmal um 2 % erhöht. 1998 erhöhte die Bundesregierung die Elternfreibeträge um 6 % sowie die Bedarfsätze um 2 %, sodass eine Steigerung der Zahl der geförderten Studierenden erreicht wurde, eine grundlegende Reform des BAföG-Systems jedoch als Aufgabe der nachfolgenden rot-grünen Bundesregierung erhalten blieb. Vgl. BAföG-Darlehen für Studenten sollen verzinst werden. Bildungsminister Rüttgers: Alle Alternativen sind teurer, in: *Süddeutsche Zeitung* vom 14. Dezember 1995.
[300] Vgl. Rüttgers' billige Tricks, in: *Süddeutsche Zeitung* vom 5. Juli 1995.

und der Länder nicht durchsetzbar war, blieben natürlich nicht aus. Doch die Aktiva seiner Bilanz können sich sehen lassen: Sei es die Förderung von Biotechnologie, seien es wesentliche Impulse zur Reform der schulischen und beruflichen Ausbildung oder seien es Maßnahmen zur Neuordnung der Forschungslandschaft – Jürgen Rüttgers hat als Minister Spuren hinterlassen, die tiefer gehen als jene seitens der Opposition bespöttelten „Schleifspuren"[301]. Spuren, die in Richtung notwendiger Strukturveränderungen wiesen und die in der Folgezeit politisch parteiübergreifend anerkannt wurden.

Über die Umsetzung einzelner Maßnahmen, beispielsweise bei der Verkürzung der Gymnasialzeit von neun auf acht Jahre, gibt es unterschiedliche Auffassungen. Doch in der Grundsatzfrage einer gebotenen Schulzeitverkürzung stimmen die Experten heute weitestgehend überein. Auch in der Notwendigkeit einer Reform der Universitäten und ihrer Studiengänge – wiewohl die Kluft zwischen politischem Wollen und universitärer Befindlichkeit derzeit recht tief ist.

Die neue Hochschulfreiheit, die Rüttgers schon als Bundesminister vorschwebte und die er nun als Regierungschef mit Vize-Ministerpräsident Pinkwart, dem zuständigen Ressortverantwortlichen, seit 2005 Nordrhein-Westfalen beschert hat, korrespondiert oftmals nicht mit den finanziellen und personellen Kapazitäten der Universitäten, diese neue Freiheit nun auch innovativ mit Forschung und Lehre zu füllen. Heute ist Rüttgers wie seinerzeit Kohl in der Situation, weniger Geld geben zu können als vom Ressortminister gewünscht und von den Betroffenen als erforderlich reklamiert wird.

Doch gleichwohl: Ein „Zukunftspakt" des Landes mit den Hochschulen soll's richten. Die Zukunftsthemen: Bildung, Forschung, Biotechnologie und Kommunikationstechnologien, daran besteht kein Zweifel, liegen Rüttgers am Herzen. Die Ministerzeit war außerordentlich prägend für ihn, nicht zuletzt auch deren Ende.

---

[301] So die Einschätzung des Abgeordneten Manuel Kiper (Die Grünen), vgl. Stenographischer Bericht des Deutschen Bundestages, 13. Wahlperiode, 124. Sitzung, 28. November 1996, S. 12849.

Rüttgers hatte es, auch wenn er es erst spät selbst wahrhaben wollte, schlussendlich kommen sehen: das Ende der Ära Kohl, sein Ende als Mann für die „Zukunft". Mit 47 Jahren „Zukunftsminister" a. D., im Zenit seines Erfolges, ein einschneidendes Erlebnis, das ihn mit der zentralen Frage konfrontierte: Wie und wohin weiter?

Zunächst, soviel war klar, zurück in die zweite Reihe. Ohne Fahrer, ohne Referenten, ohne Stab und bar aller Insignien der Macht, ohne die Rüttgers, bodenständig geblieben, durchaus gut leben konnte. Ohne eigenen politischen Entscheidungsspielraum allerdings nicht. Wohin also weiter? Nach der knappen, keineswegs glatten Wahl zum Stellvertretenden Fraktionsvorsitzenden der Bundestagsfraktion traf Rüttgers für sich die folgenreiche Entscheidung: Vom Bund ins Land. Das Ziel? Zurück nach vorn.

IV. Düsseldorf

Zurück nach vorn: Der Triumph 2005 und seine Vorgeschichte

Dramatische Zahlen – Ein Traum wird Wirklichkeit – „Macht macht beliebt" – Kontrast zu 2000 – „Kinder statt Inder" – Doppelte Staatsbürgerschaft – „Integration und Toleranz" – NRW- und Hessen-CDU – „Piccoloflötist an der Kesselpauke" – Parteispendenaffäre – Rüttgers und der CDU-Ehrenvorsitzende – Ein Gefühl der Bitterkeit – Gelbe Karte für Rot-Grün – Schluss mit der Schlachtbank – „Wir im Westen" – „Liebe fürs Soziale" – Integrationsoffensive NRW – Paul Spiegel – Islamunterricht – „Pflegefall sucht Siegertyp" – „Wir in NRW" – Koalitionsperspektiven – Merkel/Stoiber – „Jürgen, Jürgen, Jürgen!" – Mit Headhunter zum „Siegertyp"

22. Mai 2005, 18.00 Uhr: Das Wahlergebnis war eine Sensation. Weniger der Sieg der CDU, den manche als „längst überfällig"[302] bezeichnet und viele Beobachter tatsächlich bereits bei der Landtagswahl fünf Jahre zuvor erwartet hatten. Eine Sensation war die Deutlichkeit, mit der die CDU die SPD hinter sich lassen konnte: Mit 44,8 Prozent der Stimmen hatte die CDU ihr bestes Ergebnis seit 1975 erreicht, die SPD ihrerseits mit 37,1 Prozent der Stimmen ihr schlechtestes in NRW seit 1954.[303] Im Vergleich zur vorangegangenen Landtagswahl vermochte die CDU 7,8 Prozentpunkte hinzuzugewinnen, wohingegen die SPD 5,7 Prozentpunkte verloren hatte.

---

[302] Vgl. Daniel Deckers: Eine Ära geht zu Ende. Den größten Stimmenzuwachs erzielte die CDU durch die höhere Wahlbeteiligung, in: *Frankfurter Allgemeine Zeitung* vom 24. Mai 2005.
[303] Vgl. Ursula Feist / Hans-Jürgen Hoffmann: Die nordrhein-westfälische Landtagswahl vom 22. Mai 2005: Schwarz-Gelb löst Rot-Grün ab, in: *Zeitschrift für Parlamentsfragen* (1) 2006, S. 163–182, S. 173.

Während die Sozialdemokraten besonders unter einem immensen Vertrauensschwund bei Arbeitern und Arbeitslosen zu leiden hatten, vermochte die CDU eben hier mit neun Prozentpunkten deutliche Stimmenzuwächse zu verzeichnen. Ein Desaster für den populären Ministerpräsidenten und „einzigen Trumpf, den die Sozialdemokraten in der Hand hatten"[304], Peer Steinbrück, der es trotz seiner guten Persönlichkeitswerte nicht vermocht hatte, die schlechten Kompetenzwerte seiner Partei wettzumachen. Nur 18 Prozent der Wähler, so der Tenor der Umfragen, trauten der SPD in NRW noch die Schaffung neuer Arbeitsplätze zu, wohingegen die CDU bei dieser zentralen politischen Frage einen Wert von immerhin 38 Prozent erreichte. Auf dem landespolitisch wichtigen Politikfeld Bildung und Schule vermochte die CDU mit 41 Prozent weit höhere Kompetenzwerte zu erreichen als die regierenden Sozialdemokraten mit 28 Prozent.[305]

Während die Arbeit der rot-grünen Landesregierung im Vorfeld der Landtagswahl im Mai 2005 seitens der Bevölkerung insgesamt „deutlich negativ"[306] bewertet wurde, hatte sich diese landespolitische Stimmungslage durch den Ausgang der Landtagswahl in Schleswig-Holstein[307] sowie den bundespolitischen Trend noch verstärkt. Ende April 2005 lag die bundesweite Zustimmung zur CDU/CSU bei immerhin 48 Prozent, wohingegen die SPD mit 28 Prozent 20 Prozentpunkte zurücklag.[308] Zielscheibe heftiger Kritik, vor allem auch in den Reihen der SPD-Wählerschaft, war der frühere NRW-Chef Wolfgang Clement, der nun als Wirtschaftsminister für „Hartz IV" politisch verantwortlich gemacht wurde.

---

[304] Karl-Rudolf Korte: Regieren in Nordrhein-Westfalen, S. 327.
[305] Vgl. Berichte der Forschungsgruppe Wahlen e.V.: Wahl in Nordrhein-Westfalen. Eine Analyse der Landtagswahl vom 22. Mai 2005 (Bericht 121), Mannheim 2005, S. 38.
[306] Karl-Rudolf Korte: Regieren in Nordrhein-Westfalen, S. 328; vgl. ebd. eine thematische Ausdifferenzierung dieser Einschätzung.
[307] Vgl. Ursula Feist / Hans-Jürgen Hoffmann: Die nordrhein-westfälische Landtagswahl vom 22. Mai 2005: Schwarz-Gelb löst Rot-Grün ab, S. 163 f.; vgl. ebd. auch Thomas Saretzki / Ralf Tils: Die schleswig-holsteinische Landtagswahl, in: *Zeitschrift für Parlamentsfragen* (1) 2006, S. 156–163.
[308] Die Werte ermittelte das Politbarometer vom 29. April 2005.

Vor diesem Hintergrund verstanden es Jürgen Rüttgers und seine Berater aus der Enttäuschung über die rot-grüne Bundesregierung, aus der Frustration weiter Bevölkerungsteile über die Schrödersche Agenda 2010 sowie aus dem Unmut über eine Arbeitsmarktstatistik, die Anfang 2005 bundesweit fünf Millionen und in NRW über eine Million Arbeitslose auswies, eine deutlich spürbare Wechselstimmung zu erzeugen. Immer wieder nannte Rüttgers auf Wahlkampfveranstaltungen vier dramatische Zahlen, mit denen er die Dringlichkeit eines Politik- und Regierungswechsels unterstrich: eine Million Arbeitslose, 110 Milliarden Schulden, fünf Millionen Stunden Unterrichtsausfall an den Schulen pro Jahr, 1,5 Millionen Straftaten. Diese Zahlen verfehlten ihre Wirkung nicht: „61 Prozent der Wähler", so bilanziert Wahlforscher Karl-Rudolf Korte, „sprachen sich für einen Wechsel der Landesregierung aus. Nur 35 Prozent äußerten eine gegenteilige Meinung. Über den gesamten Wahlkampf hinweg votierten stets 50 Prozent und mehr für einen politischen Wechsel. Die Aussichten für die SPD verschlechterten sich zudem kontinuierlich. Kurz vor der Wahl schätzten nur noch 12 Prozent der Wähler die Stimmung für die SPD als günstig ein."[309] Franz Münteferings kurz vor der Wahl inszenierte „Heuschreckenkampagne" zur Mobilisierung der sozialdemokratischen Stammwählerschaft kam zu spät und zeigte, abgesehen von einem gewissen Mobilisierungseffekt im Ruhrgebiet[310], wenig Erfolg. Konsequenz: Die SPD konnte am 22. Mai lediglich 60 Prozent ihres Wählerpotenzials mobilisieren. Das Wahlergebnis, so kommentierte die *Frankfurter Rundschau*, spiegele „eine tiefe Entfremdung breiter Teile der städtischen Arbeiterschaft" von ihrer ehemaligen Partei wider.[311]

Anders das Bild bei der CDU: Mit 3.696.506 Stimmen, 984.330 Stimmen mehr als im Jahr 2000 und davon ca. 290.000 Stimmen von der SPD, hatte Jürgen Rüttgers das geschafft, was ihm in den Jahren als Oppositionsführer im Düsseldorfer Landtag selbst mancher Fraktionskollege nicht zugetraut hatte: Indem er am Wahltag numerisch zum „Vorsitzen-

---

[309] Karl-Rudolf Korte: Regieren in Nordrhein-Westfalen, S. 329.
[310] Vgl. Ursula Feist / Hans-Jürgen Hoffmann: Die nordrhein-westfälische Landtagswahl vom 22. Mai 2005, S. 170 f.
[311] Vgl. *Frankfurter Rundschau* vom 25. Mai 2005.

den der Arbeiterpartei" in NRW wurde, gelang es der CDU, „die wichtigste Basisstation der deutschen Sozialdemokratie"[312] zu schleifen und den Regierungschef zu stellen. Selbst die beiden TV-Debatten[313] am 5. und 17. Mai zwischen Peer Steinbrück und Jürgen Rüttgers, auf deren Wirkung die SPD große Hoffnung gesetzt hatte, konnten den Siegeszug der Union nicht aufhalten. Auch wenn Medienanalysen zufolge der Amtsinhaber zumindest bei der ersten Debatte einen besseren Gesamteindruck als der Herausforderer[314] zu hinterlassen vermochte, verstand es Rüttgers doch, einerseits „mit besseren Argumenten bei den Themen Arbeitsmarkt und Bildung"[315] zu punkten und andererseits „immer wieder auch die christlich-soziale Komponente in der Tradition seiner Partei ins Spiel zu bringen"[316]. Das mediale Wunder zugunsten der SPD blieb aus und die schlechte Leistungsbilanz der Landesregierung – vor allem im Vergleich zu den südlichen Bundesländern – schlug voll auf die Entscheidung der Wähler durch. Anders als bei der Wahl fünf Jahre zuvor „präsentierte sich den Wählern ein rot-grünes Sündenregister ohne Beschönigung oder relativierende Entlastung"[317] durch Parteispendenaffären oder irritierende Wahlkampagnen der Opposition. Kurzum: Jürgen Rüttgers war am Ziel.

Es war ein langer, harter Weg gewesen seit 1999, als er von der Bundes- in die Landespolitik gewechselt war. Untrügliches Zeichen: Am Abend des 22. Mai, im Lichte des Triumphes, schimmern Rüttgers' einstmals dunklen Haare grau, fast weiß. Der Druck, aus dem notorisch unterlegenen NRW-Landesverband eine siegreiche CDU-Truppe zu schmieden und diese zum Erfolg zu führen, nach einem ersten vergeblichen Versuch nun im zweiten Anlauf, hatte seine Spuren hinterlassen.

---

[312] Vgl. *Berliner Zeitung* vom 23. Mai 2005.
[313] Vgl. Peter Schilder: Steinbrück gegen Rüttgers: Mehr Schaulaufen als Duell, in: *Frankfurter Allgemeine Zeitung* vom 19. Mai 2005.
[314] Vgl. Ursula Feist / Hans-Jürgen Hoffmann: Die nordrhein-westfälische Landtagswahl vom 22. Mai 2005, S. 171.
[315] Ebd.
[316] Ebd., S. 182.
[317] Ebd., S. 168.

Doch am Abend des Wahltags war dieser Druck plötzlich wie von ihm abgefallen. Freude, Stolz und Genugtuung, aber auch eine Ahnung davon, welche große Verantwortung fortan auf ihn zukommen würde, dominierten den Gefühlshaushalt des Ministerpräsidenten in spe. Dabei hatten weder er selbst[318] noch seine Frau bis zuletzt an ein solch fulminantes Wahlergebnis geglaubt. Noch heute spricht Angelika Rüttgers von einem „Traum"[319], der an jenem Sonntag im Mai 2005 plötzlich Wirklichkeit geworden sei.

Angelika und Jürgen Rüttgers hatten diesen Tag begonnen wie jeden Sonntag auch: Morgens stand der Besuch der Messe in der Abteikirche St. Nikolaus in Brauweiler an, gemeinsam mit ihren Söhnen. Anschließend gab Familie Rüttgers um 12.15 Uhr ihre Stimmen im nahe gelegenen Bürgerhaus ab. Nachdem man gegen 12.30 Uhr nach Hause zurückgekehrt war, legte sich Rüttgers zunächst für eine Stunde hin – um zu schlafen! Noch heute wundern sich seine Mitarbeiter über die Nervenstärke, die ihr Chef an diesem „historischen" Tag bewies, zumal selbst dann, als sich die ersten Trends abzeichneten und klar war, dass es diesmal mit dem Sieg klappen würde.

„Guten Tag, Herr Ministerpräsident!" begrüßte ihn einer seiner Berater, der ihn gegen 13.30 Uhr mit einem Telefonanruf weckte, um die ersten Trendmeldungen durchzugeben. Rüttgers reagierte ganz ruhig, fast in sich gekehrt – womöglich auch noch ein Stück weit ungläubig – und erklärte dem verdutzen Anrufer, er werde sich nun noch einmal für eine Viertelstunde hinlegen, um nachzudenken.

Dann, im weiteren Verlauf des Nachmittags fuhr Rüttgers mit seiner Frau in die CDU-Landesgeschäftsstelle nach Düsseldorf, um dort die ersten inoffiziellen Wahlprognosen entgegenzunehmen. Diese waren so gut, dass Rüttgers sie kaum glauben mochte. Doch je mehr sich die Anzeichen verdichteten, dass weniger ein Sieg als vielmehr ein Triumph seiner Partei bevorstand, löste sich die allseits spürbare Anspannung. Es

---

[318] Vgl. Hier strahlt der große Sieger. Das erste Interview mit Wahl-Gewinner Jürgen Rüttgers, in: *Bild* vom 23. Mai 2005.
[319] Gespräch mit Angelika Rüttgers am 16. März 2007.

hatte sich gelohnt. Jürgen Rüttgers wusste, dass zahlreiche Beobachter ihn mit seinem asketischen Gesicht, seiner randlosen Brille, seinen blaugrünen Augen und der leisen Stimme im zurückliegenden Wahlkampf mehr als Gelehrten denn als Wahlkämpfer wahrgenommen hatten, ja dass viele meinten, wenn die CDU in NRW gewinne, dann trotz und nicht wegen ihres Spitzenkandidaten.

Doch jetzt, angesichts dieses triumphalen Abschneidens der CDU wusste Rüttgers auch, dass sich sein unermüdlicher Einsatz während der letzten Wochen, Monate und Jahre, an Rhein und Ruhr, vom Münster- bis zum Sauerland, gelohnt hatte, dass er – Brillengestell hin oder her, asketisches Gesicht oder nicht – wesentlichen Anteil an diesem historischen Sieg in NRW nach 39 Jahren hatte. Er wusste auch, dass NRW ein ganz anderes Machtpotenzial auf die Waage bringt, als andere Bundesländer wie beispielsweise Niedersachsen. Im Übrigen hatte die *Süddeutsche Zeitung* Recht, wenn sie unmittelbar nach der gewonnenen Wahl kommentierte: „Macht macht beliebt."[320]

Rüttgers langjähriger Fahrer, Kalli Nöbel, erinnert sich noch gut daran, wie ihm sein Chef am Abend des 22. Mai auf dem Weg von der CDU-Landesgeschäftsstelle in der Düsseldorfer Wasserstraße zum Landtag gelöst und glücklich, „wie ich ihn noch nie erlebt habe", auf die Schulter klopfte und strahlend meinte: „Nöbel, jetzt haben wir es endlich geschafft!"[321] Die Last der knappen Niederlage fünf Jahre zuvor, als Rüttgers' Partei von den langen Schatten der Berliner Parteispendenaffäre kurz vor dem Ziel eingeholt wurde und damit die Wahl an Rhein und Ruhr in letzter Minute verlor, war wie weggezaubert.

Welcher Kontrast zur Wahl im Jahr 2000: Konnten in der Schlussphase des Wahlkampfs 2005 viele nicht nah genug an den wahrscheinlichen künftigen Ministerpräsidenten Rüttgers heranrücken und trugen sogar SPD-Parteigänger erste Terminwünsche bei der künftig CDU-geführten Landesregierung vor – selbst als der offizielle Wahlkampf noch lief –, so

---

[320] Johannes Nitschmann: Macht macht beliebt. Welche Begehrlichkeiten die Wahlsieger in NRW wecken, in: *Süddeutsche Zeitung* vom 24. Mai 2005.
[321] Gespräch mit Karl-Heinz Nöbel am 18. April 2007.

war Rüttgers im Jahr 2000 bereits vor Ende des Wahlkampfs eine Zukunft im Land prophezeit worden, die „mindestens so düster" sei „wie der Hauptbahnhof Gelsenkirchen"[322].

Ein Indiz dafür, dass die Chancen des eigenen Spitzenkandidaten kurz vor der Wahl im Mai 2000 selbst innerhalb der CDU als gering angesehen worden waren, war die Tatsache, dass der Name des eigenen Spitzenkandidaten in Wahlkampfreden des Fraktionsvorsitzenden Laurenz Meyer kein einziges Mal fiel.[323] Was mit Rüttgers in der Schlussphase des Wahlkampfs 2000 immer stärker in Verbindung gebracht worden war und sich zu einem Negativ-Image verdichtet hatte, war vor allem zweierlei: Rüttgers' missglückte Postkartenkampagne gegen die Greencard für ausländische Computerspezialisten sowie sein Verhältnis zu Altkanzler Helmut Kohl.

Immer wieder: „Kinder statt Inder" – dieses verkürzt wiedergegebene Zitat von Rüttgers, das sich sehr bald auf Werbeplakaten der Republikaner wiederfand, haftete dem einstigen „Zukunftsminister" und amtierenden Fraktionsvize als Hautgout an und wurde von vielen Beobachtern als verzweifelter Versuch gedeutet, das Blatt im Wahlkampf noch einmal zugunsten der CDU zu wenden. Ganz so, wie in Hessen, wo es dem dortigen Spitzenkandidaten der vorangegangenen Landtagswahl, Roland Koch, mit seiner Unterschriftenkampagne gegen die doppelte Staatsbürgerschaft überraschend gelungen war, „den Widerstand in der Bevölkerung zu mobilisieren"[324] und die Wahl zu gewinnen. Analysen der Hessischen Landtagswahl 1999 bestätigen, dass durch das Thema „doppelte Staatsbürgerschaft" die von den Wählern überwiegend als positiv angesehene Bilanz der rot-grünen Landesregierung in den Hintergrund gedrängt wurde und der in den letzten Wochen vor der Wahl gewachsene Unmut über die Bundesregierung ein Ventil gefunden hatte.

---

[322] Andreas Rossmann: Straßenwahlkampf der CDU im Ruhrgebiet. Mit Laurenz Meyer in der Fußgängerzone von Gelsenkirchen, in: *Frankfurter Allgemeine Zeitung* vom 6. Mai 2000.
[323] Vgl. ebd.
[324] So die Formulierung von Wolfgang Schäuble, zitiert nach Matthias Geis: Getroffene Hunde, in: *Die Zeit* (3) 1999.

Damit hatte sich in der Schlussphase des Wahlkampfs der Charakter der Wahl geändert: Aus einer landespolitischen Entscheidung mit erwartbarer Bestätigung der amtierenden Landesregierung war eine von Roland Koch schließlich gewonnene Bilanz- und Denkzettelwahl gegenüber der Bundesregierung geworden,[325] – an deren Ausgang Jürgen Rüttgers Anteil hatte.

Tatsächlich war er es, der als für Innenpolitik zuständiger Fraktionsvize im Bundestag den Text jener Unterschriftenkampagne für Hessen entworfen hatte, der dann zwischen Wolfgang Schäuble und dem hessischen Landesverband abgestimmt wurde. „Zwischen Weihnachten und Neujahr 1998/99", so erinnert sich Rüttgers, habe er in seinem heimischen Arbeitszimmer an Formulierungen gefeilt, die in der Sache eindeutig und zugleich ohne „falsche Konnotationen nach rechts" sein sollten.[326] Was ihm, darauf ist er noch heute stolz, auch gelungen sei, denn weder Schäuble, „der nach Weihnachten immer wieder anrief um zu fragen, ob der Text fertig sei"[327], noch Koch hätten schließlich Änderungen am Rüttgers-Entwurf – einem „unangreifbaren, aber demagogisch hinreichend vergifteten Text", wie der Publizist Hajo Schumacher rückblickend an die Adresse des „gemäßigten Jürgen Rüttgers" urteilt –,[328] für nötig gehalten. Die intendierte Stoßrichtig, so erklärt Rüttgers rückblickend seinerseits, sei klar gewesen: Ja zur Integration – nein zur doppelten Staatsbürgerschaft. Mit Populismus habe weder der Text, noch die Kampagne irgendetwas zu tun gehabt.

Tatsächlich lag der Text inhaltlich auf jener Linie, die führende Unions-Innenpolitiker unter Vorsitz von Jürgen Rüttgers in einem Eckpunktepapier „Integration und Toleranz" am 12. Januar 1999 vorgezeichnet hatten, und die nach einem Beschluss der Bundestagsfraktion am 19. Januar 1999 Eingang in einen entsprechenden Gesetzentwurf im Bundestag fand: Ja zur verbesserten Integration und erleichterten Einbürgerung von jenen Ausländern, „die sich in die deutschen Lebensverhältnisse ein-

---

[325] Vgl. Wahlreport „Landtagswahl Hessen 1999" (S. 2), in: www.infratest-dimap.de.
[326] Gespräch mit Ministerpräsident Dr. Jürgen Rüttgers am 11. September 2007.
[327] Gespräch mit Ministerpräsident Dr. Jürgen Rüttgers am 11. September 2007.
[328] Hajo Schumacher: Roland Koch. Verehrt und verachtet, Frankfurt a. M. 2004, S. 151.

geordnet haben und die sich auf Dauer für Deutschland als ihren Lebensmittelpunkt entscheiden" – nein zur regelmäßigen doppelten Staatsbürgerschaft jenseits der „Hinnahme von Mehrstaatlichkeit im Einzelfall".[329] Tatsächlich konnte keine der Forderungen, die in diesem von Rüttgers maßgeblich verantworteten Papier formuliert wurden – beispielsweise die Ausweitung der Sprachförderung, die Verkürzung der Fristen für Arbeits- und Gewerbeerlaubnisse oder die Förderung ausländischer Kinder in Kindergärten und in der Vorschulzeit – mit dem Verdacht des Populismus belegt werden.

Im Gegenteil: Vieles von dem, was damals gefordert wurde, ist heute allgemeiner Konsens. Tatsache ist aber auch, dass in der Hitze des Wahlkampfs die ganze Botschaft vielfach verkürzt wahrgenommen wurde. Der Effekt, dass mancher „emotionalisierte"[330] Wähler mit seiner Unterschrift im Wahlkampf weniger ein Mehr an Integration als vielmehr ein Weniger an Ausländern in Deutschland bezwecken wollte, nahmen Koch und seine Partei in Kauf. Gleichwohl war allen zu Beginn der Kampagne auch klar: „Das kann fürchterlich in die Hose gehen. Die Medien werden über uns herfallen, die Kirchen, die Gewerkschaften, die Ausländerbeiräte." Aber „die Bürger", so prognostizierte Roland Koch, „werden auf unserer Seite sein".[331] Koch sollte Recht behalten: Der CDU gelang es, sozusagen im allerletzten Moment, die Stimmung in Hessen zu wenden, 480.000 Unterschriften gegen den Doppelpass einzusammeln und schließlich mit 43,4 Prozent der Stimmen und einem Zugewinn von 4,2 Punkten stärkste Partei zu werden.

Doch die NRW-CDU ist nicht gleich die Hessen-Union und Jürgen Rüttgers ist nicht Roland Koch. Im Unterschied zu Koch hatte Rüttgers bis 2000 nie das Etikett des innenpolitischen bzw. integrationspolitischen Hardliners angehaftet. Rüttgers selbst hatte eine solche Etikettierung in der Vergangenheit auch nie für wünschenswert und eine entsprechende

---

[329] Vgl. Jürgen Rüttgers: Integration und Toleranz. Das Integrationskonzept der Union, in: Andreas Goldberg / Faruk Sen (Hrsg.): Deutsche Türken – Türkische Deutsche? Die Diskussion um die doppelte Staatsbürgerschaft, Münster 1999, S. 107–114.
[330] Vgl. Wahlreport „Landtagswahl Hessen 1999" (S. 1), in: www.infratest-dimap.de.
[331] So Roland Koch zitiert nach Hajo Schumacher: Roland Koch, S. 151.

inhaltliche Profilierung nicht für sinnvoll gehalten. Das unter Rüttgers' Federführung vorgelegte Konzept „Integration und Toleranz"[332] hatte sogar seitens der linksalternativen *taz* das erstaunliche Lob erfahren, abgesehen von der Frage des Doppelpasses seien die Differenzen zwischen dem Konzept von Rüttgers und jenem von Rot-Grün nur „marginal" – „Where's the difference?"[333]

Insofern passte die Anti-Greencard-Kampagne, über die ganz Deutschland ein Jahr später diskutierte und an der sich die Geister schieden,[334] weder zu Rüttgers als Spitzenkandidaten, noch entsprach sie der ursprünglichen Wahlkampfstrategie der „neuen Union im Westen". Diese Strategie hatte sich im Wesentlichen an dreierlei orientieren sollen: Erstens war beabsichtigt, dem „Macher" Wolfgang Clement den „Menschen" Jürgen Rüttgers entgegenzusetzen, zweitens sollte den „Interessen des kleinen Mannes" die ganze Aufmerksamkeit gelten und drittens galt es, mit „weichen Themen" auf allzu scharfe Polemik zu verzichten.

„Kinder statt Inder" bzw. Postkarten für „mehr Ausbildung statt mehr Einwanderung" passten nicht – weder zur NRW-CDU, noch zu Rüttgers, der immer wieder betonte – bis heute –, es sei ihm stets um ein Mehr an Integration als notwendiger Voraussetzung von Einwanderung gegangen. „Wer gegen die doppelte Staatsbürgerschaft ist, der muss für Integration sein" – lautete denn auch das Motto, unter das Jürgen Rüttgers auf dem „Zukunftstag" des CDU-Bundesparteitags in Karlsruhe seine integrationspolitische Rede gehalten hatte. Schon damals, so Rüttgers, sei es sein Ziel gewesen, „die CDU von dem Satz wegzubekommen: Deutschland ist kein Einwanderungsland", denn dieser „ideologische Satz" habe verhindert, dass die hier lebenden Einwanderer in unsere Gesellschaft integriert wurden.[335]

---

[332] Vgl. Antrag der Abgeordneten Dr. Jürgen Rüttgers u.a. „Integration und Toleranz" vom 16. März 1999 (Bundestagsdrucksache 14/534).
[333] Niels Weber: Vehikel des inneren Friedens, in: *die tageszeitung* vom 2. März 1999.
[334] Vgl. Peter Schilder: An Rüttgers' Kampagne scheiden sich die Geister, in: *Frankfurter Allgemeine Zeitung* vom 1. April 2000.
[335] Gespräch mit Ministerpräsident Dr. Jürgen Rüttgers am 11. September 2007.

Entsprechend war die mediale Wahrnehmung des Jürgen Rüttgers im Frühjahr 2000: Wie ein „Piccoloflötist an der Kesselpauke"[336] habe der sonst „feinsinnig und filigran"[337] agierende CDU-Spitzenkandidat gewirkt, lautete ein oft vernommenes Urteil im Zuge des Wahlkampfs. Wenn die Medien in Richtung Rüttgers kommentierten, seine Anti-Greencard-Kampagne sei „nicht die Art, in der ausgerechnet in Deutschland über den Sinn und die Notwendigkeit der Zuwanderung und eines Einwanderungsgesetzes diskutiert werden sollte"[338], so wusste jeder, der Rüttgers halbwegs gut kannte, dass dies im Grunde auch Rüttgers selbst so sah. Nur konnte und wollte er im Wahlkampf, angesichts massiver Vorwürfe an seine Adresse, er folge als „Haider vom Rhein" (Cem Özdemir) einem „erbärmlichen Opportunismus" (Wolfgang Clement), nicht eingestehen, dass einem verkürzten Zitat – anstelle der Aussage „Statt Inder an die Computer müssen unsere Kinder an die Computer"[339] hatte sich in der Öffentlichkeit die Parole „Kinder statt Inder" festgesetzt – der gescheiterte Versuch angeschlossen worden war, eine Grundsatzdiskussion um Bildungs- und Einwanderungsfragen zu initiieren.

Eine Grundsatzdiskussion, bei der es in Übereinstimmung mit 81 Prozent der nordrhein-westfälischen Wähler, wie Rüttgers noch wenige Tage vor der Wahl nicht müde wurde zu betonen,[340] um „mehr Ausbildung statt mehr Einwanderung" gehen müsse. „Niemand", so erklärte Rüttgers Mitte April 2000 im Bundestag, habe „etwas dagegen, dass in dem ein oder anderen Bereich Fachleute nach Deutschland kommen", zumal dies heute schon mit dem bestehenden Instrumentarium möglich sei. „Aber", so der aus Reihen der SPD-Fraktion als „Hetzer" gescholtene Rüttgers weiter, „jetzt eine staatliche Einwanderungspolitik betreiben zu

---

[336] Christoph Schwennicke: Ein Flötist an der Pauke. Bislang galt Jürgen Rüttgers immer als besonnen – jetzt profiliert er sich als Populist, in: *Süddeutsche Zeitung* vom 1. April 2000.
[337] Ebd.
[338] Die Rüttgers-Schleife, in: *Frankfurter Allgemeine Zeitung* vom 5. April 2000.
[339] Vgl. im Zusammenhang das von der Nachrichtenagentur AP geführte und von der *Westdeutschen Allgemeinen Zeitung* wiedergegebene Interview, in dessen Verlauf Rüttgers diese Aussage machte: Streit um Rüttgers-Äußerung. CDU-Politiker: Kinder statt Inder an die Computer, in: *Westdeutsche Allgemeine Zeitung* vom 8. März 2000.
[340] Vgl. Jürgen Rüttgers: Kraftvoll für den Wechsel, in: *Bayernkurier* vom 6. Mai 2000.

wollen – und das ohne Konzept, ohne ausreichende Vorbereitung und vor allen Dingen ohne ein Gesetz, das heißt ohne Einbeziehung des Deutschen Bundestages –, ist der falsche Weg."[341]

Eine emotionsfreie, sachlich-nüchterne Behandlung des Themas Einwanderung und Arbeitsmarkt, wie sie im Grunde auch im Interesse von Rüttgers lag, war in Zeiten des laufenden Wahlkampfs und der damit verbundenen rhetorischen Zuspitzungen nicht möglich. Was Rüttgers, der strategische Profi, auch hätte wissen müssen. Kaum verwunderlich also, dass die CDU, die sich auf einer langen Landesvorstandssitzung mit deutlicher Mehrheit für die Durchführung der Anti-Greencard-Aktion entschieden hatte, in die politisch-mediale Defensive und zunehmend in Populismus-Verdacht geriet.

Vor allem Jürgen Rüttgers selbst, der seinerseits erklärte: „Ich habe es satt, dass in Deutschland Debatten organisiert werden nach dem Motto: Wenn die CDU-Mitglieder etwas sagen, ist das ausländerfeindlich, wenn Linke das Gleiche sagen, ist das eine interessante politische Aussage."[342] Während ihm die *FAZ* vorwarf, er schüre „die Ängste der sogenannten Modernisierungs-Verlierer"[343], attestierte die *Welt* dem CDU-Spitzenkandidaten „falschen Instinkt"[344] – forderte die als Koalitionswunschpartner der CDU angesehene FDP Rüttgers auf, seine Kampagne zu beenden,[345] derweil FDP-Landeschef Möllemann darüber sinnierte, ob Rüttgers „von der Rolle"[346] sei, warnte Rot-Grün vor „plumpem Populismus und muffigen Sprüchen".

---

[341] Jürgen Rüttgers: Rede im Deutschen Bundestag am 13. April 2000.
[342] Jürgen Rüttgers: Zukunft geht auch menschlich. Rede auf dem 19. Landesparteitag der CDU Nordrhein-Westfalens am 18. März 2000, Typoskript, S. 26.
[343] Volker Zastrow: Rüttgers im Wind, in: *Frankfurter Allgemeine Zeitung* vom 1. April 2000.
[344] Thomas Delekat: Rüttgers' falscher Instinkt, in: Die Welt vom 25. April 2000.
[345] FDP: Rüttgers soll Kampagne beenden. Einwanderungsgesetz gefordert, in: *Frankfurter Allgemeine Zeitung* vom 11. April 2000.
[346] „Der Rüttgers ist von der Rolle." FDP-Landeschef Jürgen Möllemann über Bildung, Ausländer und ein „starkes Korrektiv für CDU und SPD" in: *Rheinische Post* vom 1. April 2000.

Das Meinungsspektrum innerhalb der Union war, kaum überraschend, größer: Während die Unions-Innenminister der Länder die Kampagne „im Prinzip"[347] unterstützten, mahnte der stellvertretende Fraktionsvorsitzende im Bundestag, Wolfgang Bosbach, man müsse stets die richtigen Worte wählen, suchte der hessische Ministerpräsident Koch die Kampagne mit der Begründung zu unterstützen, in Wahlkämpfen müsse über die Themen gesprochen werden, „die die Menschen interessieren"[348], gab CDU-Generalsekretärin Angela Merkel ihrerseits zu bedenken, die Aktion dürfe nicht als ausländerfeindlich missverstanden werden.[349] Der sächsische CDU-Wirtschaftsminister Kajo Schommer wiederum qualifizierte Rüttgers' Spruch als „dummerhaftig" ab, mit dem dieser sich verrannt habe.[350]

Angesichts dieser Kakophonie selbst innerhalb der eigenen Partei blieb den CDU-Wahlkämpfern in Nordrhein-Westfalen nichts anderes übrig, als zu versuchen, möglichst unbeeindruckt von Kritik und schwankenden Umfragewerten, Wahlkampf zu machen – bis zum Wahltag, der eine erneute Wahlniederlage der CDU in NRW und das Scheitern auch ihres sechsten Spitzenkandidaten seit 1975 brachte.[351]

Eine Niederlage, die im Lichte des fulminanten Kommunalwahlergebnisses wenige Monate zuvor psychologisch umso schwerer wog. Damals war es gelungen, der bundespolitisch schwer angeschlagenen SPD fast 1400 Mandate in Städten und Gemeinden abzunehmen und das ehemals rote Revier parteipolitisch schwarz einzufärben.[352] Nun aber dominierte wieder das gewohnte Rot, was wesentlich ebenfalls bundespoli-

---

[347] Green Card: Unions-Innenminister stützen Rüttgers. Rückendeckung für umstrittene Kampagne, in: *Die Welt* vom 4. April 2000.
[348] Koch stützt Kampagne von Rüttgers, in: *Die Welt* vom 4. April 2000.
[349] CDU-Politiker besorgt über die Rüttgers-Kampagne, in: *Frankfurter Allgemeine Zeitung* vom 3. April 2000.
[350] Ebd.
[351] Vgl. Ursula Feist / Hans-Jürgen Hoffmann: Die nordrhein-westfälische Landtagswahl vom 14. Mai 2000. Gelbe Karte für Rot-Grün, in: *Zeitschrift für Parlamentsfragen* (1) 2001, S. 124–146.
[352] Vgl. Uwe Anderson / Rainer Bovermann (Hrsg.): Im Westen was Neues. Kommunalwahl 1999 in NRW, Opladen 2002.

tische Gründe hatte. Dem historisch einmaligen[353] Stimmungstief der Bundes-CDU zu Beginn des Jahres 2000 hatte auch die Rüttgers-Truppe in NRW, Anti-Greencard-Kampagne hin oder her, nichts entgegenzusetzen. „Kinder statt Inder", ob mit gewolltem oder eher in Kauf genommenem populistischem Unterton, war so oder so falsch, wenn auch nicht wahlentscheidend gewesen. Es war die Parteispendenaffäre, die Rüttgers die ersehnte Ernte verhagelte.

Spät, dann aber umso heftiger hatte der Skandal um „jüdische Vermächtnisse" der hessischen CDU;[354] die Parteispendenaffäre um Altkanzler Kohl, die drohende Spaltung der CDU in „Aufklärer" und „Kohlianer" sowie die aus dem Verzicht von Wolfgang Schäuble auf Partei- und Fraktionsvorsitz resultierende Personaldiskussion innerhalb der CDU-Spitze den wahlkämpfenden Landesverband in NRW erreicht. Hatten die Umfragewerte für die NRW-CDU noch Anfang Dezember 1999, mithin fünf Monate vor der Landtagswahl, mit 43 Prozent vor der SPD mit 41 Prozent gelegen, so sackten die Werte der Rüttgers-Partei in den folgenden Wochen um sieben Prozentpunkte auf 36, während sich die SPD bei unverändert 41 Prozent halten konnte. Beteuerungen von Rüttgers sowie vom Landesschatzmeister, die NRW-CDU sei von dem Skandal um nicht verbuchte Spenden keineswegs betroffen;[355] drangen angesichts der bundesweiten Aufregung um Helmut Kohl, dessen Verschweigen der Namen der Spender sowie angesichts des Krisenmanagements der Parteispitze immer weniger durch.

Die von Rüttgers stetig wiederholte Mahnung an seine eigene Partei, man müsse eine rückhaltlose Aufklärung der Affäre vorantreiben, kontrastierte in den Augen vieler Parteimitglieder mit seiner gleichzeitigen Warnung, „durch Gerede über Distanzierungen und Ähnliches"[356] die Partei zu spalten. Schließlich zielte diese Warnung Rüttgers' an die

---

[353] Karl-Rudolf Korte: Regieren in Nordrhein-Westfalen, S. 243.
[354] Empörung über angebliche jüdische Vermächtnisse – Hessens Ministerpräsident Roland Koch entschuldigt sich für die Legende, in: *Tagesspiegel* vom 18. Januar 2000.
[355] Vgl. Rüttgers: Null Toleranz bei Rechtsbruch, in: *Rheinische Post* vom 6.12.1999.
[356] Hans-Jörg Heims: Rüttgers warnt vor Spaltungsversuchen, in: *Süddeutsche Zeitung* vom 11. Januar 2000.

Adresse all jener innerhalb und außerhalb der Partei, die eine schärfere Gangart gegenüber Helmut Kohl forderten – sei es, dass man die Rückgabe von Kohls Bundestagsmandat forderte, dass man, wie Wolfgang Schäuble oder Christian Wulff, Schadensersatzforderungen gegenüber dem langjährigen Parteipatriarchen erwog[357] oder, wie der schleswig-holsteinische CDU-Spitzenkandidat bei der anstehenden Landtagswahl, Volker Rühe, auf eine Einladung des CDU-Ehrenvorsitzenden als Wahlkampfredner verzichtete.

Rüttgers verband seine Vorschläge zum Vorgehen der Partei in der Krise – „1. Aufklären. 2. Falls ein Schaden entstanden ist, den Schaden wiedergutmachen. 3. Nicht von irgendeinem distanzieren oder irgendwie auseinanderfallen und 4. Politik machen"[358] – gleichzeitig mit dem Verweis auf das Empfinden eines Großteils der CDU-Anhänger und Kohl-Sympathisanten in der Bevölkerung, die ihm sagten: „Beschädigt mir den Helmut Kohl nicht."[359]

Rüttgers selbst war, wie enge Weggefährten rückblickend bestätigen, innerlich hin- und hergerissen. Manche Medien glaubten gar von einem „Bruch" zu wissen, den Rüttgers „in sich selber" gefühlt habe.[360] Klar ist, dass Handlungsweisen, wie Helmut Kohl sie eingestanden hatte, für Rüttgers selbst völlig undenkbar waren. Rüttgers hätte sich nie auf unlautere Spendenpraktiken eingelassen, weder willentlich noch hätte er sich fahrlässig dort hineinziehen lassen. Zugleich hätte sich der Parteireformer der neunziger Jahre, dem es ja gerade durch mutige Vorschläge und Maßnahmen darum ging, die Volksparteien als vermeintliche „Dinosaurier der Demokratie" vor ihrem Aussterben zu bewahren, von jedem Mitarbeiter und Weggefährten ohne zu

---

[357] Vgl. Stefan Kornelius: Rüttgers warnt vor der Spaltung der CDU. Schäubles Ankündigung juristischer Schritte gegen den Altkanzler stellt die Partei vor eine Zerreißprobe, in: *Süddeutsche Zeitung* vom 24. Januar 2000.

[358] Zitiert nach Hans-Jürgen Leersch: Rüttgers warnt vor Distanzierung von Kohl, in: *Die Welt* vom 10. Januar 2000.

[359] Ebd.

[360] Vgl. Peter Schilder: Für Jürgen Rüttgers ließ es sich in Nordrhein-Westfalen zunächst gut an. Der Zukunftsminister unter Kohl kam als Erneuerer in die Landespolitik, in: *Frankfurter Allgemeine Zeitung* vom 11. Mai 2000.

zögern getrennt, der solche Praktiken gebilligt oder selbst initiiert hätte.[361]

Doch Helmut Kohl war für Jürgen Rüttgers nicht irgendjemand. Es war für den ehrgeizigen, zur Not politisch auch knallharten „Pulheimer" undenkbar, mit seinem langjährigen Förderer und politischem Ziehvater so umzuspringen, wie dies mancher selbst innerhalb der CDU nun tat. „Man kann", so erklärte Rüttgers im Januar 2000, „aus dem Elternhaus ausziehen, aber man darf sich nicht von den Eltern distanzieren".[362] Im bildlichen Sinne war Helmut Kohl neben Bernhard Worms einer der beiden Zieh-„Väter" von Jürgen Rüttgers, dem er sich – weit über das Politische hinaus – entsprechend auch menschlich verbunden fühlte. Ein Vertrauter, zu dem er stand und bis heute steht. Mit dem er telefoniert, wenn es diesem gesundheitlich schlecht geht und den er regelmäßig besucht. Rüttgers hätte Helmut Kohl niemals als Wahlkampfredner ausgeladen, noch hätte er ihn als Ehrengast des 70. Geburtstags von Bernhard Worms – so Kohl der Einladung trotz des „Bauchgrimmens"[363] mancher Unionspolitiker gefolgt wäre – gemieden.

Und dies, obwohl er wusste, wie sehr es in den Kreisverbänden an Rhein und Ruhr rumorte, ja dass einzelne CDU-Stadtverbände, beispielsweise in Detmold, sogar den Ausschluss des ehemaligen Ehrenvorsitzenden Kohl aus der Partei forderten. Bei aller internen Kritik, die Rüttgers am Verhalten Kohls äußerte, ungeachtet seiner vorbehaltlosen Unterstützung der Aufklärungsarbeit seitens der CDU-Bundesgeschäftsführung und trotz der für seine Verhältnisse deutlichen öffentlichen Feststellung – „Mit seiner Weigerung, die Namen der Spender zu nennen, bringt Helmut Kohl die CDU in eine Situation, die nicht akzeptabel ist" –, wehrte sich Rüttgers vehement dagegen, in den Ruch des „Königsmörders" zu geraten. Und dies keineswegs deshalb, weil er im April 2000 als Nachfolger Norbert Blüms zu einem der vier stellvertretenden Bundesvorsitzen-

---

[361] So bestätigt Michael Arntz im Gespräch am 23. Mai 2007.
[362] Zitiert nach: Rüttgers: Beschädigt Kohl nicht! CDU-Fraktionsvize kritisiert Parteiführung wegen Abgrenzungskurs, in: *Die Welt* vom 10. Januar 2000.
[363] Vgl. Detlev Hüwel: Rüttgers will kein Königsmörder sein, in: *Rheinische Post* vom 8. Februar 2000.

den gewählt werden wollte und daher das Image des Verräters fürchtete. Menschlich wollte und konnte sich Rüttgers von Kohl nicht lösen, auch wenn es Anfang 2000 schwierige Zeiten für überzeugte „Kohlianer" wie ihn waren. Helmut Kohl hat Rüttgers diese persönliche Loyalität nie vergessen. „Jürgen Rüttgers", so notierte der Altkanzler am Wahlsonntag, dem 14. Mai 2000, in seinem wenig später veröffentlichten Tagebuch, habe „die Zeche zahlen müssen" für seine, Kohls, eigene Fehler. „Das", so Kohl, habe Rüttgers „nicht verdient" und es tue ihm „leid". Zu wissen, dass die Finanzaffäre der „wieder Tritt gefassten" NRW-CDU den Wahlsieg gekostet habe, hinterlasse bei ihm „ein Gefühl der Bitterkeit".[364]

Als „Zukunftsminister" a. D. und gleichzeitiger Hoffnungsträger einer oppositionsgebeutelten NRW-CDU hatte Rüttgers während des Wahlkampfs einen Spagat aufrechtzuerhalten versucht, der letztlich immer schwerer fiel, nämlich einerseits als Modernisierer („Neue Union im Westen") „mit Siegerimage und andererseits als Anhänger der vergangenen Kohl-Ära"[365] auf das eigentlich wichtige Wahlkampfthema zu verweisen: die „verfluchte Arbeitslosigkeit"[366], die Ministerpräsident Wolfgang Clement, innerparteilich ebenfalls affärengebeutelt, auch in seinen Reden immer wieder anprangerte und ebenso wie CDU-Herausforderer Rüttgers zu reduzieren versprach.

Angesichts von 800.000 Arbeitslosen in NRW, der Flug- und Trickfilmaffäre um die Oberhausener Firma HDO, vor dem Hintergrund massiver Vorwürfe hinsichtlich einer illegalen Wahlkampfunterstützung der Brandenburger SPD durch Ressourcen der Düsseldorfer Staatskanzlei und im Bewusstsein der gescheiterten Zusammenlegung von Innen- und Justizministerium fuhr Rau-Nachfolger Wolfgang Clement mit 42,8 Prozent am 14. Mai 2000 schließlich das schlechteste Landtagswahlergebnis der NRW-SPD seit 1958 ein. Doch angesichts eines Unionsergebnisses von 37 Prozent reichte es, dennoch weiterzuregieren. Die Wähler hatten die amtierende Regierung zwar abgestraft, aber statt der „roten" nur die

---
[364] Helmut Kohl: Mein Tagebuch 1998–2000, München 2000, S. 228.
[365] Karl-Rudolf Korte: Regieren in Nordrhein-Westfalen, S. 243.
[366] Vgl. Ursula Feist / Hans-Jürgen Hoffmann: Die nordrhein-westfälische Landtagswahl vom 14. Mai 2000, S. 133.

„gelbe Karte"[367] gezückt. Unübersehbar war jedoch, dass sich der Vorsprung der rot-grünen Koalition im Düsseldorfer Landtag dank des fulminanten Zugewinns der FDP dramatisch verringert hatte. Standen bislang 132 Mandaten der rot-grünen Regierungsfraktionen 89 Oppositionsmandate der CDU-Fraktion gegenüber, so hatten sich mit dem Wahlergebnis 2000 Rot-Grün mit 119 und Schwarz-Gelb mit 112 bis auf sieben Mandate angenähert. Für die NRW-SPD ein Menetekel. Doch Mehrheit war Mehrheit. Der Machtwechsel an Rhein und Ruhr, für den Rüttgers gekämpft und sein ganzes persönliches Gewicht in die Waagschale geworfen hatte, war ausgeblieben. Aber, so der dominierende Eindruck innerhalb der Landes-CDU, er war eben nur knapp und wesentlich aufgrund der Hypothek des Parteispendenskandals der Bundes-CDU verpasst worden. Am Spitzenkandidaten Rüttgers, bedeutete dies im Umkehrschluss, hatte es nicht gelegen.

Dass jene, die bereits in der Schlussphase des Wahlkampfs Rüttgers eine düstere Zukunft in NRW prophezeit hatten, falsch lagen, dass der „Strippenzieher" von einst, da es nun Spitz auf Knopf um seine Zukunft stand, noch immer wichtige Fürsprecher und Weggefährten in Berlin hatte, illustrierten entsprechende Schlagzeilen gleich am Tag nach der verlorenen Wahl: „Die Finger weg von Jürgen Rüttgers!" Die Union, so vernahm die interessierte Öffentlichkeit, wolle mit einer alten und unseligen Tradition brechen und ihren gescheiterten Spitzenkandidaten nicht, wie bislang üblich, „zur Schlachtbank" *(Die Welt)* führen.[368] Tatsächlich hatten bei allen vorangegangenen NRW-Wahlen die Spitzenkandidaten der Union stets nur eine Chance erhalten – seien es Linssen, Blüm, Worms oder Biedenkopf gewesen. Damit sollte nun Schluss sein. Rüttgers konnte aufatmen. Er bekam eine zweite Chance, die Bastion NRW einzunehmen.

---

[367] Vgl. Ursula Feist / Hans-Jürgen Hoffmann: Die nordrhein-westfälische Landtagswahl vom 14. Mai 2000. Gelbe Karte für Rot-Grün, in: *Zeitschrift für Parlamentsfragen* (1) 2001, S. 124–146.
[368] Vgl. Hans-Jürgen Leersch: Die Finger weg von Jürgen Rüttgers! Die Union will den gescheiterten Kandidaten nicht zur Schlachtbank führen, in: *Die Welt* vom 15.05.2000.

Dank Rüttgers, so setzte CDU-Generalsekretär Ruprecht Polenz gleich am Tag nach der Wahl einen entsprechenden Akzent, sei in Nordrhein-Westfalen „einiges in Bewegung geraten". Die SPD sei weit von ihren früheren absoluten Mehrheiten entfernt, habe ihr erklärtes Wahlziel verfehlt und ihr schlechtestes Ergebnis seit vielen Jahren eingefahren. Die Union wiederum habe sich trotz der Auswirkungen des Spendenskandals in NRW „erfolgreich stabilisiert" – angesichts eines Minus von 0,7 Prozentpunkten und einem deutlichen Abstand zur angepeilten 40-Prozent-Marke eine überaus selbstbewusste Interpretation des eigenen Wahlergebnisses. Doch tatsächlich war die Niederlage der CDU kaum dem eigenen Spitzenkandidaten anzurechnen, dies wussten auch die einstigen Rüttgers-Konkurrenten Linssen und Thoben, die sich wie Rüttgers beide um die Nachfolge von Norbert Blüm als CDU-Landesvorsitzendem in NRW beworben und nach einer wochenlangen Vorstellungstournee an der Basis gegenüber dem Bundespolitiker und Ex-Minister den Kürzeren gezogen hatten.

Es war eine erste Etappe auf dem schwierigen Weg zum Triumph gewesen: Mit 353 Stimmen hatte sich Rüttgers im Januar 1999 auf dem Landesparteitag der NRW-CDU im Bonner Maritim-Hotel in einer Kampfabstimmung gegenüber dem langjährigen Oppositionsführer im Düsseldorfer Landtag, Helmut Linssen, durchgesetzt, der im entscheidenden zweiten Wahlgang nur 289 Stimmen auf sich vereinen konnte. Bereits im ersten Wahlgang war die frühere Staatssekretärin im Bundesbauministerium, Thoben, mit nur 179 von 650 Delegiertenstimmen ausgeschieden.[369] Rüttgers, der sich bei seinen Besuchen der acht CDU-Bezirke in den Wochen vor der Wahl mit einem ambitionierten Programm-Entwurf „Wir im Westen"[370] präsentierte und sich dabei einerseits als Protagonist der Erneuerung von Helmut Linssen als Garanten des „Weiter so" abzusetzen und andererseits mit seinem bundespolitischen Pfund zu punkten suchte, war gleich nach Abschluss der zeitwei-

---

[369] Vgl. Helmut Breuer: CDU in NRW sucht mit Rüttgers den Neuanfang, in: *Die Welt* vom 1. Februar 1999.
[370] Vgl. Peter Schilder: Rüttgers stellt sein Programm „Wir im Westen" vor, in: *Frankfurter Allgemeine Zeitung* vom 8. Januar 1999.

lig von „verbalen Fußtritten", „Florettstichen" und „Säbelhieben"[371] begleiteten Kandidatenkür auf Integration bedacht. Er holte seine beiden Mitkonkurrenten ins Boot und suchte eine neue Geschlossenheit im traditionsgemäß zerstrittenen Landesverband herzustellen[372] – was ihm binnen weniger Monate, nicht zuletzt dank der Unerstützung von Generalsekretär Herbert Reul, auch gelang.

„Wir im Westen" – der programmatische Erneuerungsanspruch, mit dem Rüttgers parteiintern gegen seine beiden Konkurrenten angetreten war und nach einem schwachen Auftakt bei der parteiinternen RTL-Werbetour gewonnen hatte, zielte jenseits der ambitionierten inhaltlichen Aspekte von Anfang an auch auf die Schaffung einer personellen Geschlossenheit. Auf ein neues „Wir"-Gefühl, das frühere Gegensätze, Strömungen und Animositäten in der NRW-CDU unter seiner Führung überwinden sollte. Westfalen und Rheinländer, Arbeitnehmer- und Wirtschaftsflügel, alle sollten, so Rüttgers' Credo, an einem Strang in die gleiche Richtung zu ziehen, in die des Machtwechsels. Was, wenn auch nicht auf Anhieb – wie die Wahl des Linssen-Weggefährten Laurenz Meyer anstelle des von Rüttgers favorisierten Eckhard Uhlenberg zum Fraktionsvorsitzenden deutlich gemacht hatte[373] – so doch erstaunlich schnell funktionierte. Der Brückenbauer seit JU-Zeiten leistete ganze Arbeit: „Rüttgers", titelte die „WELT" anerkennend, „bringt Düsseldorfs CDU auf Vordermann"[374].

Besonders positiv hob die Zeitung in diesem Zusammenhang hervor, dass der neue Landesvorsitzende es „fast lautlos" geschafft habe, „die früher in inniger Abneigung verstrickten CDU-Spitzenpolitiker in Bundestags- und Landtagsfraktion sowie Landespartei zu einer Kampf-

---

[371] Vgl. Detlev Hüwel: Linssen contra Rüttgers: Florettstiche und Säbelhiebe, in: *Rheinische Post* vom 15. Januar 1999.
[372] Vgl. Detlev Hüwel: Rüttgers neuer CDU-Chef in NRW, in: *Rheinische Post* vom 30. Januar 1999.
[373] Vgl. Detlev Hüwel: Denkzettel für Rüttgers, in: *Rheinische Post* vom 24. Februar 1999.
[374] Vgl. Helmut Breuer: Rüttgers bringt Düsseldorfs CDU auf Vordermann, in: *Die Welt* vom 11. Mai 1999.

truppe zu einigen, die mit einer Stimme redet"[375]. Die „unübersehbare Aufbruchstimmung der NRW CDU", von der an gleicher Stelle unter Verweis auf fast 6000 neue Parteimitglieder berichtet wurde, war nicht zuletzt der bundespolitischen Großwetterlage, rot-grünen Doppelpass-Plänen sowie „fatalen 630-Mark- und Scheinselbstständigkeits-Handschellen" geschuldet, mithin unpopulärer Regierungspolitik, der „Rüttgers – Der Mensch" inhaltlich ebenso Paroli zu bieten bemüht war, wie dem Nachfolger Johannes Raus als NRW-Ministerpräsidenten, dem aus Unionssicht „kalten Macher Clement". Während Rüttgers Bundeskanzler Gerhard Schröder als „Genossen der Bosse" attackierte, mahnte er zugleich seine eigene Partei, die Ängste der Menschen ernst zu nehmen, „ihre Furcht vor Fusionen, vor dem Verlust der Arbeitsplätze, vor dem Turbokapitalismus": „Wir sind", so die politische Leitmelodie des Landespolitikers Rüttgers', „keine kalte Wirtschaftspartei", welche das Thema soziale Gerechtigkeit „der SPD als Beute" überlassen dürfe.[376]

So trat er beispielsweise für eine beschäftigungswirksame Neugestaltung des Arbeitsrechts ein und forderte die Schaffung von Freiraum, um so eine dynamische Entfaltung neuer Formen des Arbeits- und Erwerbslebens wie Tele- und Teilzeitarbeit oder Zeitverträge zu ermöglichen. Eher abstrakt wies er auf die Notwendigkeit des Übergangs von der Industrie- zur Wissensgesellschaft[377] hin oder forderte eine Reform der Gewerkschaften bei gleichzeitigem Machtzuwachs für Betriebsräte ein.

Rüttgers „Liebe fürs Soziale"[378] war keineswegs, wie einzelne Kommentatoren meinten, erst nach der verlorenen Landtagswahl 2000 „neu entdeckt", sondern bereits 1999 mit seinem Antritt in NRW theoretisch unterfüttert und in Buchform manifestiert –, versehen mit dem wenig bescheidenen Anspruch, „Arbeit für alle"[379] möglich machen zu können. „Eine neue, Erfolg versprechende Strategie, um besser mit dem Problem

---

[375] Ebd.
[376] Vgl. Rüttgers fordert Linksruck der CDU, in: *Die Welt* vom 31. März 2000.
[377] Vgl. Jürgen Rüttgers: Zeitenwende – Wendezeiten. Das Jahr-2000-Projekt: Die Wissensgesellschaft, Berlin 1999.
[378] Vgl. Hans-Jörg Heims: Rüttgers entdeckt seine Liebe fürs Soziale, in: *Süddeutsche Zeitung* vom 2. Mai 2001.
[379] Vgl. Jürgen Rüttgers: Zeitenwende – Wendezeiten, S. 135–162.

der Arbeitslosigkeit fertig zu werden, kann", so Rüttgers' Maxime schon damals, „nicht nur auf Kostensenkung oder auf Umverteilung von Arbeit setzen. Jede ökonomische Strategie muss heute im Kern neben der Kostensenkung auf den Strukturwandel setzen."[380] Wo Rüttgers diesen Strukturwandel künftig in die Tat umzusetzen beabsichtigte, war klar: in NRW. Und sei es, nach dem gescheiterten ersten Anlauf, in einem zweiten.

Dieses Ziel vor Augen, konzentrierte sich ein gestärkter Rüttgers, der am 16. Mai 2000, d. h. gleich in der ersten Woche nach der verlorenen Wahl – und nicht, wie im Umfeld von Laurenz Meyer favorisiert, erst eine weitere Woche später (womöglich mit der Intention, einen Gegenkandidaten gegen Rüttgers ins Rennen zu schicken) – mit immerhin 74 von 88 Stimmen zum neuen Vorsitzenden der CDU-Landtagsfraktion gewählt worden war, vor allem auf die weitere inhaltliche Profilierung seiner „CDU im Westen". Dies vor allem bei Themen wie Schule und Ausbildung, Soziale Marktwirtschaft in der Wissensgesellschaft, Energie, Gentechnik, Globalisierung oder Integration. Letzteres ein Thema, bei dem Rüttgers wenige Monate nach der Landtagswahl parteiübergreifend und durchaus selbstkritisch für einen „neuen Anfang in der Integrationspolitik"[381] warb.

Zu diesem Zwecke brachte Rüttgers einen Antrag unter dem Titel „Einheit in Vielfalt – Programm für eine erfolgreiche Politik der Integration"[382] in den Landtag ein, der dort, zur großen Überraschung vieler Beobachter, durchgehend positiv aufgenommen und schließlich zur Grundlage eines von SPD, CDU, FDP sowie den Grünen gemeinsam getragenen Entschließungsantrags wurde, den der Landtag letztlich einstimmig unter dem Titel „Integrationsoffensive Nordrhein-Westfalen"[383]

---

[380] Ebd., S. 135.
[381] So Jürgen Rüttgers im Rahmen einer Landtagsdebatte im Spätherbst 2000, zitiert nach: Präsident des Landtags von Nordrhein-Westfalen (Hrsg.): Integrationsoffensive Nordrhein-Westfalen, Düsseldorf 2001, S. 35.
[382] Vgl. Antrag der Fraktion der CDU „Einheit in Vielfalt. Programm für eine erfolgreiche Politik der Integration", (Landtag Nordrhein-Westfalen Drucksache 13/416 vom 21. November 2000).
[383] Vgl. Präsident des Landtags von Nordrhein-Westfalen (Hrsg.): Integrationsoffensive Nordrhein-Westfalen, S. 59 ff.

annahm. Eine „ungewohnte Eintracht"[384] der Parteien, wie der Präsident des Landtags von NRW, Ulrich Schmidt, anerkennend kommentierte, und zugleich ein großer Erfolg für den Oppositionsführer Rüttgers auf einem landes- wie bundespolitisch so zentralen Politikfeld wie jenem der Integration. Vor dem Hintergrund dieser erstmals in einem deutschen Landesparlament erzielten Einstimmigkeit bei einer derartigen politischen Schlüsselfrage warb Rüttgers, für manchen Beobachter vom „Saulus zum Paulus"[385] gewandelt, fortan an auch auf Bundesebene für einen Zuwanderungskonsens aller etablierten Parteien. Er forderte seine Partei zu Verhandlungen über das von Otto Schily vorgelegte Zuwanderungskonzept[386] auf und warnte parteiintern vor einer Verweigerung der Union aus wahltaktischen Gründen angesichts der bevorstehenden Bundestagswahl 2002.[387] In dieser Frage präsentierte sich Rüttgers mithin keineswegs als der „kalkuliert Unscharfe"[388], der, wie Zeitungen immer wieder schrieben, „in Girlanden redet"[389]. Ebenso wenig auf anderen landespolitisch sensiblen Gebieten wie der Rückführung der Steinkohlesubventionierung oder des Ausbaus der Ganztagsbetreuung von Kindern.

Eine klare Kante zeigte Rüttgers ebenfalls, als der nordrhein-westfälische FDP-Partei- und Fraktionschef Möllemann im Vorfeld der Bundestagswahlen 2002 über Monate hinweg „frivol"[390] mit antijüdischen Ressentiments spielte, dabei immer wieder Michel Friedman ob dessen „intole-

---

[384] Vgl. ebd., S. 8.
[385] Hans-Jörg Heims: Rüttgers' Wandlung. Die „Kinder-statt-Inder"-Kampagne ist passé – jetzt überwiegen sanfte Töne, in: *Süddeutsche Zeitung* vom 7. Juli 2001.
[386] Vgl. Volker Kronenberg: Integration in Zeiten des Wandels. Zuwanderung und demographische Krise als gesellschaftspolitische Herausforderung, in: *Zeitschrift für Politik* (2) 2005, S. 169–178.
[387] Vgl. Hans-Jörg Heims: Rüttgers wirbt für Zuwanderungskonsens. Düsseldorfer CDU-Chef warnt Partei vor wahltaktischer Verweigerung, in: *Süddeutsche Zeitung* vom 8. August 2001.
[388] Vgl. Matthias Krupa: Der kalkuliert Unscharfe, in: *Die Zeit* (41) 2004.
[389] Vgl. Kristian Frigelj: Der in Girlanden redet. Der Chef der nordrhein-westfälischen CDU hat seit der Landtagswahl viel an Glanz verloren, in: *Süddeutsche Zeitung* vom 3. November 2001.
[390] Heribert Prantl: Möllemanns braune Klassiker, in: www.sueddeutsche.de vom 17. Mai 2002.

ranter und gehässiger Art" attackierte und den Israel-kritischen Landtagsabgeordneten der Grünen, Jamal Karsli, in die Düsseldorfer FDP-Fraktion aufnahm und dessen Positionen verteidigte. Als Oppositionsführer in NRW warnte Rüttgers vor rechtspopulistischen Versuchungen seines potenziellen Koalitionspartners und mahnte die Freien Demokraten, „unsere politische Kultur vor Schaden zu bewahren"[391].

Gemeinsam mit SPD und Grünen initiierte Rüttgers einen fraktionsübergreifenden Antrag im Landtag, in dem antijüdischen Ressentiments entgegengetreten und die politische Verantwortung aus der deutschen Geschichte bekräftigt wurde[392] – ein Antrag, dem in namentlicher Abstimmung schließlich alle Abgeordneten mit Ausnahme der FDP-Parlamentarier zustimmten.[393] Parallel dazu legte Rüttgers im Juni 2002 einen Antrag der CDU-Fraktion „Jüdisches Leben in Nordrhein-Westfalen"[394] für eine verbesserte Integration von jüdischen Zuwanderern aus Osteuropa vor, der im Jahr darauf als wesentliche Grundlage eines Entschließungsantrags aller vier Landtagsfraktionen einstimmig und im Beisein des Präsidenten des Zentralrats der Juden in Deutschland und Vorstandsvorsitzenden des Landesverbandes der Jüdischen Gemeinden von Nordrhein, Paul Spiegel, bestätigt wurde.[395] Ein großer persönlicher Erfolg für Jürgen Rüttgers, bei dem sich Spiegel bereits zu Hochzeiten der „Antisemitismus-Debatte" ausdrücklich für die klaren Standpunkte und die eindeutige Unterstützung der CDU-Fraktion bedankt hatte:[396] Die Plenardebatte über den von Rüttgers auf den Weg gebrachten Entschlie-

---

[391] Zitiert nach Plenarprotokoll 13/61 (06.06.2002) des Landtags Nordrhein-Westfalen, S. 6225.
[392] Vgl. Für Antisemitismus gibt es keine Rechtfertigung (Antrag der Fraktion der SPD, der Fraktion der CDU und der Fraktion Bündnis 90/Die Grünen), Drucksache 13/2689 des Landtags Nordrhein-Westfalen vom 5. Juni 2002.
[393] Vgl. Landtag erteilt dem Antisemitismus eine Abfuhr und bekräftigt den demokratischen Grundkonsens, in: *Landtag intern* (7) vom 13. Juni 2002, S. 3.
[394] Vgl. Jüdisches Leben in Nordrhein-Westfalen – Mehr wissen voneinander schafft Vertrauen (Antrag der Fraktion der CDU), Drucksache 13/2681 des Landtags Nordrhein-Westfalen vom 4. Juni 2002.
[395] Vgl. Plenarprotokoll 13/94 (2. Juli 2003) des Landtags Nordrhein-Westfalen, S. 9359–9367.
[396] Vgl. Paul Spiegel dankt der CDU-Fraktion, in: *Landtag aktuell* (NRW CDU), Juni 2002, S. 2.

ßungsantrag qualifizierte der Vorsitzende des Zentralrats der Juden in Deutschland als Moment, „in dem ich aus vollem Herzen sagen kann, ich bin stolz, ein Bürger des Landes zu sein"[397].

Das Inkrafttreten eines neuen Staatsvertrags[398] zwischen NRW und den jüdischen Kultusgemeinden im Oktober 2006, auf den Rüttgers gleich nach seiner Amtsübernahme als Ministerpräsident hingearbeitet hatte, sollte Spiegel, der wenige Monate zuvor verstorben war, nicht mehr erleben. Dieser neue Staatsvertrag war mit einer Erhöhung der finanziellen Leistungen von fünf auf sieben Millionen Euro jährlich gänzlich jener Zielsetzung verpflichtet, die Spiegel und Rüttgers seit ihrem Kennenlernen in Bonn Mitte der neunziger Jahre[399], verfolgt hatten: eine verbesserte Integration jener Menschen jüdischen Glaubens, die seit Anfang der neunziger Jahre verstärkt nach Nordrhein-Westfalen einwanderten, „um hier ihre Heimat zu finden"[400]. Im September 2008, anlässlich der feierlichen Einweihung einer Synagoge in Krefeld, stellte der Ministerpräsident in einer sehr emotionalen Rede glücklich und stolz, fest: „Was die Nazis wollten, ist gescheitert. Jüdisches Leben ist da!"[401]

Rüttgers kann, wie seine Rede in Krefeld zeigt, bei Fragen der Integration eindeutig Position beziehen und Klartext reden. So sagte er in einem „flammenden Appell gegen Hass und Intoleranz" *(Bild)* dem neuen Antisemitismus den Kampf an und erklärte: „Den Reichtum an Möglichkeiten durch jüdisches Leben lassen wir uns nicht von den Anhängern

---

[397] Zitiert nach Landespresse- und Informationsamt: Ministerpräsident Jürgen Rüttgers würdigt Paul Spiegel: Paul Spiegel war ein großer Deutscher und großer Jude, in: www.presseservice.nrw.de vom 30. April 2006.
[398] Vgl. Landespresse- und Informationsamt: Landesregierung unterzeichnet neuen Staatsvertrag mit jüdischen Kultusgemeinden, in: www.presseservice.nrw.de vom 31. Oktober 2006.
[399] Vgl. Landespresse- und Informationsamt: Ministerpräsident Jürgen Rüttgers würdigt Paul Spiegel: „Paul Spiegel war ein großer Deutscher und großer Jude", in: www.presseservice.nrw.de vom 30. April 2006.
[400] Zitiert nach Landespresse- und Informationsamt: Landesregierung unterzeichnet neuen Staatsvertrag mit jüdischen Kultusgemeinden, in: www.presseservice.nrw.de vom 31. Oktober 2006.
[401] Vgl. Andreas Rehnolt: Neue Synagoge in Krefeld eröffnet. Jürgen Rüttgers warnt vor neuem Antisemitismus, in: *Westfälische Rundschau* vom 15. September 2008.

totalitärer, menschenverachtender Ideologien kaputtmachen. Diese Möglichkeiten dürfen nicht zertreten werden von Springerstiefeln. Sie dürfen nicht zerbombt werden im Namen einer Religion."[402] Rüttgers redet auch dann Klartext, wenn es um Fragen geht, die innerhalb seiner eigenen Partei umstritten sind. So forderte er beispielsweise islamischen Religionsunterricht an deutschen Schulen, in deutscher Sprache und unter staatlicher Schulaufsicht bereits zu einem Zeitpunkt, als viele dies in seiner eigenen Partei noch rundweg ablehnten.[403] Jürgen Rüttgers gehört, trotz jener umstrittenen NRW-Wahlkampfführung 2000, zu den integrationspolitischen Vordenkern innerhalb der Union,[404] der nun als Regierungschef im bevölkerungsstärksten Bundesland mittels eines eigens geschaffenen Integrationsministeriums seine Pläne in Taten umzusetzen bemüht ist: beispielsweise durch die Einführung von islamischem Religionsunterricht in Kooperation mit muslimischen Organisationen oder durch die Erhöhung der Landesmittel für das Sprachförderangebot von 7,5 auf 17,6 Millionen Euro binnen eines Jahres.[405]

Konsequent plädiert Rüttgers ebenfalls für den Bau neuer Moscheen. Wohl wissend, dass seine Kölner Parteifreunde in dieser Frage heftig miteinander ringen. Wohl wissend auch, dass der rechtspopulistische Verein „Pro Köln", der vehement gegen eine geplante Kölner Moschee opponiert, sich Hoffnung auf einen Erfolg bei der Kommunalwahl 2009 oder gar, als neu gegründete Partei, bei der Landtagswahl 2010 macht. So oder so wird es – auch aus Sicht des CDU-Landeschefs, der die Umtriebe von „Pro Köln" scharf kritisiert –, ein Test für das neue Integrationsministerium unter Leitung von Armin Laschet, nicht zuletzt aber

---

[402] Vgl. Jörg Hakendahl: Jüdisches Leben ist da! Bei der feierlichen Einweihung der Synagoge in Krefeld hielt Ministerpräsident Jürgen Rüttgers einen flammenden Appell gegen Hass und Intoleranz, in: *Bild* v. 15. September 2008.
[403] Vgl. Jürgen Rüttgers: Integration und Toleranz. Das Integrationskonzept der Union, in: Andreas Goldberg / Faruk Sen (Hrsg.): Deutsche Türken – Türkische Deutsche?, S. 113.
[404] Vgl. Peter Szymaniak: CDU kämpft gegen Gettos. Ministerpräsident Rüttgers sieht die Gefahr der Spaltung der Gesellschaft, in: *Westdeutsche Allgemeine Zeitung* v. 22.09.2008.
[405] Vgl. Kabinett beschließt 20-Punkte-Aktionsplan: NRW will Integration verbessern, in: www.wdr.de.

auch für die Überzeugungskraft der eigenen Parteileute „vor Ort", die offenbar, wie im Fall des Moschee-Projektes in Köln, bislang zu wenig die Sorgen und Ängste von Bürgern ernst genommen haben.

Rüttgers kann sich zweifellos (wie bezüglich des Islamunterrichts oder des Moscheebaus), will sich aber oftmals bei parteiinternen Streitfragen nicht frühzeitig festlegen. Dieses Verhalten als Unentschlossenheit, Meinungslosigkeit oder Zauderhaftigkeit abzutun, hieße, Rüttgers misszuverstehen. Taktisch an Helmut Kohl geschult, meidet er je nach Sachgebiet und Interessenlage ganz bewusst eine allzu frühzeitige Festlegung auf eine Position und zieht es vor, die verschiedenen Strömungen, die gerade im rheinisch-westfälischen Landesverband sehr ausgeprägt sind – der Parteienforscher Ulrich von Alemann charakterisiert die NRW-CDU der achtziger und neunziger Jahre als „Räuberhöhle"[406] –, zusammenführen zu wollen. Und sei es eben durch zeitweilige rhetorische Uneindeutigkeit, die sich hin und wieder in „verbalen Girlanden" ausdrücken mag. Ob mit Girlanden oder ohne, ob mit Klartext oder warmen Worten, Tatsache ist: Rüttgers hat es geschafft, sich in dieser Räuberhöhle zu behaupten, diese zu befrieden, kampagnenfähig zu machen und damit auf Erfolgskurs zu führen. Zumal er zu keinem Zeitpunkt, auch nicht, als er ein Jahr nach der verlorenen Landtagswahl mit gerade einmal 76 Prozent im Amt des CDU-Landesvorsitzenden bestätigt wurde, sein Ziel aus dem Auge verlor, dessen Erreichen seines Erachtens die notwendige Voraussetzung für einen Wahlsieg in NRW sein würde: die inhaltliche und strukturelle Modernisierung des Landesverbandes.

Daran arbeitete er, mal begleitet von medialem Interesse, mal im Stillen und jenseits der öffentlichen Aufmerksamkeit, unterstützt von einem kleinen Stab treuer Mitarbeiter und eingebettet in die Strukturen von Landtagsfraktion und Parteigliederungen. Helmut Stahl, Boris Berger, Axel Emenet und Edmund Heller, Norbert Ness und einige wenige andere, darunter der 2003 von Rüttgers berufene CDU-Generalsekretär Hans-Joachim Reck, bildeten dabei das personelle Gravitationszentrum, von dem aus der stets verbindlich-freundliche, doch zugleich vorsich-

---
[406] So Prof. Dr. Ulrich von Alemann im Gespräch am 6. September 2007.

tige, zuweilen misstrauische, auf jeden Fall machtbewusste Jürgen Rüttgers den Boden für 2005 zu bereiten suchte.

Dabei an der Spitze einer Fraktion stehend, die ihn, bei aller grundsätzlichen Loyalität, hin und wieder ironisch anerkennend „*the brain*" nannte – nicht zuletzt angesichts der vielfältigen Ideen und Initiativen, mit denen sich der eine oder andere langjährige Abgeordnete im gewohnten Parlamentsalltag allzu stark gefordert, man kann auch sagen: überfordert sah. Strapaziös für manche, die jahrelang an Worms oder Blüm gewöhnt waren und nun einen Vorsitzenden an ihrer Spitze wussten, der sich jenseits der tagespolitischen Routine auch noch die Zeit nahm, auf 200 Buchseiten darzulegen, „Worum es heute geht"[407].

„Pflegefall sucht Siegertyp"[408] – der mitgliederstärkste und doch bei Landtagswahlen notorisch unterlegene NRW-Landesverband hatte nun seit 1999 in Jürgen Rüttgers einen Spitzenmann, der zwar einerseits bei persönlichen Sympathiewerten hinter Wolfgang Clement oder Peer Steinbrück rangierte;[409] der andererseits jedoch entschieden daran ging, das Profil seiner Partei derart zu konturieren – zur Not auch im Konflikt mit der eigenen Bundespartei[410] –, dass die verlorene Mitte als Wählerschaft zurückgeholt und damit die Landtagswahl gewonnen werden konnte. Kurzum: Dem Trott früherer Jahre, zumal in der Ära Rau, bereitete Rüttgers ein Ende.[411]

Wohl wissend, dass der Machtwechsel an Rhein und Ruhr – nach Abgang von „Landesvater" Rau, dem Wechsel von Wolfgang Clement, dem Umzug des selbsternannten „Vorstandsvorsitzenden der NRW AG"[412]

---

[407] Vgl. Jürgen Rüttgers: Worum es heute geht, Bergisch Gladbach 2005.
[408] Jürgen Kahl: Pflegefall sucht Siegertyp. Jürgen Rüttgers ist Favorit bei der Wahl zum Vorsitzenden der nordrhein-westfälischen CDU, in: *Süddeutsche Zeitung* vom 29. Januar 1999.
[409] Vgl. Bericht der Forschungsgruppe Wahlen: Wahlen in Nordrhein Westfalen. Eine Analyse der Landtagswahl vom 22. Mai 2005, S. 30 f.
[410] Vgl. Rüttgers fordert seine Partei zum Umsteuern auf, in: *Die Welt* vom 12. Oktober 2000.
[411] Gespräch mit Dr. Edmund Heller am 10. September 2007.
[412] Vgl. Karl-Rudolf Korte u.a. (Hrsg.): Regieren in Nordrhein-Westfalen, S. 268.

von Düsseldorf nach Berlin und angesichts des rot-grünen Dauerkonflikts unter Peer Steinbrück – in der Luft lag. Was der Union auf kommunaler Ebene gelungen war, galt es nun, ohne Parteispenden-Skandal und unter Verzicht auf polarisierende Postkarten-Aktion auf Landesebene im zweiten Anlauf zu meistern. Die inhaltliche Vorarbeit dazu leistete Rüttgers beispielsweise in Form von Reformkongressen der CDU NRW, zu denen er – ganz in der Tradition der Jahre als JU-Vorsitzender im Rheinland – Wissenschaftler wie Ottfried Höffe, Eberhard Schockenhoff, Paul Nolte oder Gerd Langguth heranzog. Ebenso lud Rüttgers immer wieder Vertreter anderer Parteien ein, darunter Oswald Metzger von den Grünen oder Andreas Pinkwart von der FDP. Diese Einladungen, zumal an Vertreter von FDP und den Grünen, waren dabei natürlich kein intellektueller Selbstzweck. Es ging um nicht weniger als die Auslotung der Koalitionsoptionen einer CDU, die auf einen Koalitionspartner angewiesen wäre, auch wenn sie die SPD einmal als stärkste politische Kraft im Land überrunden würde.

Zu genau erinnerte sich Rüttgers an das Schicksal seiner eigenen Partei in NRW, die selbst dann, als sie stärkste Fraktion war, nicht regieren konnte. Tatsächlich war es der CDU noch in den siebziger Jahren gelungen, in NRW stärkste politische Kraft zu sein. 1970 hatte sie einen hauchdünnen Vorsprung von 0,2, 1975 immerhin von zwei Prozentpunkten vor der SPD erkämpft. Und doch misslang eine Regierungsbildung unter CDU-Führung in Ermangelung eines notwendigen Koalitionspartners. Die FDP optierte, nicht zuletzt aus bundespolitischen Gründen, für ein sozial-liberales Regierungsbündnis unter SPD-Ministerpräsident Heinz Kühn. War Rot-Gelb in Düsseldorf zu Beginn ein „Testlauf" für die Bundespolitik, der 1969 erfolgreich in die Regierungsbildung Brandt-Scheel einmündete, so galt das Düsseldorfer SPD/FDP-Bündnis in der Folgezeit als Grundbedingung für die Stabilität dieser Koalition im Bund.[413]

Die Konstellation änderte sich erst mit der Landtagswahl 1980, als die SPD mit ihrem bislang zweitbesten Wahlergebnis und fünf Prozentpunkten Vorsprung vor der CDU die absolute Mehrheit im Landtag

---

[413] Karl-Rudolf Korte / Martin Florack / Timo Grunden: Regieren in Nordrhein-Westfalen, S. 52.

errang. Nicht zuletzt deshalb, weil Johannes Rau, seit September 1978 Nachfolger des amtsmüden Heinz Kühn an der Spitze der Landesregierung, es geschickt verstanden hatte, die NRW-Wahl zu einem Vorentscheid der wenige Monate später stattfindenden Bundestagswahl zu machen und damit seinen CDU-Herausforderer Kurt Biedenkopf in die Nähe des umstrittenen Unions-Kanzlerkandidaten Franz Josef Strauß zu rücken.

Rau, bis zu diesem Wahlsieg innerparteilich keineswegs unumstritten,[414] gewann die Wahl und umgab sich in den Folgejahren überzeugend mit der präsidialen Aura eines über den Parteien schwebenden Landesvaters, „dem es gelang, viele Sympathisanten der CDU zu sozialdemokratischen Wählern zu machen", wie der Parteienforscher Karl-Rudolf Korte rückblickend analysiert. „Die identitätsstiftende Person des Ministerpräsidenten fand im Wahljahr 1985 ihre optimale Ergänzung in der Imagekampagne ‚Wir in NRW'. Bis dahin hatte es so etwas wie eine Landesidentität unter den Bürgern an Rhein und Ruhr nicht gegeben. Die ursprünglich als Standortwerbung konzipierte, und für den sozialdemokratischen Wahlkampf okkupierte Kampagne ‚Wir in NRW' traf den Nerv der Zeit."[415] Die SPD identifizierte sich immer mehr mit der Rolle der nordrhein-westfälischen Staatspartei und kreierte nach und nach ein Landesbewusstsein, das von den Wählern auch angenommen wurde.[416]

Konsequenz dieser effektiven Verzahnung von Landesvater, Staatspartei und NRW-Identität unter sozialdemokratischen Vorzeichen war eine erneute absolute Mehrheit für Rau und seine Partei bei der Wahl 1990 – und dies, obwohl der als „Herz-Jesu-Marxist" populär gewordene Bundesarbeits- und Sozialminister Norbert Blüm als Herausforderer von

---

[414] Vgl. Gerhard Brunn / Jürgen Reulecke: Kleine Geschichte von Nordrhein-Westfalen 1946–1996, S. 190 ff.

[415] Karl-Rudolf Korte / Martin Florack / Timo Grunden: Regieren in Nordrhein-Westfalen, S. 53.

[416] Bernd Coumanns / Holger Kremer: Kontinuität trotz Wandel. Über die Regierungsbeständigkeit der SPD in Nordrhein-Westfalen, in: Gerhard Hirscher / Karl-Rudolf Korte (Hrsg.): Aufstieg und Fall von Regierungen, München 2001, S. 278–307, S. 299.

Johannes Rau angetreten und mit seinem Wahlkampf bewusst die Industriearbeiterschaft ansprach. Auch wenn die absolute Mehrheit der SPD fünf Jahre später gebrochen war und Johannes Rau in eine ungeliebte Koalition mit den Grünen gezwungen wurde, so hatte die Union es gleichwohl nicht geschafft, ihr schwaches Ergebnis von 1990 deutlich zu steigern, die Wähler mit ihrem programmatischen Profil zu mobilisieren und gemeinsam mit der FDP unter Joachim Schultz-Tornau den Bürgern für NRW eine verheißungsvolle Koalitionsalternative in Aussicht zu stellen.[417] Was auch Rüttgers koalitionspolitisch in seinem ersten Anlauf 2000 nicht vermochte, zumal der FDP-Landesvorsitzende Jürgen Möllemann offen mit der rot-gelben Option kokettierte und seine Partei nicht in „babylonischer Gefangenschaft"[418] der CDU sehen wollte, gelang im zweiten.

Gleich nach dem Rücktritt Möllemanns als FDP-Landesvorsitzender im Oktober 2002 hatte Rüttgers damit begonnen, enge Kontakte zur neuen FDP-Führung in NRW um Andreas Pinkwart zu knüpfen. Knapp zehn Monate vor der Landtagswahl 2005 und im Lichte verheerender Umfragewerte für Rot-Grün in Bund und Land vereinbarte Rüttgers schließlich im Beisein von Angela Merkel und FDP-Chef Westerwelle symbolisch die Bildung einer schwarz-gelben Koalition in Düsseldorf für den Fall, dass das Wahlergebnis dies ermögliche.[419]

Rüttgers hatte die Maximen, die ihm Bernhard Worms und Helmut Kohl schon früh mit auf den Weg gegeben hatten, nie vergessen: einerseits, wie Worms in bitterer Erinnerung an die Landtagswahl 1970, als die CDU ohne Koalitionspartner dastand, riet: „lange vor Wahlen den Koalitionspartner sichern"[420], andererseits, wie Kohl empfahl: wenn möglich mit

---

[417] Vgl. Ursula Feist / Hans-Jürgen Hoffmann: Die nordrhein-westfälische Landtagswahl vom 14. Mai 1995: Rot-grün unter Modernisierungsdruck, in: *Zeitschrift für Parlamentsfragen* (2) 1996, S. 257–271.
[418] Zitiert nach Ursula Feist / Hans-Jürgen Hoffmann: Die nordrhein-westfälische Landtagswahl vom 14. Mai 2000: Gelbe Karte für Rot-Grün, in: *Zeitschrift für Parlamentsfragen* (1) 2001, S. 124–145, S. 132.
[419] Vgl. *Welt am Sonntag* vom 19. Juni 2005; vgl. auch Gerlind Schaidt: Die Angst der SPD vor dem Wähler, in: *Das Parlament* vom 12. Juli 2004.
[420] So Dr. Bernhard Worms im Gespräch am 13. März 2007.

den Liberalen eine Koalition der „Mitte" zu bilden. Wo diese „Mitte" wahlstrategisch liegen und wie sie mit welchen Themen politisch für die eigene Partei zu gewinnen sein würde, diese Schlüsselfrage trieb Rüttgers und seine „neue CDU im Westen" zwischen 1999 und 2005 um.

Dass der Vorsitzende in diesem Zeitraum den Landesverband inhaltlich, strukturell und nicht zuletzt kommunikations- und computertechnisch auf Vordermann brachte und ihm den Anspruch des „programmatischen Vorreiters für die Weiterentwicklung der CDU auf Bundesebene"[421] verlieh – durchaus gegen Unmut in den eigenen Reihen, der sich in 400 Änderungsanträgen zu einem von Rüttgers vorgelegten Leitantrag widerspiegeln konnte –, wurde vielfach registriert. Doch angesichts vermeintlich interessanterer Ränkespiele im Bund, sei es um den Parteivorsitz oder um die Kanzlerkandidatur 2002, wurden diese Reformen in der öffentlichen Wahrnehmung oftmals in den Hintergrund gedrängt. Auch inhaltlich-strategische Lockerungsübungen in Düsseldorf Richtung „Schwarz-Grün", beispielsweise auf Feldern der Verkehrspolitik, der Gentechnik oder der Zuwanderung, immer wieder vom NRW-Parteichef unternommen,[422] wurden davon überlagert. Wenn Rüttgers im Sommer 2004, mithin ein knappes Jahr vor der nächsten Landtagswahl darauf Wert legte, dass „noch nie eine Opposition so viele Zahlen und Fakten auf den Tisch gelegt" habe wie die NRW-CDU seit 2000, so interessierte dieser Umstand die Öffentlichkeit häufig weitaus weniger, als der Verdacht der Untreue gegenüber der Parteivorsitzenden,[423] mit dem Rüttgers seit dem rasanten Aufstieg Angela Merkels im Jahr 2000 belegt wurde.

Ob bei der Wahl Angela Merkels zur Nachfolgerin von Wolfgang Schäuble an der Spitze der Bundespartei, oder der berühmten „K-Frage" im Jahr darauf, als es darum ging, wer Unions-Kanzlerkandidat bei der Bundes-

---

[421] So Jürgen Rüttgers, zitiert nach Helmut Breuer: Rüttgers setzt sich von Parteispitze ab. NRW-CDU gegen den Begriff der „neuen" sozialen Marktwirtschaft, in: *Die Welt* vom 14. Mai 2001.
[422] Vgl. Rüttgers rechnet mit Schwarz-Grün, in: *Die Welt* vom 23. Dezember 2000; vgl. Helmut Breuer: Rüttgers liebäugelt mit Schwarz-Grün, in: *Die Welt* vom 22. Dezember 2003.
[423] Vgl. Hans-Jörg Heims: Der Langstreckenläufer. Jürgen Rüttgers – 300 Tage vor der Wahl in Nordrhein-Westfalen, in: *Süddeutsche Zeitung* vom 24. Juli 2004.

tagswahl 2002 werden sollte: Merkel oder Edmund Stoiber – immer wieder wurde Jürgen Rüttgers als Zögerer, Taktierer, Zauderer charakterisiert, der vor allem eines wolle: Merkel verhindern – weil er ihr das Amt nicht zutraute, weil er selbst Parteivorsitzender werden wollte, oder weil er Edmund Stoiber für den besseren Kanzlerkandidaten hielt. Rüttgers als CDU-Mann des Westens, zumal Vertrauter und „Ziehsohn" von Kohl, gegen die resolute CDU-Frau aus dem „Osten", welche den Neuaufbruch der CDU verkörperte – das war das gängige, allzu grobflächige Bild, das von beiden gezeichnet wurde.

Dass Rüttgers selbst seit Jahren einen Reformkurs der Partei forderte bzw. auf Kreis- und Bezirksebene bereits in den neunziger Jahren durchgesetzt hatte, dass Rüttgers ebenso klar wie Merkel in der Parteikrise um Kohls nicht genannte Spender die Notwendigkeit eines Neuanfangs erkannt hatte, schien vielfach keine Rolle zu spielen. Auch nicht, dass Rüttgers in der Frage der Unions-Kanzlerkandidatur Angela Merkel lange gegen Edmund Stoiber unterstützte,[424] nachdem er sich andererseits bei ihrer Nominierung zur Parteivorsitzenden mit einer Festlegung zurückgehalten hatte mit der Begründung, eine so wichtige Führungsfrage müsse, wie vom Parteipräsidium vereinbart, an der Parteibasis ausdiskutiert werden.[425]

Dabei war Rüttgers die Zustimmung an der Basis, die die Generalsekretärin beispielsweise auf den neuen Regionalkonferenzen erhielt, natürlich nicht entgangen. Ebenso wenig, dass die Generalsekretärin nach dem Bonner Machtverlust und im Zeichen der parteiinternen Krise die überaus populären Forderungen erhob, „die Partei zu öffnen, Brücken in die Gesellschaft zu schlagen, die innerparteiliche Debatte zu fördern und Entscheidungen demokratischer und transparenter zu machen"[426] – allesamt Positionen, die dem Autor der Streitschriften „Dinosaurier der

---

[424] Vgl. Matthias Geis: Im Schatten der Schwester. Die CDU hofft auf Stoiber – und hat ihre Krise vertagt. Große Talente fehlen ihr, in: *Die Zeit* (4) 2002; vgl. Rüttgers ist sauer. Kandidatendebatte und kein Ende, in: www.wdr.de (10. Dezember 2001).

[425] Vgl. Detlev Hüwel: Thema Merkel: Rüttgers setzt sich klar von Merz ab, in: *Rheinische Post* vom 10. März 2000.

[426] Vgl. Matthias Geis: Das Schweigen der Bewerber. Wer tritt gegen Angela Merkel an? Im Kampf um den CDU-Vorsitz hat sie die besten Chancen, in: *Die Zeit* (10) 2000.

Demokratie" bzw. „Zeitenwende – Wendezeiten" keineswegs unvertraut waren: „Ein Rückzug aus Einflussbereichen", so formulierte Rüttgers bereits wenige Monate nach der verlorenen Bundestagswahl und vor Bekanntwerden des Spendenskandals an die Adresse seiner eigenen Partei, „wäre auch eine richtige Konsequenz aus der Einsicht, dass das ‚System Kohl' eine spezifische persönliche und historische Ausprägung war, die nicht wiederholbar ist. Inhaltliche Erneuerung ist nicht allein eine Sache neuer Köpfe, Erfahrungen und Profile. Hinzukommen muss auch eine Neubelebung der geistigen Quellen der Union".[427] Nur, bei aller Einsicht in die Notwendigkeit von Reformen und einer damit verbundenen Mahnung, den Modernitätsvorsprung der CDU gegenüber der politischen Konkurrenz zurückzugewinnen[428] – war Rüttgers jedoch nicht bereit, den „großen Erfolg"[429] der Kohl-Regierung, zu der er selbst gehört hatte, derart auszublenden, wie dies nun Parteifreunde in Zeiten der Spendenaffäre taten, geschweige denn sich von Kohl persönlich zu distanzieren.

Ob Rüttgers während der Krise der CDU im Jahr 2000, entgegen offiziellen Stellungnahmen, nicht doch Bundesvorsitzender seiner Partei werden wollte, steht dahin.[430] Zweifel sind angebracht, zumal Rüttgers stets rational kalkulierte und als „Kohlianer" genau wusste, dass dieses Kriterium ihm in der damaligen Entscheidungssituation zum Nachteil gereichte.

Während Angela Merkel forsch ihre Trennung von Kohl per Zeitungsartikel in der *FAZ* vollzog,[431] zum Liebling der Parteibasis avancierte und von dort, wie Rüttgers selbst feststellte, „riesigen Beifall"[432] bekam, während selbst langjährige Weggefährten wie Norbert Blüm mit dem „Alten" brachen, vermied Rüttgers einen solchen Schritt ganz bewusst. Selbst

---

[427] Jürgen Rüttgers: Zeitenwende – Wendezeiten, S. 218.
[428] Ebd., S. 217.
[429] Ebd., S. 215.
[430] Vgl. Georg Paul Hefty: Rüttgers revanchiert sich, in: *Frankfurter Allgemeine Zeitung* vom 24. April 2008.
[431] Vgl. *Frankfurter Allgemeine Zeitung* vom 22. Dezember 2002; Vgl. dazu Gerd Langguth: Angela Merkel, 2. Aufl., München 2005, S. 200 ff.
[432] Vgl. Rüttgers gegen Wahl eines Übergangsvorsitzenden. Der CDU-Spitzenkandidat in NRW fordert von seiner Partei neben der Personaldebatte auch einen programmatischen Neuanfang, in: *Die Welt* vom 2. März 2000.

um den Preis eines schwierigeren Landtagswahlkampfs und aussichtsloser Chancen im Rennen um das Erbe des gestürzten Kronprinzen Schäuble.

Im Übrigen hatte Rüttgers am Schicksal von Volker Rühe, dem früheren Verteidigungsminister und Generalsekretär unter Kohl genau beobachten können, wie nachteilig sich eine vermeintlich zu große Nähe zum Ehrenvorsitzenden der eigenen Partei für denjenigen auswirken konnte, der mit Ambitionen auf den Spitzenposten kokettierte. Rühe hatte als Spitzenkandidat der schleswig-holsteinischen CDU erklärt, bei der anstehenden Landtagswahl im nördlichsten deutschen Bundesland entschieden die Wähler „nicht nur über den nächsten Ministerpräsidenten, sondern auch über die künftige Rolle von Volker Rühe in der CDU-Führung"[433]. Kritische Fragen, selbst aus der eigenen Partei, ob er nicht zu sehr „im System Kohl" gewesen sei, um nun einen Neuanfang der CDU zu repräsentieren, parierte Rühe mit der Gegenfrage, „ob jemand, der zwei Jahre Generalsekretär war wie ich, oder jemand, der acht Jahre Kohls Stellvertreterin war wie Angela Merkel, näher am System" gewesen sei – mit wenig Erfolg. Rühe scheiterte, als Spitzenkandidat in Schleswig-Holstein ebenso wie als Aspirant auf die Schäuble-Nachfolge.

Kein Zweifel: Eine vermeintliche oder – wie im Falle Jürgen Rüttgers – tatsächliche Nähe zu Helmut Kohl war für die männliche Riege der CDU-Spitzenfunktionäre in der Entscheidungssituation des Frühjahrs 2000 ein Handicap.[434] Ein weiteres, großes Hindernis für Rüttgers selbst war die anstehende Landtagswahl im Mai, die alle nötige Aufmerksamkeit und seinen vollen persönlichen Einsatz erforderte.[435] Die Wahl zur

---

[433] Zitiert nach: Machtkampf um CDU-Vorsitz wird härter. Rühe verärgert über Parteifreunde, in: *Rheinische Post* online vom 21. Februar 2000.

[434] Vgl. Ursula Feist / Hans-Jürgen Hoffmann: Die nordrhein-westfälische Landtagswahl vom 14. Mai 2000, S. 129.

[435] Vgl. auch Gerd Langguth: Angela Merkel, S. 212, wo Langguth zu der Einschätzung gelangt, „gefährlich" hätten Angela Merkel auf dem Weg zum CDU-Vorsitz nur der bereits im Landtagswahlkampf stehende nordrhein-westfälische Landesvorsitzende Jürgen Rüttgers oder der frühere Verteidigungsminister Volker Rühe werden können. „Doch Rühe hatte gerade unter dem Einfluss des CDU-Spendenskandals die Wahlen in Schleswig-Holstein verloren – und Rüttgers wollte im Vorfeld der NRW-Wahl durch eine Kandidatur für den CDU-Vorsitz kein Risiko eingehen."

Parteivorsitzenden am 10. April in Essen konnte der NRW-Spitzenkandidat damit persönlich nur bedingt, schließlich jedoch, im Lichte der erfolgten Regionalkonferenzen, mit der vollen Unterstützung der NRW-Delegierten für Angela Merkel beeinflussen.

Merkel und Rüttgers, die Blitzaufsteigerin aus dem Osten und den erfahrenen „Strippenzieher" aus dem Westen, verband fortan trotz aller biografischen Unterschiede und ungeachtet ihres jeweiligen politischen Ehrgeizes das gemeinsame Ziel, das „liberalkonservative Gesamtkunstwerk" *(Die Zeit)*[436] CDU aus jenem 30-plus-x-Prozent-Bereich herauszuholen, in das es durch Schwarzgeldkonten und Ehrenwort-Debatten geraten war. Was wenige Wochen später im ersten Anlauf nicht klappte, visierte Rüttgers als politischen Triumph im zweiten Versuch an: den Regierungswechsel in NRW nach 39 Jahren. Was Rüttgers selbst jene bundespolitische Bedeutsamkeit zurückgeben würde, die er als PGF oder „Zukunftsminister" schon einmal besessen hatte, lag wiederum ganz im Interesse Angela Merkels.

Ein CDU-Wahlsieg in NRW, dem vermeintlichen Stammland[437] der Sozialdemokraten, bedeutete einen weiteren Schritt hin zum Ende von Rot-Grün im Bund. Und nicht zuletzt hin zur eigenen Kanzlerkandidatur. Dass die von ihr erhofften bundespolitischen Machtverschiebungen zugunsten der Union allerdings zu jenem Erdbeben[438] führen würden, das Müntefering am Abend des 22. Mai mit seiner Ankündigung von Neuwahlplänen auslöste, hatte die CDU-Vorsitzende nicht erwartet. Ihr Stellvertreter, der Wahlsieger an Rhein und Ruhr, ebenso wenig.

---

[436] Jan Ross: Eine Partei schwankt voran. Wohin will die CDU?, in: *Die Zeit* (15) 2000.
[437] Vgl. Das Erdbeben vom Rhein. Der deutliche Sieg der CDU in Nordrhein-Westfalen markiert eine Zeitenwende, für die Gewinner und Verlierer schnell klare Worte finden, in: *Süddeutsche Zeitung* vom 23. Mai 2005, S. 3. Vgl. dazu Guido Hitze: Die Parteien und das Land: Der Mythos vom „sozialdemokratischen Stammland" NRW, in: Jürgen Brautmeier / Ulrich Heinemann (Hrsg.): Mythen – Möglichkeiten – Wirklichkeiten. 60 Jahre Nordrhein-Westfalen, Essen 2007, S. 153–171.
[438] Vgl. Das Erdbeben vom Rhein. Der deutliche Sieg der CDU in Nordrhein-Westfalen markiert eine Zeitenwende, für die Gewinner und Verlierer schnell klare Worte finden, in: *Süddeutsche Zeitung* vom 23. Mai 2005, S. 3

So kam es, dass man in der Landesgeschäftsstelle der NRW-CDU am Abend des 22. Mai 2005 von den Berliner Neuigkeiten erst mit Verzögerung erfuhr. Der Grund: Bei den aufgebauten Fernsehgeräten, an denen man mit größter Spannung die ersten Prognosen und Hochrechnungen der Landtagswahl verfolgt hatte, war zwischenzeitlich – da aus der Hoffnung auf den Machtwechsel Gewissheit geworden war – der Ton leise gestellt worden. Niemand interessierte sich dafür, wie Franz Müntefering die Wahlniederlage erklären oder womöglich schönreden wollte. Man konnte den SPD-Vorsitzenden nur sehen, den Inhalt seiner Stellungnahmen jedoch nicht verstehen.

„Jürgen, Jürgen, Jürgen!" riefen immer wieder Mitarbeiter der Landesgeschäftsstelle, Parlamentarier und Mitglieder des Landesvorstands ihrem siegreichen Vorsitzenden zu, der sich seinerseits bei den Anwesenden strahlend, doch sehr kontrolliert und jeden Überschwang vermeidend mit den Worten bedankte: „Dieser 22. Mai 2005 ist ein wunderschöner Tag. Es ist toll, was wir geschaffen haben, was ihr geschafft habt"[439]. Kurz nach 18.00 Uhr, als die ersten offiziellen Prognosen bekannt gegeben worden waren, hatte sich Rüttgers in die erste Etage der Landesgeschäftsstelle zurückgezogen, um dort, ohne ein Wort zu sprechen, auf zwei Bildschirmen die Berichterstattung von ARD und ZDF zu verfolgen. Dann, gegen 18.20 Uhr, mischte er sich mit seiner Frau unter die zahlreichen Gäste der Wahlparty, die sich unter den weißen Zelten im Garten gruppierten und dort auf den „historischen Sieg" anstießen[440] – jäh unterbrochen durch einen Anruf aus Berlin: 20.00 Uhr Telefonkonferenz des CDU-Präsidiums! Die Nachricht von den angekündigten Neuwahlen im Bund war wie eine Bombe eingeschlagen – in Berlin wie in Düsseldorf.

Peter Hintze, langjähriger Weggefährte von Rüttgers in NRW und einer der Gäste der Düsseldorfer Wahlparty, reagierte auf die Neuigkeit aus

---

[439] Vgl. Severin Weiland: Wie Müntefering die Union kalt erwischte, in: *Spiegel* online vom 22. Mai 2005.
[440] Vgl. Detlev Hüwel: Rüttgers „weiß, was auf uns zukommt", in: *Rheinische Post* vom 23. Mai 2005.

Berlin ebenso überrascht wie ungläubig: „Das ist doch ein Joke, oder?"[441] Doch es war kein Witz, vielmehr das Eingeständnis des Bundeskanzlers, mit NRW eine zentrale Säule in der Arithmetik seiner Regierungsmacht verloren zu haben.[442] Der Einfluss der Bundespolitik auf die Wahlentscheidung an Rhein und Ruhr war evident, wenn auch nicht allein entscheidend gewesen.[443]

Entsprechend fragten viele: Würde NRW erneut die Rolle als Vorbote und Testgelände[444] bundespolitischer Entwicklungen zufallen, wie bereits mehrfach in der Geschichte der Bundesrepublik?[445] Die angekündigte „Koalition der Erneuerung" zwischen CDU und FDP in NRW als Modell für Berlin? Die Antwort, die wenige Monate später gegeben wurde, lautete zur großen Überraschung der allermeisten Polit-Experten: Nein. Zumindest nicht bis 2009. Schwarz-Rot im Bund sollte für diesen Zeitraum zum Kontrastprogramm für Schwarz-Gelb in NRW werden. Eine Herausforderung für Rüttgers, mit allen Vor- und Nachteilen, die sich mit einer solchen Koalitions-Asymmetrie verbanden.

Während die Nachricht von Schröders Neuwahlplänen am Abend des 22. Mai die bundesweite Aufmerksamkeit von Düsseldorf nach Berlin lenkte, richtete sich in der nordrhein-westfälischen Landeshauptstadt das ganze Interesse auf den Wahlsieger des Tages, der plötzlich zum „mächtigsten Mann der CDU"[446] geworden zu sein schien. Für Friedhelm Farthmann, den früheren Arbeits- und Sozialminister und langjährigen SPD-Fraktionsvorsitzenden, der im Foyer des Landtags stand, interessierte sich plötzlich niemand mehr, als Rüttgers in Begleitung

---

[441] Zitiert nach Severin Weiland: Wie Müntefering die Union kalt erwischte, in: *Spiegel online* vom 22. Mai 2005.
[442] Vgl. Michael Feldkamp: Chronik der Vertrauensfrage des Bundeskanzlers am 1. Juli 2005 und der Auflösung des Deutschen Bundestages am 21. Juli 2005, in: *Zeitschrift für Parlamentsfragen* (1) 2006, S. 19–28.
[443] Vgl. Dieter Dohr / Markus Klein: Landtagswahlen in Nordrhein-Westfalen 1990 bis 2005: keine Dominanz der Bundespolitik, in: *Zeitschrift für Parlamentsfragen* (3) 2007, S. 541–549, S. 549.
[444] Vgl. *Frankfurter Allgemeine Zeitung* vom 23. Mai 2005.
[445] Vgl. Karl-Rudolf Korte: Werkstatt Deutschland. „Die Botschaft aus Düsseldorf", in: *Internationale Politik* (7) 2005, S. 58.
[446] Vgl. *Berliner Zeitung* vom 23. Mai 2005.

seiner Frau Angelika und enger Vertrauter, darunter seiner Sekretärin Beate Stieldorf, seines Sprechers Norbert Ness, seines Referenten Axel Emenet, seines Büroleiters Edmund Heller sowie des CDU-Wahlkampfmanagers Boris Berger, eintraf. Alle Blicke und ein Pulk von Kameras richteten sich auf den künftigen ersten Mann des Landes.

Fortan stand Rüttgers unter medialer Dauerbeobachtung. Selbst noch, als Rüttgers nach Mitternacht zu einem Kreis enger Vertrauter, Freunde und Nachbarn stieß, die ihn in seinem bisherigen Landtagsbüro mit Suppe und Bier – Pils, Kölsch, Alt – erwarteten. Dass Rüttgers, wie im Wahlkampf versprochen, mit diesen drei Sorten nun auf den Sieg anstieß, sich nun zu vorgerückter Stunde das Sakko auszog und den Schlips lockerte, fand tags darauf in der Berichterstattung aufmerksame Erwähnung – keine Marginalie, die nunmehr nicht wichtig wäre. Keine Geste, die nicht umgehend auf ihre tiefere Bedeutung hin analysiert worden wäre: Wem schüttelt Rüttgers die Hand, wen umarmt er, wenn lächelt er an, wen ignoriert er?

Ein Kordon von sechs Begleitern musste Rüttgers den Weg durch das Menschengewühl in der Wandelhalle des Landtags bahnen, in der so viel Medienrummel war, wie noch nie zuvor.[447] Überall hatten Fernsehsender provisorische Studios aufgebaut, überall warteten Journalisten mehr oder weniger geduldig darauf, dass Rüttgers ihnen ein Interview gab. Von der Seite streckten sich ihm viele Hände entgegen, die alle dem künftigen Ministerpräsidenten zu seinem Wahlsieg zu gratulieren wünschten. Darunter natürlich auch jene, die ihn politisch bereits abgeschrieben und immer wieder daran erinnert hatten, dass das seiner Ministerwürden verlustige Fraktionsmitglied Rüttgers 1998 bei der Wahl zu einem der neun Stellvertreter des Fraktionsvorsitzenden Schäuble im Unterschied zu Friedrich Merz drei quälende Wahlgänge gebraucht hatte, um sich gegenüber dem Verfassungsrechtler und Kurzzeit-Verteidigungsminister Rupert Scholz durchzusetzen. „Wer weiß, was passiert wäre, hätte sein Gegner nicht Rupert Scholz geheißen"[448], hatte manch hämischer

---

[447] So Prof. Dr. Ulrich von Alemann im Gespräch am 6. September 2007.
[448] Vgl. Hans-Jörg Heims: Späte Zündung einer Wunderwaffe. Viele Weggefährten verblüfft vor allem, wie kämpferisch Jürgen Rüttgers, der neue CDU-Chef von Nordrhein-Westfalen, seit einiger Zeit auftritt, in: *Süddeutsche Zeitung* vom 1. Februar 1999.

Abgeordnetenkollege oft genug jenen Medienvertretern zugeraunt, die nach dem Amtsverlust des Ministers Rüttgers daran gingen, diesen als allzu „braven Musterschüler" von Helmut Kohl zu karikieren, als „Wunderwaffe" des letzten Kabinetts Kohl, die leider, leider nicht gezündet habe.[449]

Dem Sieger Jürgen Rüttgers jubelten plötzlich Parteifreunde zu, die ihn lange Jahre als Zögerer, Zauderer und Taktiker gescholten hatten. Parteifreunde darunter, die oft genug ihrer Skepsis Ausdruck verliehen hatten, dass der spröde Pulheimer es nicht schaffen werde, in die gläserne Staatskanzlei *Am Stadttor* einzuziehen. „Einen guten Kandidaten für einen Wahlkampf nennt ihn eigentlich niemand"[450], hatte die ZEIT im Vorfeld des 22. Mai kommentiert.

Nun, am Abend des Wahltages jubelten alle dem „Siegertyp"[451] Rüttgers frenetisch zu – mancher in der kalkulierten Hoffnung, einen der von der künftigen schwarz-gelben Landesregierung zu besetzenden Posten ergattern zu können. „Wie Kletten", so kommentierte die *Süddeutsche Zeitung* später, klebten die vormaligen Rüttgers-Skeptiker plötzlich an den „Rockschößen des einst ungeliebten CDU-Frontmannes". „Parteivorständler, die lange den Dolch im Gewande führten", machten sich nun „schulterklopfend an den künftigen Ministerpräsidenten heran".[452] Rüttgers selbst versuchte auch im Getümmel der ersten Stunden nach Schließung der Wahllokale einen klaren Blick zu behalten, niemanden zu übersehen und jenen ehemaligen Mitarbeitern, die nach dem Regierungswechsel in Düsseldorf nun eine Karrierechance witterten und zur Wahlparty sogar mit eigenem Headhunter anreisten,[453] nicht über Gebühr Aufmerksamkeit zu widmen. So bekam er andererseits mit, wie die Landesvorsitzende der

---

[449] Ebd.
[450] Tina Hildebrandt: Der Herbergsvater. Jürgen Rüttgers hat gute Chancen, Ministerpräsident von Nordrhein-Westfalen zu werden, in: *Die Zeit* (21) 2005.
[451] Vgl. Jürgen Kahl: Pflegefall sucht Siegertyp. Jürgen Rüttgers ist Favorit bei der Wahl zum Vorsitzenden der nordrhein-westfälischen CDU, in: *Süddeutsche Zeitung* vom 29. Januar 1999.
[452] Johannes Nitschmann: Macht macht beliebt. Welche Begehrlichkeiten die Wahlsieger in NRW wecken, in: *Süddeutsche Zeitung* vom 24. Mai 2005.
[453] Vgl. ebd.

Grünen, Britta Hasselmann, durch den ihn umgebenden Pulk von Kameraleuten und Bodyguards rüde an die Wand gedrängt wurde. „Stopp!" rief Rüttgers, begrüßte die Grünen-Vorsitzende freundlich und machte seinerseits der politischen Konkurrentin den Weg frei. Gesten, die Rüttgers immer wichtig waren, selbstverständlich über Parteigrenzen hinweg – nicht nur am Abend seines Triumphs. Das, so kommentierte der künftige MP gegenüber der Presse, habe weder etwas mit schwarz-grünen Avancen oder mit der Großzügigkeit des Wahlsiegers, noch mit laufenden Kameras zu tun, sondern schlicht mit Anstand.[454]

Gleichwohl: Ein Signal eines entspannten Verhältnisses von Schwarz und Grün, zumal in der Ägide Rüttgers, konnte natürlich auch nicht schaden. Man ignoriert einander nicht, nein, man geht pfleglich, höflich, freundlich miteinander um. Wer weiß, was einmal kommt. Wenn auch nicht jetzt. Denn für alle war klar, dass Schwarz-Gelb, wie im Wahlkampf vereinbart, kommt. Nun, am Abend des 22. Mai stand fest, dass die parlamentarische Mehrheit ausreichend groß, ja geradezu komfortabel war. Die CDU hatte mit einem Zweitstimmenergebnis von 44,8 Prozent ihr bestes Landtagswahlergebnis in NRW seit 30 Jahren errungen, wohingegen die SPD mit 37,1 Prozent fast sechs Prozentpunkte gegenüber der Wahl 2000 verloren und ihr schlechtestes Landtagswahlergebnis an Rhein und Ruhr seit 50 Jahren eingefahren hatte. Die erstmals bei einer Landtagswahl angetretene SPD-Abspaltung WASG verpasste den Einzug in den Düsseldorfer Landtag mit 2,2 Prozent deutlich, wohingegen FDP und Grüne mit jeweils 6,2 Prozent sicher die Fünfprozenthürde nahmen: die Grünen mit einem moderaten Minus von 0,9 Prozentpunkten, die FDP immerhin mit einem Minus von 3,9 Prozentpunkten gegenüber ihrem fulminanten Wahlergebnis von 2000, das sie nicht unwesentlich ihrem damaligen Spitzenkandidaten Möllemann zu verdanken hatte.

Ingo Wolf, FDP-Spitzenkandidat bei der Wahl 2005 und seit der anschließenden Regierungsbildung Innenminister im Kabinett Rüttgers, verfügt nicht annähernd über das Charisma und die Wählerwirksamkeit jenes oft polarisierenden und unberechenbaren Möllemann, der im Juni

---

[454] Vgl. Peter Schilder: Die zweite Karriere, in: *Frankfurter Allgemeine Zeitung* vom 24. Mai 2005.

2003 nach heftigen innerparteilichen Turbulenzen, nach seinem Austritt aus der FDP und vor dem Hintergrund staatsanwaltlicher Ermittlungen mit seinem Fallschirm in den Tod gestürzt war.[455] Zu trocken, zu sehr „Oberkreisdirektor", ohne wirkliche Integrationskraft nach innen: Ingo Wolf – da waren sich FDP-Parlamentarier mit dem Gros der journalistischen Kommentatoren nach dem Wahlsieg schnell einig – würde nicht der geeignete FDP-Vizeministerpräsident unter dem selbstbewussten Jürgen Rüttgers sein. Zumal Wolf gleich nach der Wahl eine persönliche Niederlage hatte einstecken müssen. Denn nicht der von Wolf als FDP-Fraktionsvorsitzender favorisierte Abgeordnete Robert Orth setzte sich in einer Kampfabstimmung durch, sondern der wirtschaftspolitische Sprecher der Fraktion, Gerhard Papke. Dieses Abstimmungsergebnis wurde als klare Niederlage für Wolf und als Sieg für das Lager um Parteichef Pinkwart und Generalsekretär Lindner und damit indirekt als Ruf nach einer stärkeren landespolitischen Präsenz des Bundestagsabgeordneten Pinkwart gewertet. Entsprechend wechselte Pinkwart, seit 2003 nicht nur FDP-Landeschef sondern zugleich stellvertretender Bundesvorsitzender der Liberalen, von Berlin nach Düsseldorf in das Amt des Vize-Ministerpräsidenten und übernahm das Ministerium für Innovation, Wissenschaft, Forschung und Technologie – ein Spiegelbild zu Rüttgers früherem „Zukunftsministerium". Ingo Wolf wurde Innenminister. Doch alle FDP-internen Personaldiskussionen wurden, ebenso wie jene innerhalb des künftigen Koalitionspartners CDU,[456] wer nun Minister und was aus Generalsekretär Hans-Joachim Reck werde, überdeckt von dem Hochgefühl, Rot-Grün an der Spitze von NRW ablösen zu können.

---

[455] Vgl. Robert von Rimscha: Möllemann stürzt in den Tod, in: *Der Tagesspiegel* vom 6. Juni 2003.
[456] Vgl. Peter Szymaniak: Das große Rätselraten über Rüttgers' Regierungsmannschaft geht weiter, in: *Westdeutsche Allgemeine Zeitung* vom 2. Mai 2007; vgl. ders.: Bei Rüttgers stapeln sich die Bewerbungen, in: *Westdeutsche Allgemeine Zeitung* vom 22. Juni 2005.

„Johannes-Rau-Wähler" im Blick – Regieren in NRW

McKinsey und Karl Arnold – Mehr Rau als Clement – Fremde Federn und frohe Botschaften – „Soziale Ordnungspolitik" – Hartz IV und ALG I – Gegenwind vom Schloss Bellevue – „Kreative Ökonomie" und ambitionierte Kulturpolitik – „Sozialdemokratischer Weltgeist" – Das Blüm-Erbe – „Maß und Mitte" – Rheinischer Kapitalismus – von Leipzig über Hannover nach Stuttgart – „Mitte" – „Hübscher Affront" zur Halbzeitbilanz – 2010 und schwarz-grünes Schattenspiel vor linker Kulisse – Mühlstein oder Lorbeerkranz? – „Ministerpräsidentendemokratie" – Kronprinzengedanken zur Unzeit

Jürgen Rüttgers signalisierte gleich am Wahlabend, dass die anstehenden Koalitionsverhandlungen mit der FDP in einem auffallenden Kontrast zu den zähen und langwierigen Koalitionsverhandlungen der beiden Vorgängerregierungen stehen sollten: Auf jeden Fall sollten diese anders verlaufen als bei Rot-Grün – besser, zügiger, harmonischer. Hatte Rot-Grün nämlich 1995 und 2000 erst nach quälenden Verhandlungsrunden, nach Interventionen seitens der Bundesparteien und trotz drohender innerparteilicher Verwerfungen zueinandergefunden, so präsentierten sich CDU und FDP ihrerseits fest entschlossen, die Koalitionsverhandlungen binnen drei Wochen zum Abschluss zu bringen und damit Handlungsfähigkeit und Einigkeit unter Beweis zu stellen. Was zur Konsequenz hatte, dass Jürgen Rüttgers selbst sich an seine eigene Ankündigung, das triumphale Wahlergebnis eine Woche lang zu feiern und dann an die Arbeit zu gehen, nicht hielt. Das wiederum überraschte keinen seiner Parteifreunde. Auch nicht, dass Rüttgers nicht einmal einen Tag verstreichen lassen wollte.

Nach einem ersten, vertraulichen Zusammentreffen von Rüttgers, Helmut Stahl, dem bisherigen Parlamentarischen Geschäftsführer der CDU-Fraktion, sowie den FDP-Vertretern Andreas Pinkwart und Ingo Wolf am Tag vor der Wahl in Rüttgers' Privathaus in Sinthern, bereitete der strahlende Wahlsieger kurz nach Bekanntgabe des Wahlergebnisses am Abend des 22. Mai das weitere Prozedere vor. Verabredet wurde unter den vieren ein offizielles Auftaktgespräch nicht zuletzt über organisatorische Fragen, wo, ab wann, wie lange, wer verhandeln solle. Als Ort der Verhandlungen wurde, symbolisch bedeutsam, die *Villa Horion* ausgewählt, jene alte – vergleichsweise bescheiden anmutende – Staatskanzlei aus den Zeiten von Johannes Rau, die Wolfgang Clement zugunsten des allseits sichtbaren, futuristisch-kühlen Hochhauses *Am Stadttor* aufgegeben hatte. Während sich Clement und Steinbrück *Am Stadttor* wohlgefühlt und die räumliche Nähe zu McKinsey und anderen wirtschaftsorientierten Mietern im selben Gebäude hoch geschätzt hatten – entsprechend ihres Selbstverständnisses als „Vorstand der NRW AG"[457] –, so wäre Rüttgers, hätte er die Wahl gehabt, lieber in die kleinere, weniger geschäftsmäßig-kühle, traditionsreiche *Villa Horion* gezogen. Doch die Wahl hatte er nicht. Langfristige, von Vor-Vorgänger Clement geschlossene Mietverträge zwischen dem Investor und dem Land NRW binden die Landesregierung an die Nutzung der Etagen *Am Stadttor*, deren einziger Vorzug, wie Mitarbeiter bestätigen, in dem atemberaubenden Blick über Düsseldorf und den Landtag hinweg besteht. Hat man jedoch ein Büro mit Blick nach innen erwischt, so muss man selbst auf dieses Panorama verzichten und sich damit trösten, stets genau verfolgen zu können, welcher Besucher aus einem der verglasten Aufzüge auf der Etage des MP aussteigt. Der Chef selbst, das weiß jeder, nimmt natürlich die Treppen, von denen er *Am Stadttor* zwangsläufig weit mehr jeden Morgen zu bewältigen hat als in der überschaubaren *Villa Horion*, in die sich CDU und FDP unmittelbar nach der Wahl zurückzogen.

Doch ging es nicht um mehr oder um weniger Stufen: „Mehr Rau als Clement" – so lautete das Signal, das mit der symbolischen Wahl des Verhandlungsortes zur Bildung eben jener neuen Landesregierung unter Jürgen Rüttgers ausgesandt wurde, die, wie Rüttgers noch vor Beginn der Verhandlungen als Zielmarke formulierte, fortan wirtschaftliche

---

[457] Vgl. zumindest mit Blick auf Wolfgang Clement Ursula Feist / Hans-Jürgen Hoffmann: Die nordrhein-westfälische Landtagswahl vom 14. Mai 2000. Gelbe Karte für Rot-Grün, S. 126.

Vernunft mit sozialer Gerechtigkeit verbinden wolle. Damit sollte die neue Landesregierung zugleich ein Referenzmodell für Schwarz-Gelb im Bund darstellen. „Wir werden im bevölkerungsreichsten Bundesland zeigen", so erklärte Andreas Pinkwart mit Blick auf Berlin, „dass FDP und CDU die soziale Marktwirtschaft erneuern und damit bessere Chancen für alle eröffnen"[458]. Was für Rüttgers zweierlei bedeutete: einerseits einen harten Sparkurs fahren zu müssen, denn schließlich sei das Land arm wie „Kirchenmäuse"[459], andererseits eine solide Finanz- und Wirtschaftspolitik mit sozialer Gerechtigkeit verbinden und sich damit in die Tradition des früheren CDU-Ministerpräsidenten in Nordrhein-Westfalen, Karl Arnold, zu stellen.

Demonstrativ fuhr Rüttgers, nachdem er am 22. Juni 2005 mit 99 Ja-, 87 Neinstimmen und einer Enthaltung zum Ministerpräsidenten gewählt worden war, zum Düsseldorfer Südfriedhof, legte dort am Grab seines einstigen Amtsvorgängers Karl Arnold Rosen sowie einen Kranz samt Schleife mit der Aufschrift „Jürgen Rüttgers. 22.6.2005" nieder[460] und setzte damit zugleich ein erstes politisches Signal als Ministerpräsident:[461] sowohl an die bestehenden Traditionen im Land anknüpfen – ja, diese symbolisch gar aufwerten[462] – als auch jene neue soziale und wirtschaftliche Ordnungspolitik verwirklichen zu wollen, die den Bürgern „Vertrauen in die Politik und die Zukunft"[463] zurückgebe. „Wir wollen", so lautete das entsprechende Bekenntnis der Koalitionsvereinbarung,

---

[458] Zitiert nach Björn Hengst: Schmusekurs am Rhein. NRW-Koalitionsgespräche, in: www.spiegel.de vom 1. Juni 2005.
[459] So Jürgen Rüttgers, zitiert nach: CDU und FDP unterzeichnen Koalitionsvertrag. Koalitionspartner kündigen strikten Sparkurs an, in: www.wdr.de vom 30. August 2007.
[460] Vgl. Rüttgers – Nach der Wahl fuhr er zum Grab von Karl Arnold, in: *Rheinische Post* vom 24. Juni 2005.
[461] Karl-Rudolf Korte u.a. (Hrsg.): Regieren in Nordrhein-Westfalen, S. 354.
[462] Vgl. Jürgen Rüttgers: Wir müssen um die Einheit unseres Landes kämpfen. Interview im Bonner *General-Anzeiger* vom 12.04.2008, wo Rüttgers unter Bezugnahme auf Karl Arnold feststellt, auch dieser sei, ebenso wie Johannes Rau, „ein großer Ministerpräsident gewesen". „Wir werden daher", so Rüttgers weiter, „in diesem Sommer anlässlich seines 50. Todestages an seine großartige Leistung beim Aufbau dieses Landes und der Bundesrepublik Deutschland erinnern".
[463] Vgl. Rüttgers: Soziale Ordnungspolitik nötig, in: *Frankfurter Allgemeine Zeitung* vom 5. April 2005.

die zwei Tage vor Rüttgers' Wahl zum Regierungschef im Ständehaus im Rahmen eines feierlichen Empfangs unterzeichnet wurde, „Nordrhein-Westfalen zu einem Land der neuen Chancen machen"[464]. Dass es im Land aufwärts und zugleich sozial zugehen solle,[465] dies war die Maxime, die Rüttgers als Orientierung für das künftige Handeln seiner Regierung ansah.

Zur Halbzeit der Legislaturperiode legte die Koalition – wenig überraschend – eine positive Bilanz ihrer bisherigen Arbeit vor, frei nach dem Motto: Chancen eröffnet und Chancen genutzt! Entsprechend präsentierte der NRW-Chef in einer Regierungserklärung vor dem Landtag am 14. November 2007 die aus seiner Sicht entscheidenden Zahlen im Vergleich zur Ausgangssituation im Mai 2005: 200.000 Arbeitsplätze mehr; Reduzierung der Neuverschuldung des Landes um 70 Prozent; 124 Verwaltungsbehörden abgeschafft, zusammengelegt oder kommunalisiert; sozialverträglicher Ausstieg aus dem subventionierten Steinkohlebergbau bis 2018; 250 Millionen Euro Mehrausgaben im Bereich Kinder, Jugend und Bildung; Verdoppelung der Zahl der Tagesstätten-Plätze für Kinder unter drei Jahren; Schaffung von 5441 zusätzlichen Lehrerstellen; Reduzierung des Unterrichtsausfalls von 5 auf 2,8 Millionen Stunden. „Kein Wunder", so erklärte der Regierungschef stolz, dass „Nordrhein-Westfalen 2006 zum Aufsteigerland Nr. 1 und 2007 zum Mittelstandsland Nr. 1 gewählt worden ist".[466]

Dass Rüttgers „eigentlich nur frohe Botschaften zur Halbzeit seiner ersten Regierungsperiode zu überbringen"[467] hatte, wie selbst die kritische *taz* anerkennend kommentierte, hinderte erwartungsgemäß die Oppo-

---

[464] Vgl. Koalitionsvereinbarung von CDU und FDP zur Bildung einer neuen Landesregierung in Nordrhein-Westfalen, Düsseldorf, 20. Juni 2005, S. 2.
[465] Vgl. Jürgen Rüttgers: Wir müssen um die Einheit unseres Landes kämpfen. Interview im Bonner *General-Anzeiger* vom 12. April 2008.
[466] Vgl. Jürgen Rüttgers: Unser Nordrhein-Westfalen – Das Bundesland der Zukunft. Regierungserklärung von Ministerpräsident Jürgen Rüttgers zur Arbeit der Landesregierung in der 14. Legislaturperiode am 14. November 2007 im Landtag Nordrhein-Westfalen (Typoskript, S. 2,7).
[467] Vgl. Pascal Beucker: NRW noch schwärzer als gedacht. Umfragen stärken Rüttgers, in: *die tageszeitung* vom 14. November 2007.

sitionsführerin Hannelore Kraft, unterstützt vom DGB-Landesvorsitzenden Guntram Schneider[468], nicht daran, heftige Kritik an Rüttgers und seiner Regierung zu üben. Mit „fremden Federn"[469], so der Vorwurf der SPD-Fraktionsvorsitzenden, schmücke sich der Regierungschef, der von einer guten Konjunkturlage und den nun wirkenden Reformgesetzen der rot-grünen Agenda 2010 profitiere. Rüttgers betreibe „politische Produktpiraterie"[470], denn „wir", so Kraft unter Verweis auf die rot-grüne Regierungsverantwortung bis 2005, „haben die richtigen Weichen für den Wirtschaftsaufschwung gestellt"[471]. Obwohl die Arbeitslosigkeit in NRW noch immer doppelt so hoch sei wie in Bayern oder Baden-Württemberg, zeichne sich Rüttgers' Politik meist durch warme Worte und Inszenierung aus – „dreiste Täuschungen und Enttäuschungen", so Krafts ernüchternde Halbzeitbilanz. Ein Urteil der Oppositionsführerin, das sich, wenn auch in Übereinstimmung mit der Grünen-Fraktion und dem Abgeordneten der Linken, gleichwohl nicht mit der Einschätzung eines Großteils der Bevölkerung deckt. „Das Zwischenzeugnis für Rüttgers", so kommentiert der WDR unter Verweis auf eine repräsentative Umfrage, falle „ganz passabel" aus, da „immerhin 49 Prozent der Befragten mit der Arbeit des Ministerpräsidenten zufrieden"[472] seien. Und dies, obwohl Rüttgers sich in den zurückliegenden Monaten mit vielen Interessengruppen, Lobbyisten, Verbänden und selbst der eigenen Parteibasis in den Kommunen angelegt habe. Auf insgesamt 300.000 wird die Zahl derer geschätzt, die „in der noch kurzen Ära Rüttgers"[473] bislang vor dem Düsseldorfer Landtag demonstriert und ihrem lautstarken Protest gegen das umstrittene neue Kinderbildungsgesetz „KibiZ", die Kürzung der Jugendhilfeförderung, die Einführung von Studiengebühren,

---

[468] Vgl. Stellungnahme von Guntram Schneider zur Halbzeitbilanz der Regierung Rüttgers, in: www.rp-online.de vom 7. Februar 2008.
[469] Zitiert nach: Der Stillstand ist überwunden. Rüttgers zieht positive Halbzeitbilanz, in: *Rheinische Post* vom 14. November 2007.
[470] Vgl. Winfried Goebels: Rüttgers feiert Halbzeit: NRW ist wieder da, in: www.az-web.de vom 14. November 2007.
[471] Zitiert nach: Der Stillstand ist überwunden. Rüttgers zieht positive Halbzeitbilanz, in: *Rheinische Post* vom 14. November 2007.
[472] Johannes Nitschmann: Halbzeit für Rüttgers, in: www.wdr.de vom 22. November 2007.
[473] Vgl. ebd.

die Einschränkung der Mitbestimmungsrechte für Landesbedienstete oder die Beschränkung der wirtschaftlichen Tätigkeit von Kommunen Ausdruck verliehen haben. „Der Wahlsieg", so kommentiert die linksalternative *taz* Zwischenbilanz und Umfragehoch der Regierung Rüttgers, sei offenkundig „mehr als ein Ausrutscher" gewesen,[474] und auch der Düsseldorfer Politikwissenschaftler Ulrich von Alemann attestiert, eine „Nostalgie nach Rückkehr der SPD an die Macht" sei in NRW „derzeit nicht zu erkennen."[475] Wie „Pfeifen im Walde" klingt nach Ansicht der *taz* die Siegeszuversicht, die Oppositionsführerin Kraft mit Blick auf den Urnengang 2010 verbreite.

Doch nicht nur WDR und *taz*, auch die *Westdeutsche Zeitung*, die traditionell nicht durch CDU-nahe Kommentierung auffällt, bemerkt anlässlich der Halbzeitbilanz der Regierung: „Im Land hat sich durchaus einiges geändert – durch Rüttgers und seine Politik. Der 56-Jährige galt lange Jahre als Taktiker und Zauderer. Das muss als überholt gelten. Denn Rüttgers setzt nichts anderes um, als er vor der Wahl versprochen hat."[476] „Keine brillante, aber doch eine solide Politik"[477], dieser Einschätzung des Bonner Politikprofessors Tilman Mayer schließen sich derzeit viele Beobachter und Kommentatoren, doch vor allem auch die Mehrheit der Bevölkerung an. Wenn dann sogar noch die von manchem in der NRW-CDU als „Kampfweib vom Rotfunk" gescholtene langjährige WDR-Moderatorin Gisela Marx dem verdutzten Ministerpräsidenten erklärt, „ihn glatt wählen"[478] zu wollen, hat Rüttgers tatsächlich Grund zur Zufriedenheit. Zumindest situativ und trotz der Einwände seitens der Opposition. „Sie reden links und handeln marktradikal"[479] –

---

[474] Pascal Beucker: NRW noch schwärzer als gedacht, Umfragen stärken Rüttgers, in: *die tageszeitung* vom 14. November 2007.

[475] Vgl. Stellungnahme von Prof. Dr. Ulrich von Alemann zur Halbzeitbilanz der Regierung Rüttgers, in: www.rp-online.de vom 7. Februar 2008.

[476] Frank Uferkamp: Jürgen Rüttgers: Der schwarze Riese vom Rhein, in: *Westdeutsche Allgemeine Zeitung* vom 14. November 2007.

[477] Vgl. Stellungnahme von Prof. Dr. Tilman Mayer zur Halbzeitbilanz der Regierung Rüttgers, in: www.rp-online.de vom 7. Februar 2008.

[478] Zitiert nach *Der Spiegel* vom 24. September 2007.

[479] Zitiert nach Pascal Beucker: NRW noch schwärzer als gedacht, in: *die tageszeitung* vom 14. November 2007.

auf diesen Kernvorwurf reduzierte Sylvia Löhrmann, die Grünen-Fraktionschefin im Landtag, die Kritik an „Robin Rüttgers" (WDR), dem nicht wenige Kommunalpolitiker und Kirchenvertreter, orchestriert von den Düsseldorfer Oppositionsparteien, vorwerfen, in NRW „auf Kosten der Schwachen" zu regieren und sich auf bundespolitischer Bühne als „Linksausleger und Arbeiterführer" zu profilieren.[480] Jürgen Rüttgers, so Hannelore Krafts Generalkritik zur Halbzeit der Legislaturperiode, stehe nicht für soziale Politik, sondern „wie kein anderer für die Durchökonomisierung aller Politikbereiche".[481] Damit verweist die Oppositionsführerin, ebenso wie die Grünen-Fraktionschefin auf eine Schlüsselfrage, die sich mit Jürgen Rüttgers' Politik seit seiner Wahl zum Ministerpräsidenten 2005 grundsätzlich verbindet: Kaschieren die „warmen Töne kolpinghafter Barmherzigkeit"[482], bevorzugt angeschlagen in „sozialpopulistischen Interviews"[483], eine im Grunde „marktradikale Politik"[484]? Oder steht Jürgen Rüttgers sehr wohl für eine „soziale" Politik? In der Formulierung der *Westdeutschen Allgemeinen Zeitung*: Rüttgers der „Sozialpapst" oder Rüttgers der „Bürgerliche"?

Legt man traditionell sozialdemokratische bzw. linke Maßstäbe an, wählt man die etatistische, gar dirigistische Perspektive, kann man Rüttgers tatsächlich eine „SPD-Maskerade"[485] aus taktischen Erwägungen vorwerfen. Denn ohne Zweifel: Jürgen Rüttgers will nicht den möglichst all-

---

[480] Vgl. Johannes Nitschmann: Halbzeit für Rüttgers, in: www.wdr.de vom 22. November 2007.

[481] Zitiert nach Pascal Beucker: NRW noch schwärzer als gedacht, in: *die tageszeitung* vom 14. November 2007.

[482] Franz Walter / Tobias Dürr: Die Heimatlosigkeit der Macht. Wie die Politik in Deutschland ihren Boden verlor, Berlin 2000, S. 151.

[483] Bernd Ulrich: Der Zweck des Lebens. Warum arbeiten wir? Über das irritierende Menschenbild von Jürgen Rüttgers, in: *Die Zeit* (19) 2008.

[484] So der Vorwurf der Fraktionsvorsitzenden der Grünen im Landtag von NRW, Sylvia Löhrmann, zitiert nach: Schwarz-Grün ist absurd, in: *Süddeutsche Zeitung* vom 8. Oktober 2007.

[485] Vgl. Dirk Graalmann: Die SPD-Maskerade verfängt nicht mehr. Jürgen Rüttgers betont gern sein soziales Profil, doch seine Regierung macht eine andere Politik, in: *Süddeutsche Zeitung* vom 8. August 2007.

umfassenden *ver*sorgenden Sozialstaat.[486] Er setzt auf einen *vor*sorgenden Sozialstaat, der Element einer umfassenderen Ordnungspolitik, einer sozialen Ordnungspolitik, ist. Damit will Rüttgers das „Soziale" für die CDU als „Partei für alle Schichten" neu und anti-etatistisch bestimmen.[487]

Wirtschaftliche und soziale Ordnungspolitik zusammengenommen, so Rüttgers' Grundüberzeugung, schaffen Rahmenbedingungen für ein eigenverantwortliches Leben in Freiheit. Freiheit und Chancengleichheit leiten Rüttgers' ordnungspolitisches Denken, nicht Reglementierung und soziales Gleichheitsstreben. Ordnungspolitik soll die Gemeinschaften, in denen Solidarität gelernt und geübt wird, d. h. vor allem die Familien, stärken; soll für die Absicherung der großen Lebensrisiken sorgen, den Menschen bei der eigenverantwortlichen Vorsorge für Alter, Krankheit und Pflegebedürftigkeit helfen und den Menschen die Chance zur Selbstbestimmung durch Bildung bieten. „Ein wesentliches Ziel sozialer Ordnungspolitik", so betont Rüttgers immer wieder, „ist die Schaffung eines exzellenten Bildungssystems. Jeder soll die Chance auf ein selbstbestimmtes und selbstverantwortliches Leben bekommen. Bildung zu vermitteln ist in Zukunft die wichtigste Hilfe zur Selbsthilfe, die der Staat geben kann und muss. Jeder soll die bestmögliche Bildung bekommen, gleich welche Begabung er hat."[488]

Sozialpolitik erschöpft sich für Rüttgers nicht nur, noch nicht einmal primär, in materiellen Transfers, auch wenn er diesen Aspekt bei den Fragen nach Hartz IV, nach einer verlängerten Auszahlung von Arbeitslosengeld (ALG) I an ältere Arbeitnehmer bzw. nach der Notwendigkeit der Erhöhung des Schonvermögens für die Altersvorsorge von Arbeits-

---

[486] Jürgen Rüttgers: Soziale Ordnungspolitik der Zukunft. Rede anlässlich der Sozialethiker-Tagung der Katholischen Sozialwissenschaftlichen Zentralstelle am 28. April 2006 in Mönchengladbach (Typoskript, S.10).
[487] Vgl. Jörg-Dieter Gauger: „Freiheit in Verantwortung". Zum Werteverständnis der Union, in: Günter Buchstab (Hrsg.): Brücke in eine neue Zeit. 60 Jahre CDU. Freiburg i. Br. 2005, S. 139–172, S. 167.
[488] Jürgen Rüttgers: Freiheit und Selbstverantwortung – Grundprinzipien einer modernen Politik. Rede anlässlich des Festakts zum 125-jährigen Bestehen des Collegium Josephinum am 2. Mai 2005 in Bonn (Typoskript, S. 12 f).

losen[489] – oder ebenfalls bei seinem Renten-Vorstoß zur Verhinderung drohender Altersarmut[490] stark in den Vordergrund gerückt hat.

Doch was oftmals im Wirbel um eine vermeintliche „Rolle Rüttgers" im Sinne eines populistischen Abrückens des NRW-„Arbeiterführers" (Franz Müntefering über Jürgen Rüttgers)[491] von ordnungspolitischen Prinzipien aus wahltaktischen Gründen übersehen wird, ist beispielsweise im Falle von ALG I die Verknüpfung der Forderung nach einer längeren Auszahlung mit der Forderung nach Kostenneutralität sowie der damit einhergehenden deutlichen Senkung des Beitrags zur Arbeitslosenversicherung. Anders ausgedrückt: „Neue Sicherheit", die Rüttgers als Kernaufgabe der Politik fordert, meint keineswegs den Verzicht auf Reformen, die Rüttgers samt seiner schwarz-gelben Koalition in NRW ja initiiert, nur müssen Reformen „das Leben der Menschen einfacher und sicherer machen, nicht unsicherer und komplizierter".[492]

Beispiel: „Die Idee" der rot-grünen Reformagenda zur Belebung des Arbeitsmarktes, daran lässt Rüttgers rückblickend keinen Zweifel, „war richtig, aber die Gesetze waren grottenschlecht gemacht".[493] Reformen ja, aber einfacher und transparenter in der praktischen Umsetzung – so begründet Rüttgers seine Forderung nach einer „Generalüberprüfung" der Hartz-IV-Gesetze, an deren Ausgestaltung die damalige Unions-Opposition, wie Rüttgers weiß, über den Bundesrat beteiligt war. Doch Rüttgers signalisierte frühzeitig seine Bedenken und erhielt für seine Forderung einer Überprüfung von Hartz IV zum Jahresende 2007 Rückenwind von politisch unverdächtiger Seite: aus Karlsruhe, wo das Bun-

---

[489] Vgl. Peter Schilder: Rüttgers' dritter Angriff, in: *Frankfurter Allgemeine Zeitung* vom 16. Juni 2008.
[490] Vgl. Wir müssen auf die drohende Altersarmut reagieren. Jürgen Rüttgers im Interview mit Eckart Lohse und Markus Wehner, in: *Frankfurter Allgemeine Sonntagszeitung* vom 20. April 2008.
[491] Zitiert nach Thomas Wiegold: Franz Müntefering – Meine Frau fand das gut, die Kanzlerin nicht, in: www.focus.de vom 13. November 2007.
[492] Jürgen Rüttgers: Sozialpolitik ist Wirtschaftspolitik, in: Rheinische Post vom 6. Februar 2008.
[493] Zitiert nach: Rüttgers: Hartz-Gesetze grottenschlecht gemacht. NRW-Ministerpräsident fordert Generalüberprüfung, in: *Rhein-Sieg-Rundschau* vom 2. Januar 2008.

desverfassungsgericht die sogenannten ARGEn, die Arbeitsgemeinschaften von Kommunen und Bundesagentur für Arbeit, für grundgesetzwidrig erklärt und damit tatsächlich politischen Handlungsbedarf bei Hartz IV angemeldet hat.

Gegenwind wiederum wehte Rüttgers vom Berliner *Schloss Bellevue* entgegen. Denn ebenfalls zum Ende des Jahres 2007 sprach der Bundespräsident Tacheles, freilich ohne Namen zu nennen. Angesichts der auf Bundesebene beschlossenen Verlängerung von ALG I ab 2008 warnte Horst Köhler vor einem nachlassenden Reformehrgeiz im Land und mahnte politisches Stehvermögen und gute Kommunikation, gar einen „langen Atem" der verantwortlich Handelnden an. Einen langen Atem, der sich gegenüber „kurzfristigem Denken"[494] und parteipolitischem Kalkül durchsetzen müsse. Doch Rüttgers fühlte sich von Köhler, der wenig verklausuliert den NRW-Regierungschef kritisierte, in der Sache unberechtigt angesprochen. Unberechtigt zumal dann, wenn der Bundespräsident mutige politische Reformen samt materieller wie immaterieller Investitionen in die Zukunft unseres Landes verlangte.

Tatsächlich konnte Rüttgers auf zweieinhalb Jahre konsequente Reformpolitik – Ausdruck von „Reformehrgeiz", wie Köhler ihn fordert – im bevölkerungsreichsten Bundesland verweisen. Auf eine Reformpolitik, bei der Schwarz-Gelb trotz Spardiktat und strenger Haushaltsdisziplin exakt jene Bereiche zu stärken bemüht war, die der Bundespräsident als zentral für die Zukunft unseres Landes ansieht: Familie, Bildung, Wissenschaft, Forschung, Kultur und Technologie. Dass Rüttgers es dabei verstand, seine „wirtschaftsliberale Wende mit christlich-sozialem Überbau"[495] den Bürgern verständlich zu kommunizieren, signalisiert die Zustimmung, die er selbst und die von ihm verantwortete Regierungspolitik anlässlich der Halbzeit der Legislaturperiode erfuhr, in der Bevölkerung wie in den Medien. „Diese Chuzpe", kommentiert die ansonsten dem NRW-Chef wenig geneigte *Frankfurter Rundschau*, „verstört und

---

[494] Zitiert nach: Zur Freiheit gehört Ungleichheit. Im Gespräch: Horst Köhler, in: *Frankfurter Allgemeine Zeitung* vom 29. Dezember 2007.
[495] Vgl. Annika Joeres: Das Bergfest des Jürgen Rüttgers, in: *Frankfurter Rundschau* vom 13. November 2007.

lähmt die Opposition bislang so sehr, dass Rüttgers souverän amtieren kann."[496]

Ein Beispiel für Rüttgers' Ehrgeiz, Innovation und Tradition zu vereinen, stellt die „Initiative Zukunft Ruhr" dar, mit der Rüttgers die Leitidee einer „kreativen Ökonomie" realisieren will. Konkret geht es dabei um die Weiterentwicklung von Industrie und Wissenschaft in der kulturell hoch attraktiven Region der Ruhr mit dem Kern Essen als „Kulturhauptstadt Europas 2010" zu einer international konkurrenzfähigen „Metropolregion"[497]. Dies, in Kooperation mit dem aus 65 führenden Wirtschaftsunternehmen bestehenden „Initiativkreis Ruhrgebiet", mit dem sich Rüttgers darüber einig weiß, dass „ein hochwertiges kulturelles Umfeld nicht nur für die Kreativen selbst von Bedeutung, sondern ein enorm wichtiger Faktor auch für die erfolgreiche Weiterentwicklung von Industrie und Wissenschaft"[498], selbst einer „Kultur-Wirtschaft"[499], ist.

Stichwort Kultur: Die Förderung der Kultur ist eines der zentralen politischen Anliegen des Ministerpräsidenten Rüttgers, der gerne und stolz darauf verweist, dass Nordrhein-Westfalen nicht nur das bevölkerungsstärkste, sondern auch an Kultur reichste Land der Bundesrepublik sei. Tatsächlich braucht – auch dank einer aktiven Kulturpolitik der NRW-Vorgängerregierungen, zumal in der Ära Rau[500] – das künstlerische Leben an Rhein und Ruhr mit 30.000 bildenden Künstlern, 300 öffentlichen Bibliotheken, mehr als 900 Museen und Sammlungen, mehr als

---

[496] Ebd.
[497] Vgl. Peter Lamprecht: Revier plant Aufbruch. Landesregierung und Wirtschaft bereiten einen Pakt für die Zukunft des Ruhrgebiets vor, in: *Welt am Sonntag* vom 30. September 2007.
[498] Zitiert nach: Talente, Technologie, Toleranz. Nordrhein-Westfalens Ministerpräsident Jürgen Rüttgers setzt große Hoffnung in das Projekt Ruhr 2010, in: *Süddeutsche Zeitung* vom 17. Oktober 2007.
[499] Vgl. Jürgen Rüttgers: Nordrhein-Westfalen auf dem Weg zu einer Kreativen Ökonomie. Rede auf dem Internationalen Kongress „Wandel durch Kulturwissenschaft: Perspektiven einer Zukunftsbranche", gehalten am 17. September 2007 im Colosseum in Essen, Typoskript, S. 12.
[500] Vgl. Ulrich Heinemann: Der Politiker als Sinnproduzent. Johannes Rau in seinem „System", in: Jürgen Mittag / Klaus Tenfelde (Hrsg.): Versöhnen statt spalten, S. 325 ff.

400 freien Theatergruppen und mehr als 100 Bühnen für Schauspiel, Tanz und Kabarett – um nur einige Zahlen exemplarisch zu nennen – keinen Vergleich zu scheuen. Doch Rüttgers hat Großes vor. Nordrhein-Westfalen soll, so sein ambitioniertes Ziel, zu *der* pulsierenden Kulturregion im Zentrum Europas werden und als solche auch wahrgenommen werden.

Wie soll dieses Ziel erreicht werden? Einerseits durch eine Verdopplung der Fördermittel des Landes in der laufenden Legislaturperiode, andererseits durch eine Konzentration auf vier kulturpolitische Handlungsfelder: erstens auf eine verstärkte Anstrengung zum Erhalt der kulturellen Substanz des Landes, zweitens auf eine Profilierung des kulturellen Reichtums zu weit über die Grenzen hinaus wahrgenommenen kulturellen Höchstleistungen, drittens auf eine verstärkte kulturelle Bildung der Schulkinder im Sinne einer ästhetischen Erziehung sowie viertens auf die Schaffung von „kreativen Milieus", wo im Idealfall künstlerisch-kulturelle, wissenschaftlich-technologische und wirtschaftliche Betätigungen aufeinandertreffen und gemeinsam Neues hervorbringen.

Was abstrakt theoretisch klingt, lässt sich konkret auf zahlreichen Baustellen beobachten. Beispiel Münster: Dort wird das Westfälische Landesmuseum für Kunst- und Kulturgeschichte um- und neugebaut. Beispiel Dortmund: Der dortige *U-Turm*, ein altes Kellereihochhaus der früheren Union-Brauerei, wird zu einem europäischen Zentrum für Kunst und Kreativität umgebaut und soll damit, wie Rüttgers kommentierte, zu einem „Symbol des Wandels durch Kultur"[501] werden. Beispiel Duisburg: Im dortigen Innenhafen entsteht derzeit ein Neubau des nordrhein-westfälischen Landesarchivs. Aus einem alten denkmalgeschützten Speichergebäude wird, nach Fertigstellung, ein 60 Meter hoher Aktenspeicher herausragen – der 123 Kilometer Aktenmaterial archivieren soll –, welcher weithin sichtbar symbolisieren soll, dass Nordrhein-Westfalen sein kulturelles Gedächtnis pflegt und auf dieses stolz ist. Weniger optisch herausragend, aber dafür nicht weniger ambitioniert ist die im

---

[501] Jürgen Rüttgers, zitiert nach: Gregor Beushausen: Ein Turm mit reichem Innenleben, in: *Westdeutsche Allgemeine Zeitung* vom 26. Februar 2008.

Frühjahr 2008 in Angriff genommene Sanierung und Erweiterung der Kunstsammlung Nordrhein-Westfalens am Düsseldorfer Grabbeplatz, die Rüttgers gerne nach Vollendung zur „Staatsgalerie" des Landes aufwerten würde.

Neben zahlreichen weiteren baulichen Maßnahmen oder der verstärkten Förderung der öffentlichen Bibliotheken legen Rüttgers – quasi als Regierungschef zugleich sein eigener Kulturminister, der sich um vielerlei konkrete Projekte, bis hin zu Detailfragen, persönlich kümmert – und Staatssekretär Hans-Heinrich Grosse-Brockhoff Wert auf eine verstärkte Kulturvermittlung an den Schulen. Hierbei ragt das musikpädagogische Modellprogramm „Jedem Kind ein Instrument" als ehrgeiziges Vorhaben „der Extraklasse" *(WAZ)*[502] heraus, das jedem Grundschüler, und damit gerade auch den sozial benachteiligten Kindern, die Möglichkeit geben soll, ein Instrument zu erlernen. Die Neugierde, ja, wenn möglich, die Begeisterung von Schulkindern für Theater, Musik, Tanz, Film, Literatur und Bildende Kunst will darüber hinaus das Regierungsprojekt „Kultur und Schule" fördern, in dessen Rahmen – nach anfänglich mehr als 600 im Schuljahr 2006/2007 – nunmehr über 900 Künstler der verschiedenen Sparten gemeinsam mit den Kindern in den Schulen Projekte entwickeln und realisieren.[503] Kultur gehört „in die Mitte der Lebensverhältnisse", muss „für alle verfügbar"[504] sein und bleiben – mit dieser Grundüberzeugung seines Amtsvorgängers Rau stimmt Rüttgers nahtlos überein. Sei es „vor Ort" im Klassenraum, im Archiv- oder Lesesaal, im Museum, in der ehemaligen Abtei[505] oder im Konzertsaal – überall und für jeden Bürger, so Rüttgers' Vorstellung, soll der kulturpolitische Aufbruch und Anspruch Nordrhein-Westfalens, sollen das Selbst-

---

[502] Vgl. Sigrid Krause: Jedem Schüler eine Chance, in: *Westdeutsche Allgemeine Zeitung* vom 25. Mai 2007.

[503] Vgl. Christoph Meinerz: Künstler machen Lust auf Kunst. NRW-Programm für Schulen wird erweitert, in: *Westdeutsche Allgemeine Zeitung* vom 10. August 2007.

[504] Johannes Rau: In der Mitte der Lebensverhältnisse. Kultur und Kulturpolitik in Nordrhein-Westfalen, in: *Kunst und Kultur*. Kulturpolitische Zeitschrift der IG Medien (2) 1997, S. 39.

[505] Rheinische Abtei als Depot für Künstlernachlässe. Die Abtei Brauweiler bei Köln soll Nachlass-Archiv für Künstler aus der ganzen Bundesrepublik werden, in: www.derwesten.de vom 28. November 2007.

bewusstsein der Regionen sowie die bunten Facetten der Landesidentität erlebbar sein – nicht nur, aber natürlich prominent auch in der „Kulturhauptstadt 2010".

Dass Rüttgers' Staatskanzlei und die Kunststiftung Nordrhein-Westfalens in diesem Zusammenhang eine Expertenkommission unter Vorsitz des Unternehmers Heinz Dürr berufen haben, die die Situation des kulturellen Lebens an Rhein und Ruhr, in Münster- und Sauerland, systematisch analysieren und politische Handlungsoptionen erarbeiten soll, ist keineswegs zufällig. Nein, ebenso wie der „Initiativkreis Ruhrgebiet" verweist diese Expertenkommission auf ein charakteristisches Merkmal des Regierungsstils von Jürgen Rüttgers: Rat und Beratung von kompetenter, parteiunabhängiger Seite sind ihm wichtig. Rüttgers fordert im Vorfeld politischer Entscheidungen Widerspruch und Einwände, will Alternativen wissen und versteht Kritik nicht als Angriff auf seine Person sondern sachbezogen konstruktiv.

Rüttgers ist nicht beratungsresistent und kultiviert nicht den Alleswisser. Nur müssen die Widersprüche und Einwände wohlbegründet, überzeugend sein und, wichtig, zum richtigen Zeitpunkt kommen. Wer nachkartet, kann Rüttgers nachtragend erleben. An diesem intensiven Beratungsstil hat sich seit Rüttgers' politischem Aufbruch in der Jungen Union im Grunde nichts geändert: sei es, dass er damals den Umweltschützer Jo Leinen oder einen der Partei unbequemen Friedensforscher einlud, sei es, dass er zur Zeit seines Engagements als Enquetevorsitzender naturwissenschaftliche Expertise suchte oder in seiner Zeit als Minister immer wieder Wissenschaftler, Kulturschaffende und Unternehmer jenseits der Politik konsultierte.

So sind für ihn heute als Ministerpräsident regelmäßige Kontakte zu führenden Unternehmern an Rhein und Ruhr, darunter beispielsweise zu Ekkehard Schulz, dem Vorstandsvorsitzenden der ThyssenKrupp AG, oder René Obermann, dem Vorstandsvorsitzenden der Deutschen Telekom AG, ebenso selbstverständlich wie beispielsweise zum früheren Präsidenten des Bundesverbandes der Deutschen Industrie, Jürgen Thumann oder zu führenden Gewerkschaftern wie DGB-Chef Michael Sommer oder dem IGBCE-Vorsitzenden Hubertus Schmoldt. Fritz Pleitgen, langjähriger WDR-Intendant in Köln, dessen Rat Rüttgers schätzt, zeichnet heute auf Vorschlag von Rüttgers als Chef der Ruhr 2010 GmbH verantwortlich für die reibungslosen Vorbereitungen des Renommier-Projekts „Kulturhauptstadt 2010". Dass Pleitgen bekanntlich nie ein Parteigänger der CDU war, irritiert Rüttgers dabei überhaupt nicht, zumal SPD-Granden wie Klaus von Dohnanyi oder Hans-Jochen Vogel zu Rüttgers' gefragten Gesprächspartnern gehören. Kompetenz ist für Rüttgers entscheidend, nicht das Parteibuch.

In der vom Ministerpräsidenten eingesetzten 23-köpfigen „Zukunftskommission", welche für die NRW-Landesregierung Empfehlungen zur Bildungs-, Forschungs- und Wirtschaftspolitik sowie zur Solidarität in einer älter werdenden Gesellschaft erarbeiten und einen Bericht „Nordrhein-Westfalen 2025" vorlegen soll, finden sich neben dem Vorsitzenden und früheren FDP-Spitzenpolitiker Lord Ralf Dahrendorf und dem Stellvertretenden Vorsitzenden Bodo Hombach so unterschiedliche Persönlichkeiten wie Alice Schwarzer, Jürgen Flimm, Hubertus Schmoldt oder Hubert Kleinert. Mithin Kulturschaffende, Gewerkschafter und ehemalige Grünen-Politiker, die allesamt nicht im Verdacht stehen, Rüttgers nach dem Mund reden zu wollen. Das Signal der Kommissionszusammensetzung: Eigenständigkeit, Originalität und Selbstbewusstsein sind gefragt, nicht Parteiräson.

Auch jenseits von Kommissionen legt Rüttgers Wert auf wissenschaftliche Beratung durch Historiker und Politikwissenschaftler, darunter beispielsweise Paul Nolte oder Karl-Rudolf Korte. Die Meinung eines SPD-nahen Parteienforschers wie Franz Walter hat für ihn Gewicht. Dabei kreisen die allermeisten der Beratungsgespräche, auf die Rüttgers trotz seines überbordenden Terminkalenders großen Wert legt, um die grundsätzliche Frage, wie eigentlich Politik zu Beginn des 21. Jahrhunderts aussehen muss, um „das Land zusammenhalten"[506] – zumal angesichts der Gefahr, dass die Gesellschaft immer weiter aus-

---

[506] Zitiert nach Bernd Eyermann: Weniger Adenauer, mehr Rau. Beim Landesparteitag spricht Ministerpräsident Jürgen Rüttgers der SPD den Charakter einer Volkspartei ab – und macht gleichzeitig den sozialdemokratischen Anhängern Avancen, in: Bonner *General-Anzeiger* vom 16. Juni 2008.

einanderzufallen droht in Alt und Jung, in Arm und Reich, in Gebildete und Ungebildete, in Einheimische und Zugewanderte. Rüttgers' Antwort auf diese Frage ist die von ihm formulierte Politik der „Neuen Sicherheit", mit der eine angemessene Balance von Freiheit und sozialer Sicherheit gefunden und die Einheit der Gesellschaft erhalten[507] werden soll. Natürlich, daran lässt Rüttgers keinen Zweifel, braucht das Land eine mutige Reformpolitik. Doch wäre es aus Düsseldorfer Perspektive verhängnisvoll, würde die CDU, quasi als „Maxi-Version der FDP"[508], „ein durchweg neoliberales Modell in der Sozialpolitik" propagieren[509], ohne darauf zu achten, dass dies die Bürger überfordere. Durch die Entwicklung auf den Finanzmärkten sieht sich Rüttgers in seiner Forderung nach einer echten sozialen Marktwirtschaft bestätigt.[510]

Bereits vor fast zehn Jahren wies Rüttgers in seinem Buch „Zeitenwende – Wendezeiten", das weniger öffentliche Beachtung fand als sein jüngstes Buch „Die Marktwirtschaft muss sozial bleiben", auf jene „starken Spannungen" hin zwischen der sozialen Realität, der mentalen Orientierung, d. h. dem, was die Menschen in ihren Vorstellungen prägt und der politischen Mehrheit.[511] In seinem damit verbundenen Plädoyer für eine Reformpolitik der CDU, die Bürgerverantwortung stärkt statt Staatseinfluss, erinnert Rüttgers zugleich an die Notwendigkeit, eine entsprechende Politik aus der Perspektive der Menschen zu formulieren, ihre Ängste, Nöte und ihr Sicherheitsbedürfnis ernst zu nehmen. Ängste und Nöte zumal jener Bezieher unterer Lohngruppen, die oft weniger Geld zur Verfügung haben als die Bezieher staatlicher Transferleistungen.[512] „Zumutungsrhetorik mancher neoliberaler Geister auch in der

---

[507] Vgl. Jürgen Rüttgers: Gesucht: Neue Rolle der CDU, in: *Rheinische Post* vom 23. Juni 2008.
[508] Zitiert nach: Aus dem Ruder gelaufen. Der nordrhein-westfälische Ministerpräsident Jürgen Rüttgers über die Zukunft der Großen Koalition, den Ruf nach Steuererleichterungen und warum die CDU die politische Heimat der Linkswähler werden soll, in: *Der Spiegel* (26) 2008.
[509] Gerd Langguth: Das Innenleben der Macht. Krise und Zukunft der CDU, Berlin 2001, S. 289.
[510] Vgl. Peter Szymaniak: Der „Sozialrebell", in: *Westdeutsche Allgemeine Zeitung* vom 22. Oktober 2008.
[511] Vgl. Jürgen Rüttgers: Zeitenwende – Wendezeiten, S. 213.
[512] Ebd., S. 212.

eigenen Partei", so Rüttgers' innerparteilicher Appell, führe eher zu Politikverdrossenheit und zerstöre das Vertrauen der Bürger in die Politik. Stattdessen sei die Union gefordert, Innovation und Gerechtigkeit zusammenzusehen und dies als glaubhafte politische Anstrengung, als Politikentwurf „der Mitte" zu vermitteln.[513]

Auch wenn Rüttgers schon damals, mit Blick auf die Verbesserung jener Bedingungen, unter denen die Menschen Veränderungen bewältigen und Eigenverantwortung übernehmen, seine Partei davor warnte, Ganztagsschulen als „sozialistisches Schreckgespenst"[514] zu begreifen und in Übereinstimmung mit der SPD dafür warb, der „Frage der Kindergartenplätze politisch hohe Priorität"[515] zuzuerkennen, so wäre es ein Missverständnis, in Jürgen Rüttgers den „sozialdemokratischen Weltgeist"[516] oder das sozialpolitische Schreckgespenst der CDU zu erkennen. Ein wirtschaftsliberaler Vertreter seiner Partei hingegen, wie beispielsweise sein langjähriger Konkurrent in NRW, Friedrich Merz, ist Rüttgers ebenso wenig. Tatsache ist: Rüttgers lässt sich weder auf dem rechten, auf dem wirtschaftsliberalen Flügel, noch auf dem linken Arbeitnehmerflügel der „Sozialausschüsse" klar verorten – er versucht beide Flügel immer wieder einzubinden, auszubalancieren und damit die Dominanz des einen über den anderen Flügel zu verhindern.

Rüttgers' linker Flügelmann ist sein Arbeits- und Sozialminister Karl-Josef Laumann, ein langjähriges Gewerkschaftsmitglied; Rüttgers wirtschaftsliberale Parteigänger sind Finanzminister Helmut Linssen, viele Jahre als Unternehmer tätig, sowie Wirtschaftsministerin Christa Thoben, ehemals Hauptgeschäftsführerin der Industrie- und Handelskammer in Münster.

Jürgen Rüttgers selbst ist sich der Tradition der nordrhein-westfälischen CDU in der Nachfolge Karl Arnolds, Hans Katzers und anderer, ist sich der Bedeutung der katholischen Soziallehre sowie des Blüm-Erbes be-

---

[513] Ebd., S. 212 f.
[514] Ebd., S. 212.
[515] Ebd.
[516] Eckhard Fuhr: Sozialdemokratischer Weltgeist, in: *Cicero* (1) 2007, S. 82–86.

wusst und weiß, dass diese Tradition zu pflegen ist. Die NRW-CDU war im Gesamtspektrum der CDU-Landesverbände immer ein eher links- bzw. arbeitnehmerorientierter Landesverband. Rüttgers weiß, dass in dieser Tradition eher Laumann als Linssen und Thoben steht und versucht diese Tradition von großem Gewicht zu pflegen, Stichwort: „Revision von Hartz IV" statt Jubel über Schröders Agenda 2010, Stichwort: „Differenzierungsklauseln", d. h. Sonderbedingungen für Gewerkschaftsmitglieder, zum Schutz von Flächentarifverträgen,[517] Stichwort: „Nieder mit dem Materialismus"[518].

Und doch: Rüttgers ist kein „Blüm". Weder phänotypisch noch inhaltlich. Rüttgers akzentuiert klar die marktwirtschaftliche Komponente im Konzept der Sozialen Marktwirtschaft, hierin Kurt Biedenkopf oder auch Edmund Stoiber, seinem langjährigen politischen Freund[519] in Bayern, näher als Norbert Blüm und im Einvernehmen mit seinem Innovationsminister von der FDP, Andreas Pinkwart. Insofern ist die parteiinterne Alternative, die medial zwischen „Röttgen und Rüttgers"[520] konstruiert wird und die in der ersten Aufregung um Rüttgers' Renten-Vorstoß im Frühjahr 2008 aufzuflackern schien,[521] eine virtuelle, keine reale. Ein klares Bekenntnis zur sozialen Marktwirtschaft, in dem Rüttgers sowie Norbert Röttgen, Erster Parlamentarischer Geschäftsführer der CDU/CSU-Bundestagsfraktion übereinstimmen, schließt für Rüttgers allerdings keineswegs das Authentische des aufgewühlten, sich kümmernden Arbeiterführers angesichts der Nokia-Krise in Bochum aus, wohl wissend, dass „die CDU auch immer Politik für die Schwachen ge-

---

[517] Vgl. Peter Schilder: Schmoldt lobt die CDU. „Tarifautonomie auf Stuttgarter Parteitag behandeln", in: *Frankfurter Allgemeine Zeitung* vom 11. September 2008.
[518] Jürgen Rüttgers: Nieder mit dem Materialismus, in: *Cicero* (4) 2008, S. 82.
[519] Gespräch mit dem bayerischen Ministerpräsident a. D. Dr. Edmund Stoiber am 15. Oktober 2007.
[520] Vgl. Gunter Hofmann: Röttgen oder Rüttgers? „Kampf für Nokia" oder „Globalisierung gestalten": Die deutsche Christdemokratie sendet wirtschaftspolitisch äußerst verwirrende Signale, in: *Internationale Politik* (3) 2008, S. 68–71.
[521] Vgl. Günter Bannas: Der Unruhestifter aus Düsseldorf. Jürgen Rüttgers strapaziert mit seinen Vorschlägen die Kompromissbereitschaft in der CDU, in: *Frankfurter Allgemeine Zeitung* vom 24. April 2008.

macht hat"[522]. Wohl wissend ebenfalls, dass sich jeder ambitionierte Landesvater im Falle einer derartigen Unternehmenskrise um die Betroffenen gekümmert hätte – egal welcher Parteicouleur sie angehörten: ob Rüttgers, Wulff, Müller, Stoiber, Beck oder – seinerzeit überaus erfolgreich darin – Gerhard Schröder in Niedersachsen.

Jürgen Rüttgers, von klein auf im Elternhaus mit den ökonomischen Grundregeln von Angebot und Nachfrage, Fleiß und Engagement, mit unternehmerischer Freiheit (im Kleinst-Familienbetrieb) und Verantwortung vertraut, taugt nicht zum Abziehbild eines engstirnigen Provinzfürsten, der „Standort-Chauvinismus"[523] betreibt. Statt sich in defensivem Standort-Chauvinismus zu erschöpfen setzt Rüttgers an der Spitze der schwarz-gelben Landesregierung seit 2005 alles daran, durch Bürokratie- und Schuldenabbau, Bildungs- und Forschungsförderung, NRW zu einem international hoch attraktiven Investitionsstandort zu machen, ohne dabei die Frage nach sozialer Gerechtigkeit, „Maß und Mitte" jenseits von Angebot und Nachfrage aus dem Auge zu verlieren. Der Versuch einer Quadratur des Kreises? Vielleicht. Doch die Zahlen, die bislang vorliegen, sprechen für Rüttgers. Sowohl die sozial- und finanzpolitischen, die ökonomischen als auch die demoskopischen.

Rüttgers erweist sich im Lichte seiner bisherigen Regierungsbilanz keineswegs als Verweigerer[524] der Globalisierung, weit eher als ein politischer Vordenker, der die Frage nach Gerechtigkeit in der Globalisierung stellt, ohne die Vorteile der Globalisierung für die Industrie- und Exportnation Deutschland zu verkennen. Ihm ging es, lange schon vor der tiefgehenden globalen Finanz- und Bankenkrise des Jahres 2008, darum, das 60-jährige Erfolgsmodell[525] der *sozialen* Marktwirtschaft gegen das der *freien* Marktwirtschaft politisch zu behaupten: in Europa und darü-

---
[522] Vgl. Wir landen über 40 Prozent. Der nordrhein-westfälische Ministerpräsident Jürgen Rüttgers über Politik für die Schwachen, Unternehmen, die nur die Interessen der Aktionäre bedienen, und die Zukunft der CDU, in: *Die Zeit* (12) 2008.
[523] Vgl. Gunter Hofmann: Röttgen oder Rüttgers?, S. 69.
[524] Ebd., S. 71.
[525] Vgl. Jürgen Rüttgers: Ludwig Erhard war kein Neoliberaler, in: *Die Welt* vom 11. Juli 2008.

ber hinaus.[526] Kein geringer Anspruch, den der CDU-Vize damit formuliert und konzeptionell zu fundieren sucht. Letzteres nach dem Motto: ein Blick zurück nach vorn. Denn zu Rüttgers geistigen Leuchttürmen zählt seit vielen Jahren und immer wieder in seinen Reden und Büchern erwähnt, der Ökonom und Kulturphilosoph Wilhelm Röpke (1899–1966), neben Walter Eucken, Alfred Müller-Armack, Alexander Rüstow und Ludwig Erhard einer der geistigen Väter der Sozialen Marktwirtschaft.

Zu den Grundüberzeugungen Röpkes in seinen programmatischen Werken wie „Maß und Mitte" (1950) bzw. „Jenseits von Angebot und Nachfrage" (1958) – auch diese immer wieder von Rüttgers in Zitaten herangezogen[527] – gehört, dass der Erfolg der Marktwirtschaft wesentlich von der Existenz einer geistig-moralischen Rahmenordnung abhängt, für die der freie Markt zwar die kongeniale Sozialtechnik ist, die aber durch diesen nicht hervorgebracht und gesichert werden kann: „Marktwirtschaft einer atomisierten, vermassten, proletarisierten und der Konzentration anheimgefallenen Gesellschaft ist etwas anderes als Marktwirtschaft einer Gesellschaft mit breiter Streuung des Eigentums, standfesten Existenzen und echten Gemeinschaften, die, beginnend mit der Familie, den Menschen Halt geben, mit Gegengewichten gegen Wettbewerb und Preismechanik, mit Individuen, die verwurzelt und deren Dasein nicht von den natürlichen Ankern des Lebens losgerissen ist, mit einem breiten Gürtel selbstständigen Mittelstandes, [...]: das schließliche Schicksal der Marktwirtschaft mit ihrem bewunderungswürdigen Mechanismus von Angebot und Nachfrage entscheidet sich – jenseits von Angebot und Nachfrage."[528]

---

[526] Vgl. Jürgen Rüttgers: Die Marktwirtschaft muss sozial bleiben, Kapitel I: Der Kampf der Kulturen – der Kampf um Märkte; vgl. Jürgen Rüttgers: Europas Rolle in einer neuen Weltordnung. Vortrag im Rahmen der Ringvorlesung „Die Verfassung Europas" an der Universität Bonn, gehalten am 16. Januar 2008 in Bonn.
[527] Vgl. exemplarisch statt vieler: Jürgen Rüttgers: Zwischen Fortschritt und Risiko. Wertgebundene Politik im Zeitalter der Globalisierung. Rede, gehalten am 21. November 2004, Typoskript S. 9 ff.
[528] Zitiert nach: Hans-Jörg Hennecke: Wilhelm Röpke. Ein Leben in der Brandung, Stuttgart 2005, S. 207.

Wenn Röpke einerseits für die Stärkung der Einzelperson im Widerstreit zum Kollektivismus plädiert, andererseits für die Selbstverantwortung der Menschen und für die freiwillige Solidarität, wenn er gleichzeitig dem Staat die zentrale Aufgabe zuweist, den wirklich Schwachen zu helfen und ihnen einen Existenzhalt zu bieten, „ohne das Problem der Lebensvorsorge der Schwachen zum Vorwand für gleichmacherische Einwalzung der Einkommensunterschiede zu nehmen"[529], so sind dies Positionen, die Rüttgers Jahrzehnte später prinzipiell durchaus teilt und seiner Politikvorstellung der „Neuen Sicherheit" mit Fokus auf Verlässlichkeit, Leistungsbereitschaft und Fairness zugrunde legt. Eine Politik, die auf die zunehmenden Akzeptanzprobleme innerhalb der Bevölkerung gegenüber der Sozialen Marktwirtschaft reagiert[530] bzw. diese Akzeptanzprobleme bekämpfen will – statt die Agenda 2010 „wie eine Monstranz vor sich herzutragen"[531].

Dass *sozial* keineswegs heißt, andauernd Sand in das Ordnungs- und Anreizsystem der Marktwirtschaft streuen zu können, ohne dadurch eine wirtschaftliche und mentale Erstarrung heraufzubeschwören, die ihrerseits in Wohlstandsverlusten, Ungerechtigkeiten und Unsicherheiten endet, hat Rüttgers von Röpke gelernt. Zugleich teilt er dessen Einsicht, dass eine Wirtschaftsordnung, die zur Freiheit erzieht und sich in den Dienst der Menschen stellt, die besseren ökonomischen und wertvolleren moralischen Argumente auf ihrer Seite hat[532] als ein dirigistisch-etatistisches System auf der einen und ein „angelsächsisch-kapitalistisches"[533] auf der anderen Seite. Röpkes Selbsteinordnung als „ordo"- bzw. „neo"-liberal würde Rüttgers gleichwohl für die eigene

---

[529] Ebd., S. 204.
[530] Vgl. exemplarisch: Umfrage: Deutsche zweifeln an sozialer Marktwirtschaft. Gierige Manager, Massenentlassungen und die Kluft zwischen Arm und Reich rühren an den Grundfesten der Gesellschaft, in: www.spiegel.de vom 7. Juni 2008.
[531] Zitiert nach: Aus dem Ruder gelaufen. Der nordrhein-westfälische Ministerpräsident Jürgen Rüttgers über die Zukunft der Großen Koalition, den Ruf nach Steuererleichterungen und warum die CDU die politische Heimat der Linkswähler werden soll, in: *Der Spiegel* (26) 2008.
[532] Hans-Jörg Hennecke: Wilhelm Röpke, S. 251.
[533] Vgl. Jürgen Rüttgers: Europas Rolle in einer neuen Weltordnung. Rede im Rahmen der Ringvorlesung „Die Verfassung Europas" an der Universität Bonn, gehalten am 16. Januar 2008, Typoskript, S. 3.

Politik ablehnen. Zu unpopulär ist der „Neoliberalismus"[534], der jedoch nicht – wie oft vermutet – ein Synonym, sondern vielmehr ein Gegenbegriff zu dem von Rüttgers heftig kritisierten „Marktradikalismus" im Stil von „Hedge-Fonds"[535] ist.

Und doch stellt Röpke – dessen Schriften der frühere Wirtschaftsminister und Bundeskanzler Ludwig Erhard nach eigenem Bekenntnis aufsaugte „wie die Wüste das befruchtende Wasser"[536] –, als Humanist und Moralist um die *civitas humana*[537] ringend und aus christlich-sozialethischer Überzeugung für Ausgleich und Mäßigung plädierend, für Rüttgers eine zentrale Inspirationsquelle seines politischen Ordnungsdenkens dar.

„Maß und Mitte", ordo-liberal und doch sozial flankiert: So ist Rüttgers auf die nötige Balance zwischen Freiheit, Deregulierung und Wettbewerb auf der einen Seite und sozialer Absicherung, Chancengleichheit und Gerechtigkeit auf der anderen Seite bedacht. Konkret: Ende des subventionierten Steinkohle-Bergbaus in NRW? Ja, aber für die betroffenen Arbeitnehmer sozialverträglich abgefedert! Liberalisierung des Hochschulrechts samt Entscheidungsfreiheit der Universitäten, Studiengebühren zu erheben? Ja, aber letztere können nachgelagert entrichtet werden. Bürokratieabbau bei Landesbehörden? Ja, aber sozialverträglich.

Ebenso wie es im Süden der Republik die CSU über Jahrzehnte hinweg politisch überaus erfolgreich verstanden hat, „Laptop und Lederhose", Modernität und Tradition zu vereinen, versucht Rüttgers im Westen Gleiches unter den spezifischen Bedingungen in NRW zu leisten: Innovation und Zukunftsfähigkeit mit Chancengleichheit, Sicherheit und Traditionspflege in Einklang zu bringen – siehe Rüttgers' ambitionierte Zukunftsstrategie für das Ruhrgebiet[538], wo Tradition und Innovation, sprich: Stahl-, Nano- und Biotechnologie, Schwerindustrie

---

[534] Vgl. Wolfgang Schulhoff: Anmerkungen zum Neoliberalismus, in: *Düsseldorfer Wirtschaftsblatt* (3) 2007.
[535] Vgl. Jürgen Rüttgers: Die Marktwirtschaft muss sozial bleiben, S. 52 f.
[536] Zitiert nach: Hans-Jörg Hennecke: Wilhelm Röpke, S. 139.
[537] Ebd., S. 248.
[538] Vgl. Martin Spletter: Sie setzen auf den Sieg. Zukunftsstrategien für das Ruhrgebiet, in: *Westdeutsche Allgemeine Zeitung* vom 17. Oktober 2007.

und Hightech-Strategie im „Energieland Nummer 1" vereint werden sollen.[539]

Gerät die ordnungspolitische Balance in Rüttgers' Augen in Gefahr, beispielsweise im Zuge des Leipziger Parteitags der CDU, als seine Partei die „argumentationsfaul"[540] als alternativlos präsentierte Agenda-Politik von Gerhard Schröder durch noch weitreichendere Reformbeschlüsse überbieten wollte, zieht Rüttgers die Reißleine: Er warnt vor „Lebenslügen" seiner Partei, begründet, warum die Marktwirtschaft sozial bleiben muss und kämpft innerparteilich für eine Korrektur des einseitigen Reformkurses von Leipzig, indem er in Dresden einen Parteitagsbeschluss erwirkt, der auf eine Verlängerung der Bezugsdauer von Arbeitslosengeld I für ältere Arbeitnehmer zielt – nicht nur, aber natürlich auch aus wahltaktischen Gründen. Nicht zufällig unterstützt vom damaligen bayerischen Ministerpräsidenten und CSU-Vorsitzenden Stoiber. Wurde Rüttgers für dieses Korrekturstreben auf dem Parteitag in Dresden noch mit dem schlechtesten Wahlergebnis von 58 Prozent als stellvertretender CDU-Vorsitzender abgestraft und galt damit für manchen Beobachter als der große Verlierer der deutschen Politik,[541] gar als „Vogelfreier"[542], so gab ihm die Partei ein Jahr später, auf dem Parteitag in Hannover, Recht.

Jürgen Rüttgers genoss seinen Triumph still. Er saß während des Parteitags auf dem Podium, gleich neben der Parteivorsitzenden, und beobachtete wie Roland Koch, Christian Wulff und Ole von Beust sich abmühten, um im Vorfeld ihrer jeweiligen Landtagswahlen – neben der allgegenwärtigen Angela Merkel – mediale Aufmerksamkeit zu erringen. „Hannover" war der inhaltliche Triumph des Jürgen Rüttgers, dem die Parteivorsitzende, mal widerstrebend, mal überzeugt, in jedem Fall ver-

---

[539] Vgl. Jürgen Rüttgers: Rede im Rahmen des Kongresses „Contract Future Ruhr 2030", gehalten am 16. Oktober 2007 in der Zeche Zollverein in Essen, Typoskript, S. 2.
[540] Vgl. Mechthild Küpper: In Lafontaines Zauberwelt, in: *Frankfurter Allgemeine Zeitung* vom 13. Juni 2008.
[541] Jens Schneider: Antrag mit Eigendynamik. Mit der Verlängerung des ALG I übernimmt die SPD eine Idee der CDU, die eigentlich im Archiv verschwinden sollte, in: *Süddeutsche Zeitung* vom 12. November 2007.
[542] Günter Bannas: Der Liberalismus ist tot, in: *Frankfurter Allgemeine Zeitung* vom 28. Dezember 2007.

spätet mit einem lakonischen „Okay"[543] gefolgt ist: „Frau Merkel führt die Partei in die Mitte der Gesellschaft zurück – und der Fraktionsvorsitzende Kauder ruft aus, die CDU sei doch die Partei des kleinen Mannes."[544]

„Leipzig" war vorgestern, „Dresden" gestern, nun gilt „Hannover" – mit einem Grundsatzprogramm, das, auf einen langen Zeitraum von zwanzig Jahren angelegt, die Volkspartei in „die Mitte" positioniert, sozial-, wirtschafts- und gesellschaftspolitisch. Dort, wo Rüttgers seine Partei sieht, wo sie seines Erachtens hingehört. „Mitte", darin stimmen Rüttgers und der sozialdemokratische Vordenker Tobias Dürr, den Rüttgers als Redner eines Reformkongresses der NRW-CDU zur „Zukunft der CDU" vor einigen Jahren eingeladen hatte, überein, „Mitte" bedeutet die „Absage an alle Extreme", steht für „Konsens und Vernunft, Sicherheit, Stabilität und Geborgenheit" und damit eben auch für „sozialen und politischen Ausgleich, das Maßhalten und die Mäßigung, den klugen Kompromiss und die versöhnliche Harmonisierung von Gegensätzen".[545] Diese „positiven Assoziationen" (Tobias Dürr) von „Mitte" reklamiert Rüttgers für seine Partei auch weiterhin.

Wohl wissend, dass jene bürgerlichen bzw. kleinbürgerlichen Milieus und Mentalitäten, welche noch in der Ära Kohl geradezu selbstverständlich von der CDU als „Volkspartei der Mitte" repräsentiert wurden, nicht verschwunden sind, aber doch „unter akuter Auszehrung leiden"[546] und einem signifikanten sozialen und kulturellen Wandlungsprozess unter-

---

[543] Vgl. Die Okay-Kanzlerin. Angela Merkel gerät allmählich in schweres Wasser, in: *Der Spiegel* vom 29. Oktober 2007.

[544] Georg Paul Hefty: Zum Siegen entschlossen, in: *Frankfurter Allgemeine Zeitung* vom 5. Dezember 2007.

[545] Tobias Dürr: Gibt es eine Neue Mitte? Überlegungen zum Parteienstreit um einen strategischen Begriff, in: CDU Nordrhein-Westfalen (Hrsg.): CDU – Die Zukunft? Die Zukunft der CDU. Reden vom Reformkongress der CDU Nordrhein-Westfalen am 25. August 2001 in Bonn, S. 60–69, S. 63.

[546] Vgl. Matthias Bartsch u.a.: Wo ist die Mitte? Jahrzehntelang prägte sie das Land. Nun zeigen neueste Zahlen: Die deutsche Mittelschicht leidet an akuter Auszehrung, in: *Der Spiegel* (10) 2008; vgl. auch „Mc Kinsey warnt vor Verfall der Mittelschicht. Deutschlands Mittelschicht wird kleiner – das untermauert der Beratungskonzern Mc Kinsey mit neuen Berechnungen", in: www.spiegel.de vom 4. Mai 2008.

worfen sind,[547] sodass sich eine „neue" Mitte herauskristallisiert. Eben diese gilt es – in Konkurrenz zum sozialdemokratischen Anspruch, nicht alles anders, aber vieles besser zu machen – für sich zu gewinnen bzw., im Lichte der Wahlniederlage von 1998, zurückzugewinnen. Mit einem Politikangebot, in dem die Grundwerte Freiheit, Solidarität und Gerechtigkeit ausbalanciert, „Modernisierung und Menschlichkeit"[548] in Einklang gebracht und „Maßhalten"[549] als politischer Wert stärker gewürdigt wird – siehe „Hannover". Das dort verabschiedete Programm ist Rüttgers' Programm; die dort versammelte Partei ist Rüttgers' CDU. Inwiefern?

Indem sie den Leipziger Merkel-Kurs modifiziert, die Rhetorik erheblich korrigiert und sich der Erfolgsmethode der Kohl-Jahre erinnert, freilich ohne dabei zu vergessen, dass die gesellschaftlich-ökonomischen Herausforderungen, vor denen die Deutschen heute stehen, ganz andere sind als noch vor zwei Jahrzehnten. Rüttgers genießt den Triumph in Hannover, den ihm keiner seiner innerparteilichen Konkurrenten gönnte und ist gedanklich schon weiter – sachlich wie strategisch. Sachlich beispielsweise mit der Forderung, das Schonvermögen der Empfänger von „Arbeitslosengeld II" von 250 auf 750 Euro je Lebensjahr anzuheben,[550] denn, so Rüttgers, „wir können nicht von den Menschen verlangen, etwas für das Alter zurückzulegen, aber ihnen in dem Moment, wo sie Arbeitslosengeld II beziehen, das Geld wieder wegnehmen"[551]. Strategisch, indem er mit solchen Forderungen, die seine Reformbilanz ergänzen, die Bundestags- und nordrhein-westfälische Kommunalwahl

---

[547] Vgl. Renate Köcher: Das Bewusstsein der Mittelschicht. Die ausschlaggebende gesellschaftliche Gruppe wird kleiner, in: *Frankfurter Allgemeine Zeitung* vom 15. Juli 2008.

[548] Vgl. Jürgen Rüttgers: Quo vadis, CDU? Auf zur modernen Mitte, in: CDU Nordrhein-Westfalen (Hrsg.): CDU – Die Zukunft? Die Zukunft der CDU. Reden vom Reformkongress der CDU Nordrhein-Westfalen am 25. August 2001 in Bonn, S. 8–21, S. 12.

[549] Vgl. Paul Nolte: Konservative Politik: Wege aus der Vergangenheit in die Zukunft?, in: CDU Nordrhein-Westfalen (Hrsg.): CDU – Dem Wandel Richtung geben. Reden vom Kongress „Blickpunkt Reformen" der CDU NRW am 25. Mai 2002 in Dortmund, S. 46–60, S. 57f.

[550] Vgl. Peter Schilder: Weitere Änderungen an Hartz IV. Leitantrag des nordrhein-westfälischen CDU-Vorstands, in: *Frankfurter Allgemeine Zeitung* vom 4. April 2008.

[551] Jürgen Rüttgers: Nieder mit dem Materialismus, in: *Cicero* (4) 2008, S. 82.

2009 in den Blick nimmt – und natürlich die Landtagswahl in NRW ein Jahr später.[552]

Jürgen Rüttgers will, keine Frage, 2010 die Wiederwahl – politisch wie persönlich. Politisch: Die Reformen im Land und für das Land sollen weitergehen, „aber niemand soll zurückbleiben", wie Rüttgers immer wieder unter Verweis auf die soziale Dimension der Regierungspolitik hervorhebt. Letztere muss klar erkennbar sein, um eine Abwahl der Regierung zu verhindern. Dies wäre ohne Zweifel eine Schmach für eine Landes-CDU, die es nach Jahrzehnten in der Opposition endlich geschafft hat, Regierungsverantwortung an Rhein und Ruhr zu übernehmen. Eine Abwahl der CDU 2010 ließe den Triumph über die SPD 2005 rückblickend als eine Art „Betriebsunfall" im Stammland der Genossen erscheinen. Persönlich: Eine Abwahl der CDU von der Regierung wäre auch ein Scheitern des „Landesvaters" Jürgen Rüttgers, der mit großem persönlichem Engagement, mit ungezählten Besuchen der Bürger vor Ort, mit immer neuen Gesprächen in Unternehmen, Verbänden, Bildungs- und Sozialeinrichtungen, nicht zuletzt mit angemessenen Worten und Gesten bei ernsten Augenblicken wie dem Tod von Johannes Rau oder dem Amoklauf eines Schülers im westfälischen Emsdetten im November 2006 zunehmend als überparteiliche Integrationsfigur des Landes wahrgenommen wird. Und dies, obwohl die Identifikation der Bürger mit ihrem „Landesvater" eine Frage der Zeit und der Dauer über eine Legislaturperiode hinaus ist.

Politisch wie persönlich will und muss Rüttgers also die anstehende Wahl gewinnen. Wo und wie? In der Mitte, zumal in Konkurrenz zu einer SPD, die angesichts des Sogs der Linkspartei thematisch und rhetorisch nach links rückt, nicht nur in NRW[553], Hessen oder dem Saarland – Stichwort: „demokratischer Sozialismus"[554] –, und damit Gefahr läuft, den Charak-

---

[552] Vgl. Sven Gösmann: Warum Rüttgers provoziert, in: *Rheinische Post* vom 24. April 2008.
[553] Vgl. Jürgen Zurheide: Die Chefin und der Übervater. Die SPD in NRW steht Müntefering politisch schon lange nicht mehr nahe – geblieben ist großer Respekt, in: *Tagesspiegel* vom 18. November 2007.
[554] Vgl. SPD besinnt sich auf linke Werte. Parteitag verabschiedet Grundsatzprogramm, in: www.tagesschau.de vom 28. Oktober 2007.

ter einer Volkspartei zu verlieren. „Es gibt", so formulierte Jürgen Rüttgers auf dem Landesparteitag der NRW-CDU im Juni 2008 selbstbewusst und angesichts der akuten Schwäche der SPD nachdenklich zugleich, „nur noch eine Volkspartei. Und das ist die CDU."[555]

Rüttgers weiß: Wer in NRW stärkste politische Kraft werden bzw. bleiben will, muss die spezifische Erwartungshaltung der sozial orientierten Arbeitnehmerschaft im Land berücksichtigen. Wenn dann, wie jüngst bei den Vorstößen der CDU-Landtagsfraktion zum Schutz von Flächentarifverträgen, der DGB der Rüttgers-Partei applaudiert, die FDP sich hingegen irritiert zeigt, schadet dies nicht – im Gegenteil.[556] Gleichwohl darf ein CDU-Landesvorsitzender keinesfalls das klassische Wählerreservoir seiner Partei vernachlässigen, das sich durch Forderungen nach „Generalüberholung" von Hartz IV und neuen Renten- bzw. Armuts-Debatten nicht ausschöpfen lässt. Entsprechend öffnet sich Rüttgers nur so weit – dies aber offensiv – in der Mitte nach links, wie die von ihm so bezeichneten „Johannes-Rau-Wähler" in einer auf die Linkspartei fixierten und somit immer weiter nach links rückenden SPD „heimatlos" geworden sind, um sie für die CDU zu gewinnen.

Was wahltaktisch geboten, ja mit Blick auf die Bestätigung der christlich-liberalen Koalition im Jahr 2010 pure Notwendigkeit ist, lässt sich zugleich aber auch mit Rüttgers' grundsätzlichem politischen Verständnis einer sozial verpflichteten Marktwirtschaft und dem ihm zugrundeliegenden Menschen- und Gesellschaftsbild in Einklang bringen. Soziale Marktwirtschaft gründet für Rüttgers wesentlich in jenem Menschen- und Gesellschaftsentwurf, der in der Tradition der christlichen Soziallehre die Freiheit und Würde des Einzelnen, mithin das Personalitätsprinzip in den Vordergrund stellt und dieses durch das Solidaritäts- und Subsidiaritätsprinzip flankiert. Primär gilt es demnach, Freiheit und Würde des Einzelnen vor staatlicher und privater Willkür, vor staatlichem und privatem Machtmissbrauch zu schützen und dem Menschen,

---

[555] Zitiert nach: Carolin Jenker: Rüttgers bastelt sich seine Volkspartei, in: www.spiegel.de vom 14. Juni 2008.
[556] Vgl. Michael Fritsch: DGB applaudiert, die FDP ist irritiert. Tarifzuschläge für Gewerkschaftsmitglieder, in: *Ruhr Nachrichten* vom 13. September 2008.

der auf die Gemeinschaft hin angelegt ist und solidarische Verantwortung zu tragen hat, Hilfe zur Selbsthilfe zu garantieren. „Hilfe zur Selbsthilfe"[557] lautet eine der sieben ordnungspolitischen „Grundregeln eines solidarischen Sozialstaats"[558], die Rüttgers in seinem jüngsten Buch aufstellt. Dieses Buch, als „Streitschrift" apostrophiert, spiegelt exemplarisch Rüttgers' Bestreben wider, an dem tradierten christdemokratischen Leitbild der Sozialen Marktwirtschaft, wie es von Adenauer bis Kohl innerparteilich unumstritten und richtungsweisend war, festzuhalten und Sozialpartnerschaft, Mitbestimmung, Korporatismus und ein hohes Lohnniveau nicht als Anachronismen eines angestaubten rheinischen Kapitalismus-Modells misszuverstehen.

Selbst die liberale *Wirtschaftswoche*, die Rüttgers heute als „Krankenschwester der CDU" karikiert, attestiert ihm, mit seinem Programm aus „lechts und rinks" in jandelscher Manier „irgendwie, ja doch: Halt" zu bieten.[559] All jenen, die über Rüttgers' „Mix aus Marx und Mill" „schmunzeln", rät das Blatt, „es lieber sein zu lassen: Jürgen Rüttgers ist ihnen nicht nur in puncto politisches Gespür, sondern auch als glaubwürdige Autorität überlegen" – kurzum: „Von Jürgen Rüttgers lernen heißt siegen lernen."[560] Wie in Düsseldorf, so auch in Berlin?

Rüttgers wirbt, sei es mit seinem Slogan einer „neuen Sicherheit", sei es mit seiner Zurückweisung einer von Angela Merkel angeregten begrifflichen Neufassung der Sozialen Marktwirtschaft als „Neue Soziale Marktwirtschaft", für das Modell des „rheinischen Kapitalismus", das er den veränderten ökonomischen und gesellschaftlichen Bedingungen des 21. Jahrhunderts anpassen, im Kern jedoch erhalten will. „Keine Leistung", daran lässt Rüttgers nicht rütteln, „ohne Gegenleistung derjenigen, die etwas leisten können". Und: „Leistung muss sich lohnen."[561] Nein, Rüttgers ist und will kein „sozialdemokratischer Weltgeist" sein,

---

[557] Jürgen Rüttgers: Die Marktwirtschaft muss sozial bleiben, S. 105.
[558] Ebd., S. 102.
[559] Dieter Schnaas: Lechts und rinks. Von Jürgen Rüttgers lernen heißt siegen lernen, in: *Wirtschaftswoche* vom 17. September 2007.
[560] Ebd.
[561] Jürgen Rüttgers: Die Marktwirtschaft muss sozial bleiben, S.106.

auch wenn er für seine politischen Positionen selbst von SPD-Größen wie Klaus von Dohnanyi unverhohlen Zustimmung erfährt. Allenfalls zu Karneval, der fünften Jahreszeit im Rheinland, als ZDF-Journalist Peter Hahne den NRW-Ministerpräsidenten anlässlich der Verleihung des „Närrischen Steckenpferdes" 2008 als Gründer der „Selbsthilfegruppe ASD", sprich: „Anonyme-Sozial-Demokraten"[562] vorstellt, will er als „verkleideter Sozialdemokrat" erkannt werden. Alltags jedoch als Christdemokrat, der alle Wählergruppierungen, vom Arbeiter bis zum Selbstständigen, anspricht und mit seiner Politik überzeugt.

Jedwede Engführung seiner Partei im Sinne einer „neoliberalen" Freiheitsstrategie, auf dem Parteitag in Leipzig forciert, lehnt der CDU-Vize – hier tatsächlich ganz „der Lordsiegelbewahrer des *Sozialen* in der CDU"[563] – entschieden ab. „Was die Eliten in Wirtschaft, Medien und Parteien sonst überwiegend seit Jahren schon am liebsten entrümpelt hätten", so analysiert der Parteienforscher Franz Walter, „will Rüttgers stolz weiterführen und zur Zukunftsperspektive schlechthin erklären: Den ‚Rheinischen Kapitalismus' der alten ‚Sozialen Marktwirtschaft'. Das ist in der Tat die alte Christdemokratie von Adenauer bis Kohl. Wandlungen ja, aber die Kirche bleibt im Dorf."[564] Oder anders formuliert: „Johannes-Rau-Wähler" + „Ludwig-Erhard-Wähler"[565] = deutlich über vierzig Prozent = CDU stärkste politische Kraft in NRW. Ordnungspolitische Gleichungen nach „Maß und Mitte" (Röpke).

Immer wieder, immer neu: „die Mitte", die idealiter vom bürgerlich-konservativen über das liberale bis hinein ins sozialdemokratische Wählermilieu reicht und Skepsis hegt sowohl gegenüber marktradikaler wie staatszentrierter Politik. Entsprechend sieht Rüttgers das Modell des rheinischen Kapitalismus, wie er es von klein auf von zuhause aus kennt und

---

[562] Vgl. Mario Fuchs: Närrischer Ministerpräsident, in: www.rp-online.de vom 28. Januar 2008.
[563] Vgl. Kristian Frigelj: Der Lordsiegelbewahrer des Sozialen in der CDU. Bestärkt durch gute Umfrageergebnisse im Land, kritisiert Jürgen Rüttgers den Zustand der Union im Bund, in: *Die Welt* vom 16. Juni 2008.
[564] Franz Walter: Buchautor Jürgen Rüttgers – Troubadour gegen den Neoliberalismus, in: *Spiegel online* vom 10. September 2007.
[565] Vgl. Helmut Markwort: Die Mitte ist nach links gerückt, in: *Focus* (50) 2007.

es über Jahrzehnte hinweg verinnerlicht hat, als zukunftsfähig und seiner Volkspartei CDU gemäß an, ohne dabei die Notwendigkeit von Reformen, die zwangsläufig Zumutungen für die Betroffenen mit sich bringen, zu bestreiten.[566] Festhalten an der Sozialen Marktwirtschaft ja, durchaus mit Sympathie für die christliche Soziallehre eines Oswald von Nell-Breuning, dabei jedoch mit der Bereitschaft und dem Willen – anders als seinerzeit Blüm – die „Pfadabhängigkeit" sozialer Systeme zu überwinden und neue Wege zur Lösung sozialer Herausforderungen zu beschreiten.

Dies, ohne dabei jedoch den Rahmen einer dezidiert *sozialen* Marktwirtschaft hin zu einem angelsächsisch, noch stärker freiheitlich geprägten Wirtschafts- und Gesellschaftsmodell überwinden zu wollen. Dem jungen Abgeordneten Rüttgers muss es nachhaltig in Erinnerung geblieben sein, was Helmut Kohl 1988 in einer Sitzung der CDU/CSU-Bundestagsfraktion mit Blick auf das englische Modell der Steuergesetzgebung und Industrieförderung unter Margaret Thatcher ganz grundsätzlich bemerkte: „Ich glaube nicht an ihre Philosophie. Und das ist der entscheidende Punkt: Ich bin kein Anhänger der Marktwirtschaft, sondern der Sozialen Marktwirtschaft! Ich glaube nicht an jenes Stück Vorstellung vom Liberalismus – ich will jetzt nicht das Wort Manchester-Liberalismus sagen –, dass der Reichtum einer ganzen Gruppe automatisch übergreift und immer weiter übergreift, und dadurch die Schwachen hochzieht. […] Wir sollen wirklich damit aufhören, ausgerechnet die Briten als unser Beispiel hinzustellen. Wenn wir Politik dieser Art machen", so spielte Kohl auf die erwartbare Abstrafung durch die Wähler an, „brauchen wir nicht mehr diesen großen Saal."[567]

Zwanzig Jahre später setzt Rüttgers dem angelsächsischen das rheinische Modell der Sozialen Marktwirtschaft entgegen[568], nicht jedoch, ohne auf der Notwendigkeit struktureller Reformen innerhalb des bestehenden ordnungspolitischen Rahmens zu insistieren, beispielsweise bei der Zu-

---

[566] Vgl. Franz Walter: Baustelle Deutschland. Politik ohne Lagerbindung, Frankfurt a. M. 2008, S. 168.
[567] Zitiert nach Andreas Wirsching: Abschied vom Provisorium. Geschichte der Bundesrepublik Deutschland 1982–1990, München 2006, S. 338.
[568] Jürgen Rüttgers: Die Marktwirtschaft muss sozial bleiben, Typoskript S. 64 ff.

sammenlegung von Arbeitslosengeld und Sozialhilfe, beim Umbau der Bundesanstalt für Arbeit und der Arbeitsämter[569] und weiterem Bürokratieabbau[570]. Insofern stellt es für Rüttgers an der Spitze einer CDU-FDP-Koalition keinen Widerspruch dar, einerseits Sozialpartnerschaft als hohes Gut der sozialen Marktwirtschaft zu preisen, andererseits als Regierungschef in NRW eine vonseiten der Opposition und den Gewerkschaften heftig bekämpfte Novellierung des Landespersonalvertretungsgesetzes voranzutreiben, um Landesbedienstete künftig leichter umsetzen bzw. die Freistellungspraxis für Personalräte ändern zu können. Was den einen eine „maßvolle Reform" (Christa Thoben)[571] ist, stellt für die anderen eine „dramatische Form von Bewusstseinsspaltung dar" (Michael Groscheck), insofern Rüttgers rhetorisch die Kooperation mit Arbeitnehmern zwar lobe, die Mitbestimmung in den NRW-Behörden jedoch „schleife"[572].

Doch Rüttgers lässt sich von einer derartigen Kritik, unterstützt von fast 10.000 Demonstranten, nicht beeindrucken, zumal seine Regierung, wie er gebetsmühlenartig wiederholt, nur das umsetze, was im Bund bzw. im seinerzeit SPD-regierten Schleswig-Holstein bereits vor einiger Zeit eingeführt worden sei. Verwaltungsmodernisierung und Bürokratieabbau dienen Rüttgers, der stolz darauf ist, dass seine Landesregierung zwei Jahre nach Amtsübernahme bereits bei 116 Behörden damit begonnen hat, den Verwaltungsdschungel zu lichten, nicht der Abschaffung des Prinzips der sozial-verpflichteten marktwirtschaftlichen Ordnung, sondern ihrer Zukunftssicherung. Wie im Land, so auch im Bund: Neue Sicherheit, für die Rüttgers streitet, kann notfalls aus ökonomischen Gründen mit Zumutungen einhergehen, nur darf Letzteres nicht dem „menschlichen Gerechtigkeitsempfinden" elementar widersprechen – Stichwort Hartz IV.

---

[569] Typoskript Streitschrift, S. 72.
[570] Ebd., S. 114.
[571] Zitiert nach Peter Szymaniak: Rückendeckung. Mit dem Erneuerungsprogramm steht Rüttgers unter Druck, aber kaum ein Kabinettsmitglied unterstützt ihn mit voller Kraft. Jetzt greift Ministerin Thoben ein, in: *Westdeutsche Allgemeine Zeitung* vom 11.09.2007.
[572] Zitiert nach Peter Szymaniak: Links profilieren, rechts kontern. Jürgen Rüttgers hat sein Lebenslügen-Buch noch gar nicht veröffentlicht, da ist die erste Welle von Reaktionen schon unterwegs, in: *Westdeutsche Allgemeine Zeitung* vom 07.09.2007.

Andererseits gilt auch: Wenn Rüttgers für eine Korrektur des „Kardinalfehlers" von „Hartz IV" kämpft, der seiner Ansicht nach darin liegt, dass ganze Arbeitsbiografien dadurch entwertet werden, „dass die Leistungen nicht mehr daran geknüpft sind, wie lange jemand in die Arbeitslosenversicherung eingezahlt hat"[573], und wenn er die Anrechnungspraxis privater Altersvorsorge auf die jeweiligen Bezüge im Fall der Arbeitslosigkeit infrage stellt, so bedeutet dies nicht, dass Rüttgers nicht zugleich den „Faktor Arbeit" entlasten und eine Senkung der Beiträge zur Sozialversicherung erreichen will. Wer Rüttgers' Forderung nach einer Politik der „neuen Sicherheit" als reformfeindlich, als „Aufbruch zu alten Ufern"[574] oder gar als populistisch interpretiert, übersieht, dass „mehr Sicherheit" nach Rüttgers' Überzeugung nicht mehr, sondern „weniger Staat" bedeutet, aber „mehr Selbstbestimmung und Selbstverantwortung voraussetzt".[575] Dementsprechend sind Familien-, Bildungs- und Schulpolitik Elemente einer aktiven, einer vorsorgenden Sozialpolitik der „neuen Sicherheit", welche den Menschen Selbstverantwortung und Aufstiegschancen ermöglicht, ohne sie dabei dirigistisch zu bevormunden bzw. sie der Verpflichtung entledigt, das eigene Potenzial, die eigene Kreativität zu entfalten.

Vorsorgende soziale Ordnungspolitik soll Anreize zur Eigenvorsorge geben und eine Abhängigkeit vom Staat verhindern – nicht im Sinne falsch verstandener Wohlfahrtspolitik hohe Lebensstandards für alle und zu jeder Zeit sichern und alle Gerechtigkeitsbedürfnisse befriedigen wollen. Rüttgers' Ziel ist „soziale Gerechtigkeit", nicht „soziale Gleichheit". Seinem politischen Credo liegt die ordnungspolitische Überzeugung zugrunde, dass jedem Menschen die gleichen Chancen zur Verfügung stehen müssen, vor allem im Bereich von Bildung und Ausbildung. Rüttgers' persönlicher Lebensweg, sein sozialer Aufstieg, sein Streben, sein Fleiß zeigen ihm, dass die Voraussetzungen für alle Bürger gleich sein müssen, dass alle die Möglichkeit haben müssen, ihren eigenen Weg gehen zu können.

---

[573] Jürgen Rüttgers: Politik der neuen Sicherheit. Was der Unterschicht hilft, in: *Die Welt* vom 25. Oktober 2006.
[574] Vgl. Cornelia Schmergal: Vorwärts zu alten Ufern. Es geht um mehr als das Arbeitslosengeld, in: *Wirtschaftswoche* vom 15. Oktober 2007.
[575] Jürgen Rüttgers: Die Marktwirtschaft muss sozial bleiben, S. 114.

Die Eigeninitiative ist dabei das Primäre, die Freiheit des Einzelnen, sich zu entscheiden und jenen Weg, für den man sich entschieden hat, gehen zu können. Die Voraussetzungen dafür zu schaffen ist Aufgabe der Gemeinschaft, des Staates. Das bedeutet nach Ansicht von Rüttgers nicht, dass sich der Staat auf die Rolle des „Nachtwächters", der Notfallagentur zu beschränken hat. Nein, es bedeutet vielmehr, dass alle staatlichen Rahmungen und Regelungen im Dienste der Chancengleichheit und der sozialen Sicherung die Initiative, den Einsatz und den Fleiß des Einzelnen nicht ersetzen können. „Freiheit" ist für Rüttgers kein Gegenbegriff zu „sozialer Sicherheit", sondern eine komplementäre Ergänzung.

Soziale Sicherheit darf nicht in staatliche Bevormundung des Einzelnen, nicht in die Einengung des Entfaltungsraums und der Kreativität der Menschen umschlagen; wohingegen Freiheit immer auch eine wertgebundene, sozialverträgliche Komponente beinhalten muss. Freiheit und Sozialverpflichtung im Sinne solidarischen Gemeinwohlhandelns sind für Rüttgers zwei Seiten einer Medaille. Inspiriert von den ordnungspolitischen Grundsätzen der Väter der Sozialen Marktwirtschaft legt Rüttgers das Hauptaugenmerk auf das Substantiv, ohne dieses jedoch aus seiner adjektivischen Gebundenheit lösen zu wollen. Die Rüttgers-CDU als eine Art bessere SPD?

„Eine kluge Kombination aus mehr sozialer Politik und zugleich mehr Wirtschaftsreformen"[576] – zumindest erinnert die Empfehlung, welche die *Zeit* an die Adresse der SPD als zukunftsweisendes Politikkonzept formuliert, stark an Rüttgers' ordnungspolitischen Ansatz, den er von NRW aus der Bundes-CDU empfiehlt, um 2009 im Bund „ein großes Stück oberhalb der 40 Prozent"[577] zu landen. Müntefering und Steinmeier signalisieren, inhaltlich die Empfehlung der *Zeit* beherzigen zu wollen. Rüttgers' eigene Parteifreunde in Berlin scheinen ihrerseits angesichts des Stuttgarter Parteitags auf Rüttgers' Kurs zu gehen.

---

[576] Vgl. Bernd Ulrich: Wie tief sinkt die SPD? Die Sozialdemokraten schotten sich in einer Parallelwelt ab, in: *Die Zeit* (12) 2008.
[577] Vgl. Wir landen über 40 Prozent. Der nordrhein-westfälische Ministerpräsident Jürgen Rüttgers über Politik für die Schwachen, Unternehmen, die nur die Interessen der Aktionäre bedienen, und die Zukunft der CDU, in: *Die Zeit* (12) 2008.

Der NRW-CDU-Chef hat von innerparteilichen Überlegungen der zurückliegenden Jahre, die Ordnungsprinzipien der Sozialen Marktwirtschaft durch jene einer stärker freiheitlich ausgerichteten, deregulierten „Neuen Sozialen Marktwirtschaft" zu ersetzen, nie viel gehalten. Jene von Friedrich Merz als „Entsozialdemokratisierung"[578] der CDU gefeierte und von Angela Merkel in Leipzig programmatisch vorangetriebene unausgesprochene Distanzierung von der Ära Kohl sah Rüttgers unverhohlen skeptisch – nicht, weil er die Auffassung vertreten hätte, es bedürfe keiner verstärkten Reformanstrengungen der Politik.

Doch „grundstürzende Reformen"[579], die sich medial mit „Kopfpauschalen" oder Kirchhof-Modellen zur „Steuererklärung auf dem Bierdeckel" à la Merz verbanden, liefen Gefahr, jene Klientel der Partei vor den Kopf zu stoßen, für die Norbert Blüm in Leipzig stellvertretend ausgebuht wurde, als er die „plattgewalzte Gerechtigkeit" in den Parteitags-Beschlüssen kritisierte und erklärte: „Meine CDU ist nicht die bessere SPD, es ist aber auch nicht die bessere FDP, es ist die große christliche Volkspartei, für die ich auch weiterhin kämpfen werde."[580]

Wenn auch kein „Blüm", so stand Rüttgers an diesem Punkt dem früheren Ministerkollegen unter Kohl und Vorgänger im Landesvorsitz der NRW-CDU doch sehr nahe, wie „Dresden" zeigen sollte, als Rüttgers „nur ein bisschen abgestraft"[581] werden sollte und schließlich über 20 Prozentpunkte bei der Wiederwahl zum Parteivize einbüßte. Warum?

Weil er es gewagt hatte, „Leipzig infrage zu stellen"[582] (Christian Wulff) und die „Gerechtigkeitsfrage" erneut auf die Agenda der Partei zu setzen.

---

[578] Zitiert nach Johannes Leithäuser: Wir verschlafen unsere Oppositionszeit nicht. Wie Angela Merkel die CDU in Leipzig auf ihren Reformkurs einschwor, in: *Frankfurter Allgemeine Zeitung* vom 1. Dezember 2003.
[579] Vgl. Stephan Löwenstein: Der ganz dicke Stein. Als die CDU in Leipzig grundstürzende Reformen beschloss, in: *Frankfurter Allgemeine Zeitung* vom 25. November 2006.
[580] Zitiert nach ebd.
[581] Vgl. Sebastian Fischer / Severin Weiland: Himmel und Hölle für Jürgen Rüttgers, in: www.spiegel.de vom 27. November 2006.
[582] Zitiert nach ebd.

Dabei hatte Rüttgers, wie man heute weiß, recht. Denn er erkannte „die Gerechtigkeitslücke"[583], die ein Jahr später sämtliche Parteien im Blick hatten, früher als jene in der eigenen Partei, die das „radikale Wirtschafts- und Sozialprogramm" *(Der Spiegel)* von 2003 – vom Wähler bei der Bundestagwahl 2005 dramatisch abgestraft – noch immer hoch hielten – eine Erkenntnis freilich, die ihn nicht dazu verleitete, in NRW auf wirtschaftsfreundliche Akzente[584] zu verzichten und „jahrzehntelangen Genossen-Filz"[585] unangetastet zu lassen. Zur Freude des Koalitionspartners FDP, der Rüttgers allerdings mit einem „hübschen Affront"[586] fast die überzeugende Halbzeitbilanz verdorben hätte. War der FDP „so viel Selbstgewissheit und aufgetürmter Weihrauch", wie Rüttgers als Landesvater in seiner Zwischenbilanz präsentierte, nicht geheuer?[587] Wollte sie deshalb „liberales Wasser in den Wein"[588] gießen?

Jedenfalls war der Zeitpunkt, zu dem Vize-Ministerpräsident und FDP-Landeschef Andreas Pinkwart mit einem schulpolitischen Vorstoß den Groll des großen Koalitionspartners auf sich zog, keineswegs zufällig gewählt. Dass Pinkwart die „Notwendigkeit, den Ordnungsrahmen für die Schulen ergebnisoffen zu diskutieren"[589] ausgerechnet am Tag vor Rüttgers' Regierungserklärung für gekommen sah, verweist auf den Profilierungswillen des gelben Juniorpartners, sich in der selbsternannten „Koalition der Erneuerung" als „Turbomotor" der Reformpolitik in Szene zu setzen – und sei es auf Kosten der CDU. Denn während diese, allen voran Rüttgers selbst, für einen Erhalt des dreigliedrigen Schulsystems einschließlich der Hauptschule eintritt, fordert die FDP eine „regionale Mittelschule" – gebildet aus Haupt-, Real- und Gesamt-

---

[583] Vgl. *Der Spiegel* (51) 2007.
[584] Vgl. Günther M. Wiedemann: Nach der Halbzeit nur noch Schonzeit?, in: *Kölner Stadt-Anzeiger* vom 14. November 2007.
[585] Vgl. Michael Inacker: Rückruf-Aktion. Warum die CDU aus Wahlniederlagen falsche Schlüsse zieht und 1998 vergisst, in: *Wirtschaftswoche* vom 15. Oktober 2007.
[586] Vgl. Barbara Schmid: Hübscher Affront, in: *Der Spiegel* vom 17. September 2007.
[587] Kristian Frigelj: Koalitionskrach verdirbt Rüttgers die Halbzeitbilanz, in: *Die Welt* vom 14. November 2007.
[588] Vgl. Frank Uferkamp: Liberales Wasser in den Wein, in: *Westdeutsche Zeitung* vom 13. November 2007.
[589] Vgl. Kristian Frigelj: Koalitionskrach verdirbt Rüttgers die Halbzeitbilanz, in: *Die Welt* vom 14. November 2007.

schule. Kaum verwunderlich, dass angesichts des FDP-Vorpreschens der Ton zwischen den Partnern rauer wurde: Der Prognose von CDU-Generalsekretär Hendrik Wüst, mit einer „Einheitsschule light" werde die FDP bei den Wahlen „keinen Blumentopf gewinnen"[590], trat FDP-General Christian Lindner selbstbewusst entgegen und erklärte, der Spaß höre dort auf, wo die Union der FDP das eigenständige Denken über den Tag hinaus verbieten wolle. Dass dieses „eigenständige Denken" der Liberalen sich ausdrücklich auf die Zeit nach 2010 beziehen und damit die bestehende Koalitionsvereinbarung mit der CDU nicht durchkreuzen sollte – dieser Umstand ging in den meisten Medienberichten über einen schwarz-gelben Koalitionskrach keineswegs zufällig unter, denn weitaus spannender als perspektivische Profilierungen der derzeitigen Koalitionspartner war die knallige Frage: „Zerbricht Schwarz-Gelb?"[591]

Nein. Das schwarz-gelbe Bündnis, 2005 als Alternativprogramm zum rot-grünen Bündnis des dauernden Streits in NRW sowie als „Blaupause" für eine schwarz-gelbe Regierung im Bund angetreten, wird bis zum Ende der Legislaturperiode halten. Die großen Reformprojekte, welche die Räson beider Koalitionsfraktionen erforderte, sind auf den Weg gebracht und Dissonanzen in Fragen von „KibiZ", Gemeindeordnung und Personalvertretungsgesetz überwunden – auch wenn CDU-Fraktionschef Helmut Stahl, wie er selbst mit Blick auf elf Gegenstimmen und drei Enthaltungen bei seiner Bestätigung als Fraktionsvorsitzender einräumte, manchen seiner Fraktionskollegen vor Abstimmungen habe auf den Fuß treten müssen.[592]

Doch die größten Reformbrocken des Koalitionsvertrags sind weggeräumt worden, ohne dass das CDU-FDP-Bündnis ernsthaft infrage gestanden hätte oder die parlamentarische Mehrheit der Regierung gefährdet gewesen wäre. Vor allem die Achse der „Alphatiere" Rüttgers-Pinkwart ist stabil, nicht zuletzt getragen von persönlichem Vertrauen und wechselseitiger Wertschätzung. Beide wissen auch, welche Signal-

---

[590] Vgl. Peter Poensgen: Zerbricht Schwarz-Gelb?, in: *Bild* vom 21. November 2007.
[591] Vgl. Peter Poensgen: Zerbricht Schwarz-Gelb?, in: *Bild* vom 21. November 2007.
[592] Zitiert nach Peter Lamprecht: Stahl verliert an Zustimmung, in: *Welt kompakt* vom 19. September 2007.

wirkung eine erfolgreiche Zusammenarbeit von Schwarz-Gelb an Rhein und Ruhr für Berlin hat. Beide wissen damit umgekehrt auch, dass ein Scheitern ihres Bündnisses verheerende Konsequenzen für die Regierungsoptionen ihrer Parteien im Bund 2009 haben könnten. So oder so: Ein vorzeitiges Ende der Rüttgers-Pinkwart-Regierung ist nicht in Sicht, mehr Wunschtraum der Opposition und Testballon der Medien als reelles politisches Szenario.

Im Übrigen gilt: Dass Sticheleien und Profilierungsversuche des einen auf Kosten des anderen Koalitionspartners zum parlamentarischen Einmaleins gehören, weiß jeder im politischen Düsseldorf und dementsprechend wird es nicht überwertet. Beispiel: Dass Rüttgers' Streitschrift wider die neoliberalen „Lebenslügen" den liberalen Koalitionspartner ein Stück weit provozieren, FDP-Fraktionschef Papke sich folglich über „dummes Zeug" und ein „Zerrbild"[593] der Wirklichkeit aufregen, Andreas Pinkwart „ein falsches Etikett"[594] bemängeln und FDP-Generalsekretär Christian Lindner sich schließlich über die „Verunklarung eines stimmigen und positiven Bildes der schwarz-gelben Koalition"[595] durch Rüttgers beschweren würde, konnte niemanden überraschen. Rüttgers zuletzt. Er hatte es einkalkuliert und wurde damit, nicht nur durch den Inhalt seines Buches, sondern die entsprechenden Reaktionen darauf, als das „soziale Gewissen" der Koalition wahrgenommen, während die Liberalen sich als „Turbomotor" positionieren konnten, die den größeren Koalitionspartner zu Reformen antreiben müssten. Man war, wie die *Süddeutsche Zeitung* zu Recht kommentierte, „unterwegs in eigener Sache"[596] – Rüttgers mit seiner Streitschrift als soziales, die FDP wiederum als marktliberales Koalitionsgewissen.

---

[593] Zitiert nach Peter Poensgen: FDP-Chef geht auf Rüttgers los. Koalitions-Krach um das neue Buch des Ministerpräsidenten, in: *Bild* vom 10. September 2007.

[594] Vgl. Peter Lamprecht: Rüttgers regiert mit harter Hand, in: *Welt am Sonntag* vom 23. September 2007.

[595] Vgl. Kristian Frigelj / Ansgar Graw: „Linksruck" von Rüttgers erzürnt Düsseldorfer FDP. Kritik des Ministerpräsidenten an Steuersenkungspolitik belastet Landesregierung, in: *Die Welt* vom 9. August 2006.

[596] Vgl. Dirk Graalmann / Jens Schneider: Unterwegs in eigener Sache. Jürgen Rüttgers pflegt sein Image als Arbeiterführer – und erregt Unmut bei der FDP, in: *Süddeutsche Zeitung* vom 14. September 2007.

Tatsächlich haben beide, CDU und FDP in NRW, wiewohl in Koalition und als Test für Berlin in Vorbildfunktion vereint, ein großes Interesse daran, mit einem unverwechselbaren Profil für die eigenen Mitglieder erkennbar und die potenzielle Wählerklientel attraktiv zu sein, aber im Zweifelsfalle eben auch für andere Koalitionsoptionen anschlussfähig zu bleiben. Letzterer Gesichtspunkt bezieht sich auf die Legislaturperiode nach den Wahlen 2010.

Was, wenn es für eine schwarz-gelbe Neuauflage nach der nächsten Landtagswahl, wie in Hessen im Januar 2008, nicht reicht – weil die Rüttgers-CDU ihr Hoch in Umfragewerten nicht halten kann, weil die FDP zu schwach abschneidet, beide Parteien zusammen keine Mehrheit finden oder die FDP ganz aus dem Landtag fliegt? Was, wenn die Linke in den Landtag einzieht und es eine potenzielle Mehrheit für Rot-Dunkelrot bzw. Rot-Rot-Grün gäbe? Die NRW-SPD würde sich trotz eines „Verwirr-Spiels mit verteilten Rollen"[597] wohl aus machtpolitischen Gründen nicht scheuen, mit den Linken zu paktieren – sei es in einer förmlichen Koalition, sei es mittels einer rot-grünen Tolerierung durch die Linken. Denn die Kehrtwende des gescheiterten SPD-Vorsitzenden Kurt Beck im Umgang der westdeutschen SPD-Landesverbände mit der Linkspartei hat Hannelore Kraft von Anfang an – unbeeindruckt von Peer Steinbrücks oder Franz Müntefrings Bedenken – mitvollzogen.[598] Ein Menetekel für eine bürgerliche Mehrheit an Rhein und Ruhr. Und damit ein Alarmzeichen für Jürgen Rüttgers, der seinerseits die SPD vor dem „Riesenfehler" einer Hinwendung zur Linken ausdrücklich warnt.[599]

---

[597] Vgl. Peter Poensgen: SPD und Linke: Frau Kraft mit Ypsilanti-Taktik?, in: *Bild* vom 16. September 2008.
[598] Vgl. Andreas Hoidn-Borchers: Wer einmal lügt, … Kurt Beck liebt Macht mehr als Wahrhaftigkeit. Anders als stets versprochen, öffnet er die SPD für Bündnisse mit der Linkspartei im Westen, in: *Stern* (10) 2008.
[599] Vgl. „Die SPD macht einen Riesenfehler". Ministerpräsident Jürgen Rüttgers bekräftigt das Bündnis mit der FDP. Er wirbt jetzt um frühere Johannes-Rau-Wähler, um bei der Landtagswahl 2010 einen Erfolg der Linkspartei in NRW zu verhindern, in: *Welt am Sonntag* vom 2. März 2008; vgl. Soziale Marktwirtschaft wiederbeleben. Rundschau-Interview mit Ministerpräsident Jürgen Rüttgers, in: *Rhein-Sieg-Rundschau* vom 20. März 2008.

Was aber, wenn die FDP sich, was angesichts des derzeitigen Kurses der SPD unter Hannelore Kraft zwar wenig wahrscheinlich, aber durchaus möglich ist, auf mehr als nur gelegentliche gemeinsame Abendessen[600], sprich auf eine Ampel-Koalition aus Rot-Gelb-Grün einließe[601] – trotz des schwierigen Verhältnisses zwischen Kraft und dem FDP-Fraktionschef Papke? Franz Müntefering, zurückgekehrte SPD-Ikone aus Nordrhein-Westfalen, wirbt jedenfalls heftig um die Liberalen.[602] Berührungspunkte, wie beispielsweise in der Schulpolitik, wo nur noch die Rüttgers-CDU strikt an einem dreigliedrigen System festhält, wären vorhanden, ebenso der Entfaltungsspielraum für die FDP als Reformmotor in einem derartigen Bündnis.

Dann müsste „König Jürgen I. von NRW"[603], wie Rüttgers von Kommentatoren inzwischen als Ministerpräsident halb anerkennend, halb ironisch genannt wird, „abdanken". Daran haben natürlich weder Rüttgers selbst noch die anderen, auf den Oppositionsbänken über Jahrzehnte wundgesessenen CDU-Abgeordneten ein Interesse, auch wenn der größere Regierungspartner hin und wieder „stinksauer"[604] über die politischen Vorstöße des Juniorpartners ist.

Entsprechend gilt es koalitionsarithmetisch für den Fall der Fälle gewappnet zu sein: „Jamaika", d. h. Schwarz-Gelb-Grün? Oder könnte aus

---

[600] Vgl. Annika Joeres: Es gibt keine Gemeinsamkeiten mit der SPD. Der Generalsekretär der NRW-FDP spricht mit der SPD am liebsten privat – die CDU sei Wunschpartner, in: *die tageszeitung* vom 15. November 2006.

[601] Vgl. FDP in NRW offen für eine Ampelkoalition, in: *Rheinische Post* vom 30. Januar 2008.

[602] Vgl. Andreas Abs/Christoph Meinerz: FDP heftig umworben. Der designierte SPD-Parteichef Müntefering sieht gute Chancen für eine Neuauflage der sozialliberalen Koalition, in: *Westdeutsche Allgemeine Zeitung* vom 15. September 2008.

[603] Vgl. Frank Uferkamp: König Jürgen I. von NRW. CDU und FDP regieren seit zweieinhalb Jahren. Eine Bilanz der Widersprüche, in: *Westdeutsche Zeitung* vom 10. November 2007.

[604] Vgl. Peter Schilder: Düsseldorfer Flaschengeist. In Nordrhein-Westfalen ist der Streit um die Schulstruktur entbrannt, in: *Frankfurter Allgemeine Zeitung* vom 14. November 2007.

Schwarz-Grün mehr werden als ein bloßes „Schattenspiel"[605]? Stellt die Hinwendung zu den Grünen eine realpolitische Perspektive für die Rüttgers-CDU dar? Zwar derzeit eher unwahrscheinlich, aber angesichts des möglichen Wandels des Parteiensystems durch eine fortgesetzte Etablierung der Linken auch im Westen der Republik keineswegs ausgeschlossen. Tatsache ist, dass die Schnittmenge an politischen Inhalten nach wie vor, trotz Gemeinsamkeiten in Fragen der Steinkohle, gering ist. Beispiel: Schule. Seit Langem werben die Grünen für ein integratives Schulsystem mit einem gemeinsamen Unterricht aller Schüler bis zur zehnten Klasse. Seitens der CDU wird dieses Modell mit dem Kampfbegriff der „Einheitsschule" belegt und verworfen. Kompromisse scheinen – zumindest derzeit – ausgeschlossen. Doch auch in Fragen der Landwirtschaftspolitik oder in Schlüsselfragen der „inneren Sicherheit" liegen die schwarzgrünen Antworten und Konzepte weit auseinander, wie Grünen-Vorstand Arndt Klocke betont, nicht jedoch, ohne gleichzeitig auf die „gute Politik" des CDU-Integrationsministers Laschet hinzuweisen.[606]

Andererseits gilt auch: Ebenso wie Rüttgers Machtmensch ist, ist dies Sylvia Löhrmann, als Fraktionsvorsitzende die starke Figur der Grünen in NRW. Rüttgers schätzt Löhrmann als „kluge Politikerin"[607], beide kennen sich seit Jahren und fänden schnell einen Draht zueinander.[608] Und dies, obwohl Löhrmann unlängst noch erklärte, Gedanken an Schwarz-Grün seien „absurd". Bei genauem Hinhören wurde aber schnell deutlich, dass eine Absage an ein derartiges Bündnis nur für den Fall erteilt wurde, in dem die CDU ohne Rücksicht auf grüne Konzepte den „marktradikalen Kurs der FDP derart massiv" vorantreiben wolle wie

---

[605] Vgl. Frank Uferkamp: Schwarz-grüne Schattenspiele. Vor allem die Grünen denken dabei halblaut über ein Bündnis mit der Union nach, in: *Westdeutsche Zeitung* vom 17. Juli 2007.
[606] Vgl. Die Koalitionsdebatte nervt. Gespräch mit dem NRW-Grünen-Chef Arndt Klocke, in: www.wdr.de vom 3. Dezember 2006.
[607] Zitiert nach Frank Uferkamp: Schwarz-grüne Schattenspiele. Vor allem die Grünen denken dabei halblaut über ein Bündnis mit der Union nach, in: *Westdeutsche Zeitung* vom 17. Juli 2007.
[608] Vgl. Christoph Meinerz: Keine Furcht vor Konservativen. Sylvia Löhrmann gilt als die Spitzen-Grüne im Land mit der höchsten Bereitschaft für eine Koalition mit der CDU, in: *Westdeutsche Allgemeine Zeitung* vom 24. Mai 2008.

bisher – was in einer Regierung ohne FDP wenig wahrscheinlich wäre. Eine kategorische Absage an schwarz-grüne Planspiele sieht also, zumal im Bewusstsein „einer innerlich aufgelockerten Gesellschaft", in der das „Gerede von linken oder rechten Mehrheiten so vernünftig ist wie die Kalte-Kriegs-Logik in der neuen Weltpolitik"[609], anders aus.

Dass solche Gedankenspiele nun ausgerechnet vonseiten der Grünen, mit Rückenwind der Bundesspitze[610], angestellt werden, hängt natürlich auch mit der Sorge zusammen, von einer erstarkenden Linkspartei auf Platz fünf der Parteienlandschaft an Rhein und Ruhr verwiesen und damit potenziell zur Bedeutungslosigkeit verdammt zu werden. Die Grünen wollen Politik gestalten, nicht um jeden Preis, aber doch, nach Jahren in staatspolitischer Verantwortung, mit erkennbarem Willen zur Macht. So kommt es bei schwarz-grünen Gedankenspielen gelegen, dass auf kommunaler Ebene in NRW rund 20 derartiger Bündnisse existieren, manche mit ansehnlichem Erfolg und unter Ausklammerung unversöhnlicher Streitpunkte.

Spätestens seit der Wahl in Hamburg im Februar 2008 und dem ausgehandelten Koalitionsvertrag ist das Eis zwischen Schwarz und Grün ohnehin gebrochen. Sondierungsgespräche und Koalitionsverhandlungen werden bald bundesweit als selbstverständlich angesehen werden, auch wenn der Stadtstaat Hamburg von den Bedingungen her nicht mit einem großen Flächenbundesland wie Nordrhein-Westfalen verglichen werden kann. Doch könnten nicht in Nordrhein-Westafeln unvereinbare Standpunkte wie z. B. im Bereich der Energiepolitik bis auf Weiteres ausgeklammert und zunächst der gemeinsame Regierungsalltag auf seine Belastbarkeit hin getestet werden?

In den zentralen Bereichen der Wirtschafts-, Finanz- oder Sozialpolitik lägen CDU und Grüne wohl näher beieinander als Grüne und Linke oder Grüne und FDP. Im Bereich der Umweltpolitik könnte man sich gut arrangieren und aus dem Prinzip einer „nachhaltigen", „wertgebun-

---

[609] Wolfram Weimer: Es war einmal ein Linksruck, in: *Cicero* (3) 2008.
[610] Vgl. Künast hält Koalition mit der Union im Bund für möglich, in: www.welt.de vom 16. Juli 2007.

denen" Reformpolitik – ökologisch-sozial – ein einigendes Band weben. Dieses hätte, ohne Zweifel, eine enorme Strahlkraft auf die Bundespolitik, in der immer wieder die Möglichkeit schwarz-grüner Bündnisse erörtert wird, um schließlich auf die Länder zu verweisen, in denen sich das Modell erst einmal bewähren müsse. Dass Schwarz-Grün nicht nur in Großstädten, sondern auch in einem Flächenland Wirklichkeit werden wird, ist nur noch eine Frage der Zeit.

Schwarz-Grün im bevölkerungsreichsten und wirtschaftlich starken Bundesland Nordrhein-Westfalen zum Erfolg zu führen und damit einem neuartigen Modell Pate zu stehen, könnte auf Jürgen Rüttgers einen großen politischen Reiz ausüben, auch wenn er dies angesichts des politischen Ist-Zustands nicht einräumen würde und könnte. Dabei ist es kein Geheimnis, dass Rüttgers sich schon vor fast zehn Jahren,[611] also weitaus früher als manche seiner Parteifreunde, über schwarz-grüne Koalitionen Gedanken gemacht und diese als Perspektiven aufgezeigt hat – zu einem Zeitpunkt, als dies auch bei den Grünen auf wenig Resonanz stieß. Dies hat sich dort, wie Bärbel Höhn bereits zur Amtszeit der rot-grünen Koalition unter Peer Steinbrück signalisierte,[612] geändert, auch wenn die grüne Basis in Nordrhein-Westfalen eher links orientiert ist und einem Bündnis mit Rüttgers' Truppe skeptischer gegenüber steht als die Düsseldorfer Parteispitze. In konservativen, ländlichen Hochburgen wiederum – man denke an das Sauerland – stoßen die Grünen bei vielen älteren CDU-Mitgliedern auf erhebliche Vorbehalte. Auf beiden Seiten – soviel ist klar – bedürfte es eines hohen Maßes an Überzeugungsarbeit vor Ort, bevor ein Bündnis zwischen CDU und Grünen auf Landesebene besiegelt werden könnte. Für Jürgen Rüttgers wäre eine schwarz-grüne Koalition, so avantgardistisch sie sein würde, in jedem Fall mit größeren Risiken und einer geringeren politischen Schnittmenge verbunden als mit der FDP, die für sich, ebenso wie die CDU, eine bürgerliche Politik der „Mitte"

---

[611] Vgl. Jürgen Rüttgers wörtlich: Schwarz-Grün ist für die Union kein Tabu-Thema. Über Bündnisse mit den Grünen sollte nicht nur auf kommunaler, sondern auch auf Landesebene nachgedacht werden, in: *Neue Rhein Zeitung* vom 18. Oktober 1999.
[612] Vgl. Helmut Breuer: Grüne in NRW: Schwarz-Grün liegt in der Luft. Höhn schließt Bündnis mit der Union nicht aus, in: *Die Welt* vom 28. Februar 2004.

reklamiert und die auch auf Bundesebene, trotz einer verstärkten Profilierung der Union im Umweltbereich, nach wie vor der Wunschpartner der CDU ist.[613]

Am liebsten also mit der FDP, im Zweifelsfall ein Brückenschlag hin zu den Grünen. Nicht ausgeschlossen, wenn es zahlenmäßig für ein Zweierbündnis nicht reicht, das Wagnis einer noch fragileren Dreier-Koalition aus Schwarz-Gelb-Grün.[614] Unter dem Aspekt der Staatsräson als Notvariante stets im Hinterkopf, sozusagen für den „Fall der Fälle", wenn nichts anderes geht und keine andere Koalitionsvariante die notwendige politische Stabilität für NRW garantieren könnte: eine große Koalition mit der SPD.

Bei einem gemeinsamen Auftritt mit Franz Müntefering im Mai 2008 bemerkte Rüttgers doppeldeutig an die Adresse des SPD-Granden aus dem Sauerland, was für ein „wunderschönes großkoalitionäres Paar"[615] sie beiden doch abgäben. Doch Müntefering sitzt als neuerlicher Chef der Bundes-SPD nach dem Rücktritt Kurt Becks im Berliner Willy-Brandt-Haus und nicht im Düsseldorfer Landtag. Dort wiederum gibt Hannelore Kraft den Ton der SPD an. Zu ihr, der Konkurrentin um das Ministerpräsidentenamt 2010, wie auch zu den sonstigen Mitgliedern der größten Oppositionsfraktion im Landtag hat Rüttgers immer, trotz heftigen politischen Streits, die Gesprächsfähigkeit aufrechterhalten – nicht zuletzt für den „Fall der Fälle".

Diese Perspektiven vor Augen und die alte Koalitionsarithmetik von Kohl im Hinterkopf, will Jürgen Rüttgers nach erfolgtem „Bergfest" seiner ersten Amtszeit den Abstieg ins Tal der Wahlkämpfe 2009/2010 meistern, ohne dabei, wie mancher Beobachter argwöhnt, der Gefahr des

---

[613] Vgl. Rüttgers attackiert Köhler. Jürgen Rüttgers ist unzufrieden mit dem Bundespräsidenten, in: www.spiegel.de vom 21. Juni 2008.
[614] „Die Linke aus den Parlamenten heraushalten". Nordrhein-Westfalens Ministerpräsident und CDU-Vize Jürgen Rüttgers ist offen für Jamaika-Koalitionen und beklagt die Schwäche der SPD, in: *Focus* (35) 2008.
[615] Zitiert nach Andreas Abs: Ein wunderbares Paar. Müntefering stellt mit Rüttgers ein Buch vor, in: *Westdeutsche Allgemeine Zeitung* vom 27. Mai 2008.

großen Stillstands[616] zu erliegen. Die Schwierigkeiten, die sich damit verbinden, sind gar nicht so gering, wie es im Glanz guter Umfragewerte scheinen könnte.

Hält Jürgen Rüttgers – nach nur zwei Jahren im Amt bereits auf Platz vier der sechzehn Ministerpräsidenten in puncto guter Arbeit gewählt[617] und auf der Skala der beliebtesten Politiker im *Spiegel*[618] vertreten – nicht zuletzt auch auf Drängen des liberalen Koalitionspartners das hohe Reformtempo durch, könnte sich doch noch – trotz guter Kommunikation – Unmut in der Bevölkerung über zu viele Veränderungen, Neuerungen, Zumutungen vor Ort breit machen. Unmut, den sich vor allem Linke und SPD zu eigen machen würden und der sich schließlich in einem ernüchternden Wahlergebnis für die „Arbeiterpartei" CDU niederschlagen könnte.

Begnügt sich Rüttgers hingegen damit, landesväterlich zu repräsentieren, symbolisch wichtige Projekte wie „Kein Kind ohne Mahlzeit" oder „Jedem Kind ein Instrument" – von der *Zeit* immerhin zum „wunderbar größenwahnsinnigsten Vorzeige-Projekt zur Musikerziehung" geadelt[619] – in den Vordergrund zu stellen oder als vermeintlicher „Rentnerführer"[620] über demografische Veränderungen und das Verhältnis von Alt und Jung nachzudenken[621] und ansonsten mehr zu verwalten statt zu gestalten – um die Erfolge der geleisteten Reformen abzuwarten –, könnte ihm dies als Zögerlichkeit, Mutlosigkeit und wahltaktisches Aussitzen ausgelegt werden.

---

[616] Vgl. Willi Keinhorst: Beginnt der große Stillstand?, in: *Welt am Sonntag* vom 11. November 2007.
[617] Vgl. Christiane Goetz: Wer ist Deutschlands bester Ministerpräsident?, in: *Cicero* (7) 2007, S. 62–69.
[618] Vgl. exemplarisch *Der Spiegel* (22) 2008; Der Spiegel (30) 2008.
[619] Vgl. Christiane Grefe: Das Riesenruhrgebietsgesamtorchester. Der Pott probt eine Kulturrevolution: Seit einem Jahr läuft „Jedem Kind ein Instrument", das wunderbar größenwahnsinnige Vorzeige-Projekt zur Musikerziehung, in: *Die Zeit* (13) 2008.
[620] Vgl. Detlev Hüwel / Helmut Michelis: Jürgen Rüttgers, der Rentnerführer, in: *Rheinische Post* vom 21. April 2008.
[621] Vgl. Carolin Jenker: Rüttgers bastelt sich seine Volkspartei, in: www.spiegel.de vom 14. Juni 2008.

Der Ministerpräsident in der Diskussion mit Schülern

Erste Anzeichen: Während die Opposition heftig gegen die gestiegenen Repräsentationsausgaben der Staatskanzlei wettert und damit Stimmung gegen Rüttgers zu machen sucht,[622] kursiert bei Journalisten das böse Wort von der „Schonzeit"[623], welche den ehrgeizigen Anfangsjahren der Rüttgers-Regierung folge.

So oder so: Das Risiko für Rüttgers' Regieren in NRW ist und bleibt hoch, auch wenn *grosso modo* davon auszugehen ist, dass Rüttgers – sei es als detailversessener „Kümmerer", als „globaler Bürgermeistertypus"[624], als

---

[622] Vgl. Johannes Nitschmann: Etat 2008: Abrechnung mit Rüttgers, in: www.wdr.de vom 20. Dezember 2007.
[623] Vgl. Günther M. Wiedemann: Nach der Halbzeit nur noch Schonzeit?, in: *Kölner Stadt-Anzeiger* vom 14. November 2007.
[624] Als solchen charakterisiert ihn Karl-Rudolf Korte; Gespräch mit Prof. Dr. Dr. Karl-Rudolf Korte am 9. März 2007.

repräsentierender und „unumstrittener Landesvater" *(FAZ)*[625], der die „heimatlos gewordenen Johannes-Rau-Wähler"[626] an sich zu binden versteht, oder sei es als Modernisierer von Nordrhein-Westfalen – von den Wählern 2010 im Amt bestätigt wird. Die Arbeitslosenquote ist vergleichsweise niedrig, die Neuverschuldung des Landes ebenfalls, der Haushalt seriös und ohne allzu schmerzhafte Einsparungen in neuralgischen und wählerwirksamen Bereichen.[627]

Die Schulpolitik, zumal das klare programmatische Signal „gegen eine nivellierende Eintopfpädagogik" (Hans-Jörg Hennecke) und für die Anerkennung der Vielfalt von Begabungen und Talenten, war zwar vor allem in der Anfangszeit nach dem Regierungswechsel aufgrund zahlreicher Neuerungen in Teilen der Bevölkerung unpopulär, drohte bislang aber nicht, zum Mühlstein um Rüttgers' Hals zu werden.

Vielmehr hat Barbara Sommer als zuständige Ministerin mit schlechter Presse und protestierenden Eltern zu kämpfen. Doch diese signalisiert bereits, dass Korrekturen am neuen Schulgesetz, z. B. bei den neu eingeführten „Kopfnoten", durchaus möglich seien.[628] Denn keineswegs soll die Schulpolitik bei den anstehenden Wahlen – wie in Hessen zuletzt geschehen – zur Munition einer Opposition werden, die den Unmut bei Eltern und Schülern über „Turbo-Abitur" oder fehlende Ganztagsbetreuung in Wählerstimmen gegen die Regierung umzuwandeln versteht. So ist es kein Zufall, dass die Landesregierung im Frühjahr 2008 175 Millionen Euro als zusätzliche Investitionssumme für Ganztagsschulen

---

[625] Vgl. Peter Schilder: Der Zukunftsministerpräsident. Der nordrhein-westfälische Regierungschef Rüttgers setzt Zeichen, die Inhalte fehlen noch, in: *Frankfurter Allgemeine Zeitung* vom 20. Mai 2008.

[626] So der Selbstanspruch von Jürgen Rüttgers auf dem Landesparteitag der NRW-CDU am 14. Juni 2008 in Dortmund, zitiert nach: Peter Szymaniak: Das ganze Land wird schwarz. Beim Landesparteitag der CDU in Dortmund wird deutlich: Die Christdemokraten in NRW können vor Kraft kaum laufen, in: *Westdeutsche Allgemeine Zeitung* vom 16. Juni 2008.

[627] Vgl. Andreas Grosse Halbuer: Neuer Schub: Die Wirtschaft in Nordrhein-Westfalen brummt, das Land wird zur Drehscheibe der Globalisierung, in: *Wirtschaftswoche* (23) 2008.

[628] Vgl. Peter Lambrecht: Korrekturen am neuen Schulgesetz, in: www.welt.de vom 17. Februar 2008.

bereitgestellt hat. Vom Schuljahr 2009/10 an sollen pro Jahr, so die Vorgabe des Regierungschefs, in jedem der 54 Kreise und kreisfreien Städte Nordrhein-Westfalens jeweils ein Gymnasium und eine Realschule in eine Ganztagsschule überführt werden.[629] Immerhin: Rüttgers' Umtriebigkeit im Bereich der Schulpolitik scheint sich allmählich auszuzahlen – Nachbesserungen in Detailfragen hin, koalitionsinterne Dissonanzen um Mittelschul-Modelle, bewährte Dreigliedrigkeit oder aufflackernde Gesamtschul-Debatten her.[630]

Denn Tatsache ist, dass das Echo auf die Schulpolitik, je länger die schwarz-gelbe Regierung amtiert, umso differenzierter klingt. Der Reformehrgeiz, den Nordrhein-Westfalen in Folge der PISA-Ergebnisse zeigt, wird zunehmend gewürdigt – nicht zuletzt durch Bildungsforscher des renommierten Instituts der deutschen Wirtschaft, die Nordrhein-Westfalen in einer vergleichenden Analyse aller 16 Bundesländer, welche im Mai 2008 vorgelegt wurde, auf den 1. Platz setzten und damit anerkannten, dass Vergleichstests, Evaluationen, Schulinspektionen und verbindliche Bildungsstandards an Rhein und Ruhr eine nachhaltige Wirkung entfalten.

„Glatte Eins"[631] für die Schulreform, titelte die *Bild*-Zeitung mit Blick auf die Vielzahl der initiierten Maßnahmen: Wahlfreiheit der Grundschulen, frühere Einschulung von Kindern, Einführung von Sprachtests bzw. gezielte Sprachförderung von Kindern bereits vor der Einschulung, Erleichterung eines Wechsels der Schulform im Verlauf der Sekundarstufe I, Verstärkung der individuellen Förderung der Schüler usw.

Doch nicht nur Bildungsexperten und Medien attestieren der Rüttgers-Regierung eine gute Politik, auch an den Schulen selbst scheint die anfängliche Skepsis angesichts der zahlreichen Neuerungen einer Zustim-

---

[629] Vgl. Zusätzlich 175 Millionen Euro. Mehr Geld für Ganztagsschule, in: www.wdr.de vom 15. April 2008.
[630] Vgl. Anja Clemens-Smicek: Stimmung in den Gesamtschulen ist auf dem Tiefpunkt angelangt. Gewerkschaften attackieren Ministerin Sommer. Es droht ein neuer Kulturkampf um die Schulform, in: *Westdeutsche Zeitung* vom 30. August 2008.
[631] Peter Poensgen: Ministerin Sommer – Glatte Eins für ihre Schulreform, in: *Bild* vom 27. Mai 2008.

mung zu weichen. Vor allem Rüttgers' Bestreben, den Schulen mehr Eigenverantwortung zu übertragen, ihnen mehr Freiheiten zu geben und den Verwaltungsaufwand zu reduzieren, stößt auf nachhaltige Resonanz. Dabei kommt keine Reform bei Lehrern und Schulleitern so gut an wie die das Modellprojekt „Selbstständige Schule": „Ich bin jetzt 36 Jahre im Dienst, und das ist das beste Projekt, das ich je erlebt habe", meint beispielsweise der Rektor der Kölner Gemeinschaftsgrundschule „An St. Theresia", Franz Legewie, um hinzuzufügen: „Endlich bin ich nicht mehr mit der Erforschung von Dienstwegen beschäftigt, sondern mit Inhalten."[632]

Tatsächlich kann der Schulleiter heute im Gegensatz zu früher eigenständig eine Lehrer- in eine dringend erforderliche Sozialarbeiterstelle umwandeln und zur Förderung der zahlreichen türkischstämmigen Kinder an seiner Schule gezielt Muttersprachler als Lehrer einstellen. Pensionierte Lehrer können, so sie wollen, als Nachhilfelehrer an ihre alte Wirkungsstätte zurückkehren, Erst- und Viertklässler können, wo erwünscht, gemeinsam unterrichtet werden – ja, sogar der Eintausch einer unbesetzten Lehrerstelle in ein neues Videostudio ist, wie ein Vorstoß der Gesamtschule Bonn-Beuel unter Beweis gestellt hat, in Zeiten neuer schulpolitischer Freiheiten an Rhein und Ruhr möglich. Zur Zufriedenheit von Schülern, Lehrern und Eltern, die sich – wenn es auf die Landtagswahl 2010 zugeht – kaum noch an Anlaufschwierigkeiten der Schulreform erinnern sollen. Umso mehr jedoch an die neu gewonnenen Freiheiten und Verbesserungen, die die Reform mit sich brachte – in dieser Einschätzung ist sich Rüttgers, dessen drei Söhne selber die praktischen Auswirkungen der Politik ihres Vaters im Schulalltag erleben, sicher. Statt eines Mühlsteins also womöglich gar ein schulpolitischer Lorbeerkranz, der im Wahlkampf den Hals des Landes- und Familienvaters Rüttgers ziert?

Wie auch immer: Alles in allem kann Jürgen Rüttgers, stets vor dem Hintergrund von knapp vier Jahrzehnten SPD-Regierung betrachtet, be-

---

[632] Zitiert nach: Antonia Götsch: Aufholjagd der Spätzünder. Der PISA-Schreck hat alle Bundesländer aufgerüttelt. Nordrhein-Westfalen hat die meisten Reformen angestoßen, in: *Financial Times Deutschland* vom 28. Mai 2008.

rechtigt darauf vertrauen, dass ihm die Wähler an Rhein und Ruhr, im Münster- und Sauerland das Mandat nicht bereits nach einer Legislaturperiode entziehen werden. Eine zweite Runde, eine zweite Chance ist wahrscheinlicher als ein Wählerschwenk zurück zu einer SPD mit unklarer Koalitions- und Machtperspektive.

Hannelore Kraft an der Spitze eines Bündnisses mit den bei NRW-Genossen ungeliebten Grünen? Vielleicht sogar mitsamt der unbekannten, unkalkulierbaren West-Linken? Zurück zum altbekannten Rot-Grün, ergänzt durch Dunkelrot oder – noch exotischer – Rot-Grün mit neongelber FDP? Eher nicht, wenn die entscheidenden Zahlen halbwegs so bleiben, wie sie derzeit sind, der Finanzminister einen Landeshaushalt ohne neue Schulden in Aussicht stellt und die Menschen spüren, dass NRW tatsächlich zu einem Land der neuen Chancen wird. Und dann?

Nahe liegend und das wahrscheinlichste Szenario ist, dass Rüttgers im Falle seiner Wiederwahl als Regierungschef in NRW bleibt und mit der Zeit innerparteilich einen potenziellen Nachfolger aufbauen wird. Einen Hoffnungsträger, der als Führungspersönlichkeit zur Verfügung stünde, sollte Rüttgers abtreten. Doch wer käme als solcher infrage? Auf Landesebene drängt sich derzeit, anders als in Niedersachsen, wo Christian Wulff den 37-jährigen David McAllister als Kronprinzen in Stellung bringt, niemand auf.

Innerparteilich wie auch im Kabinett dominiert Rüttgers unangefochten. Geradezu präsidial[633] über dem politischen Klein-Klein der Fachressorts stehend, hält Rüttgers doch die wichtigen politischen „Fäden in der Hand"[634], wie Gerhard Papke feststellt, der als starker Mann der FDP-Landtagsfraktion zwar nicht in die Kabinettsdisziplin eingebunden, aber Mitglied des wöchentlichen Koalitionsausschusses ist. Bereits nach dreijähriger Amtszeit hat es Rüttgers damit also geschafft, anstelle einer Koalitions- oder Parteiendemokratie in der öffentlichen Wahrnehmung

---

[633] Gespräch mit dem nordrhein-westfälischen FDP-Generalsekretär Christian Lindner am 14. Januar 2008.
[634] Gespräch mit Dr. Gerhard Papke am 22. Februar 2007.

eine „Ministerpräsidentendemokratie"[635] zu etablieren, in der der Regierungschef die ihm in der nordrhein-westfälischen Landesverfassung zugeschriebene Richtlinienkompetenz (Art. 55, Absatz 1) konsequent, aber umsichtig ausübt. So, wie dies zuletzt Johannes Rau in seinen besten Regierungsjahren gelungen war.[636]

Die große Souveränität, mit der Rüttgers aufgrund seiner langjährigen politischen Erfahrung der Regierung vorsteht, wird seitens der Ressortminister mit Nachdruck unterstrichen. Innerparteilich ist Rüttgers spätestens seit dem Triumph 2005 als „Alphatier" akzeptiert.[637] Er ist derjenige, der den Wechsel geschafft, die Voraussetzungen dafür gelegt und die Bezirksverbände der Partei personell wie sachlich klug in die Verantwortung einbezogen hat. Hinzu kommt, dass kein potenzieller Anwärter auf die innerparteiliche Kronprinzenrolle den törichten Fehler begehen würde, sich heute als denkbarer Nachfolger des Landeschefs ins Spiel zu bringen. Es entstünde eine Führungsdebatte zur Unzeit und dies würde das politische Aus für jeden bedeuten, der solche Überlegungen mutwillig lostritt. 2009 stehen Kommunal-, Bundestags- und Europawahlen an, 2010 die Landtagswahl mit Rüttgers als Spitzenkandidat. Personalspekulationen während dieser Dauerwahlkampfzeit wären völlig kontraproduktiv und würden vom Wähler weder verstanden noch goutiert. Also werden innerparteiliche Planspiele offen erst nach den anstehenden Wahlen beginnen. Wer käme, von außen betrachtet, dereinst als Kronprinz infrage?

Hendrik Wüst, Generalsekretär der NRW-CDU und damit innerhalb der Landespartei die rechte Hand des Vorsitzenden, ist jung und eloquent, wird allerdings noch viele Jahre politische Erfahrung sammeln, sich in der Partei mehr in der Mitte platzieren und eine eigene Hausmacht im Landesverband aufbauen müssen. Helmut Stahl, als Vorsitzender der CDU-Landtagsfraktion eher ein Freund der leisen Töne und als ehemaliger Staatssekretär im „Zukunftsministerium" schon lange ein enger

---

[635] Vgl. Karl-Rudolf Korte u.a.: Regieren in Nordrhein-Westfalen, S. 87 ff; S. 374 f.
[636] Vgl. ebd., S. 164 f.
[637] Vgl. Heinz Tutt: Uneingeschränkter Rückhalt für Rüttgers. Die NRW-CDU stärkt ihren Vorsitzenden, der nachdrücklich vor Flügelkämpfen warnt, in: *Kölner Stadt-Anzeiger* vom 16. Juni 2008.

Konzentriert bei der Arbeit am Schreibtisch im heimischen Keller

Vertrauter von Rüttgers, kommt wohl aus Altersgründen kaum mehr infrage. Ebenso wenig Helmut Linssen, der unbestritten starke Mann im Kabinett, der, sollte ungeplant kurzfristig ein Wechsel an der Spitze der Landesregierung erfolgen müssen, als Ersatz-MP wohl interimistisch Verantwortung übernehmen könnte und würde. Doch als unterlegener Konkurrent beim R-T-L-Wettbewerb 1999 scheidet er ebenso wie Wirtschaftsministerin Christa Thoben als Zukunftshoffnung der NRW-CDU aus. Auch der in zurückliegenden Jahren immer wieder als möglicher NRW-Star in die Diskussion gebrachte Friedrich Merz[638], Anfang 2005 noch von Rüttgers zum Mitglied der achtköpfigen Zukunftskommission der Landes-CDU zur Ausarbeitung des Entwurfs eines Regierungsprogramms ernannt, kommt kaum ernsthaft infrage. Als Fraktionsvorsitzender a. D. und Bundestagsabgeordneter, der zum Ende der Legislaturperiode im Herbst 2009 dem Berliner Parlament den Rücken kehrt,

---

[638] Vgl. Merz contra Rüttgers: Ein Gerücht wird dementiert. NRW-CDU-Chef verärgert über Alleingang eines Europaparlamentariers, in: www.wdr.de vom 10. Oktober 2002.

könnte sich der rhetorisch brillante und inhaltlich versierte Politiker aus dem Sauerland tatsächlich wohl nur schwerlich parteiintern als Hoffnungsträger durchsetzen. Zumal als wirtschaftsliberaler Flügelmann in einem eher linksorientierten Landesverband, dem persönlich wenig Neigung nachgesagt wird, landesväterlich „über die Plätze zu ziehen und Volksfeste zu eröffnen"[639]. Umso ausgeprägter scheint dafür inzwischen Merz' Neigung zur Programmatik der FDP zu sein.[640]

Nicht ausgeschlossen, dass ein künftiger Rüttgers-Nachfolger als CDU-Landeschef mit Ministerpräsidenten-Ambitionen aus der NRW-Landesgruppe der Bundestagsfraktion kommen könnte. Einer derjenigen, die in Berlin eine starke Figur abgeben, der als Parlamentarischer Geschäftsführer ähnlich wie einst Rüttgers das „Strippenziehen" beherrscht, an der Basis populär ist und im engsten Zirkel der Unionsführung auffällt, ist Norbert Röttgen. Mit ihm wird man künftig als starkem Mann rechnen können – sei es weiterhin in Berlin oder womöglich am Rhein. Egal, ob aus der Bundestags- oder Landtagsfraktion, egal ob jung oder erfahren, ob Übergangskandidat mit Kabinettserfahrung, ob aufstrebender Landesminister oder überraschender Newcomer – geht es nach Rüttgers, woran kein Zweifel besteht, erübrigen sich Spekulationen um Spitzenposten in NRW bis auf Weiteres so oder so. Denn von Amtsmüdigkeit ist bei Rüttgers nichts zu spüren. Im Gegenteil: Er will weiter, will die Wiederwahl, will gestalten. Will, was nicht in nur einer Amtszeit möglich ist, sich zum Landesvater entwickeln. Will dem Land, dem er im höchsten politischen Amt dient, in seiner reizvollen Vielfalt und Größe eine eigene Prägung, eine Mischung aus Innovation und Tradition geben. Gedanken an den eigenen Ruhestand kommen ihm bei all dem nicht in den Sinn. Ein Rückzug in den heimischen Keller zwecks Fertigstellung der über Jahrzehnte aufgeschobenen Doktorarbeit in mittelalterlicher Geschichte – ohne Politik, Macht und Verantwortung? Ohne Strippenziehen? Ohne Amt? In dem Alter? Bei bester Gesundheit? Kaum vorstellbar. Also weiter.

---

[639] Zitiert nach Stefan Reker: Rüttgers floppt, Merz triumphiert, in: *Rheinische Post* vom 12. November 2002.
[640] Vgl. Peter Carstens: Folgen einer unschuldigen Wanderung. Friedrich Merz in der FDP-Fraktion, in: *Frankfurter Allgemeine Zeitung* vom 13. September 2008.

V. Wohin weiter?

Berlin

Ein „krönender" Abschluss in Berlin? – Der Vor-Vor-Vorgänger als Vorbild? – Taten statt Worte – Rüttgers und das Kanzleramt – „Mountainbikefahrer" statt „Rodeomann" – Rüttgers, ein „Anti-Merkel"? – Merkels „Girlscamp" und das „System Rüttgers" – „Respice finem!" – Sezessionsbestrebungen in Düsseldorf? – Benelux und Frankreich – „Vereinigte Staaten von Europa" – Rüttgers als „Terminator 4" – „Weltinnenpolitik" – Israel und Polen – „Es geht!" – Das „C" und die Stammzellen – Kardinal Meisner und Papst Benedikt XVI. – Ist Rüttgers konservativ? – Immer wieder: Adenauer – Brauweiler

Vielleicht sieht die politische Biografie von Jürgen Rüttgers ja doch noch die letzte, sozusagen die „krönende" Station vor, die jenseits von Nordrhein-Westfalen liegt: Berlin. Infrage kämen für diesen Fall nur zwei Ämter: das Amt des Bundeskanzlers oder dasjenige des Bundespräsidenten. Mit Sicherheit vorherzusagen ist dieses Szenario zurzeit nicht, denn zu viele Eventualitäten behindern eine verlässliche Prognose. Doch ausgeschlossen sind beide Varianten, Rüttgers als Bundeskanzler bzw. Rüttgers als Bundespräsident, keineswegs.

Von Brauweiler ins Schloss Bellevue? Der Handwerkersohn aus der Provinz, der mit Fleiß und Beharrlichkeit in das protokollarisch höchste Amt des Staates, das des Bundespräsidenten, aufsteigt? Ein sozusagen „krönender" Abschluss der politischen Biografie von Jürgen Rüttgers? Zugegeben – eine Spekulation auf lange Sicht. Keine, die die nächsten Jahre in den Blick nimmt. Eine, die trotz aller Unwägbarkeiten, welche sich mit langen politischen Zeiträumen verbinden, dennoch reizvoll ist. Zumal dann, wenn Parallelen zwischen Rüttgers und seinem Vor-Vor-Vorgänger im Amt des Ministerpräsidenten, Johannes Rau, gezogen werden.

Rau, viele Jahre stellvertretender Bundesvorsitzender und „Strippenzieher" seiner Partei, unangefochten die „Nummer 1" der SPD in Nordrhein-Westfalen, dort über eine lange Zeitspanne hinweg quasi überparteilicher „Landesvater", vermochte mit seiner ausgleichenden, über politische Lagergrenzen hinweg anerkannten Art als Bundespräsident eine hohe moralische Autorität in die Waagschale zu werfen, die dazu führte, dass sein Wort gehört wurde. Wem es in Nordrhein-Westfalen, dem bevölkerungsstärksten und soziokulturell vielschichtigen, heterogenen Bundesland gelingt, als „Landesvater" persönlich wie politisch anerkannt zu sein, bringt beste Voraussetzungen für das Amt des Bundespräsidenten mit. Für ein Amt, das nach Willen des Grundgesetzes politisch weitgehend machtlos, aus der Autorität des Amtsinhabers heraus seine Bedeutung und Stärke gewinnt.

So, wie Johannes Rau bei Konservativen, Liberalen wie Linken große Autorität besaß, wäre dies ebenfalls bei Jürgen Rüttgers, dem zeitweilig „bekanntesten Sozialdemokraten" an Rhein und Ruhr, grundsätzlich vorstellbar. Rüttgers, dies zeigen die ersten Amtsjahre als „MP" in Düsseldorf, will integrieren, nicht polarisieren, will versöhnen statt spalten. Auch an Repräsentationsaufgaben findet er zunehmend Gefallen: sei es im Rahmen von Ordensverleihungen, bei der jährlichen Staatspreisverleihung oder bei anderen Auszeichnungen. Würdig, feierlich soll es bei diesen Anlässen zugehen, das Protokoll muss stimmen – sieht Rüttgers in derartigen Veranstaltungen doch auch die Chance, die *corporate identity*, das einigende Band, das Gemeinsamkeitsbewusstsein im Bindestrichland „Nordrhein-Westfalen" in der Tradition von Arnold und Rau zu verstärken.

Gleichwohl: So reizvoll eine Vollendung seiner Aufsteigerbiografie im Schloss Bellevue für Rüttgers sein könnte, sein Handlungsspielraum unter machtpolitischen Aspekten wäre gleich Null. Protokollarisch die Nummer 1 im Lande, wäre Rüttgers parteipolitisch am Ende seiner Laufbahn angekommen. Doch da sieht er sich, nicht nur aus Altersgründen, noch lange nicht – insofern erweisen sich Überlegungen, die sich mit Rüttgers und dem Schloss Bellevue verbinden, tatsächlich bis auf Weiteres als realitätsfern.

Rüttgers will bewegen, will seiner Vordenkerrolle innerhalb der CDU[641] nicht nur mit Worten, sondern auch mit Taten gerecht werden. Nicht nur „Ruck-Reden" oder „Berliner Reden" halten, die meist realpolitisch folgenlos bleiben, sondern handeln, gestalten, kurzum: bürgerliche Politik machen. Rau trat das Amt des Bundespräsidenten an, nachdem er zwanzig Jahre lang Ministerpräsident gewesen war und schließlich dem drängelnden Kronprinzen Wolfgang Clement hatte Platz machen müssen. Rüttgers ist, sowohl was die Amtszeit als Ministerpräsident, als auch was die personelle Konstellation der NRW-CDU angeht, in einer anderen Situation. Nicht zuletzt: Erst beim Zusammentritt der Bundesversammlung im Jahr 2019, d. h. bei der über-, übernächsten Wahl eines Bundespräsidenten, wird Jürgen Rüttgers mit 68 Jahren das gleiche Alter erreicht haben, in dem Johannes Rau in dieses Amt gewählt wurde. Insofern leuchtet es ein, dass Rüttgers jedes Spekulieren über einen möglichen Wechsel vom Rhein an die Spree als überflüssige Diskussion abtut, was zumal aus machtpolitischen Gründen zum jetzigen Zeitpunkt überzeugt.

Denn als angesehener NRW-Ministerpräsident und zugleich als stellvertretender Bundesvorsitzender der CDU ist Rüttgers in Düsseldorf so mächtig, wie er es in keinem alternativen Amt, das seine Partei unter dem Vorsitz von Angela Merkel zu vergeben hat, in Berlin sein könnte. Das Amt eines Bundesministers, das Rüttgers bereits unter Kohl innehatte, wäre für ihn keine reizvolle Alternative zum Chefposten einer Landesregierung. Lieber in NRW als Ministerpräsident eigenen Handlungsspielraum entfalten und politische Richtlinienkompetenz demonstrieren, als in Berlin unter Kanzlerin Merkel in die Kabinettsdisziplin eingebunden zu sein. Was aus Rüttgers Sicht keineswegs heißt, dass NRW im Bundeskabinett nicht mit einem Minister vertreten sein sollte. Aus der Perspektive des stärksten CDU-Landesverbandes ist es eine bare Selbstverständlichkeit, nicht zuletzt aus Proporzgründen berücksichtigt zu werden.

---

[641] Dass Jürgen Rüttgers sich „als Vordenker profiliert und er innerhalb der CDU-Führung damit fast so etwas wie ein Alleinstellungsmerkmal hat", betont der Politikwissenschaftler Gerd Langguth; Gespräch mit Prof. Dr. Gerd Langguth am 14. Januar 2008.

Entsprechend hatte Jürgen Rüttgers fest damit gerechnet, dass unter den Ministern, welche am Nachmittag des 22. November 2005 im Bundestag vereidigt und um 19 Uhr zur ersten Kabinettssitzung ins Kanzleramt geladen wurden, mindestens einer aus Nordrhein-Westfalen stammen würde. Doch Fehlanzeige!

Rüttgers war, wenig überraschend, düpiert und „schäumte"[642], denn er hatte aus Gesprächen mit Angela Merkel den festen Eindruck gewonnen, dass zumindest ein CDU-Politiker aus Nordrhein-Westfalen, Norbert Röttgen, als Kanzleramtschef am Kabinettstisch Platz nehmen werde. Doch die Gewissheit des NRW-Chefs, die ihn dazu bewogen hatte, die Ernennung des PGF zum Minister medial anzukündigen,[643] sollte sich kurz darauf als trügerisch erweisen, als sich die Kanzlerin gegen Röttgen und für den sächsischen CDU-Mann Thomas de Maizière, einen Merkel-Vertrauten aus frühen Tagen, entschied.[644]

Trotz der Berufung von fünf parlamentarischen Staatssekretären aus NRW sowie des Aufrückens von Norbert Lammert in das protokollarisch zweithöchste Amt des Bundestagspräsidenten, war der größte CDU-Landesverband damit beim Minister-Poker um Ressorts und Einfluss leer ausgegangen. Ein Umstand, den Rüttgers der Kanzlerin bis heute nicht vergessen und der mit dazu beigetragen hat, dass ein wirkliches Vertrauensverhältnis zwischen beiden nicht besteht. Man arrangiert sich und wartet ab, wobei es immer wieder zu Konflikten kommt wie im Falle des Ausstiegs aus dem Steinkohlebergbau oder bei der Frage der Bekämpfung drohender Altersarmut.

Angesichts dieser Kommunikationsstörungen zwischen Kanzleramt und Staatskanzlei bringt ein Mitglied der nordrhein-westfälischen Landesgruppe der CDU/CSU-Bundestagsfraktion das „Nichtverhältnis" von CDU-Chefin und ihrem Stellvertreter auf den Punkt: „Zwischen Rütt-

---

[642] Vgl. Markus Decker / Sibylle Quenett: Bergschäden in der CDU, in: *Kölner Stadt-Anzeiger* vom 9. Februar 2007.
[643] Vgl. Jürgen Rüttgers Ausführungen im *Morgenecho* bei WDR 5 am 12. Oktober 2005.
[644] Vgl. Gerd Langguth: Angela Merkel. Aufstieg zur Macht, München 2007, S. 329–334.

gers und Merkel ist es aus."⁶⁴⁵ Doch solange Rüttgers Chef des bevölkerungsstärksten und industriereichsten Bundeslandes sowie des mächtigsten CDU-Landesverbandes und Merkel andererseits Parteichefin und unangefochtene Bundeskanzlerin ist, werden beide sich dies niemals anmerken lassen und es auf Nachfrage stets wohlformuliert zurückweisen. „Das Verhältnis der beiden", so erklärt denn auch ein amtierender Bundesminister verschmitzt – und bei laufendem Tonband –, sei „gut".

Machtpolitischen Zuwachs brächte Rüttgers nur das Amt des Bundeskanzlers. Solange Angela Merkel amtiert, stellt sich diese Frage jedoch nicht. Allerdings kann kein Zweifel daran bestehen, dass sich Jürgen Rüttgers das Amt des Bundeskanzlers zutraut. Kein Zweifel ebenfalls, dass er von seinem Werdegang her, von seiner politischen Erfahrung und angesichts seines außenpolitischen Interessen- und Erfahrungshorizontes diesem Amt gewachsen wäre – ja, im Grunde gar nicht anders kann, als diese machtpolitisch letzte Etappe, so die entsprechende Konstellation gegeben wäre, in Angriff zu nehmen. Rüttgers hat die klassische „Ochsentour" unternommen und hat sich von der kommunalen Parteiuntergliederung der Jungen Union sowie des CDU-Ortsverbandes bis in die Spitze der Bundespartei als Stellvertretender Vorsitzender hochgearbeitet; er hat dabei alle wichtigen Mandatsträger und Funktionäre der eigenen Partei wie der politischen Konkurrenz kennen- und einzuschätzen gelernt.

Darüber hinaus verfügt Rüttgers über umfangreiche administrative Erfahrung, ebenfalls auf allen möglichen Ebenen: kommunal bei der Stadtverwaltung Pulheim, regional beim Städte- und Gemeindebund, auf Bundes- wie nun auf Landesebene, als Bundesminister und Ministerpräsident. Wie kaum ein zweiter Spitzenpolitiker der CDU kennt Rüttgers die spezifischen Anforderungen an Regierung und Verwaltung auf den je verschiedenen Ebenen im föderalen System der Bundesrepublik Deutschland.

---

[645] Zitiert nach Markus Decker / Sibylle Quenett: Bergschäden in der CDU, in: *Kölner Stadt-Anzeiger* vom 9. Februar 2007.

Rüttgers weiß, ob im Bundes- oder im Landtag, wie man Mehrheiten organisiert. Als Parlamentarischer Geschäftsführer unter Dregger und Schäuble hat Rüttgers in jungen Jahren schon auf der großen Parlamentsbühne wertvolle Erfahrung gesammelt, zuvor bereits im Kleinen. Seit Jahrzehnten kennt er nunmehr die Verfahrenskniffe und weiß, wie man welches Projekt am schnellsten über die parlamentarischen Hürden bringt – oder eben auch daran scheitern lassen kann. Rüttgers weiß, was politisch „machbar" ist – im Zweifelsfalle auch fraktionsübergreifend – und was nicht. Denn er kennt sie alle: die eigenen Parteifreunde, aus JU-Zeiten teilweise bereits seit Ende der sechziger Jahre – wie auch die Spitzenvertreter der politischen Konkurrenz.

Rüttgers weiß, wie führende SPD-Parlamentarier in Berlin „ticken", schließlich kennt und schätzt man sich zum Teil seit der gemeinsamen Zeit im Bundestag. Er kennt Kurt Beck als Ministerpräsidentenkollegen gut, mit Edmund Stoiber hat Rüttgers über viele Jahre eng und in persönlicher Freundschaft verbunden zusammengearbeitet, ebenso mit Horst Seehofer bereits als Ministerkollegen im letzten Kabinett Kohl, Roland Koch, Christian Wulff und Peter Müller kennt Rüttgers bereits aus JU-Tagen, auch wenn er nicht wie Christian Wulff[646] oder Roland Koch[647] Mitglied des berühmt-berüchtigten „Andenpakts" geworden ist. Jenes legendäre Karrierenetzwerk, das eine Gruppe ambitionierter CDU-Nachwuchspolitiker im Sommer 1979 während einer gemeinsamen Südamerika-Reise unter Führung des damaligen JU-Chefs Matthias Wissmann gegründet hatte und in dem sich die – bis heute knapp 20 – Mitglieder darauf verständigten, einander weder politisch anzugreifen noch gegeneinander zu kandidieren. Rüttgers hat solchen „Pakten" nie angehört, und doch war er – schon zu Bonner Zeiten als PGF – für viele seiner Fraktionskollegen so etwas wie ein „Beichtvater"[648]. Jemand, dessen absolute Verschwiegenheit und Verlässlichkeit man ebenso sehr schätzte wie seine Sachkompetenz. Er war die Eminenz der Unionsfraktion – egal ob „still" oder von manchen als „grau" belächelt –, in jedem Fall effizient

---

[646] Vgl. Christian Wulff: Besser die Wahrheit. Ein Gespräch mit Hugo Müller-Vogg, Hamburg 2007, S. 91 f.
[647] Vgl. Hajo Schumacher: Roland Koch, S. 89 f.
[648] Gespräch mit Staatssekretär a. D. Manfred Speck am 18. Januar 2008.

und erfolgreich. Bis heute haftet ihm dieser Ruf in der Berliner Parteizentrale an der Klingelhöferstraße an. Weniger „nahbar" als andere, weniger charismatisch, dafür jedoch mit großer Erfahrung, mit Gespür, Wissen und taktischem Geschick ausgestattet – mit Eigenschaften also, die letztendlich entscheidend sind. Kein „Rodeomann"[649] wie Roland Koch, sondern eher sportlich-allegorisch, ein „Mountainbikefahrer", der beharrlich, mit Ausdauer, in zahlreichen Gängen, mit taktischem Gespür und gründlichem Training die Steigung nimmt, um zunächst aus dem tiefen Tal einer oppositionsgebeutelten NRW-CDU heraus- und schließlich auf dem Gipfel der Macht anzukommen.

Rüttgers ist sich bewusst, dass er in der Öffentlichkeit womöglich nie den Beliebtheitsgrad von Christian Wulff, des anderen Kronprinzen der Partei, erlangen wird, doch weiß er auch, dass der niedersächsische CDU-Landesverband im Vergleich zum nordrhein-westfälischen kleiner und damit auf Bundesebene weniger einflussreich ist. Jürgen Rüttgers weiß auch, dass ihm in der Öffentlichkeit keineswegs ein so klares Profil anhaftet wie dem Hessen Roland Koch, doch Rüttgers bemerkt, dass dieses klare Profil erheblich polarisiert – „verehrt und verachtet" – und es demnach fraglich wäre, ob Roland Koch eine klare Mehrheit hinter sich hätte vereinen können, innerparteilich wie bundespolitisch, wäre die Landtagswahl in Hessen Anfang 2008 für Koch erfolgreich verlaufen. Doch mit einem Minus von zwölf Prozentpunkten im Vergleich zur letzten Wahl wird Koch bis auf Weiteres nicht zur Riege der „Kronprinzen" innerhalb der CDU gezählt.

Bleiben also noch Wulff und Rüttgers übrig, die sich – vermutlich ungeachtet der öffentlich geäußerten Selbstzweifel des Erstgenannten[650] – wappnen für ein „Fernduell um die Vorherrschaft am Tag X"[651]. Jene beiden Landeschefs, denen der Göttinger Parteienforscher Franz Walter

---

[649] Vgl. Matthias Bartsch u.a.: Die Schlacht am Main. Dramatische Schlussphase im hessischen Landtagswahlkampf, in: *Der Spiegel* (4) 2008.
[650] „Kanzler trau ich mir nicht zu!" Christian Wulff im Gespräch, in: *Der Stern* (30) 2008. Vgl. dazu Severin Weiland: Wulff versucht Finte im CDU-Machtkampf, in: www.spiegel.de vom 16. Juli 2008.
[651] Ralf Neukirch: Das Gegenmodell. Wie Christian Wulff der nächste CDU-Vorsitzende werden will, in: *Der Spiegel* (17) 2008.

attestiert, vorausschauend „der sozialstaatlichen, konsensgesellschaftlichen Leitmentalität" der Deutschen ihre Referenz erwiesen und den jeweiligen sozialdemokratischen Gegnern in Niedersachsen und NRW „gezielt und raffiniert" die Themen weggenommen zu haben.[652] Was beide Landeschefs dabei auffallend unterscheidet: Bleibt sich Rüttgers seither thematisch und strategisch treu, schlägt Wulff nach gewonnener Landtagswahl Anfang 2008 nunmehr liberale Töne an und bringt „viele Positionen" des Leipziger Parteitags in die Debatte um das Wahl- und Regierungsprogramm der CDU für die Bundestagwahl 2009 ein.[653]

Kronprinzenspekulationen hin oder her, jeder weiß, dass Angela Merkel zurzeit die unbestrittene „Nummer 1" in der Partei ist. Der Bundesparteitag in Stuttgart Anfang Dezember 2008 hat dies erneut gezeigt. Sie bleibt so lange die unbestrittene Vorsitzende, wie sie es schafft, die CDU als stärkste Kraft an der Regierung auf Bundesebene zu halten. Sobald sie daran scheitert, wäre ihr CDU-Vorsitz akut gefährdet und die Führungsdebatte würde beginnen. Entgegen mancher Medienberichterstattung, die für diesen Eventualfall immer wieder Wulff als Favoriten nennt, hätte Jürgen Rüttgers aussichtsreiche Chancen – wenn nicht selbst an die Parteispitze zu treten, so doch zumindest die Rolle des „Königmachers" zu bekleiden.

Nicht nur, weil er dem Landesverband mit den meisten Delegierten vorsteht, den es auf einem CDU-Parteitag gibt: Ein Drittel aller Delegierten des Bundesparteitags kommen aus NRW. Jenseits dieses arithmetischen Machtfaktors verfügt Rüttgers über ein Pfund, mit dem er wuchern kann: Er kennt die Seele der CDU, er steht dort, wo er immer programmatisch stand, in der „Mitte", neigt keinem der Parteiflügel zu, mimte nicht, wie Koch, über Jahre hinweg den „konservativen Problemlöser" mit der „klaren Kante" nach dem Motto „besser, härter"[654],

---

[652] Franz Walter: Wozu noch CDU? Trotz beachtlicher Erfolge auch bei den jüngsten Wahlen kann sich die Union nicht in Sicherheit wiegen, in: *Frankfurter Allgemeine Zeitung* vom 26. Februar 2008.
[653] Vgl. „Die SPD muss Ypsilanti stoppen." Fragen an Ministerpräsident Christian Wulff, in: *Cicero* (10) 2008.
[654] Vgl. Hajo Schumacher: Roland Koch, S. 11.

sondern positionierte sich „liberaler und sozialer"[655], eben in der Mitte.

Hierbei wirkt Rüttgers, auch wenn er sich nicht offensiv gegen die programmatische Neuausrichtung von „Leipzig" stellte, authentischer als „Angela Mitte"[656], wie die Parteivorsitzende ironisch-spöttisch von jenen genannt wird, die sich nur zu gut an Merkels „markante Weichenstellungen"[657] von Leipzig erinnern. Klar ist, „Leipzig" war Merkels Idee, nicht die ihres Stellvertreters. Dieser wiederum, seit Anfang der Neunziger für ein Jahrzehnt „im mächtigen Schatten des ewigen Kanzlers"[658], vermag weitaus eher als Angela Merkel die Traditionsbestände der „Kohl-Ära", die keineswegs bedeutungslos geworden sind, emotional wie rational zu fassen und zu erkennen, wie diese den neuen gesellschaftlichen und ökonomischen Bedingungen des 21. Jahrhunderts anzupassen sind.

Dass ein erheblicher Teil der klassischen CDU-Wählerschaft „nie eine Passion für schneidige Ermahnungen zur Eigenverantwortung bei Gesundheit und Rente" hatte, sondern weit eher einen „fürsorgenden, sich kümmernden Staat"[659] favorisierte, war Rüttgers immer klar. Unter dem Schlagwort der „neuen Sicherheit" versucht Rüttgers in NRW dieser Disposition der Wählerschaft politisch Rechnung zu tragen, ohne dabei die Notwendigkeit von Reformpolitik zu bestreiten. Ein Mittelweg also, der nun auch programmatisch im neuen Grundsatzprogramm der CDU formuliert worden ist.

„Junge, Alte, Konservative, Progressive – die meisten schwelgen geradezu in öffentlich zelebrierter Zufriedenheit. So viel Merkel war nie.

---

[655] Vgl. Warnfried Dettling: Der neue Zeitgeist: Konservativismus light, in: *Die Zeit* (21) 2005.
[656] Zitiert nach Wolfram Weimer: Weniger Mitte. Bitte!, in: *Cicero* (1) 2008.
[657] Vgl. Wolfgang Stock: Angela Merkel. Eine politische Biographie, 2. Aufl., München 2005, S. 11.
[658] Jürgen Leinemann: Höhenrausch. Die wirklichkeitsleere Welt der Politiker, 4. Aufl., München 2004, S. 325.
[659] Vgl. Franz Walter: Wozu noch CDU?, in: *Frankfurter Allgemeine Zeitung* vom 26. Februar 2008.

Und: So viel Hochgefühl war selten in der Union"[660] – die Diagnose des *Focus* im Lichte des Hannoveraner Parteitags mag auf den ersten Blick zutreffen. Doch blickt man genauer hin, so erkennt man, dass sich der Tenor des Programms auffällig unterscheidet von jenen Grundsätzen, mit denen Angela Merkel bei der letzten Wahl angetreten ist. Merkels Motto „Im Zweifelsfalle für die Freiheit"[661], gespiegelt in den Beschlüssen von Leipzig, wurde erheblich modifiziert durch die Hinzufügung der „Sicherheit", eben jenes Begriffs, den Merkels Parteifreund Rüttgers bereits zu einem Zeitpunkt akzentuierte, zu dem das Berliner Konrad-Adenauer-Haus dies als Profilneurose des NRW-Landeschefs abzutun geneigt war.

Herausgekommen ist ein Programm, das alle Schichten ansprechen und einfangen will, ein Programm „für alle" *(taz)*, in dem die Merkel-CDU der vergangenen Jahre „nicht wiederzuerkennen" ist: „Zum ersten Mal seit 1996", so kommentiert die *FAZ* das in Hannover beschlossene Programm, „erweckt die CDU mit einem Angebot an einen Großteil der Wähler jetzt glaubhaft den Eindruck, Bundestagswahlen wieder gewinnen zu wollen."[662] Der Einfluss aus Düsseldorf auf die Formulierung des neuen Grundsatzprogramms jedenfalls war, auch über die Präambel hinaus, die Rüttgers persönlich mitformuliert hat, nicht gering. Der Einfluss aus Düsseldorf auf die Ausrichtung des Bundestagswahlkampfs 2009 wird ebenfalls nicht gering sein. Rüttgers, ein „Anti-Merkel"?

Nein. Bei allen biografischen Unterschieden und womöglich strategisch-inhaltlich abweichenden Vorstellungen haben Jürgen Rüttgers und Angela Merkel doch manches gemeinsam. Wenn Merkel-Biograf Gerd Langguth die Kanzlerin in Abgrenzung zu Helmut Kohl und Gerhard Schröder als „Problemlöserin" porträtiert, als Pflichtmenschen, der preußisch-protestantisch-diszipliniert, unideologisch und sachorientiert handelt,[663] so lässt sich dieses Porträt nahezu identisch auf Jürgen

---

[660] Margarete von Ackeren: CDU auf Wolke sieben. So viel Merkel war nie, so viel Hochgefühl war selten, in: *Focus* (49) 2007.
[661] Vgl. Gerd Langguth: Angela Merkel, S. 317.
[662] Georg Paul Hefty: Zum Siegen entschlossen, in: *Frankfurter Allgemeine Zeitung* vom 5. Dezember 2007.
[663] Vgl. Gerd Langguth: Angela Merkel. Aufstieg zur Macht, aktualisierte und erweiterte Neuausgabe, München 2007, S. 430.

CDU-Größen unter sich: Angela Merkel und Jürgen Rüttgers

Rüttgers übertragen – mit dem kleinen, im Rheinland aber feinen Unterschied, dass Rüttgers nicht Protestant, sondern Katholik (wenn auch à la Max Weber mit protestantischer Arbeitsethik) ist.

Auch Rüttgers hat Ehrgeiz und Ausdauer beim Lösen komplizierter Probleme, wie sein Ringen um die Zukunft der Westdeutschen Landesbank[664] exemplarisch zeigt; auch Rüttgers geht stets unideologisch und sachorientiert an konkrete Fragen und Probleme heran; was jedoch nicht heißt, dass er keine politischen Grundüberzeugungen hätte. Doch nicht immer kommt diese fundamentale Ebene im politischen Tagesgeschäft zum Tragen. Was dann zählt, sind alleine Fakten, Zahlen, Kosten, Konsequenzen – nicht Grundsatzpositionen.

---

[664] Rüttgers: Hilfe für West LB anrechnen, in: *Kölner Stadt-Anzeiger* vom 16. Oktober 2008.

Rüttgers und Merkel schätzen die Professionalität, die schnelle Auffassungsgabe des jeweils anderen, nicht zuletzt auch den ausgeprägten Machtinstinkt. Wenn Merkel jedoch als „Theoreme bildende, planende Naturwissenschaftlerin"[665], als „Physikerin" der Macht gezeichnet wird, die ihre Partei nicht „liebe", sondern deshalb schätze, „weil sie ihr Instrument ist"[666], so wird damit wiederum ein wesentlicher Unterschied zwischen den beiden Spitzenrepräsentanten der CDU benannt. Denn für Rüttgers ist seine Partei weit mehr als ein Instrument in einem physikalischen Experimentierkasten der Macht. Eine Vorstellung der CDU als eines Gebildes mit drei „Flügeln", wie sie Merkel hinter vorgehaltener Hand zugeschrieben wird (Koch sozusagen der Vertreter des konservativen Flügels, Wulff der des liberalen und Rüttgers der des sozialen Flügels, wobei alle drei als „Flügelmänner" ständig in gegenseitiger Rivalität gefangen sind und damit keine machtpolitische Gefahr für die über ihnen schwebende Vorsitzende darstellen) ist Rüttgers gänzlich fremd.

Die CDU ist ihm weder „Instrument" noch flugunfähiges „Dreiflügelobjekt", wie es mit einer Parteivorsitzenden assoziiert wird, deren hohe Popularitätswerte „in scharfem Kontrast zur Depression der Partei"[667] stehen. Vielmehr: Die jahrzehntelange Einbindung in ein personales Beziehungsgeflecht von unterschiedlichsten Gliederungen und Gremien hat bei Rüttgers, dem distanzierten, abwägenden Kopfmenschen, unzweifelhaft eine emotionale Bindung entstehen lassen, die ihn seine Partei als eine Art „Familie"[668] begreifen lässt.

Diese „Familie", die Rüttgers auch selbst so bezeichnet, unterscheidet sich für ihn von anderen dadurch, dass sie sehr klare Grundüberzeugungen hat und für diese, den wandelnden Bedingungen Rechnung tragend, einsteht. So gehört für Rüttgers das christliche, das soziale und das bürgerliche Moment zum Wesenskern seiner Partei, die sich über viele

---

[665] Wolfgang Stock: Angela Merkel, S. 12.
[666] Vgl. Gerd Langguth: Angela Merkel. Aufstieg zur Macht, S. 430.
[667] Vgl. Hans-Ulrich Jörges: Schwebend: Angela Wolke, in: *Stern* (26) 2008.
[668] Vgl. Jürgen Rüttgers: Die CDU ist sich treu geblieben, in: *Die Welt* vom 3. Dezember 2007.

Jahrzehnte hinweg mehr als Sammlungsbewegung, als Union, denn als klassische Partei verstand. „In ihr fanden Katholiken, Protestanten, Mittelständler, Arbeiter, Bauern, Norddeutsche wie Süddeutsche, Christlich-Soziale, Deutschnationale wie Liberale eine politische Heimat – fest zusammengehalten durch einen alles überwölbenden Antikommunismus und durch programmatische Unschärfe, nicht jedenfalls durch eine Vision von einer ‚neuen' Gesellschaft. Insbesondere auf das katholische Milieu konnte sich die CDU viele Jahre verlassen. Im Gegensatz zur Sozialdemokratie verstand sich die CDU als eine stark ‚mittelständisch' geprägte Partei und zugleich als ‚bürgerlich' mit Werten wie persönliche Tüchtigkeit, Zuverlässigkeit, Disziplin, Verantwortung, Gesetzestreue, ‚Staatsernst' im Sinne Dolf Sternbergers."[669]

Diese Union, die über zweieinhalb Jahrzehnte durch Helmut Kohl, den Modernisierer der Adenauer-CDU, personifiziert wurde, hat Jürgen Rüttgers von klein auf geprägt – ideell, personell, strukturell. Er steht in dieser Tradition mittendrin und ist doch zugleich als Vordenker auch weiter, indem er genau weiß, dass die heutige Zeit – Stichwort: Globalisierung, Gentechnologie, Bioethik – veränderte sicherheitspolitische Herausforderungen, neue Antworten erfordert.

Rüttgers weiß, dass seine Partei keinem falschen Traditionalismus verpflichtet und doch ebenso wenig auf den flüchtigen Zeitgeist fixiert sein darf. Bei allem Reformbedarf, den er sieht und dem er – schon in seinen verschiedensten Parteiämtern und nicht zuletzt als „Zukunftsminister" – politisch zu begegnen trachtet, ist Rüttgers doch stets bemüht, die konkreten politischen Maßnahmen in einen größeren ordnungspolitischen Rahmen einzubetten und dabei auch die „Seele" der Partei zu berücksichtigen. Jene „Entwurflosigkeit", die Angela Merkels' Herangehensweise an Politik nachgesagt wird, ihr Politikstil von „Versuch und Irrtum"[670], ist Rüttgers' Sache nicht. Seine zahlreichen Bücher bezeugen, wie wichtig es ihm ist, aktuelle Fragen und Problemlagen immer wieder in größere politische, historische und ideelle Zusammenhänge zu stellen.

---

[669] Gerd Langguth: Angela Merkel, S. 319.
[670] Ebd., S. 304.

Schreibt so mancher der Parteivorsitzenden „politische Wurzellosigkeit"[671] zu, so kontrastiert diese mit Rüttgers' Verwurzelung in der rheinischen CDU. Dabei sollte man jedoch nicht übersehen, dass Rüttgers seinen Landesverband behutsam, aber bestimmt, strukturell reformiert und inhaltlich modernisiert hat – dies durchaus in stillschweigender Übereinstimmung mit Merkel. Gleichwohl ist Merkels Pathos der Modernität, die zugleich bei ihr immer auch Individualität meint, Rüttgers, dem Familienmenschen, dem das klassische Familienbild durchaus „modern" erscheint, fremd. Ähnlich fremd womöglich, wie Merkel die „bürgerliche", westdeutsche CDU zu sein scheint.[672] So holzschnittartig und unzulänglich das Gegensatzpaar „ostdeutsch-protestantisch" – „westdeutsch-katholisch" auch sein mag, ein Kern der Wesensverschiedenheit von Merkel und Rüttgers wird damit doch berührt.

Die promovierte Physikerin aus Brandenburg und der promovierte Jurist sowie leidenschaftliche Historiker aus dem Rheinland – sie repräsentieren letztlich, auf den Punkt gebracht, doch zwei unterschiedliche Vorstellungen von einer modernen CDU: Auf der einen Seite Merkel mit ihrer Betonung von Individualismus und Freiheit eher eine liberalisierte CDU, die sich von „klassischen christdemokratischen Grundsätzen"[673] löst, ohne dabei, wie Franz Walter kritisch anmerkt, in der Lage zu sein, „einer genuin christdemokratischen Interpretation des gesellschaftlichen Handlungsbedarfs den Weg zu bahnen"[674]; auf der anderen Seite Rüttgers mit seiner Akzentuierung des sozialen Moments der Ordnungspolitik eher eine CDU, die sich in der Tradition der katholischen Soziallehre den klassischen christdemokratischen Grundsätzen verpflichtet weiß. Hier steht Rüttgers Kohl nahe, nicht Merkel, auch wenn Rüttgers Individualismus und Freiheit als politische Schlüsselbegriffe genauso für sich reklamiert wie Merkel.

---

[671] Gerd Langguth: Angela Merkel. Aufstieg zur Macht, S. 430.
[672] Gerd Langguth: Angela Merkel, S. 318.
[673] Vgl. Gerd Langguth: Angela Merkel, S. 321.
[674] Franz Walter: Baustelle Deutschland. Politik ohne Lagerbindung, Frankfurt a. M. 2008, S. 181.

Rüttgers, Merkel und Kohl: Was beide, Merkel wie Rüttgers, mit Helmut Kohl eint, ist ihr unbedingter Wille zur Macht, ihr starkes Misstrauen[675] sowie die Neigung, nur einem kleinen Kreis enger Mitarbeiter wirklich zu vertrauen. Zählten bei Kohl vor allem dessen Büroleiterin Juliane Weber, der Staatsminister im Bundeskanzleramt, Anton Pfeifer, Eduard Ackermann, Wolfgang Bergsdorf und, bis zu dessen Ausscheiden, Horst Teltschik dazu,[676] so vertraut Angela Merkel in ganz besonderer Weise ihrem „Girlscamp"[677]: der Büroleiterin Beate Baumann[678] sowie ihrer Medienberaterin Eva Christiansen. Merkels Vertrauen genießen ebenfalls CDU-Generalsekretär Ronald Pofalla sowie Regierungssprecher Jürgen Wilhelm.[679]

Ähnlich wie Angela Merkel verfügt auch Jürgen Rüttgers über ein Netzwerk von Vertrauten und Beratern, das in mehreren konzentrischen Kreisen um ihn herum angelegt ist und auf das er sich in seiner politischen Arbeit stützt. Wichtigster Vertrauter von Rüttgers ist Boris Berger, Abteilungsleiter der Politischen Planung in der Staatskanzlei, mit dem Rüttgers alle wichtigen politischen Fragen bespricht und abstimmt. Von besonderer Bedeutung neben Berger ist Karsten Beneke, der Chef der Staatskanzlei. Berger als durchsetzungsstarker Strategiechef mit großem Netzwerk und Beneke als systematischer Chefkoordinator der Regierungspolitik halten Rüttgers in der Tagespolitik den Rücken frei und bereiten seine landes- und bundespolitischen Vorstöße vor. Sie sind sein politisches Frühwarnsystem, Vorformulierer und Vollstrecker wesentlicher politischer Projekte und die personalen Anknüpfungspunkte für Rüttgers' Netzwerke in Politik und Wirtschaft. Zusammen mit Axel Emenet, Rüttgers' Büroleiter und Andreas Krautscheid, dem früheren Regierungssprecher und heutigen Minister für Bundesangelegenheiten, Europa und Medien, sind sie der Nukleus des „Systems Rüttgers".

---

[675] Vgl. ebd.: Merkel und der Alt-Kanzler – ein Vergleich, S. 272 ff.
[676] Vgl. Helmut Kohl: Erinnerungen 1992–1990, München 2005, S. 46 ff.; vgl. Helmut Kohl: Erinnerungen 1990–1994, München 2007, S. 243.
[677] Vgl. Gerd Langguth: Angela Merkel. Aufstieg zur Macht, S. 300.
[678] Vgl. Martina Fiez: Merkels Baumann, in: *Cicero* (12) 2004.
[679] Vgl. Ansgar Graw: Die Rückkehr der Merkel-Flüsterin, in: *Die Welt* vom 15. Mai 2007.

Dieses System ermöglicht es Rüttgers, im Vorfeld von Entscheidungen „vorfühlen zu lassen", Stimmungen einzufangen und Mehrheiten zu organisieren, ohne dass Rüttgers selbst frühzeitig in Erscheinung treten muss. Erst am Ende eines solchen Prozesses tritt Rüttgers öffentlich wahrnehmbar in Erscheinung und macht die jeweilige Entscheidung bzw. die Realisierung eines bestimmten Projektes zur „Chefsache" – auch dies eine Machttechnik, die Rüttgers bei seinem Ziehvater Helmut Kohl gelernt hat.

Nach anfänglichen Schwierigkeiten im Zuge der Regierungsübernahme, die sich durch Personalwechsel schnell auflösten, arbeitet das „System Rüttgers" sehr zielstrebig an der Absicherung und Ausdehnung der Machtstellung von Jürgen Rüttgers. Zum engen Beraterkreis des Ministerpräsidenten gehören heute nach wie vor die langjährigen Vertrauten Michael Thielen[680] sowie Helmut Stahl, der Vorsitzende der CDU-Landtagsfraktion. Auch diese beiden Vertrauten werden immer wieder zur Abstimmung tagesaktueller, aber auch langfristiger Projekte von Rüttgers eingebunden. Es zeigt sich auch hier ein Charakteristikum des Machtpolitikers Jürgen Rüttgers deutlich: Er umgibt sich mit Leuten, deren Loyalität und Kompetenz durch mehrere Stationen und über Jahre unter Beweis gestellt ist und setzt diese bei seinem eigenen Aufstieg immer wieder zielgerichtet in zentrale Funktionen ein. So ist Rüttgers heute über sein enges Umfeld auf allen Ebenen der Landes- und Bundespolitik vertreten, eng vernetzt und jederzeit bestens informiert. Dabei haben sich Rüttgers und sein Umfeld als erstaunlich durchsetzungsstark und lernfähig erwiesen und dem NRW-Ministerpräsidenten und Vorsitzenden des größten CDU-Landesverbandes innerhalb von drei Jahren einen beachtlichen Machtzuwachs eingebracht. Bevorzugtes Vernetzungsinstrument des Machtpolitikers Rüttgers ist nicht, wie bei Merkel, die SMS oder die E-Mail, sondern das kurze persönliche oder telefonische Gespräch mit seinen Vertrauten, nicht zuletzt die kurze schriftliche Notiz – mit Vorliebe auch auf Zeitungsartikeln, Quittungen oder Flugtickets.

---

[680] Generalsekretär der Konrad-Adenauer-Stiftung und vormals Staatssekretär im Bundesforschungsministerium.

Ob „System Rüttgers" oder „Girlscamp" um Merkel – beide, Rüttgers wie Merkel, folgten nach ihrem jeweiligen Amtsantritt, der eine als Ministerpräsident, die andere als Bundeskanzlerin, also sehr schnell dem Vorbild des Kohlschen „Küchenkabinetts"[681], in dem der „Alte" sich mit engsten Vertrauten regelmäßig zu strategisch-konzeptionellen Beratungen traf.

Was die Machtpolitiker Rüttgers und Merkel unterscheidet, ist – kaum verwunderlich – ihr Verhältnis zu Helmut Kohl. In der Form, wie sich Angela Merkel in ihrem Zeitungsartikel im Dezember 1999 von ihrem politischen Ziehvater lossagte, wäre Rüttgers niemals mit Kohl umgegangen, auch wenn er, ebenso wie Merkel, Kohls Verhalten in der Spendenaffäre als Fehler ansah. Doch Kohl war für Rüttgers eben auch „Familie", für Angela Merkel war Kohl Ende 1999 dagegen wenig mehr als ein politisches „Störpotenzial".[682] Fast ein Jahrzehnt später liegen die Dinge anders. Heute hält es auch Angela Merkel wieder für opportun, sich mit Kohl zu zeigen bzw. den Vorschlag des EU-Kommissionspräsidenten Barroso, Helmut Kohl den Friedensnobelpreis zu verleihen, zu „begrüßen"[683] – ein Vorschlag, der in Rüttgers' Landesverband auf helle Zustimmung stieß und den Rüttgers selbst mit den Worten kommentierte: „Kaum jemand sonst hat ihn so verdient wie er."[684] Merkel, Rüttgers, Kohl – Jürgen Rüttgers bildet im gewissen Sinne das Scharnier zwischen Neu und Alt, Modernisierung und Tradition innerhalb der CDU. Mehr noch als Wulff, der als „junger Wilder" auch öffentlich hin und wieder gegen Helmut Kohl als amtierenden Kanzler gewettert hatte.[685]

Sollte Rüttgers noch einmal vor die Wahl gestellt werden, die Gesamtpartei zu führen, so würde er im Unterschied zum Jahr 2000 wohl keine Sekunde zögern, die Verantwortung zu übernehmen. Ebenso wenig, wenn

---

[681] Vgl. „Ein System Kohl"? Die Union als Regierungspartei, in: Andreas Wirsching: Abschied vom Provisorium, München 2006, S. 171–199, S. 178 ff.
[682] Vgl. Gerd Langguth: Angela Merkel, S. 276.
[683] Vgl. Er hat diese Auszeichnung verdient. Kohl und der Friedensnobelpreis, in: www.sueddeutsche.de vom 5. April 2007.
[684] Zitiert nach: Rüttgers: „Kohl verdient Friedensnobelpreis", in: *Rheinische Post* vom 7. Mai 2007.
[685] Vgl. Christian Wulff: Besser die Wahrheit. Ein Gespräch mit Hugo Müller-Vogg, Hamburg 2007, S. 104.

es darum ginge, im Kanzleramt die politische Richtlinienkompetenz auszuüben. Doch *respice finem!* – Jürgen Rüttgers ist klug und erfahren genug, derartige Aspirationen als unnötige Spekulationen zurückzuweisen. Er weiß, dass derjenige, über den allzu viel und allzu früh spekuliert wird, Gefahr läuft, politisch „verbrannt" zu sein, wenn es ernst wird. Insofern mögen ihm die medialen Wulff-Elogen gar nicht unwillkommen sein. Umgekehrt scheint es ihm ganz recht zu sein, nicht dauernd als der lauernde Merkel-Erbe porträtiert zu werden, der am Thron der Regentin sägt. Zumal seine Partei „Königs-" bzw. „Königinnenmörder" gar nicht mag. Rüttgers kann es also ganz gelassen ertragen, im Vergleich zu Angela Merkel von manchen Medien als „graue Maus" wahrgenommen zu werden. Dies umso mehr, als in der CDU, wie der *Spiegel* argwöhnt, für die Merkel-Stellvertreter striktes „Funkelverbot" herrsche.[686] Rüttgers' Devise heißt Abwarten, 2010 erneut die Wahl in NRW gewinnen und weiterhin Themen besetzen, siehe Hartz IV oder Altersarmut. Zur Not auch auf die Gefahr hin, in einer Sachfrage zeitweilig in der CDU-Führung isoliert[687] und wenig später mit Applaus[688] bedacht zu werden.

Wer weiß schon in einer Phase, in der das Parteiensystem einem grundlegenden Wandel unterworfen scheint und sich ganz neue Koalitionsoptionen herauskristallisieren,[689] wie die Machtkonstellation nach der Bundestagswahl 2009 aussehen wird. Die Fassade der Harmonie zwischen Merkel, Rüttgers, Wulff, und, ja, selbst Kohl, bleibt bis auf Weiteres erhalten, wird nicht einstürzen.[690] Weitere Risse – über die bereits derzeit erkennbaren hinaus – sind allerdings nicht ausgeschlossen.[691]

---

[686] Vgl. Markus Feldenkirchen: Merkels Magerquark, in: *Der Spiegel* (39) 2008.
[687] Vgl. Rüttgers im CDU-Präsidium isoliert. Kritik am Rentenvorstoß aus Düsseldorf, in: *Frankfurter Allgemeine Zeitung* vom 29. April 2008.
[688] Vgl. Applaus für Rüttgers. Rentenkompromiss der CDU. Altersversorgung oberhalb der Armutsgrenze, in: *Frankfurter Allgemeine Zeitung* vom 6. Mai 2008.
[689] Vgl. Franz Walter: Baustelle Deutschland. Politik ohne Lagerbindung, Frankfurt a. M. 2008, S. 237 ff.
[690] Vgl. Margarete van Ackeren u.a.: Kämpfen, kuscheln, kuschen. Jürgen Rüttgers übertölpelte die Kanzlerin mit einem Plan gegen Altersarmut. Doch keiner weiß, wer's bezahlt. Die Fassade schwarzer Harmonie bröckelt, in: *Focus* (18) 2008.
[691] Vgl. Detlev Hüwel: Rüttgers stichelt gegen Merkel. Auf dem Landesparteitag in Dortmund warb der NRW-CDU-Chef um die Stimmen der angestammten SPD-Wähler, in: *Rheinische Post* vom 16. Juni 2008.

Brüssel

Die Überraschung war groß. Manch einer schreckte auf. Nicht in Brüssel, sondern in Berlin. Dabei war das Signal nicht unbeabsichtigt und Rüttgers zufrieden. Nein, ein Austritt Nordrhein-Westfalens aus der Bundesrepublik Deutschland sei nicht geplant, ließ der Landeschef seinen neuen Europaminister Andreas Krautscheid verbreiten.

Doch die „Düsseldorfer Erklärung" hatte es in sich. Im Mai 2007 nahm die CDU-Landtagsfraktion in enger Abstimmung mit Rüttgers eine „um Nordrhein-Westfalen erweiterte Benelux-Union" in den Blick, um damit weitere „Potenziale, Perspektiven und Wege der europäischen Zusammenarbeit" ausloten zu können[692] – eine politische Bombe, die ihre Wirkung nicht verfehlte. Die Botschaft: NRW orientiert sich nach Westen, macht mit „Kerneuropa" ernst, über Staatsgrenzen hinweg. „Maastricht", so kommentierte mancher Düsseldorfer CDU-Abgeordnete die Stoßrichtung der Erklärung, liege nun einmal für die Menschen in NRW näher als Passau. Erste Pressevertreter begannen unter dem Eindruck der CDU-Pläne bereits das Grundgesetz unter dem Gesichtspunkt von separatistischen Tendenzen zu studieren und förderten in Artikel 37 Normierungen des „Bundeszwangs" zutage, der in dem Fall greift, wenn ein Bundesland seine ihm obliegende Bundespflicht nicht erfüllt.[693] Dann, so heißt es im Text des bislang nie zur Anwendung gekommenen Artikels, könne die Bundesregierung mit

---

[692] Vgl. CDU-Landtagsfraktion NRW: Neue Vitalität für eine europäische Kernregion – Partnerschaft NRW-Benelux vertiefen. Düsseldorfer Erklärung der CDU-Fraktion im nordrhein-westfälischen Landtag vom Mai 2007.
[693] Vgl. Günter Bannas: Ein Austritt aus der Bundesrepublik ist nicht geplant. Nordrhein-Westfalen orientiert sich immer stärker an den westlichen Nachbarstaaten, in: *Frankfurter Allgemeine Zeitung* vom 22. Oktober 2007.

Zustimmung des Bundesrates die „notwendigen Maßnahmen treffen, um das Land im Wege des Bundeszwanges zur Erfüllung seiner Pflichten anzuhalten".

Von nordrhein-westfälischen Sezessionsbestrebungen kann allerdings keine Rede sein. Von Rüttgers' Wunsch nach einer „europäischen Avantgarde" aber durchaus. Von dem Ziel einer „privilegierten Partnerschaft" Nordrhein-Westfalens mit Benelux ebenso. Denn eine solche Partnerschaft – Herzstück der neuen „Düsseldorfer Außenpolitik"[694] –, die über die bisherige Zusammenarbeit mit den westlichen Nachbarregionen im Rahmen von Euregio bzw. der Europäischen Territorialen Zusammenarbeit (INTERREG) hinausginge, schwebt Jürgen Rüttgers vor.[695] NRW soll, so Rüttgers' Vorstellungen, zur „europapolitischen Avantgarde", zu der sich Belgien, die Niederlande und Luxemburg bereits vor fünf Jahrzehnten in ihrem Benelux-Vertrag zusammenschlossen, hinzustoßen – wenn schon nicht als formales Mitglied, so doch mittels einer Öffnungsklausel in einer für 2010 geplanten Neuauflage des Vertrags, in der ein Sonderstatus für NRW vorgesehen sein könnte. „Zwischen der Ausweisung von Fahrradwegen und dem Beitritt zum UN-Sicherheitsrat müssen wir uns irgendwo in der Mitte bewegen"[696], kommentiert die Düsseldorfer Staatskanzlei das Kooperationsziel, das NRW in den Bereichen Bildung, Forschung, Technologie und Wissenschaft, Infrastruktur- und Verkehrspolitik, Wirtschaftsaustausch, innere Sicherheit und Umweltschutz mit den Nachbarstaaten anstrebt. Denn nur zu gut kennt man die Herausforderungen, die sich in den zurückliegenden Jahrzehnten bei grenzüberschreitenden Kooperationen Tag für Tag ergaben, bis hin zu so banalen Problemen wie des Telefonanschlusses der Euregio-Geschäftsstelle – ein Problem, das erst nach einer Intervention von Königin Beatrix der Niederlande durch einen deutsch-niederländischen Staatsvertrag gelöst werden konnte.[697]

---

[694] Andreas Grosse Halbuer: Neuer Schub: Die Wirtschaft in Nordrhein-Westfalen brummt, das Land wird zur Drehscheibe der Globalisierung, in: *Wirtschaftswoche* (23) 2008.
[695] Vgl. Peter Schilder: Die Feinstaub-Grenze überwinden. Abgeordnete aus Benelux-Staaten im Düsseldorfer Landtag, in: *Frankfurter Allgemeine Zeitung* vom 7. Juni 2008.
[696] Zitiert nach Johannes Nitschmann: Schulterschluss mit Benelux. NRW strebt enge Partnerschaft mit Nachbarstaaten an, in: www.wdr.de
[697] Vom Rand in die Mitte: Grenzregion Euregio wird 50, in: www.mv-online.de

Derartige, aber auch ernsthafte Probleme wie jene, dass Funk und Schläuche der deutschen und niederländischen Feuerwehr nicht zusammenpassen, was die Brandkatastrophe in Enschede zutage brachte, sollen für Rüttgers künftig nur noch der Vergangenheit angehören. Deshalb kämpft der Regierungschef für eine „Öffnungsklausel im Benelux-Vertrag für Sonderkooperationsformen mit Dritten", sprich NRW. Von ernsthaften „Sezessionsplänen" also keine Rede. Dafür aber von einer Zusammenarbeit „unterhalb der Mitgliedschaftsschwelle", die „deutlich über das hinausgeht, was man bisher macht"[698]. Unterstützung erfährt Rüttgers bei diesem ambitionierten Plan nicht nur von Jean-Claude Juncker, dem luxemburgischen Premierminister, der eine „Brücke nach Nordrhein-Westfalen" fordert, die „mehr" sein müsse „als eine privilegierte Partnerschaft". Auch die Regierungschefs von Belgien und den Niederlanden unterstützen den Rüttgers-Plan mit Nachdruck.

Die „Brücke", „privilegierte Partnerschaft", die „Avantgarde" oder das „Gravitationszentrum" Europa, daran besteht kein Zweifel, liegen Jürgen Rüttgers am Herzen. Ähnlich wie Karl Lamers, dem langjährigen außenpolitischen Sprecher der CDU-Bundestagsfraktion und früheren Vizepräsidenten der Europäischen Volkspartei, den Rüttgers bereits seit JU-Zeiten kennt. Lamers, neben Wolfgang Schäuble der Vater der „Kerneuropa-Idee", weiß, wie Rüttgers „tickt" und steht ihm bei europa- und außenpolitischen Fragen mit Rat, Expertise und, wenn nötig, mit Widerspruch zur Seite. Rüttgers schätzt Lamers' große außenpolitische Erfahrung, Lamers wiederum Rüttgers' Begeisterung für die europäische Idee;[699] eine Begeisterung, die in den Erfahrungen seiner Jugendzeit wurzelt – beispielsweise in den Frankreich-Aufenthalten als Schüler und Pfadfinder – und weit über das hinausgeht, was von einem nordrhein-westfälischen Ministerpräsidenten qua Amt erwartet wird.

Tatsächlich begriffen alle Ministerpräsidenten auch vor Rüttgers, egal ob Rau, Clement oder Steinbrück, NRW als „europäische Kernregion im

---

[698] Andreas Krautscheid, zitiert nach: Ein Austritt aus der Bundesrepublik ist nicht vorgesehen. Wie Nordrhein-Westfalen mit den Benelux-Nachbarn anbändelt, in: www.dradio.de vom 7. Januar 2008.
[699] Gespräch mit Karl Lamers am 1. April 2008.

Herzen der Europäischen Union" und suchten eine enge ökonomische, technologische und kulturelle Kooperation mit den angrenzenden Regionen und Nachbarländern. Die „Düsseldorfer Erklärung" im Ohr, erinnerte sich mancher in Berlin denn auch erschrocken an die Worte des Rüttgers-Vorgängers Wolfgang Clement, der als Ministerpräsident an Rhein und Ruhr gern darauf hinwies, dass Nordrhein-Westfalen für sich genommen zu den zehn größten Industrienationen der Welt gehöre und der Warenhandel zwischen NRW und den Niederlanden denjenigen zwischen NRW und den sechs ostdeutschen Ländern um ein Vielfaches übersteige.

Das kurzzeitige mediale Spekulieren darüber, ob man in Düsseldorf womöglich Separationspläne hege, war durchaus gewollt. Nicht nur von Helmut Stahl und seiner Fraktion, sondern auch von Rüttgers selbst. Erwünscht war ein markantes europapolitisches Signal aus dem Westen Deutschlands, das einen bewussten Kontrapunkt setzt zu der politischen Larmoyanz angesichts eines gescheiterten Verfassungsvertrags für die EU infolge der Referenden in Frankreich und den Niederlanden. Nicht Stillstand oder gar Rückschritt, so die Botschaft aus Düsseldorf, dürfe die Europapolitik dominieren, sondern Fortschritt und Vertiefung der Integration: „Immer weiter" lautete das Signal, das Rüttgers aussenden ließ, nicht zuletzt unter Heranziehung des von ihm hochgeschätzten Ökonomen Richard Florida, dessen Prognose einer weltwirtschaftlichen Herausprägung von rund vierzig Großregionen dazu anhalte, mit NRW, den Niederlanden, Belgien und Luxemburg zu einer jener „Metropolregionen"[700] im „großen Netz der Globalisierung"[701] zu werden.

Doch jenseits wirtschaftlicher und struktureller Aspekte ist für den Rheinländer, Adenauer-Bewunderer und Kohl-Vertrauten Rüttgers „Europa" ein persönliches Anliegen. Politisch: ein Projekt des Friedens und der Sicherheit. Persönlich: eine tagtägliche Selbstverständlichkeit aufgrund des Wohnsitzes im Rheinland, des Zweitwohnsitzes in Südfrankreich sowie der Jugendprägungen in den Beneluxländern und Frank-

---

[700] Vgl. dazu die historisch ausgreifende Analyse bei Johannes Koll: Metropolregion Benelux-NRW?, in: *Aus Politik und Zeitgeschichte* (8) 2008, S. 32–38.
[701] Vgl. Jürgen Rüttgers: Unser Nordrhein-Westfalen – Das Bundesland der Zukunft, S. 4.

reich. Nicht zuletzt: eine Lehre der Geschichte, ganz so, wie für Kohl.[702] Dies zeigt beispielsweise Hückelhoven. Dort, in der grenznahen Stadt zu den Niederlanden, fand vor bald 25 Jahren unter Leitung des amtierenden JU-Vorsitzenden Rüttgers die Landestagung des rheinischen CDU-Nachwuchsverbandes zum Thema „Europa" statt. Vier Arbeitskreise hatte Rüttgers für den 1. Mai 1984 vorbereiten lassen: Neben der „Wirtschafts- und Strukturpolitik in der EG", dem „Friedensfaktor Europa" und der Bedeutung, die „Europa im eigenen Land" zukommt, stand jenes Thema auf der Agenda, das sich durch Rüttgers' politische Biografie wie ein roter Faden zieht: „Die Vereinigten Staaten von Europa".

Die „Vereinigten Staaten von Europa" sind Rüttgers' politische Vision. Auch wenn der „Bundesstaat Europa"[703] bzw. die „Vereinigten Staaten von Europa" angesichts der gegenwärtigen Verfasstheit der Europäischen Union in weiter Ferne liegen und selbst Helmut Kohl vor einigen Jahren von Konrad Adenauers bzw. Winston Churchills berühmter Leitidee Abstand genommen hat[704], so würde Jürgen Rüttgers diese historisch-langfristige Zielperspektive deutscher bzw. nordrhein-westfälischer Politik selbst nie aus den Augen verlieren. In sämtlichen seiner außen- und europapolitischen Reden wird Rüttgers' politischer Wille erkennbar, die Integration Europas auf wirtschaftlichem, sozialem wie außen- und sicherheitspolitischem Gebiet stärker voranzutreiben – trotz und gerade aufgrund jener Krise, in welche die Europäische Union im Zuge der Ratifikation des Europäischen Verfassungsvertrags in Frankreich und den Niederlanden geraten ist.

Beispiel: Just einen Tag nach dem Scheitern des Referendums über eine EU-Verfassung in Frankreich erklärte Rüttgers am 30. Mai 2005 demonstrativ, von einem „Ende der europäischen Integration" könne keinesfalls die Rede sein, zumal das „Nein" der Franzosen nicht Europa, sondern

---

[702] Vgl. entsprechende Ausführungen von Helmut Kohl zu Europa, Heimat, Vaterland bei Volker Kronenberg: Patriotismus in Deutschland. Perspektiven für eine weltoffene Nation, 2. Aufl., Wiesbaden 2006, S. 337 ff.
[703] Vgl. Jürgen Rüttgers: Europa ist Zukunft, in: Ders.: Zeitenwende – Wendezeiten, S. 163–193, S. 163.
[704] Vgl. Jürgen Rüttgers: Europas Rolle in einer neuen Weltordnung. Vortrag, gehalten am 16. Januar 2008 an der Universität Bonn, Typoskript, S. 2 f.

vielmehr „der unzulänglichen und widersprüchlichen Art und Weise" gegolten habe, in der die französische Regierung mit europäischer Politik umgegangen sei. Ähnlich wie nach dem Scheitern der Europäischen Verteidigungsgemeinschaft 1954 in der französischen Nationalversammlung gelte es nun, „neue Initiativen" zu entwickeln, „um die europäische Integration" voranzutreiben und zwischen Deutschland und Frankreich „eine engere Union" zu bilden.[705]

Um diese „engere Union" geht es ihm – aus historischen, aus kulturellen, wirtschaftlichen und nicht zuletzt auch sicherheitspolitischen Gründen. Europapolitischer Optimismus ist für den nüchternen Juristen, in dessen Brust doch zugleich ein Herz und ein Bewusstsein für die gemeinsame Historie schlägt, Pflicht. „Nicht Phantasten", so Rüttgers' Maxime, „sondern Pragmatiker sind erfolgreiche Visionäre: Es sind Menschen, die wissen, was geht – die aber auch wissen, dass sie viel von sich und anderen verlangen müssen, wenn sie ein großes Ziel erreichen wollen."[706] Das große Ziel? Angesichts der weltpolitischen Lage „neue Organisationsformen der Politik" schaffen, um Stabilität, Frieden und Sicherheit zu garantieren. Ob innerhalb Europas, im Rahmen der EU, ob zwischen EU und anderen Staaten wie den USA, der Türkei oder Japan – Politik muss Rüttgers zufolge „mehr und mehr global und transnational organisiert" werden.[707]

Konkret bedeutet dies zunächst: Mehr Europa, weniger nationalstaatlicher Egoismus.[708]

Dabei vertritt Rüttgers Positionen, die sich durchaus von der außenpolitischen Linie der Regierung Merkel/Steinmeier unterscheiden. So plädiert er beispielsweise für einen gemeinsamen europäischen Sitz im Weltsicherheitsrat anstelle eines französischen, britischen und eines, wie seitens der Bundesregierung als Konsequenz einer umfassenden Reform der

---

[705] Jürgen Rüttgers: Neue Initiativen für europäische Integration. Presseerklärung des Landes- und Fraktionsvorsitzenden der NRW-CDU vom 30. Mai 2005.
[706] Jürgen Rüttgers: Festvortrag aus Anlass des 125-jährigen Bestehens der Waseda-Universität am 29. Oktober 2007 in Tokio.
[707] Vgl. ebd.
[708] Gespräch mit Karl Lamers am 1. April 2008.

Im Weißen Haus bei Präsident George Bush 1991

Vereinten Nationen geforderten, ständigen deutschen Sitzes im Weltsicherheitsrat. Aus zwei bzw. theoretisch drei europäischen Sitzen wünscht Rüttgers einen gemeinsamen, dafür umso gewichtigeren „europäischen Sitz" zu machen, der voraussetzt, dass die Europäische Union „eine gemeinsame Außen- und Sicherheitspolitik entwickelt, die diesen Namen wirklich verdient".[709] Gelänge dies, so würden EU und USA gleichgewichtige Partner mit neuen, institutionalisierten Verfahren für gemeinsame Entscheidungen über eine gemeinsame Politik der NATO. Dies, so zeichnet Rüttgers in großen Linien, hieße „das Bündnis stärken, nicht schwächen" und von falschen Vorstellungen einer europäischen Rolle als „Venus" und einer amerikanischen als „Mars" Abschied nehmen.[710]

---

[709] Vgl. Jürgen Rüttgers: Europas Rolle in einer neuen Weltordnung. Rede bei der Deutschen Gesellschaft für Auswärtige Politik, gehalten am 29. Januar 2007 in Berlin, Typoskript, S. 3 ff.

[710] Vgl. Jürgen Rüttgers: Europas Rolle in einer neuen Weltordnung. Rede bei der Deutschen Gesellschaft für Auswärtige Politik, S. 6.

Rüttgers' außenpolitisches Augenmerk ruht, über Europa hinaus, einerseits stark auf den Vereinigten Staaten, wohin der NRW-Chef seit immerhin 27 Jahren zu politischen Gesprächen[711] – mit traditionellem Abstecher zu Henry Kissinger – reist; andererseits auf Israel. Rüttgers versteht sich, in Kohlscher CDU-Tradition, als Europäer *und* als überzeugter Transatlantiker. Zur Zeit als Oppositionsführer im Düsseldorfer Landtag forderte Rüttgers die rot-grüne Landesregierung wiederholt zu „regelmäßigen Kontakten auf allen Ebenen" zwischen NRW und den USA auf.[712] Was Rüttgers, angesichts seiner langjährigen Kontaktpflege über den Atlantik hinweg leicht fiel und bei Clement und Steinbrück auf einen wunden Punkt stieß – schließlich war in den zehn Jahren vor Rüttgers' Amtsübernahme kein NRW-Chef zu offiziellen Gesprächen in die USA gereist. Für Rüttgers unter politisch-strategischen Gesichtspunkten wiederum nicht nachvollziehbar, denn schließlich stellen die USA mit zehn Milliarden Euro Ausfuhr den wichtigsten Exportmarkt für NRW außerhalb Europas dar. Ein gewichtiger Grund für ihn, nicht nur zum Telefon zu greifen, sondern das persönliche Gespräch vor Ort zu suchen.

Egal, ob Schneechaos oder Grünen-Kritik an der fünftägigen NRW-Abstinenz des Ministerpräsidenten in Zeiten der WestLB-Dauerkrise,[713] Rüttgers lässt sich nicht beirren. Er fliegt. Zum Leidwesen mancher begleitender Journalisten, die angesichts widriger Flugbedingungen, fehlender Koffer, Einweg-Rasierern und Notzahnbürsten beispielsweise den USA-Aufenthalt im Februar 2006 diplomatisch zurückhaltend als „Trip" umschrieben, „der in Erinnerung bleiben wird".[714]

Doch Rüttgers selbst lässt sich von widriger Witterung oder fehlenden Koffern in keiner Weise irritieren – zum Erstaunen manch „angesäuer-

---

[711] Vgl. Karl-Heinz Steinkühler: Jürgen Rüttgers, der Transatlantiker, in: www.focus.de vom 14. Februar 2007.
[712] Vgl. Rüttgers trifft Schwarzenegger. Ministerpräsident spricht auf USA-Reise mit dem kalifornischen Gouverneur über Energiepolitik, in: www.linie1-magazin.de vom 27. Januar 2008.
[713] Vgl. Rüttgers startet USA-Reise – Kritik von den Grünen, in: www.wdr.de vom 3. Februar 2008.
[714] Vgl. Gerhard Voogt: Ein Trip, der in Erinnerung bleiben wird. Mit Rüttgers unterwegs, in: www.rp-online.de vom 15. Februar 2007.

Jürgen Rüttgers mit Henry Kissinger und Shimon Peres in New York 2007

ten"[715] Reporters, der zu Beginn der Reise noch mit Liebe zum Detail sein Augemerk auf Rüttgers' dunkelblauen Cordanzug, den grauen Wollschal („locker um den Hals geschwungen"), den selbst gepackten Koffer („für jeden Tag hat der MP einen anderen Anzug dabei"), ja sogar die mitgeführten Haribo-Bonbons samt „gelben Gummibärchen", richtete.[716]

Rüttgers' Aufmerksamkeit wiederum galt ganz der üblichen, aber in seinen Augen zwingend notwendigen Kontaktpflege zu Politikerkollegen, zu Universitäten, Thinktanks und Unternehmensführern. Bei Letzteren rührte der Landeschef erwartungsgemäß die Werbetrommel für amerikanische Investitionen an Rhein und Ruhr. Vor allem aber genoss jene Koopera-

---

[715] Vgl. ebd.
[716] Vgl. Gerhard Voogt: Stars, Stripes, Rüttgers. Mit Rüttgers unterwegs, in: www.rp-online.de vom 13. Februar 2007.

tionsvereinbarung mit Pennsylvania, die ein Jahr nach schwarz-gelber Regierungsübernahme unterschriftsreif war, bei Rüttgers höchste Priorität. Der Schlüsselbegriff jener Kooperation, die zwischen Pennsylvania und Nordrhein-Westfalen, konkret zwischen Rüttgers und Gouverneur Ed Rendell besiegelt wurde, lautete „Energie". Konferenzen zum Thema Energieeinsparung und -effizienz sollen künftig abgehalten, eine Forschungskooperation zwischen den Universitäten beider Partnerländer entstehen und nicht zuletzt ein attraktiver Markt für NRW-Betriebe, die im Energiesektor tätig sind, erschlossen werden. Hinzu kam ein Erfahrungsaustausch über Probleme und Perspektiven von Metropolregionen, schließlich hatte Pennsylvania vor drei Jahrzehnten die gleichen Strukturprobleme zu bewältigen, wie NRW heute im Zeichen von „Laptop und Ruhrpott".

Doch ganz grundsätzlich und über die besondere Partnerschaft mit Pennsylvania hinaus: Bei 570 US-Firmen mit 570.000 Arbeitsplätzen und einem Jahresumsatz von 53 Milliarden Euro, die an Rhein und Ruhr niedergelassen sind, erübrigt sich für Rüttgers die Frage nach dem Grund seiner regelmäßigen USA-Reisen unter Verweis auf Ex- und Import, Arbeitsplätze und Wirtschaftswachstum von selbst. Vor allem bei seiner Reise 2008, die unter dem schlechten Stern der US-Finanzkrise und der ungewissen Zukunft der WestLB stand. Ein Gespräch mit dem amerikanischen Vize-Finanzminister Robert M. Kimmitt, ehemals US-Botschafter in Deutschland, stand entsprechend ganz oben auf Rüttgers' Reiseplaner, auch wenn dieser Termin weitaus weniger medienträchtig ist als jener Foto-Termin mit Kaliforniens Gouverneur Arnold Schwarzenegger, bei dem es natürlich, wie kann es anders sein, vor allem um Klimaschutz und Energiepolitik ging, wie Staatskanzlei-Sprecher Matthias Kopp den mitgereisten Journalisten versicherte.

Doch diese interessierten sich weitaus mehr für „Terminators" dicke Cohiba zwischen den Zähnen, zahlreiche lebensgroße „Arnie-Figuren", ein ausgestopftes Krokodil, den Billard-Tisch sowie einen gewaltigen Kampfjet an der Decke des Gouverneur-Büros in Los Angeles.[717] Dass

---

[717] Vgl. Wilfried Goebels: Schwarzenegger soll Hollywoods Tür öffnen. Ministerpräsident Jürgen Rüttgers wirbt bei Kaliforniens Gouverneur fürs Filmland NRW, in: *Rhein-Sieg Rundschau* vom 2. Februar 2008.

„Klein-Hollywood" an Rhein und Ruhr? Als Ministerpräsident beim kalifornischen Gouverneur Arnold Schwarzenegger

Rüttgers, in Begleitung von Sönke Wortmann, bei Schwarzenegger für die NRW-Filmindustrie warb, wurde zwar beifällig, doch keineswegs derart begierig zu Kenntnis genommen wie die spaßige Bemerkung, die Ex-Mister-Universum an die Adresse Rüttgers' richtete: Um Nordrhein-Westfalen in eine Art „Klein-Hollywood" zu verwandeln, solle Rüttgers am besten die Rolle des „Terminators 4" übernehmen.[718] Nach gut zwanzig Minuten Gespräch samt Foto-Shooting ging es für Rüttgers' Reise-Tross gleich weiter. Wie gewohnt – immer weiter. Auch, wenn enge Mitarbeiter auf den Fahrten und Flügen von Termin zu Termin völlig erschöpft in einen Kurzschlaf verfallen, Rüttgers zeigt keine Anzeichen von Müdigkeit. Während andere schlafen, studiert er Reden oder liest Zeitungen.

---

[718] Vgl. Jochen Schuster: Rüttgers und der Terminator, in: www.focus.de vom 1. Februar 2008.

Rüttgers fordert, wie zuhause so auf Reisen, hohes Tempo und gute Kondition. Von sich, seinen Mitarbeitern, den mitgereisten Journalisten und nicht zuletzt den begleitenden Wirtschaftsvertretern. So war es für die USA-Delegation 2008 wenig überraschend, dass der MP in den Monaten vor Reiseantritt zahlreiche Reden, Gespräche und Besuche fast minutiös hatte planen und auf seine Besuchsstationen Washington, Philadelphia und Los Angeles verteilen lassen. Darunter diesmal ein besonderer Termin für Rüttgers, auf den selbst manch gewichtiger Botschafter in Washington verzichten muss: Im Capitol war Rüttgers als Gast zugegen, als der amtierende US-Präsident Bush seine letzte Rede „zur Lage der Nation" hielt.

Ebenfalls ein besonderer Termin war Rüttgers' Rede vor der German Society in Philadelphia anlässlich des Jubiläums „325 Jahre deutsche Auswanderer in die USA". In seiner Rede erinnerte Rüttgers, ganz der historisch bewusste NRW-Landesvater, an die 13 Mennoniten-Familien aus Krefeld, die sich 1683 mit 14 Ochsen, 30 Fass Bier und Kisten voller Brot und Zwieback als erste Deutsche auf den weiten Weg nach Amerika machten und – lange bevor so berühmte Deutsche wie Jeans-Erfinder Levi Strauss, Ketchup-Pionier Henry John Heinz oder Klavier-Bauer Henry Steinway ebenfalls die Reise über den großen Teich antraten[719] – den Grundstein dafür legten, dass sich die deutsch-amerikanischen Bande, jenseits der politischen Wechselfälle, biografisch, gesellschaftlich, kulturell entwickelten und bis heute stabil sind. Ein Umstand, dem Rüttgers angesichts der weltpolitisch veränderten Lage nach den Terroranschlägen des 11. September 2001 und angesichts der fundamentalistischen Bedrohung der freien Gesellschaften des Westens hohes Gewicht beimisst. So auch in seiner viel beachteten Rede vor der Deutschen Gesellschaft für Auswärtige Politik in Berlin 2007, wo Rüttgers angesichts der „dramatischen" Herausforderungen, „die die einzelnen Nationen nicht mehr alleine bewältigen können"[720], an die transatlantischen Bindungen zwischen den USA, Deutschland und Europa erinnert und zu

---

[719] Vgl. Jochen Schuster: Auf den Spuren von Levi Strauss und Ketchup-Heinz, in: www.focus.de vom 31. Januar 2008.
[720] Vgl. Jürgen Rüttgers: Europas Rolle in einer neuen Weltordnung. Rede bei der Deutschen Gesellschaft für Auswärtige Politik, S. 4.

Über enge Grenzen hinweg: Jürgen Rüttgers auf einer Ghana-Reise 2002

einer effektiven außen- und sicherheitspolitischen Zusammenarbeit zwischen der amerikanischen Supermacht und dem „Europäischen Modell" auffordert.

Einem „Europäischen Modell"[721], das einerseits den transnationalen Terrorismus an der Seite der USA entschieden bekämpft, und das sich andererseits gerade nicht einen „Kampf der Kulturen" aufzwingen lässt, den „der Hass der Terroristen" erzeugen will.[722] „Nicht als Schlachtross im Kampf der Kulturen"[723], sieht Rüttgers das zukünftige Europa, „son-

---

[721] Vgl. Jürgen Rüttgers: Die Zukunft des Europäischen Modells. Rede im Rahmen des Düsseldorfer Gesprächs zum Thema „Europa" am 5. Dezember 2006 in Düsseldorf.
[722] Vgl. Jürgen Rüttgers: Europas Rolle in einer neuen Weltordnung. Rede bei der Deutschen Gesellschaft für Auswärtige Politik, S. 4.
[723] Vgl. Jürgen Rüttgers: Europa – Erbe und Auftrag. ZEI-Discussion Paper (C 28) 1998, S. 5.

dern eher als Sprecher und Übersetzer in einem Dialog der Kulturen"[724]. Als dialogbereites Europas, das „stärker als bisher mit einer Stimme spricht" und so zum „Vorbild für die Weltordnung der Einen Welt" werden könnte: „Die supranationale Ordnung Europas ist schon heute Vorbild für andere regionale Zusammenschlüsse wie NAFTA, wie MERCOSUR, ASEAN oder die Afrikanische Union. Und es wird von vielen nicht europäischen Staaten ausdrücklich als solches anerkannt."[725]

Ohne Zweifel, ein Stück weit stimmte die Kommentarüberschrift in der *Welt* als Reaktion auf die erste Rede, die ein amtierender Ministerpräsident vor der ehrwürdigen Deutschen Gesellschaft für Auswärtige Politik hielt: „Jürgen Rüttgers erklärt die Welt" – ambitioniert, große Linien in Politik, Geographie, Kultur, Gesellschaft und Historie zeichnend. Aber „blamiert" sich Rüttgers mit seinen außen- und europapolitischen Ausführungen und Positionen, wie der Verfasser des Kommentars meint?[726] Zugegeben: Die „Eine Welt" liegt politisch noch in weiter Ferne, die „Weltinnenpolitik" ist eher eine Philosophenperspektive von NRW-Staatspreisträger Jürgen Habermas[727] denn eine realpolitische Perspektive auf absehbare Zeit.

Rüttgers' immer neues Werben für das „Europäische Modell", sein Plädoyer für Europas „Sprecherrolle in einem Dialog der Kulturen, nicht zuletzt sein Insistieren auf der weiteren institutionellen Vertiefung eines „Kerneuropa" – all das hat etwas Pathetisches, Visionäres und doch immer auch einen konkreten Bezug. Wer beispielsweise Rüttgers' Plädoyer für einen „Dialog der Kulturen" als üblichen Baustein in einer der zahllosen Reden eines ranghohen Politikers in Zeiten nach dem 11. September 2001 abtut, sollte wissen, dass Rüttgers einen solchen Dialog bereits seit vielen Jahren fordert – lange vor Samuel Huntingtons These vom

---

[724] Ebd.
[725] Vgl. Jürgen Rüttgers: Europas Rolle in einer neuen Weltordnung. Vortrag, gehalten am 16. Januar 2008 an der Universität Bonn, Typoskript, S. 5.
[726] Vgl. Alan Posener: Jürgen Rüttgers erklärt die Welt. Der NRW-Ministerpräsident sprach in Berlin über Europa und Außenpolitik. Dabei blamierte er sich mehrfach, in: *Welt am Sonntag* vom 4. Februar 2007.
[727] Vgl. Jürgen Habermas: Dankesrede anlässlich der Verleihung des NRW-Staatspreises 2006, in: www.presseservice.nrw.de vom 8. November 2006.

Diplomatie mit eigenen Akzenten: Jürgen Rüttgers im Gespräch mit dem Dalai Lama

„Kampf der Kulturen" und lange vor den blutigen Terroranschlägen von New York, Madrid oder London – und diesen Dialog auch fördert.

Beispiel: das 1994 begonnene Projekt „Moderne und Islam" des Berliner Wissenschaftskollegs unter Leitung von Prof. Dr. Wolf Lepenies, das bis heute, unter dem Namen „Europa im Nahen Osten / Der Nahe Osten in Europa", in Kooperation von Wissenschaftskolleg und Berlin-Brandenburgischer Akademie für Wissenschaften weitergeführt wird und sich auf eine Zusammenarbeit von Muslimen und Nicht-Muslimen und nicht zuletzt jüdischen Gelehrten konzentriert. Als „Zukunftsminister" stellte Rüttgers die Finanzgrundlage für dieses Forschungsprojekt sicher. Dass Wolf Lepenies als einer der „ersten Deutschen, der über die Gefahr eines Kampfes der Kulturen forschte und Wege ersann, diesen Konflikt zu verhindern" (Rüttgers), ein Jahr nach Jürgen Habermas 2007 den nordrhein-westfälischen Staatspreis von Jürgen Rüttgers erhielt, war damit natürlich auch kein Zufall, sondern Auszeichnung für einen „leidenschaftlichen Citoyen" und dessen wissenschaftliche Verdienste. Verdienste um den Dialog zwischen Orient und Okzident, anderseits um die deutsch-französische Freundschaft sowie – ganz grundsätzlich – die Integration Europas.[728]

---

[728] Vgl. Jürgen Rüttgers: Ansprache im Rahmen der Verleihung des Staatspreises des Landes Nordrhein-Westfalen 2007 am 27. November 2007 auf dem Petersberg.

Dass Rüttgers den Dalai Lama auf dessen Deutschlandreise im Mai 2008 trotz Bedenken des Außenministers in Berlin und ungeachtet chinesischer Proteste hinsichtlich einer politischen Aufwertung des geistlichen Oberhauptes der Tibeter zum Gedankenaustausch getroffen hat, ist ebenfalls kein Zufall, vielmehr ein deutliches Zeichen: Ja, der NRW-Chef verlässt gerne die ausgetretenen Pfade des außenpolitisch Gewohnten – wobei Europapolitik für ihn heute keine Außenpolitik mehr ist – und wagt den „großen Wurf" – mit „Visionen und Mut"[729]. Er hält, trotz aller Widrigkeiten und politischer Wahrscheinlichkeiten, trotz politikwissenschaftlicher Skepsis[730] an der Realisierbarkeit der „Vereinigten Staaten von Europa" fest.

Doch Vorsicht: Wer Rüttgers „gefährliche Naivität"[731] im Hinblick auf weltpolitische Konfliktlagen unterstellt, beispielsweise bei seinem Werben für ein „massiveres" europäisches Engagement beim Ausgleich zwischen Israelis und Palästinensern,[732] übersieht leicht, dass Rüttgers jenseits der „großen Linien" durchaus konkret wird: bei seinem Drängen auf eine sehr realistische „privilegierte Partnerschaft" zwischen NRW und den Beneluxstaaten, sozusagen als Vorstufe zu einem „Kerneuropa", das dereinst Frankreich, Belgien, die Niederlande, Luxemburg und Deutschland umfassen könnte, bezüglich seiner Idee der Einrichtung von „Europaschulen", von denen es bis 2010 in jeder größeren Stadt Nordrhein-Westfalens mindestens eine geben soll. Europa, so der sinnvolle Gedanke, soll den Kindern und Jugendlichen von klein auf in Geschichte und Gegenwart nahe gebracht und zur tagtäglichen Selbstverständlichkeit werden.

---

[729] Vgl. Jürgen Rüttgers: Europas Rolle in einer neuen Weltordnung. Vortrag, gehalten am 16. Januar 2008 an der Universität Bonn, Typoskript, S. 7.
[730] Vgl. Volker Kronenberg: Patriotismus und Außenpolitik. Das „europäische Deutschland" auf der Suche nach sich selbst, in: *Zeitschrift für Politik* (1) 2007, S. 62–75.
[731] Vgl. Alan Posener: Jürgen Rüttgers erklärt die Welt. Der NRW-Ministerpräsident sprach in Berlin über Europa und Außenpolitik. Dabei blamierte er sich mehrfach, in: *Welt am Sonntag* vom 4. Februar 2007.
[732] Vgl. Jürgen Rüttgers: Europas Rolle in einer neuen Weltordnung. Rede bei der Deutschen Gesellschaft für Auswärtige Politik, S. 4.

Politik in Verantwortung vor der Geschichte: Jürgen Rüttgers in Yad Vashem

Konkret wird Rüttgers auch, wenn er über den europäischen Tellerrand hinausschaut und für den israelisch-palästinensischen Ausgleich wirbt. Hier unterstützt er die Jerusalemer Hand-in-Hand-Schule für zweisprachige Erziehung, ein Pionierprojekt innerhalb des israelischen Schulsystems, in dem 400 jüdische und arabische Schüler gemeinsam auf Hebräisch und Arabisch unterrichtet werden.[733] Ein Projekt, das Rüttgers nicht nur als Vorsitzender der Jerusalem Foundation Deutschland in der Nachfolge Johannes Raus, sondern auch aus persönlicher Überzeugung und eigenem Antrieb fördert[734] – das er, wie bei seiner Israelreise 2008 erkennbar wurde, wenn möglich auch auf palästinensischem Gebiet realisieren möchte.[735]

Aus der Motivation für sein Israel-Engagement macht Rüttgers keinen Hehl. „Jeder Deutsche", so begann er eine Rede, die er im Mai 2006 bei einem Besuch in Jerusalem hielt, „der Anstand hat, hat ein verzehrendes Gefühl von Scham, wenn er sich die Verbrechen vor Augen stellt, die von Deutschen und im deutschen Namen geschehen sind. Er hat ein verzehrendes Gefühl der Scham, wenn er an den Holocaust denkt. Ich will kein Deutschland, das dieses Schamgefühl verliert."[736]

Der Holocaust, die deutschen Verbrechen im Zweiten Weltkrieg – dies sind für Rüttgers wichtige Dimensionen nicht nur im Verhältnis zu Israel, sondern ebenfalls im Verhältnis zu Polen, dem östlichen EU-Nachbarland, das Rüttgers erstmals 1989 aus Anlass des 50. Jahresgedenktags des deutschen Angriffs auf Polen besuchte und zu dem Rüttgers seither einen engen Kontakt hält. Politisch wie persönlich ist für Rüttgers die Erinnerung an das dunkelste Kapitel deutscher Ge-

---

[733] Vgl. Das Jerusalemer Zentrum für Jüdisch-Arabische Erziehung, in: www.jerusalemfoundation.org.
[734] Vgl. Walter Bau: Rüttgers in der Tradition Raus, in: *Westfälische Rundschau* vom 30. Mai 2008.
[735] Vgl. Wilfried Goebels: Die kleinen Schritte der Versöhnung machen Mut. Ministerpräsident Rüttgers setzt in Israel auf Bildung und humanitäre Hilfe, in: *Westfalenpost* vom 1. Juni 2008.
[736] Jürgen Rüttgers: Israel und die Europäische Union – mehr als eine Partnerschaft. Rede anlässlich der gemeinsamen Veranstaltung der Konrad-Adenauer-Stiftung und des Helmut-Kohl-Instituts in Jerusalem am 8. Mai 2006, Typoskript, S. 2.

schichte, an den „beispiellosen Zivilisationsbruch, für den Auschwitz steht"[737], zentral.

Auch hier bleibt Rüttgers nicht nur im rhetorisch Abstrakten, sondern sucht das konkrete Projekt. So stand auf persönlichen Wunsch des Regierungschefs bei seiner Polenreise im Sommer 2007 nicht nur ein Besuch der Gedenkstätte Auschwitz mit Kranzniederlegung für die Opfer der nationalsozialistischen Gewaltherrschaft auf dem Programm, sondern auch die Unterzeichnung eines Kooperationsvertrags zwischen dem Land NRW und der Gedenkstätte Auschwitz. Inhalt des Vertrags ist eine Zusammenarbeit bei der Sicherung eines großen Bestandes von Akten des ehemaligen sogenannten SS-Hygiene-Institutes. 39.000 vom Papierzerfall bedrohte Dokumente über medizinische Untersuchungen an Häftlingen in Auschwitz sollen im Rahmen eines auf drei Jahre angelegten Kooperationsprojektes im Einzelblattverfahren manuell restauriert bzw. konserviert und damit für die Angehörigen der Opfer, die Nachwelt und die wissenschaftliche Forschung erhalten bleiben.[738] Geschichte und Gegenwart, Erinnerung und Zukunftsprojekte, die „großen Linien" und das Konkrete „vor Ort" – so fügt sich „Europa", Deutschland und die Welt bei Jürgen Rüttgers zusammen.

Entsprechend ist es denn auch kein Zufall, dass das erste Zusammentreffen von Rüttgers mit Frankreichs neu gewähltem Staatspräsident Nicolas Sarkozy anlässlich einer Ehrung in der französischen Widerstands-Gedenkstätte Mont Valérien stattfand, wo Rüttgers von Sarkozy entgegen der üblichen Etikette mit allen Ehren empfangen wurde, die in Frankreich sonst nur Staatschefs zuteil werden. Rüttgers ehrte dort gemeinsam mit Sarkozy den aus Deutschland stammenden Priester Abbé Franz Stock, der von 1940 bis 1944 als Militärseelsorger im Lager von Mont Valérien tätig gewesen war und gegen die Vorschriften der deutschen Besatzer ge-

---

[737] Vgl. Rede des Ministerpräsidenten Dr. Jürgen Rüttgers im Rahmen der Gedenkveranstaltung anlässlich der Unterzeichnung des Abkommens zur Konservierung von Dokumenten am 1. Juli 2007, in: www.presseservice.nrw.de.
[738] Vgl. Wir müssen die Stimme erheben! Ministerpräsident Rüttgers besucht das ehemalige Konzentrationslager Auschwitz, in: www.presseservice.nrw.de vom 1. Juli 2007.

Für eine enge deutsch-französische Partnerschaft: Jürgen Rüttgers und Frankreichs Staatspräsident Nicolas Sarkozy

handelt hatte, als Vorkämpfer für die deutsch-französische Freundschaft aus der Erfahrung der Katastrophe des Zweiten Weltkriegs.[739]

Frankreich, Polen, USA, die Beneluxstaaten und Israel – in diesem Koordinatensystem bewegen sich Rüttgers' außen- und europapolitische Vorstellungen seit vielen Jahren. Beispiel: Aus Verantwortung gegenüber der Geschichte und „um Israels Zukunft zu sichern", sieht er eine „verstärkte institutionalisierte Kooperation zwischen der EU und Israel" als vorrangiges politisches Ziel an.[740] Entsprechend hat sich bereits der „Zukunftsminister" Rüttgers in seiner Amtszeit für eine enge Anbindung Israels an die EU eingesetzt. Wie?

---

[739] Vgl. Rüttgers zu historischem Treffen in Frankreich, in: www. rp-online.de vom 23. Februar 2008.
[740] Jürgen Rüttgers: Nachbarn und Partner – Israel und die Europäische Union. Gastvorlesung am Interdisciplinary Center in Herzliya am 17. Mai 2007, Typskript S. 2 f.

Nicht zuletzt mittels der Einbindung des nahöstlichen Staates in das 6. EU-Forschungsrahmenprogramm. Heute plädiert der nordrhein-westfälische Ministerpräsident für eine „echte privilegierte Partnerschaft auf allen Ebenen"[741] mit „vollem Zugang" Israels „zu allen relevanten EU-Programmen" – sei es in den Bereichen Forschung und Entwicklung, Wirtschaft, Umwelt, Kultur oder beim Kampf gegen die grenzüberschreitende organisierte Kriminalität.[742] Eine „privilegierte Partnerschaft" Israels mit der Europäischen Union, wie sie Rüttgers auch im Verhältnis der Türkei zur EU – anstelle einer von Rot-Grün angestrebten Vollmitgliedschaft – vorschwebt. Vertiefung, nicht Erweiterung lautet nach dem Abschluss des Vertrags von Lissabon und angesichts der weltpolitischen Gefahren von Terrorismus und Fundamentalismus sowie der ökonomischen Gefahren der internationalen Finanzkrise für Rüttgers das Gebot der Stunde. Wenn nicht mit allen 27 Mitgliedstaaten, dann, ganz im Sinne von Adenauers berühmter Madrider Rede von 1967, mit einer „Avantgarde" bzw. einem „Kern" von integrationswilligen Ländern, der schließlich starke Zentripetalkräfte auf die anderen Mitglieder der Union ausüben würde. „Europa" politisch vorwärts zu bringen, die Einigung weiter voranzutreiben, neben den Beneluxstaaten besonders mit Frankreich, wie das erstmals initiierte „Frankreich-Nordrhein-Westfalen-Jahr 2008/09"[743] zeigt, ist eine der stärksten Motivationen des Politikers Jürgen Rüttgers. In jedem einflussreichen Amt, das Rüttgers bislang innehatte, ob als Minister oder als Ministerpräsident, wirkte er auf dieses Ziel hin. Als stellvertretender CDU-Bundesvorsitzender und NRW-Landesvorsitzender, ja bereits als JU-Vorsitzender im Rheinland hat Rüttgers „Europa" immer hochgehalten – dann umso mehr, wenn manche Parteikollegen oder CSU-Vertreter die „nationale" Karte spielten.

---

[741] Vgl. Rüttgers fordert „privilegierte Partnerschaft". Das eigentlich tot geglaubte Unionskonzept der „privilegierten Partnerschaft" erlebt dank NRW-Ministerpräsident Rüttgers einen neuen Aufschwung, in: www.tagesspiegel.de vom 22. Juli 2006.

[742] Vgl. Jürgen Rüttgers: Israel und die Europäische Union – mehr als eine Partnerschaft. Rede anlässlich der gemeinsamen Veranstaltung der Konrad-Adenauer-Stiftung und des Helmut-Kohl-Instituts in Jerusalem am 8. Mai 2006, Typoskript, S. 10 f.

[743] Vgl. Jürgen Rüttgers: Deutschland und Frankreich – wo liegt unsere gemeinsame Zukunft? Rede im Rahmen der Auftaktveranstaltung zum Frankreich-Nordrhein-Westfalen-Jahr 2008/2009 am 22. Januar 2008 im Düsseldorfer Ständehaus.

Insofern wäre ein persönliches Engagement für Europa, sei es in Brüssel, Straßburg oder wo auch immer, für Rüttgers eine Ehrensache, auch wenn ihn die zuweilen schwerfälligen, bürokratischen Strukturen, ähnlich wie in Düsseldorf, schrecken. Im europäischen Zentralismus, der dazu neige, alles bürokratisch zentral in Brüssel regulieren zu wollen, vom Reinheitsgebot des Bieres bis zu den Inhaltsstoffen der Wurst, erkannte Rüttgers schon immer „eine der größten Gefahren für den Wunsch nach einem weiteren Zusammenwachsen in Europa"[744]. Dieser Gefahr vorzubeugen und Europa gleichzeitig voranzubringen – eine solche „Quadratur des Kreises" zum Erfolg zu führen, dabei mitzuhelfen – könnte Rüttgers durchaus reizen.

Beispiel: Der „Bürokratieabbau", dem sich Edmund Stoiber nun nach Ausscheiden aus dem Amt des bayerischen Ministerpräsidenten als Vorsitzender einer Beratergruppe der EU-Kommission widmet,[745] wäre vermutlich ein Thema, von dem Rüttgers sich „packen" ließe, sollte er in weiterer Zukunft einmal um Mitarbeit an der gemeinsamen europäischen Sache gebeten werden. Den bürokratischen Zwängen, die Rüttgers im Düsseldorfer Regierungsalltag hin und wieder zur Weißglut treiben, trotzt er mit dem bereits erwähnten Plakat „Es geht!" im Vorzimmer zu seinem Büro.

Rüttgers' Wille zur politischen Gestaltung, sein Insistieren auf pragmatischen, schnellen Lösungen von Alltagsproblemen stoßen immer wieder auf Zwänge von verwaltungstechnischen Abläufen und Fristen, die dem studierten Verwaltungsjuristen Rüttgers zwar aus seiner nunmehr drei Jahrzehnte zurückliegenden Verwaltungserfahrung vertraut sind, ihm im heutigen Regierungsalltag aber schon mal die sonst so souveräne Gelassenheit rauben können. „Totprüfen" ist für ihn dann eine jener Schimpfvokabeln, mit denen er vorhandene bürokratische Schwerfälligkeit belegt, die immer wieder seinen Handlungswillen bremst;

---

[744] Vgl. Sorge in der Union über Europa. Rüttgers: Gefährliche Illusionen, in: *Frankfurter Allgemeine Zeitung* vom 5. März 1992.
[745] Vgl. Katja Auer / Kassian Stroh: Und jetzt Europa. Nach seinem Rücktritt wird Edmund Stoiber die EU-Kommission beim Abbau von Bürokratie beraten, in: *Süddeutsche Zeitung* vom 14. September 2007.

Hemmnisse, die dem politisch mächtigsten Mann in NRW tatsächlich noch nicht einmal die Freiheit lassen, selbst auszusuchen, wo er welche Bilder wie in seinen Amtsräumen aufhängt, ohne Gefahr zu laufen, gegen bestehende Vorschriften zu verstoßen. „Bürokratieabbau" wäre mithin eines der verschiedenen Themen, denen Rüttgers sich dereinst einmal würde widmen können. Denkbar wäre auch ein ehrenamtliches Engagement von Rüttgers in einem Gremium wie jenem jüngst eingesetzten „Rat der Weisen", der die europäischen Staats- und Regierungschefs auf politische und soziale Entwicklungen vorbereiten soll, die in den nächsten zwei, drei Jahrzehnten mit hoher Wahrscheinlichkeit auf Europa zukommen.[746]

Ein derartiges Engagement für Europa entspräche eher noch als bei Edmund Stoiber, aus dessen Munde in den vergangenen Jahren immer wieder auch integrationsskeptische Töne vernehmbar waren, der Grundüberzeugung und emotionalen Disposition des rheinischen Adenauer-Enkels und Frankreich-Liebhabers Jürgen Rüttgers, der gleichwohl – ehrenamtliches Europa-Engagement hin oder her – bis auf Weiteres Politik gestalten will und an diesem Gestaltungs- und Machtwillen keinen Zweifel lässt.

---

[746] Vgl. Nikolas Busse / Michael Stabenow: Felipe Gonzáles soll „Rat der Weisen" leiten, in: *Frankfurter Allgemeine Zeitung* vom 14. Dezember 2007.

Brauweiler

Doch egal was kommt: 2010 die ersehnte Wiederwahl als Ministerpräsident, vielleicht ein späterer Wechsel nach Berlin, womöglich einmal ein Ehrenamt auf der europäischen Bühne – eines ist gewiss: Jürgen Rüttgers wird immer wieder zurückkommen, nach Hause: nach Brauweiler. „Brauweiler" ist, wie bereits angedeutet, für Rüttgers weit mehr, als eine alte Abtei, die es vor dem baulichen Verfall zu bewahren galt. Mehr als jene Pfarrkirche, deren Messe er, soweit möglich, jeden Sonntag besucht, in der Jürgen Rüttgers seine Frau Angelika geheiratet hat und in der seine drei Söhne, ebenso wie er selbst, die erste heilige Kommunion empfangen haben. „Brauweiler" steht für eine tiefe christliche Überzeugung, die Rüttgers doch zugleich keineswegs daran hindert, gegenüber der Kirchenpolitik, gegenüber gesellschafts- und allgemeinpolitischen Positionen des Kölner Kardinals Meisner spürbare Distanz zu wahren. Katholizismus, ja, aber in „rheinischer Variante" der Toleranz, der Großzügigkeit, des „Leben-und-leben-Lassens", mehr im Sinne der Kardinäle Frings und Höffner als des sittenstrengen Kardinals Meisner.

Rüttgers ist ein „rheinisch" geprägter Christ und Politiker, der jede Art von Rigorismus von sich weist und stattdessen auf Konsens, Kompromiss, auf Verständigung und Überzeugung statt auf Dogmatismus setzt. Dem als Christ und Politiker die Ökumene ebenso wie die Verständigung mit dem Judentum wichtige Anliegen sind. Insofern war es misslich ausgedrückt, als Rüttgers sich im Vorfeld der Landtagswahl 2005 in einem Fernsehinterview mit Michel Friedman auf die Formulierung einließ, die katholische Kirche und ihr Menschenbild seien gegenüber anderen Religionen „überlegen".[747]

---

[747] Vgl. die Dokumentation des Gesprächs in Auszügen bei www.spiegel.de vom 22. April 2005.

Ein kurzzeitiger erwartbarer Entrüstungssturm setzte um diese „vollkommen unverständliche und überhebliche" Äußerung (Bärbel Höhn) ein – der Grünen-Kultusminister Michael Vesper warnte, wenig überraschend, vor einer „kulturellen Hybris" des CDU-Spitzenkandidaten, der sich mit dieser Formulierung für das Amt des Ministerpräsidenten in NRW „disqualifiziere". Nur wenig später folgte die erste distanzierende Stellungnahme aus Rüttgers' eigener Partei, indem der thüringische Ministerpräsident Dieter Althaus verlautbaren ließ, er „teile Rüttgers' Auffassung nicht".[748] Eine kurzzeitige Irritation in einer erhitzten Wahlkampfzeit war unvermittelt entstanden, die Rüttgers umgehend zu beseitigen bemüht war, indem er deutlich machte, Religionen in keiner Weise in eine „erste und zweite Klasse" einteilen zu wollen.

Medial als „Rückzieher" interpretiert, versuchte der CDU-Spitzenmann die Wogen wieder zu glätten und die Polarisierung auf einem Feld zu vermeiden, das sich für Wahlkampfzwecke wahrlich nicht eignet. Dass sich die Erregung tatsächlich schnell legte, lag wesentlich daran, dass Rüttgers plausibel darlegen konnte, eine Exklusivität des Katholizismus im Vergleich zum Protestantismus, zum Judentum oder zu anderen Religionen politisch nie reklamiert oder in irgendeiner Weise für zielführend gehalten zu haben. Rüttgers, der Politik-Profi, der vorsichtig Agierende, abwägend Argumentierende, war, wenn auch nur ganz kurz und ohne gravierende politische Folgen, außer Tritt geraten. Und dies vier Wochen vor der Wahl. Glück für ihn, dass er schnell seinen politischen Standpunkt klarstellte, sich damit die erregten Gemüter der nichtkatholischen Wähler an Rhein und Ruhr rasch beruhigten und im Übrigen ganz andere Themen den bundesweit verfolgten NRW-Wahlkampf dominierten: Arbeitslosigkeit, Agenda 2010, Hartz IV.

Rüttgers und das „C": Dass Rüttgers sich im Interview des Nachrichtensenders N24 in Anlehnung an eine Aussage Papst Benedikts XVI. auf einen Standpunkt festlegte, den sich ein überzeugter Katholik persönlich-glaubensmäßig zu eigen macht, nicht jedoch der Vertreter einer „C"- Partei, in der das verbindend „Christliche" die Eigenheiten von

---

[748] Vgl. die Zitate bei „Rüttgers macht Rückzieher", in: www.focus.de vom 22. April 2005.

Katholizismus und Protestantismus überwölbt, verrät wiederum, dass er es mit Glauben und Religion, mit Katholizismus und Christentum ernst meint. Das, was manch andere CDU-Politiker allenfalls noch als rhetorische Floskeln zur Bindung der eigenen Wählerklientel ansehen mögen, eben das christliche Fundament der Partei, stellt für Rüttgers Verpflichtung und Herausforderung zugleich dar.

Für ihn, den zeitweiligen „Zukunftsminister", der wie keiner seiner Vorgänger oder Nachfolger eine gentechnologische „Aufholjagd"[749] initiierte, der immer wieder die Chancen neuer Zukunftstechnologien betont, der die Freiheit der Forschung und der Wissenschaft hochhält, ergeben sich aus dem „jüdisch-christlichen Menschenbild" politische Restriktionen, die nicht alles, was politisch machbar scheint, auch politisch wünschbar erscheinen lassen. Zur „Freiheit" der politischen Entscheidung gehört für Rüttgers demnach auch Nein zu sagen zu dem, was technologisch zwar möglich, ethisch jedoch zweifelhaft ist.

Beispiel: Embryonale Stammzellen-Forschung, ein heikles, CDU-intern hoch umstrittenes Thema. Jürgen Rüttgers lässt hier, im Unterschied zu anderen Parteigranden, die sich in der zentralen Frage entweder nicht festlegen oder auf der Seite der Mehrheit stehen wollen, keinen Zweifel, wo er verortet ist: auf der Seite derer, die gegen eine weitergehende Liberalisierung der bestehenden Möglichkeiten votieren. Eine Liberalisierung des geltenden Stammzellengesetzes aus dem Jahr 2002, von manchen zutreffend als „ethische Wanderdüne"[750] kritisiert, lehnte Rüttgers aus religiösen Gründen ab – Parteitagsmehrheit und Bundestagsbeschluss hin oder her.

Bei der entscheidenden Abstimmung des Parteitags wurden die gegensätzlichen Meinungen der Parteispitze bei dieser zentralen Frage sicht-

---

[749] Zitiert nach Claudia Gottschling: Endspurt um die Gene. USA, Frankreich und England feiern erste Erfolge bei der Analyse des menschlichen Erbguts – jetzt startet Deutschland die Aufholjagd, in: *Focus* (43) 1996.
[750] Vgl. Patrick Bahners: Einmal ist jedes Mal. Wie ist abzuwenden, dass ein neuer Stichtag für den Import embryonaler Stammzellen zur Wanderdüne wird?, in: Frankfurter Allgemeine Zeitung vom 5. März 2008.

bar. Rüttgers, in der ersten Reihe neben der Parteivorsitzenden auf der Bühne sitzend, stimmte gegen die Liberalisierung – Merkel dafür. Beide wussten, woran sie waren. Eine Vermittlung war an dieser Stelle in dieser Frage nicht möglich. Denn in der „unbedingten Schutzwürdigkeit menschlicher Embryonen", die der ehemalige Vorsitzende der katholischen Bischofskonferenz, Karl Kardinal Lehmann, einfordert,[751] erkennt auch Jürgen Rüttgers eine klare Grenze politischer Verantwortbarkeit, die er nicht zu überschreiten gewillt ist. Dass Angela Merkel kurz vor der Abstimmung über dieses Thema auf dem CDU-Parteitag im Dezember 2007 die Mehrheitsverhältnisse innerhalb der Partei zugunsten einer Liberalisierung der bestehenden Gesetzeslage kippte und sich selbst an die Spitze derer setzte, die für einen größeren Spielraum im Bereich der Stammzellen-Forschung eintraten, respektierte Rüttgers. Seine Position ändern würde er deshalb trotzdem nicht – erst recht nicht aufgrund einer Parteitagseinlassung seines langjährigen Weggefährten Peter Hintze, der den Gegnern einer Liberalisierung vorwarf, so könne nur reden, wer noch nie auf einer Krebsstation gewesen sei.[752]

Nein, bei einem so heiklen Themenfeld wie demjenigen von Genetik und Ethik mag sich Rüttgers weder von moralisierenden Kurzschlussargumenten noch von Merkels rhetorischer „Trickkiste" *(Die Zeit)* beeindrucken lassen. Im Zweifelsfalle neigt Rüttgers bei Fragen der Gentechnologie, bei denen es „nie bloß darum gehe, ob wir etwas, was wir technisch können, tun dürfen, sondern immer auch darum, ob wir etwas, was wir technisch können, unterlassen dürfen, wenn wir besser mit Hunger, Elend und Krankheit in der Welt fertig werden wollen"[753], zu der strikteren, in jedem Falle zurückhaltenden Linie – zumindest dann, wenn es um Eingriffe in das menschliche Erbgut geht. Dies zeigt auch sein Plädoyer für das Verbot von Gentests für sogenannte „spätmanifeste Erbschäden", das Rüttgers in dem seitens der Bundesregierung

---

[751] Zitiert nach: Matthias Geiss: Zelle um Zelle. Angela Merkel unterstützt die Stammzellenforschung. Doch noch steht die Mehrheit in der Union nicht, in: Die Zeit (51) 2007.
[752] Vgl. ebd.
[753] Vgl. Jürgen Rüttgers: Die Würde des Menschen ist unteilbar. Anmerkungen zu einem neuerlichen Versuch, die Grundwerte umzudeuten. Jürgen Rüttgers über Genetik und Ethik, in: *Frankfurter Rundschau* vom 8. November 2000.

im Herbst 2008 vorgelegten Gendiagnostik-Gesetz verankert sehen möchte: „Wir wollen riskieren", so Rüttgers rhetorisch-eindringliche Frage nicht zuletzt an seine eigene Partei, „dass Kinder nicht zur Welt kommen, nur weil der Verdacht auf eine spätmanifeste Krankheit besteht? Also allein aufgrund der Diagnose der Wahrscheinlichkeit, dass irgendwann einmal im Leben eine schwere Krankheit auftreten könnte – als Ursache eines genetischen Defekts? In der Konsequenz heißt das: Wollen wir das Ideal des (genetisch) perfekten Menschen zum alleinigen Maßstab machen? Wollen wir wirklich, dass nur noch der perfekte, mit möglichst wenigen Krankheitsrisiken belastete Mensch eine Chance auf Leben hat? Ich will das nicht".[754]

Dass Rüttgers im Zweifelsfall von allen Seiten kritisiert wird, von jenen, die für eine weitgehende Liberalisierung rechtlicher Restriktionen sind, ebenso wie von jenen, denen die von Rüttgers vertretene Position noch zu liberal erscheint – wie der öffentliche Widerspruch des Kölner Kardinals Meisner[755] zeigt – nimmt er angesichts des unauflöslichen moralischen Dilemmas in Kauf. Dabei fänden Rüttgers' klare Worte gegen die Eugenik, d.h. gegen die „Veredelung" des Menschen durch Eingriffe in sein Erbgut, sicherlich Meisners' Zustimmung, denn diese Eingriffe kritisierte Rüttgers schon vor Jahren als Versuch der „Umwertung unserer Werte"[756]. Eben jener Werte, die entsprechend der abendländischen, jüdisch-christlichen Kultur „immer etwas mit Religion oder mit Gott zu tun haben, weil sie nur so legitimiert sind", wie Rüttgers in seiner Weihnachtsansprache am 24. Dezember 2007 betonte.[757]

Rüttgers meint es ernst mit dem „C" im Namen seiner Partei, was für ihn jedoch keineswegs heißt, mit der Lehrmeinung der eigenen Kirche immer übereinzustimmen. Oder in politischen Urteilen, auch wenn er die

---

[754] Jürgen Rüttgers: Im Zweifel für den Embryo, in: *Frankfurter Allgemeine Zeitung* vom 13. September 2008.
[755] Vgl. Vom Dasein geht eine Botschaft aus. Interview mit Joachim Kardinal Meisner am 13. Juni 2001 im Kölner Domradio zur Genetchnik-Debatte, zitiert nach www.erzbistum-koeln.de
[756] Vgl. Jürgen Rüttgers: Die Würde des Menschen ist unteilbar, in: *Frankfurter Rundschau* vom 8. November 2000.
[757] Vgl. Rüttgers' Wertvorstellungen, in: www.n-tv.de vom 24. Dezember 2007.

Audienz bei Papst Benedikt XVI. im Vatikan 2006

kirchliche Kritik an den „neoliberalen Thesen"[758] der CDU durchaus als Bestätigung seiner Lebenslügenthese interpretieren kann.

In Geschmacksfragen werden mitunter klare Differenzen deutlich. Hier zeigt sich Rüttgers moderner als manchem konservativen Kirchenmann lieb ist. Jenes von dem Kölner Künstler Gerhard Richter entworfene Fenster im heimatlichen Dom, das der Kölner Kardinal als „unpassend und beliebig" abgetan hatte, begeisterte Rüttgers außerordentlich. Im Beisein der Presse gratulierte der Landesvater dem Domkapitel zu dessen „historischer Entscheidung". Der Dom, so Rüttgers' hintersinnige

---

[758] Vgl. Es wäre eine Revolution. Der neue Vorsitzende der Deutschen Bischofskonferenz, Erzbischof Robert Zollitsch, über die Entfremdung der katholischen Kirche von Teilen der CDU, in: *Der Spiegel* (8) 2008.

Formulierung, werde durch das Fenster „reicher und ein Stück anders".[759] Anders als zum Kölner Kardinal, kann das persönliche Verhältnis zu Papst Benedikt XVI. fast als herzlich und vertraut bezeichnet werden.

Klares Indiz dafür ist der Umstand, dass Rüttgers bereits zweimal, seitdem Joseph Kardinal Ratzinger die Nachfolge von Johannes Paul II. antrat, die Ehre zuteil wurde, im Rahmen einer Privataudienz vom Papst empfangen zu werden. Erstmals am 20. August 2005 im Rahmen des Weltjugendtags in Köln, als Rüttgers – protokollarisch vorgegeben – nach Bundestagspräsident Wolfgang Thierse, Bundeskanzler Gerhard Schröder sowie der CDU-Fraktions- und Parteivorsitzenden Angela Merkel zum Papst vorgelassen wurde – für immerhin 25 Minuten.

Eine kleine, feine, symbolische Auszeichnung für Rüttgers, der, wenn auch als Ministerpräsident den beiden Sozialdemokraten aufgrund ihrer höherrangigen Staatsämter protokollarisch nachgeordnet, zehn Minuten länger mit dem Papst reden durfte[760] – nicht zuletzt natürlich über die Faszination des Weltjugendtages und dessen große Anziehungskraft, die die Erwartungen aller Beteiligten weit übertroffen hatten. Ein Thema, das abermals bei Rüttgers' Privataudienz beim Papst im Jahr darauf, neben Fragen der Integration von Muslimen sowie der Hochschulreform in NRW, zur Sprache kam.

Dass Rüttgers innerhalb der CDU-Führung nicht zu jenen gehört, die im Vatikan unter dem Verdacht stehen, einen „Etikettenschwindel mit dem C" zu betreiben bzw. die CDU zu einer „Demokratischen Union ohne C"[761] machen zu wollen, liegt nicht allein an Rüttgers' Position in Bezug auf die Stammzellenforschung. Auch sein dezidierter Standpunkt, beispielsweise bezüglich der „Sterbehilfe"[762] oder bei der Frage der Libe-

---

[759] Vgl. Andreas Rossmann: Kennt der Kardinal das Domfenster?, in: *Frankfurter Allgemeine Zeitung* vom 11. September 2007.
[760] Gespräch mit dem Sprecher der Staatskanzlei, Matthias Kopp, am 13. Februar 2008.
[761] Vgl. Schwindel mit dem C. Krise einer Langzeitbeziehung: Der Streit um die Stammzellenforschung zeigt, wie weit sich Union und katholische Kirche voneinander entfernt haben, in: *Der Spiegel* (1) 2008.
[762] Vgl. Rüttgers Ausführungen im Rahmen seiner Bibelarbeit auf dem 31. Deutschen Evangelischen Kirchentag am 07.06.2007 in Köln (Typoskript, S. 3).

ralisierung der Ladenöffnungszeiten an Sonntagen, hat in katholischen wie evangelischen Kirchenkreisen nachhaltigen Eindruck hinterlassen. Tatsächlich stemmte sich Rüttgers im Laufe der Koalitionsverhandlungen mit der FDP im Mai 2005 massiv gegen eine Ausweitung der Öffnungsregelungen an Sonn- und Feiertagen. Als der liberale Verhandlungspartner auch nur auf eine Ausnahmeklausel bei Öffnungsmöglichkeiten für Videotheken an Sonn- und Feiertagen drängte, wurde Rüttgers, wie sich FDP-Generalsekretär Lindner an die Gespräche erinnert, ganz grundsätzlich und ließ keinen Zweifel, dass ihm der Sonntag „heilig" sei.[763] Die FDP akzeptierte und Rüttgers setzte sich durch: Der Sonntag bleibt heilig und die Videotheken zu.

Seien es vermeintlich vordergründige Fragen wie letztere oder grundsätzliche wie jene nach Stammzellen-, Embryonenforschung oder auch nach aktiver Sterbehilfe, die Rüttgers kategorisch ablehnt – „Freiheit" zum Handeln bedeutet für Rüttgers die „Selbst-Bindung an Werte"[764], die einer postmodernen Beliebigkeit ebenso entgegenstehen wie jener „materialistischen Weltsicht", welche vor mehr als sechs Jahrzehnten schon Konrad Adenauer verurteilt hat.[765]

Nein, eine „Demokratische Union" ohne „C" wäre für Rüttgers nicht vorstellbar, wäre nicht seine Partei. Wie bei Adenauer stellt die Religiosität bei Rüttgers eine wesentliche Kraftquelle seines Handelns dar. Diese ist, wiederum wie im Falle des „Alten" aus Rhöndorf, von dem familiären Milieu, aus dem Rüttgers stammt und in dem er sich heute bewegt, nicht zu trennen. Schon Rüttgers Eltern waren – wie auch die weitere Familie – gläubige Katholiken, sodass der Sohn – im Elternhaus wie im Apostelgymnasium – in katholisch-christlichem Geiste erzogen wurde. In der Variante des „rheinischen Katholizismus", der, wie schon zu Adenauers

---

[763] Gespräch mit dem nordrhein-westfälischen FDP-Generalsekretär Christian Lindner am 14. Januar 2008.
[764] Vgl. Rüttgers' Ausführungen im Rahmen der Ausstellungseröffnung „Graf Clemens August von Galen" im Dom zu Münster am 23. Oktober 2005, in: www.presseservice.nrw.de.
[765] Vgl. Rüttgers' Ausführungen im Rahmen seiner Bibelarbeit auf dem 31. Deutschen Evangelischen Kirchentag am 7. Juni 2007 in Köln (Typoskript, S. 4).

Jugendzeit, ein großes Maß an Toleranz aufweist.[766] Gleichwohl trägt Rüttgers seine Religiosität nicht wie eine Monstranz vor sich her; ebenso wenig tut es seine Frau, für die ihr langjähriger Einsatz bei der Caritas so selbstverständlich ist, dass sie diesen erst auf Nachfrage erwähnt.[767]

Freiheit, Solidarität und Gerechtigkeit, die Grundwerte der CDU, haben für Rüttgers vor aller parteipolitischen Auslegung zunächst einen ganz unmittelbar lebenspraktischen, christlich fundierten Bedeutungsgehalt im Mitmenschlichen, der erst auf einer zweiten, abstrakteren Ebene mit politischem Inhalt gefüllt wird. Dies dann wiederum aus biografischem Erleben: Rüttgers kennt den „sozialen Aufstieg" über den Weg der Bildung, weiß, was es heißt, sich behaupten und durchsetzen zu müssen, und erachtet daher die Chancengleichheit der Menschen, die Werte von Solidarität und Gerechtigkeit ebenso wie die persönliche Freiheit, als zentral. Gleichmacherei und Sozialromantik sind ihm ebenso zuwider – da ideologieanfällig und wirklichkeitsfern – wie soziale Stigmatisierungen oder ökonomische Determinismen. Letztere begreift Rüttgers als politische Herausforderungen, die seinem Ethos als christlich-demokratischem Politiker zuwiderlaufen.

Jürgen Rüttgers meint es durchaus ernst, wenn er Karl Arnold und Johannes Rau zu seinen politischen Vorbildern erklärt – Arnold wie Rau, beides politische Persönlichkeiten an der Spitze von NRW, denen der soziale Ausgleich, soziale Gerechtigkeit wichtig war; die als Integrationsfiguren, als Landesväter des Bindestrichlandes Nordrhein-Westfalen zu wirken bemüht waren und die – jeweils in unterschiedlichen zeithistorischen Kontexten – danach strebten, NRW als Bundesland im föderalen Wettbewerb ökonomisch zukunftsfähig zu machen. Insofern ist es von Rüttgers nur konsequent, dass er sich an den beiden NRW-Ministerpräsidenten Karl Arnold und Johannes Rau orientiert. Orientiert hat sich Rüttgers ebenfalls an dem von ihm geschätzten langjährigen bayerischen Ministerpräsidenten Edmund Stoiber, einem erfolgreichen Exponenten christlich-sozialer Politik, der seinerseits – nicht zuletzt aufgrund seiner „rheinländischen Mut-

---

[766] Vgl. Hans-Peter Schwarz: Anmerkungen zu Adenauer, München 2004, S. 22.
[767] Gespräch mit Angelika Rüttgers am 22. Mai 2007.

„Alpenpakt" – Jürgen Rüttgers und Edmund Stoiber

ter", die in Dormagen geboren wurde[768] – immer ein Interesse an Nordrhein-Westfalen und der dortigen Politik hatte. Schon zu Zeiten, als Wolfgang Clement noch als Landeschef amtierte, besonders aber seitdem sein Freund „Jürgen" daranging, die Staatskanzlei für die Union zu erobern.

„Alpenpakt" – in Analogie zum „Andenpakt" – wurde die politisch-personale Achse Rüttgers-Stoiber getauft, welche programmatische Übereinstimmungen zwischen NRW-CDU und CSU sichtbar und nicht zuletzt Rüttgers' Selbstverständnis als „CSU-Mann" im Westen deutlich werden ließ.[769] Denn so, wie es dem Chef der süddeutschen Landesregie-

---

[768] Vgl. Peter Köpf: Stoiber, S. 16.
[769] Gespräch mit dem bayerischen Ministerpräsidenten a. D. Dr. Edmund Stoiber am 15. Oktober 2007.

rung auf eindrucksvolle Art gelungen ist, Bayern im nationalen Vergleich an die Spitze der sechzehn Bundesländer zu platzieren – und dies mittels einer erfolgreichen Mischung von „Laptop und Lederhose", Moderne und Tradition, innovativer Wirtschaftspolitik und ausgleichender Sozialpolitik – stellt sich Rüttgers den Weg des westdeutschen Kernlandes an Rhein und Ruhr ebenfalls vor. Auf das Beschreiten dieses Weges sind Rüttgers' zahllose Reden, seine Reisen, seine Bürgergespräche, seine wichtigen symbolischen Handlungen wie Grundsteinlegungen, Einweihungen, Auszeichnungen ausgerichtet. Er will bei diesen Gelegenheiten das „Ganze der Politik" deutlich machen, das mehr ist als die Summe der politischen Einzelmaßnahmen und jenseits des Einerlei des Regierungsalltags liegt, um einen schlüssigen narrativen Zusammenhang seiner Regierungspolitik aufzuzeigen und diesen mit den Traditionen des Landes, ja selbst mit den eigenen biografischen Prägungen rückzukoppeln.

Rüttgers wirkt dabei – ähnlich wie seinerzeit Rau oder unlängst noch Edmund Stoiber in Bayern – auf seine eigene Art als „Sinnproduzent"[770] authentisch: Die Bürger Nordrhein-Westfalens goutieren, dass jemand an der Spitze des Landes steht, der mehr will als bloß verwalten; der für alle Bürger seines Landes da ist, für die ganze Bandbreite im Volk: für den Unternehmer ebenso wie für den Hartz IV-Empfänger,[771] der sich mittels unabhängigen Expertenrats Gedanken macht und Pläne entwickelt, wie NRW im Jahr 2025 dastehen soll. Mit feinem Gespür ausgestattet, erkennt er frühzeitig Stimmungen, Bedürfnisse und Ängste, nimmt diese ernst und zeigt Gefühl und schreckt zugleich dennoch vor harten innerparteilichen Konflikten nicht zurück. Man denke an den schwierigen Beschluss der NRW-CDU zum Ausstieg aus der Steinkohle oder an die Absetzung des Affären-umwitterten Kölner CDU-Landtagsabgeordneten Richard Blömer[772]. Denn es geht um mehr als um Zahlen und

---

[770] Vgl. Ulrich Heinemann: Der Politiker als Sinnproduzent. Johannes Rau in seinem „System", in: Jürgen Mittag / Klaus Tenfelde (Hrsg.): Versöhnen statt spalten, S. 313–336, S. 331 ff.
[771] Vgl. Edmund Stoiber: Was die Union jetzt tun muss, in: *Frankfurter Allgemeine Zeitung* vom 6. Juni 2008.
[772] Vgl. Jürgen Rüttgers setzt sich im „Fall Blömer" durch, in: www.wdr.de vom 14. Dezember 2004.

Bilanzen. Heimatverbunden und modernisierungsorientiert, christlich und sozial, „kümmert" er sich um alles und hat die unterschiedlichen Regionen und Milieus seines Bundeslandes im Blick. Doch wie steht es um das Konservative bei Jürgen Rüttgers?

Konservativ ist Rüttgers in Bezug auf Werte, auch mit Blick auf einst belächelte und verpönte „Sekundärtugenden", die Rüttgers von klein auf im Elternhaus in Brauweiler und in der Pfadfinderschaft verinnerlicht hat.[773] Konservativ, gar „rechts" im parteipolitischen Sinne ist Jürgen Rüttgers nicht.[774] Seinen Platz hat Rüttgers immer in der „Mitte" der Union gesehen, zu keinem der innerparteilichen Ränder hat Rüttgers je eine ausgeprägte inhaltliche Affinität gehabt. Das persönliche Verhältnis zum konservativen CDU-Fraktionsvorsitzenden Alfred Dregger in Rüttgers' Zeit als PGF war gut, doch weniger durch inhaltliche Affinitäten als durch reibungslose, effektive Zusammenarbeit im Dienste der Fraktionsorganisation geprägt. Zu Positionen, die beispielsweise der hessische CDU-Abgeordnete Martin Hohmann vertrat, hielt Rüttgers immer große Distanz – weniger aus taktischen Gründen denn aus Überzeugung. Früh erklärte Rüttgers in der CDU-internen Debatte über Hohmanns als „antisemitisch" eingestufte Rede zum 3. Oktober 2003, dieser solle seine Äußerungen zurücknehmen oder „selbst zurücktreten".[775] Als ein NRW-Delegierter aus Euskirchen auf dem Leipziger Bundesparteitag der CDU Angela Merkel und die Parteispitze für den Parteiausschluss Hohmanns heftig kritisierte, reagierte Rüttgers spontan und erklärte, „mit solchen Leuten" nicht mehr „in einer Partei" sein zu wollen.[776]

Rüttgers zieht eine scharfe Grenze nach rechts – dies aus einem Patriotismus-Verständnis heraus, das weltoffen, aufgeklärt, pro-europäisch akzentuiert ist – und vor allem frei von angestrengtem Nationalbewusstsein

---

[773] Vgl. Jürgen Rüttgers: Worum es heute geht. Bergisch Gladbach 2005, S. 128 ff.
[774] Vgl. ebd., S. 131.
[775] Zitiert nach: Antisemitismus-Vorwurf: CDU soll sich von Hohmann trennen, in: www.sueddeutsche.de vom 31. Oktober 2003.
[776] Zitiert nach Pascal Beucker: Euskirchen hat seine „Hohmann-Affäre", in: *die tageszeitung* Köln vom 9. Dezember 2003.

oder gar naiver Deutschtümelei.[777] Das Deutsche wird bei Rüttgers, ganz in der Tradition von Adenauer und Kohl, umgehend in den europäisch-atlantischen Rahmen eingebettet: politisch wie kulturell; eine „Leitkultur", über die Rüttgers' Partei seit Jahren heftig streitet, wird von ihm selbst bejaht, doch weniger als „deutsche", denn als „europäische" verstanden.[778]

Die „Nation" stellt für Rüttgers vor allem eine psychologische und historische Größe dar, die in Zeiten der europäischen Integration jedoch politisch an Bedeutung verliert, andererseits als kultureller Resonanzboden der Völker Europas auch künftig eine wichtige Rolle spielen wird. Jedwede Diskussion innerhalb der CDU über die Stärkung bzw. Bedeutsamkeit eines „rechten Flügels", dem er selbst sich nie zuordnen würde, wird von Rüttgers unter zwei Gesichtspunkten beurteilt: Erstens: Wie gelingt es, dass rechts von der Union keine politisch relevante Kraft entsteht, die CDU mithin das entsprechende Wählerspektrum integriert? Und zweitens: Wie wird verhindert, dass eine solche Integrationsleistung der eigenen Partei das Gesamtbild der CDU als „Volkspartei der Mitte", als Partei der Reformen infrage stellt, dass womöglich das Verhältnis von CDU und Zentralrat der Juden gefährdet wird oder aber die Europaorientierung der Adenauer-Kohl-CDU ihre vorrangige Bedeutung verliert?

Jürgen Rüttgers sieht sich selbst ein Stück weit als Garant dafür, dass diese tradierten Koordinaten „seiner Partei" zentrale bleiben. Bei manchen machtpolitischen Kompromissen, die schärfer auch als Zögern und Taktieren ausgelegt werden können, kann Jürgen Rüttgers, dem auch die Simplifizierungen nicht fremd sind, diese Rolle zu Recht für sich beanspruchen.

Bei aller programmatischen Kontinuität hat sich Rüttgers – wie jeder erfahrene Spitzenpolitiker – über die lange Zeit seiner politischen Akti-

---

[777] Vgl. Detlev Hüwel: Rüttgers als Patriot. Nordrhein-Westfalens Regierungschef schreibt ein flammendes Plädoyer für die Liebe zum Vaterland, in: *Rheinische Post* vom 3. Juli 2006.
[778] Gespräch mit Ministerpräsident Dr. Jürgen Rüttgers am 6. Feburar 2007.

vität, nunmehr vier Jahrzehnte, fortentwickelt, persönlich habituell wie thematisch inhaltlich. Das Gravitätisch-Distanzierte, das seine Person lange Zeit umgeben hat, weicht zunehmend. Die intellektuelle Neugierde, das Drängen zu immer neuen thematischen Ufern ist geblieben.[779] Das Bodenständige, Grundsolide auch. Rüttgers' Ausstrahlung verheißt Vertrauen, Sicherheit, Verlässlichkeit, Authentizität – keine schlechte Botschaft in einer Zeit des rapiden Wandels und der Unübersichtlichkeiten.

Der Wahlsieg 2005, der auch *sein* persönlicher Triumph, sein Comeback war, hat Jürgen Rüttgers gelassener, offener, weicher werden lassen. Er weiß, er muss nichts mehr beweisen. Weder sich, noch anderen. Er, der in vielen Ämtern zu den Jüngsten gehörte, hat das Vertrauen, das seine Förderer in ihn gesetzt hatten, gerechtfertigt. Spätestens am 22. Mai 2005, als er seiner Partei das vermeintliche Stammland der Sozialdemokratie nach 39 Jahren zurückeroberte – und dies mit einem lange Zeit notorisch zerstrittenen CDU-Landesverband. Das Angestrengte ist zwischenzeitlich einer Souveränität im Auftritt gewichen.

Rüttgers spürt, dass die Bürger ihm Sympathie entgegenbringen, und merkt, dass und wie sehr er etwas bewegen kann in NRW und darüber hinaus. Er formuliert seine Vorstellungen entsprechend vernehmbar, selbstbewusst, streitbar auch gegenüber Berliner CDU-Granden wie Fraktionschef Volker Kauder, in klarer Diktion und oftmals in Form von „Zwei-Drittel-Sätzen", d. h. in Formulierungen, deren Inhalt zwei Drittel der Bevölkerung zustimmen. Rüttgers spricht vor allem so, dass seine Botschaft von „Erna aus Gladbeck"[780], d. h. vom Normalbürger verstanden wird. Eine technokratische „Agenda-Rhetorik", von ihm seit Jahren scharf kritisiert, vermeidet Rüttgers bei seinen Auftritten ebenso konsequent wie eine Rendite-fixierte Untergangsmetaphorik des Standorts „Deutschland", welche die Menschen mehr ängstigt als motiviert.

---

[779] Gespräch mit Prof. Dr. Paul Nolte am 10. Oktober 2007.
[780] Vgl. Dirk Graalmann: Politik für Erna aus Gladbeck. Der nordrhein-westfälische Ministerpräsident Jürgen Rüttgers stilisiert sich zum Wächter der sozialen Gerechtigkeit, in: *Süddeutsche Zeitung* vom 28. April 2008.

Sein Reden und Handeln, so analysiert der PR-Profi Michael Spreng, der Rüttgers im Vorfeld der Landtagswahl 2005 zeitweilig beriet, sei „eine Mischung aus Überzeugung, Erfahrung und Notwendigkeit"[781]. Spreng hat Recht, denn angesichts seiner Biografie und seines langen politischen Weges kann kein Zweifel daran bestehen, dass Rüttgers die Ängste, Sorgen und Anliegen von „Erna aus Gladbeck" aus Überzeugung ernst nimmt und ihnen Rechnung tragen will. Seit Brauweiler Jugend- und Pulheimer Beigeordneten-Tagen hat Rüttgers sich tagein, tagaus in verschiedensten Funktionen um derlei Ängste, Sorgen und Anliegen gekümmert. Dabei hat er naturgemäß nicht immer Lösungen gefunden, die Zustimmung von allen Seiten fanden, aber sein ernsthaftes Bemühen, sein Gespür und seine Tatkraft hat doch niemand ernsthaft bezweifelt, auch nicht der politische Gegner – bis hin zur Opposition im Bundestag, die dem „Zukunftsminister" Rüttgers ihren Respekt vor dessen Engagement nicht versagte.

Wer das *Soziale* heute als taktische Maskerade von ihm abtut, kennt den Menschen Jürgen Rüttgers schlecht. Die Grundprägungen, die der Pulheimer, der im Herzen immer ein „Brauweiler" geblieben ist, von klein auf erfahren hat – als Pfadfinder, als derjenige, der aus der Provinz ans Kölner Renommier-Gymnasium kam und sich dort den Respekt und die Sympathie seiner Mitschüler erwarb –, haben sich bis heute als Grundkoordinaten, als Wegweiser seines Handelns erhalten. Trotz des allbekannten Zögerns, Zauderns und Taktierens, das in unterschiedlichster Ausprägung allen politischen Profis zu eigen ist, die Max Webers wesentliche Unterscheidung von Gesinnungs- und Verantwortungsethik verinnerlicht und sich der Politik als Beruf verschrieben haben.

Wer also ist Jürgen Rüttgers? Ein „Sankt Bürokratius"[782], als den ihn mancher karikieren möchte? Ein populistischer „heiliger Sankt Martin", als den ihn manche im Lichte der Hartz IV- und Rentendebatte verdächtig machen möchten? Nein. Weit eher ein rheinischer Verant-

---

[781] Vgl. ebd.
[782] Vgl. Heribert Prantl: Der Maskenbildner seiner selbst. CDU-Parteitag im Zeichen von Flügelkämpfen: Die neue Rolle des Jürgen Rüttgers, in: *Süddeutsche Zeitung* vom 27. November 2006.

wortungsethiker. Eine biografisch plausible und programmatisch ambitionierte Versöhnung der nordrhein-westfälischen CDU mit sich selbst. Wenn man so will: ein im doppelten Sinne personifizierter „roter Faden einer schwarzen Partei"[783], die gegenwärtig auf der Suche nach ihrem Identitätskern und damit nach ihrem Platz im Farbspektrum des deutschen Parteiensystems ist. Schlichter: ein Pfadfinder durch und durch.

Jürgen Rüttgers ist davon überzeugt, den richtigen Weg gefunden zu haben. Er meint es ernst mit seiner Vorstellung von einer CDU als Volkspartei der sozialen Marktwirtschaft, die, frei nach Röpkes „Maß und Mitte", nach links und rechts integriert, die Bürger aller Schichten ansprechen, ihnen Chancen und Sicherheit durch Bildung, Aufstieg, Freiheit und Selbstverantwortung ermöglichen will. Der Kompass aus Pfadfindertagen – Jürgen Rüttgers vertraut ihm noch immer, nach all den Jahren, all den Erfahrungen, Stationen, Pfaden und Stufen, die er zwischenzeitlich gesammelt, hinter sich gelassen, entdeckt und erklommen hat. Die Richtung, die dieser ihm zeigt, ist eindeutig: weder in die neoliberale noch in die strukturkonservative, keineswegs in die linke und ebenso wenig in die rechte – vielmehr in die christlich-soziale. Rüttgers wird Kurs halten – ob mit oder „Wider den Zeitgeist", wie Rüttgers eine Grundsatzrede anlässlich des 60. Gründungsgeburtstags der rheinischen Adenauer-CDU überschrieb.[784]

Mit diesem Selbstverständnis und Anspruch, mit seinem Auftreten und seiner Beharrlichkeit treibt er manchen Analysten und Strategen der „Berliner Republik" zur Weißglut. Bewusst. Er bleibt dabei – auf seinen Kompass, seine Erfahrung, sein Gespür, nicht zuletzt auf sein „System" vertrauend. Und immer wieder daran erinnernd, dass Adenauer, der „Alte" aus Rhöndorf, der vermeintlich Provinzielle mit dem festen „christlichen Selbst- und Weltverständnis", die CDU deshalb zur Erfolgspartei machte, weil er „mit fast allen traditionell konservativen Positionen", die bis zum Ende des Zweiten Weltkriegs in Deutschland prägend

---

[783] Vgl. ebd.
[784] Jürgen Rüttgers: Wider den Zeitgeist. Rede anlässlich der Veranstaltung „In Verantwortung für Deutschland – 60 Jahre CDU", am 8. März 2005 in Köln.

waren, gebrochen und die CDU „zu einer durch und durch fortschrittlichen Volkspartei" gestaltet habe. Zu einer bürgerlichen Erfolgspartei, „die gleichwohl wusste, dass das Erbe der christlichen Ethik und der humanistischen Aufklärung niemals preisgegeben werden dürfe"[785].

Eine große Tradition, ein hoher Anspruch, sozusagen „Adenauer + Hightech" – Jürgen Rüttgers, mittendrin und immer weiter, will es wissen: will die „Wissensgesellschaft", Vermächtnis seiner Zeit als „Zukunftsminister", zu einer „Magna Charta des christdemokratischen Konservativismus"[786] machen; will bürgerliches Regieren unter den Bedingungen einer veränderten Republik[787] zum Erfolg führen. Umso mehr, je weiter er vorangekommen ist. Die Kraft und die Ausdauer, das Geschick, die nötige Flexibilität und die Neugierde gegenüber dem Neuen hat er – das Können auch. Das nötige Quäntchen Glück ebenfalls? Die Antwort steht dahin. Und Rüttgers bereit. Getreu seinem Motto: *Respice finem!* Egal, was kommt: Düsseldorf, Berlin, Brüssel. Am Ende seines politischen Weges wird der Ausgangspunkt stehen: Brauweiler. Eine Gewissheit, die Rüttgers nicht schreckt. Im Gegenteil. Sie gibt ihm Gelassenheit, Kraft und Selbstvertrauen für jene Strecke, die noch vor ihm liegt.

---

[785] Jürgen Rüttgers: Der progressive Konservative. Zum 40. Todestag von Konrad Adenauer, in: *Die Welt* vom 19. April 2007.
[786] Christian Geyer: Wo ist das Gelobte Land? Jürgen Rüttgers führt die CDU durch die Wüste der Wissensgesellschaft, in: *Frankfurter Allgemeine Zeitung* vom 13. Mai 2000.
[787] Vgl. Klaus Schroeder: Die veränderte Republik. Deutschland nach der Wiedervereinigung, München 2006.

Personenregister

A
Ackermann, Eduard 251
Adenauer, Georg 31
Adenauer, Konrad 9, 12, 16, 18, 21, 23, 30 f., 54, 57, 58 ff., 66, 91 f., 212, 213, 237, 246, 249, 258 f., 272, 275, 277, 285, 290, 293 f.
Alemann, Ulrich von 13, 169, 190
Allegre, Claude 126
Althaus, Dieter 279
Amelunxen, Rudolf 30
Arnim, Hans-Herbert von 72
Arnold, Karl 185, 187, 201, 238, 286
Arntz, Michael 13, 49, 82

B
Barroso, José Manuel 253
Baumann, Beate 251
Beatrix I. der Niederlande 256
Bebel, August 24
Beck, Kurt 203, 222, 227, 242
Benedikt VIX. 237, 279, 283 f.
Beneke, Karsten 13, 251
Berger, Boris 12, 37, 169, 181, 251

Bergsdorf, Wolfgang 251
Berlinguer, Luigi 126
Beust, Ole von 207
Biedenkopf, Kurt 57, 74, 78, 80 f., 160, 172, 202,
Blackstone, Baroness Tessa 126
Blair, Tony 134
Blömer, Richard 288
Blüm, Norbert 7, 12, 81, 139, 158, 160 f., 170, 172, 176, 185, 201 f., 214, 218
Blum, Harry 83
Bohl, Friedrich 8, 109 ff., 117
Böhr, Christoph 100
Bohrer, Karl Heinz 19
Bonk, Reiner 21
Bosbach, Wolfgang 155
Brandt, Willy 12, 57–60, 63, 83, 171
Breuer, Michael 82
Bugl, Josef 104
Bulmahn, Edelgard 104, 135
Bush, George Herbert Walker 261
Bush, George Walker 266

C
Christiansen, Eva 251
Churchill, Winston 259

Clement, Wolfgang 10, 41, 44, 81, 144, 152 f., 159, 163, 170, 185 f., 239, 257 f., 262, 287
Cosar, Rolf 90

D
Dahrendorf, Ralf 199
Dalai Lama 269 f.
Dautzenberg, Leo 77
Dohnanyi, Klaus von 199, 213
Dregger, Alfred 109, 242, 289
Dürr, Heinz 198
Dürr, Tobias 208

E
Emenet, Axel 13, 43, 169, 181, 251,
Engelsberger, Matthias 101
Erhard, Ludwig 58 f., 204, 206, 213,
Ernst, Max 20
Esser-Bühl, Maria 48
Eucken, Walter 204

F
Farthmann, Friedhelm 180
Fischer, Joschka 12
Flimm, Jürgen 199
Florida, Richard 258
Friedman, Michel 165, 278
Fring, Josef Kardinal 278
Frohn, Rüdiger 13, 42
Frühwald, Wolfgang 105
Furtwängler, Maria 39

G
Ganser, Karl 95
Genscher, Hans-Dietrich 108

Gerhardt, Wolfgang 136 f.
Gierden, Karlheinz 13, 63
Göhner, Reinhard 78
Grass, Günter 58
Grosse-Brockhoff, Hans-Heinrich 197

H
Habermas, Jürgen 268 f.
Hahne, Peter 213
Haider, Jörg 153
Hamm-Brücher, Hildegard 116
Hanoth, Achim 100
Harpprecht, Klaus 52
Hasselmann, Britta 183
Hausmann, Willi 13, 110
Heinz, Henry John 266
Heitmann, Steffen 116
Heller, Edmund 13, 169, 181
Herzog, Roman 115 f., 119, 122
Hieronymi, Ruth 65, 77
Hintze, Peter 76 f., 107, 179, 281
Hitze, Guido 79 ff., 151, 178
Hochrebe, Jörn 77
Höffe, Ottfried 171
Höffner, Joseph Kardinal 278
Hohmann, Martin 289
Höhn, Bärbel 226, 279
Hollmann, Ulrich 13
Hombach, Bodo 199
Hörster, Joachim 113
Hoyer, Werner 13, 112
Humboldt, Wilhelm von 126
Huntington, Samuel 268

J
Johannes Paul II. 284
Juncker, Jean-Claude 257

K
Kampeter, Steffen 137
Karsli, Jamal 166
Katzer, Hans 201
Kauder, Volker 208, 291
Kiesinger, Kurt-Georg 57
Kimmitt, Robert M. 264
Kirchhof, Paul 218
Kissinger, Henry 262 f.
Klaes, Christa Maria 13, 92, 94
Kleinert, Hubert 199
Klocke, Arndt 224
Koch, Roland 10 f., 82, 149 ff., 155, 207, 242 ff., 248
Kohl, Helmut 7 f., 12, 19 ff., 36, 57, 60, 68, 72, 74, 77, 80, 83, 107, 110–119, 126, 128, 132, 132, 136, 139 ff., 149, 156–159, 169, 173, 175 ff., 182, 208 f., 212 ff., 218, 227, 239 f., 245 f., 249–254, 258 f., 262, 272, 290
Köhler, Horst 194, 200
Kopp, Matthias 13, 264
Koppelin, Jürgen 137
Korte, Karl-Rudolf 13, 79, 145, 172, 199
Kraft, Hannelore 189 ff., 222 f., 227, 233
Kraus, Rudolf 109
Krautscheid, Andreas 12, 251, 255
Kronenberg, Friedrich 105
Kühn, Heinz 171 f.

L
Laermann, Karl-Hans 119
Lamers, Karl 13, 257
Lammert, Norbert 12, 81 f., 240
Langguth, Gerd 13, 171, 246
Laschet, Armin 168, 224
Laumann, Karl-Josef 201 f.
Legewie, Franz 232
Lehmann, Karl Kardinal 281
Leinemann, Jürgen 52
Leinen, Jo 70, 198
Lepenies, Wolf 269
Lindner, Christian 13, 184, 220 f., 285
Linssen, Helmut 81, 160 ff., 201 f., 235
Löhrmann, Sylvia 191, 224

M
Maizière, Thomas de 240
Mankell, Henning 45
Mann, Golo 55
Markl, Hubert 105
Marx, Gisela 190
Marx, Karl 212
Mayer, Tilman 190
McAllister, David 233
Mechtersheimer, Alfred 70
Meisner, Joachim Kardinal 237, 278, 282
Merkel, Angela 8 f., 12, 46, 110, 119, 143, 155, 173 f., 175–178, 207 ff., 212, 218, 237, 239 ff., 244 f., 246–254, 260, 281, 284, 289
Mertes, Michael 13

Merz, Friedrich 181, 201, 218, 235 f.
Metzger, Oswald 171
Meyer, Laurenz 149, 162, 164
Meyers, Franz 79
Mill, John Stuart 212
Möllemann, Jürgen 118 f., 137, 139, 154, 165, 173, 183
Morisse, Karl August 13, 85–88, 90 ff., 95
Müller, Holger 77
Müller, Peter 203, 242
Müller, Werner 38
Müller-Armack, Alfred 204
Müntefering, Franz 178 ff., 193, 217, 223, 227

N
Nell-Breuning, Oswald von 214
Ness, Norbert 13, 169, 181
Nöbel, Karl-Heinz 13, 36, 46, 148
Nolte, Claudia 119
Nolte, Paul 13, 171, 199

O
Obermann, René 198
Orth, Robert 184
Ortleb, Rainer 119
Orwell, George 121
Oster, Hans 13, 29, 31 f., 34
Özdemir, Cem 153

P
Papke, Gerhard 13, 184, 221, 223, 233
Paschen, Herbert 106

Peres, Shimon 263
Pfeifer, Anton 251
Pilawa, Jörg 40
Pinkwart, Andreas 13, 140, 171, 173, 184 f., 187, 202, 219 ff.
Pleitgen, Fritz 199
Pofalla, Ronald 77, 251
Polenz, Ruprecht 161
Popper, Karl 122
Prangenberg, Hans-Jürgen 68
Pützhofen, Dieter 80 f.

R
Ratzinger, Joseph 284
Rau, Johannes 10, 12, 15, 40 ff., 44, 52, 78, 116, 159, 170, 172 f., 185 ff., 195, 210 f., 213, 222, 230, 234, 237 ff., 257, 286, 288
Rauch, Neo 20
Reck, Hans-Joachim 13, 169, 184
Rendell, Ed 264
Reul, Herbert 13, 68, 76 f., 81, 162
Richter, Gerhard 283
Richter, Roland 114 f.
Riesenhuber, Heinz 119, 138
Roitzsch, Ingrid 109
Röpke, Wilhelm 204 ff., 213
Rosen, Karl Arnold 187
Röttgen, Norbert 13, 202, 236, 240
Rühe, Volker 107, 157, 177
Rüstow, Alexander 204
Rüttgers, Angelika 12, 15, 17, 22 ff., 47–50, 53, 57, 63, 147, 181, 278

Rüttgers, Anton 27
Rüttgers, Katharina 26 f.
Rüttgers, Lucas 54
Rüttgers, Marcus 48, 51
Rüttgers, Maria Katharina 28
Rüttgers, Thomas 100
Rüttgers, Willi 23, 26 ff., 48, 59

S
Sarkozy, Nicolas 273 f.
Schanz, Dieter 136
Schänzler, Wolfgang 13, 24, 25
Schäuble, Wolfgang 8, 12, 46, 99, 110 ff., 114, 117, 149, 150, 156 f., 174, 181, 242, 257
Schaumann, Fritz 13, 136
Scheuch, Erwin 72
Schily, Otto 165
Schmidt, Ulrich 165
Schmoldt, Hubertus 198 f.
Schneider, Guntram 189
Schockenhoff, Eberhard 171
Scholz, Rupert 181
Schommer, Kajo 155
Schramma, Fritz 83
Schröder, Gerhard 12, 163, 203, 207, 246, 284
Schultz-Tornau, Joachim 173
Schulz, Ekkehard 198
Schumacher, Hajo 150
Schwalbe, Clemens 109
Schwarz, Hans-Peter 304
Schwarzenegger, Arnold 264 f.
Schwarzer, Alice 199
Seehofer, Horst 242
Seiters, Rudolf 8, 12, 109 f., 117
Six, Bruno 70

Sommer, Barbara 13, 230, 242
Sommer, Michael 198
Speck, Manfred 13
Spiegel, Paul 143, 166 f.
Spreng, Michael 292
Stahl, Helmut 13, 169, 185, 220, 234, 252, 258
Steinbrück, Peer 10, 41, 144, 146, 170 f., 186, 222, 226, 257, 262
Steinmeier, Frank-Walter 217, 260
Steinway, Henry 266
Sternberger, Dolf 249
Stieldorf, Beate 37, 181
Stock, Franz 273
Stoiber, Edmund 12, 143, 175, 202 f., 207, 242, 276 f., 286 ff.
Stoltenberg, Gerhard 60
Strauß, Franz Josef 12, 172
Strauss, Levi 266
Struck, Peter 113

T
Teltschik, Horst 251
Thatcher, Margaret 214
Thielen, Michael 13, 100, 102, 252
Thierse, Wolfgang 284
Thoben, Christa 81, 161, 201 f., 215, 235
Thumann, Jürgen 198

U
Uhlenberg, Eckhard 162
Umpfenbach, Hans 88

299

V
Vesper, Michael 279
Vogel, Bernhard 60
Vogel, Hans-Jochen 199
Vogt, Wolfgang 80

W
Waigel, Theo 136
Wallraf, Max 92
Walter, Franz 54, 199, 213, 243, 250
Weber, Juliane 251
Weber, Max 52, 247, 292
Weber, Theo 63
Weizsäcker, Richard von 65, 67, 72, 116
Westerwelle, Guido 173
Wilhelm, Jürgen 251
Wissmann, Matthias 242
Wittke, Oliver 96
Wolf, Ingo 183 ff.
Worms, Bernhard 13, 16, 57, 61, 65, 74, 78 ff., 82, 88, 91, 93, 95, 158, 160, 170, 173
Wortmann, Sönke 265
Wulff, Christian 8, 12, 157, 203, 207, 218, 233, 242 ff., 253 f.
Wüst, Hendrik 13, 220, 234

Z
Zöpel, Christoph 95
Zylajew, Willi 13, 62, 82

Bildnachweis

Bundesbildstelle (Bundespresseamt) Berlin: S. 117, 261

CDU Nordrhein-Westfalen: S. 17, 235 (Darchinger), 22 (Ossenbrink), 48

Land Nordrhein-Westfalen: S. 229, 247, 263, 265, 267, 269, 271, 274, 283, 287; Coverfoto (Konrad R. Müller)

NDR-Fernsehen: S. 39

Privat: S. 27, 28, 32, 51, 73